权威·前沿·原创

皮书系列为
"十二五"国家重点图书出版规划项目

中国行政体制改革研究会行政改革研究基金资助
国家行政学院重大招标课题"城镇化进程中社会体制改革研究"
（2013）资助
国家社会科学基金特别委托重大项目"中国社会管理创新研究信息库建设"
（13@ZH013）资助

社会体制蓝皮书

BLUE BOOK OF
SOCIAL INSTITUTION

中国社会体制改革报告
No.4（2016）

REPORT ON SOCIAL INSTITUTIONAL REFORM IN CHINA
No.4 (2016)

主　编／龚维斌
副主编／赵秋雁

社会科学文献出版社
SOCIAL SCIENCES ACADEMIC PRESS（CHINA）

图书在版编目（CIP）数据

中国社会体制改革报告. No. 4，2016/龚维斌主编. —北京：社会科学文献出版社，2016.4

（社会体制蓝皮书）

ISBN 978 - 7 - 5097 - 9004 - 5

Ⅰ. ①中…　Ⅱ. ①龚…　Ⅲ. ①体制改革 - 研究报告 - 中国 - 2016　Ⅳ. ①D61

中国版本图书馆 CIP 数据核字（2016）第 070241 号

社会体制蓝皮书

中国社会体制改革报告 No. 4（2016）

主　　编 / 龚维斌

副 主 编 / 赵秋雁

出 版 人 / 谢寿光

项目统筹 / 邓泳红　陈　颖

责任编辑 / 陈　颖

出　　版 / 社会科学文献出版社·皮书出版分社（010）59367127
地址：北京市北三环中路甲 29 号院华龙大厦　邮编：100029
网址：www. ssap. com. cn

发　　行 / 市场营销中心（010）59367081　59367018

印　　装 / 北京季蜂印刷有限公司

规　　格 / 开本：787mm × 1092mm　1/16
印张：22.5　字数：366 千字

版　　次 / 2016 年 4 月第 1 版　2016 年 4 月第 1 次印刷

书　　号 / ISBN 978 - 7 - 5097 - 9004 - 5

定　　价 / 79.00 元

皮书序列号 / B - 2013 - 296

社会体制蓝皮书编委会

主　编　龚维斌

副主编　赵秋雁

成　员（排名不分先后）

主要编撰者简介

龚维斌 教授，博士生导师，现任国家行政学院应急管理培训中心主任（应急管理教研部主任）、中欧应急管理学院院长、国家行政学院社会治理研究中心主任。曾任国家行政学院政治学教研部副主任、社会和文化教研部主任，挂职担任过江苏省海门市副市长。担任中国应急管理学会副会长、中共党史学会社会建设与生态文明史研究专业委员会副会长、中国社会学会特邀常务理事、中国行政体制改革研究会常务理事、国家社科基金项目评审组成员。主要研究领域是社会阶层、社会政策、社会治理。个人专著有《劳动力外出就业与农村社会变迁》《社会发展与制度选择》《公共危机管理》，主译和参译著作多部，在报纸杂志上发表论文100多篇。经常为省部级、地厅级领导干部以及国（境）外高级公务员授课。

赵秋雁 教授，法学博士，北京师范大学中国社会管理研究院/社会学院党总支书记兼副院长，美国哥伦比亚大学法学院访问学者。北京市经济法学会常务理事，北京市法学会环境资源法学会理事，北京京师律师事务所兼职律师。主要研究领域包括社会法、经济法和能源法。主持国家社科重大课题"中国当代社会管理创新与国家科学发展战略重大课题研究"子课题等10余项；发表中英文学术论文30余篇；出版专著《电子商务中消费者权益的法律保护：国际比较研究》，合著《国际能源法学》《中国能源法学》等多部著作。

摘　要

"社会体制蓝皮书"由国家行政学院社会治理研究中心和北京师范大学中国社会管理研究院共同组织编写。本书由总报告、社会治理体制篇、基本公共服务篇、现代社会组织体制篇、公共安全与应急管理篇五部分组成。本书主要对2015年社会体制改革情况进行回顾和总结，对2016年的改革走向进行分析，提出相关政策建议。

2015年，国家陆续出台一系列重大社会体制改革政策，推出了一系列社会建设、社会治理的新举措，社会体制改革取得积极进展和良好成效。城乡居民收入水平持续提高，就业形势稳定，社会保障"并轨、扩面、提标"；户籍制度改革深化，一元化户籍管理基本实现，城乡基本公共服务均等化水平不断提高；简政放权、放管结合、优化服务取得新进展，向市场、社会、基层放权赋权的步伐加快，基层社会治理创新精彩纷呈，多元共治共享的社会治理格局正在形成；虚拟社会治理和现实社会治理统筹推进，社会问题、社会矛盾和社会风险得到有效管控。具体来说，一是以简政放权为突破口，理顺政府与社会关系；二是以民生改善为重点，着力调整社会利益关系；三是以理顺体制机制为核心，加强和创新基层社会治理；四是以培育社会多元主体为出发点，加速社会组织改革；五是以防范化解社会风险为重心，构建共建共享共治的公共安全体系。

2015年，在社会体制改革持续推进的同时，一些深层次的矛盾和问题逐渐显现，政社关系重构、利益关系调整、治理体制机制转型过程中，既出现了"推不动、改得慢、明改暗不改"的现象，也存在"长不大、干不好、接不住"的问题。这迫切需要我们在创新、协调、绿色、开放、共享的理念指导下，进一步深化社会体制改革，加快建立现代社会治理体制，推进社会治理能力现代化。一是"放管服"改革不到位、欠科学，影响简政放权与政社关系重构的进程。二是事关民生改善的社会领域改革不够理想，影响人民群众的福利提升和幸福感受。三是基层治理、社会组织发展"穿新鞋、走老路",影响社会的生机与活力。四是社会矛盾和社会风险高发易发,社会治理体制机制仍在磨合,影响社会和谐稳定。

2016 年是"十三五"规划的开局之年,是实现全面建成小康社会的关键之年。党的十八届五中全会通过的《中共中央关于制定国民经济和社会发展第十三个五年规划的建议》,明确了未来五年我国经济社会发展的总体目标,提出必须牢固树立并切实贯彻创新、协调、绿色、开放、共享的发展理念。全会提出:必须坚持发展为了人民、发展依靠人民、发展成果由人民共享,做出更有效的制度安排,使全体人民在共建共享发展中有更多获得感,增强发展动力,增进人民团结,朝着共同富裕方向稳步前进。按照人人参与、人人尽力、人人享有的要求,坚守底线、突出重点、完善制度、引导预期,注重机会公平,保障基本民生,实现全体人民共同迈入全面小康社会。这也为社会体制改革的前行进一步指明了方向。一是应继续在社会事业改革中保障改善民生;二是应继续在简政放权中推进社会治理体制创新;三是应继续在激发社会活力中推进社会共治;四是应继续在构建公共安全体系中防范和化解矛盾风险。

Abstract

The Blue Book on Social Institutional Reform is jointly prepared by the Research Center of Social Governance at the Chinese Academy of Governance and China Academy of Social Management at Beijing Normal University. The book includes a general report and four specific parts, i. e. , institutions of social governance, basic public service provision, institutions of modern social organizations, and public safety and crisis management. The book gives an excellent overview of progress made in social institutional reform in 2015, together with some predictions and policy recommendations for 2016.

For year 2015, social institutional reform has made significant progress owing to a series of important policies promulgated and new initiative taken. Urban and rural income continues to increase, employment situation stays stable, and social security "unifies, extends, and, and improves (standard)" . Hukou system reform is deepened to the extent that a unitary hukou administration is almost achieved. Equalizing level of urban-rural basic public services is increased steadily. Progresses are also made in streamlining administration and delegating power to lower levels, and through power delegation and tightened oversight service quality is improved. After delegating more power to the market, society and lower levels, innovations in grass-root social governance have sprung up and a social governance structure with multiple parties involved is taking shape. Governance of virtual society and the real world are coordinated, and social problems, conflicts and risks are well under control. More specifically, first, through streamlining administration and delegating power, rationalize the relationship between government and society. Second, with livelihood improvement as the focal point, restructure relations among different social groups. Third, with streamlining social institutions and mechanism as the core, strengthen and innovate grass-root social governance. Fourth, through nurturing pluralistic social actors, speed up social organization reform. Fifth, with preventing and resolving social risks as the central focus, develop a public security system that is co-built, coshared, and co-governed.

On the other hand, in 2015, when social institutional reform proceeds, deep level conflicts and problems also start to emerge. During the process of restructuring government - state relations, adjusting interest group relations, or transforming governance institutions and mechanisms, there have emerged phenomena like "stay put, slow reform, or open reform hidden resistance", or problems like "never grown-up, never a good work, or missed the catch". This urges us, under the guidance of developmental ideas of being innovate, coordinated, open, green and sharing, to deepen social institutional reform, speed up establishing a modern system of social governance, and modernize social governance capacity. Those phenomena and problems indicate that, first of all, the delegating-administrating-servicing reform is not complete, which has hampered the delegation of power to lower levels and the restructuring of government-society relations. Second, social sector reform related to livelihood is not enough, which affects people's well-being and feeling of happiness. Third, grass-root governance and social organization development are walking "on the old path with new shoes", which has hampered the social vigor of the society. Forth, social conflicts and social risks frequently happen, and the institutional system for social governance is still forming, which has affected social harmony and stability.

2016 is the beginning year of the 13th Five - Year Plan, and it is also critical for completing the building of a moderately prosperous society in all respects. The Fifth Plenum of the 18th Central Committee of CPC passed the *Recommendations for the 13th Five - Year Plan for Economic and Social Development*, and it sets a clear overall objective for economic and social development in the next five years. It proposed to firmly establish and effectively implement the following ideas about development: innovative, coordinated, green, open and sharing. The Fifth Plenum also proposes that we must persevere in development for the people, by the people and to the benefit of all the people. We should make more effective institutional arrangements to give the people a stronger sense of gain in this shared development. We should also enhance motives for development, improve solidarity among people, so to move steadily towards common prosperity. Adhering to the requirements that everybody involves, everyone tries, and everyone shares, we should do as the following: keep bottom line, set a focus, perfect rules and regulations, guide expectations, emphasize equal opportunity, secure basic livelihood, and in the end, enter a moderately prosperous society with the entire population together. This also charts the course for future social institutional reform in China. First, continue to secure and improve people's livelihood through the reform of social undertakings. Second, continue to innovate institutions for social governance during the process of streamlining administration and delegating power. Third, continue to promote collaborative governance through stimulating social vigor. Forth, continue to resolve conflicts and avoid risks through building the public safety system.

目　录

Ⅰ　总报告

Ⅱ　社会治理体制篇

Ⅲ　基本公共服务篇

Ⅳ　现代社会组织体制篇

Ⅴ　公共安全与应急管理篇

皮书数据库阅读**使用指南**

CONTENTS

I General Report

II Institutions of Social Governance

III Basic Public Service Provision

IV Institutions of Modern Social Organizations

V Public Safety and Crisis Management

总 报 告

General Report

B.1

社会体制改革进入重点突破的关键时期

——2015年社会体制改革进展及未来展望

龚维斌　张林江　马福云　陈 鹏*

　　2015年的社会体制改革，是因应我国经济社会发展出现的新情况、新特点，在全面建设小康社会、全面深化改革、全面推进依法治国和全面加强党的建设总体布局下展开的。改革开放后，中国经济建设取得巨大成就，中国社会发生巨大变化，社会结构、社会心态、社会矛盾呈现新的发展特征。党的十八届三中全会提出了全面深化改革的总体布局，明确了社会体制改革的顶层设计，社会体制改革的基本框架、时间表和路线图逐步清晰。2015年，陆续出台一系列重大社会体制改革政策，推出了一系列社会建设、社会治理的新举措，社会体制改革进入重点突破的关键时期。这为全面建成小康社会和"十三五"时期的经济社会发展奠定了新的基础。

　　* 龚维斌，国家行政学院应急管理培训中心主任、社会治理研究中心主任，教授；张林江，国家行政学院社会治理研究中心副主任兼秘书长，副教授；马福云，国家行政学院社会治理研究中心副主任，副教授；陈鹏，北京师范大学中国社会管理研究院/社会学院院长助理，讲师。

一　2015年社会体制改革的主要进展和成效

2015年，面对错综复杂的国际形势和不断加大的经济下行压力，我们不断创新宏观调控方式，深入推进供给侧结构性改革，大力推动"大众创业、万众创新"，经济发展呈现总体平稳、稳中有进、稳中有好的态势。全年国内生产总值676708亿元，比上年增长6.9%。城乡居民收入水平持续提高，就业形势稳定，社会保障"并轨、扩面、提标"；户籍制度改革深化，一元化户籍管理基本实现，城乡基本公共服务均等化水平不断提高；简政放权、放管结合、优化服务取得新进展，向市场、社会、基层放权赋权的步伐加快，基层社会治理创新精彩纷呈，多元共治共享的社会治理格局正在形成；虚拟社会治理和现实社会治理统筹推进，社会问题、社会矛盾和社会风险得到有效管控。

（一）以简政放权为突破口，理顺政府与社会关系

根据中央要求和国务院统一部署，各级人民政府转变政府职能，不断深化行政审批制度改革，取消、下放一大批行政审批事项，清理和规范一批中介收费项目。2015年，国务院在2014年取消下放246项行政许可的基础上，进一步加大了行政体制改革和政府职能转变的步伐。各地、各部门根据中央要求，加大对本地、本部门的行政审批清理力度。例如，上海市取消行政审批事项160项，吉林省提出将省级行政审批项目限定在200项以内。

2015年4月，国务院办公厅发布《关于清理规范国务院部门行政审批中介服务的通知》（国办发〔2015〕31号），对行政审批过程中需要委托企业、事业单位、社会组织等机构开展的有偿中介服务进行清理整顿，包括清理中介服务事项、破除中介服务垄断、切断中介服务利益关联、规范中介服务收费、实行中介服务清单管理、加强中介服务监管等。10月，国务院发布《关于第一批清理规范89项国务院部门行政审批中介服务事项的决定》（国发〔2015〕58号），在清理整顿行政审批中介服务方面迈出了坚实的一步。在简政放权的同时，各地、各部门普遍开展了权力清单和责任清单的编制工作，规范公共权力的行使，把权力关进制度的笼子里，避免权力的"任性"，把政府管不了、管不好、不该管的事项交给市场和社会去管理。同时，健全规范行政执法的事

前防范、事中制约、事后监督机制，创新监管方式手段，提升公共服务效能和质量。

2015 年起，财政部、民政部、国家工商总局于 2014 年底联合印发的《政府购买服务管理办法（暂行）》（财综〔2014〕96 号）正式施行。这为政府向社会力量购买服务提供了制度保证，有助于政府按照公开、公平、公正的原则，通过平等竞争择优的方式确定各类政府购买服务承接主体，从而建立动态的优胜劣汰调整机制。2015 年，江苏省共实施政府购买服务项目 3778 个，金额约 159 亿元。安徽省全年共实施政府购买服务项目 3033 个，涉及资金近 110亿元。文化、教育、交通、医疗卫生等领域普遍开展了购买服务项目，政府购买社会服务的范围在不断扩展，力度也在不断加大。在促进社会组织发展方面，民政部争取中央财政安排 8 亿元资金，支持社会组织参与社会服务项目，资助社会组织开展社会救助、社会福利、社区、专业社工等方面的社会服务活动。安徽省省级购买社会服务项目 51 个，成交金额 1548.2 万元，其中 375 个社会组织与机构参与采购工作，涉及公益项目类、培训类、课题研究类和评估类等。云南省省级政府向社会组织购买服务目录项目资金共计 1.2 亿元，用于支持社工、养老、社会组织等相关服务。继财政部、民政部出台《关于支持和规范社会组织承接政府购买服务的通知》（财综〔2014〕87 号）后，各省份先后出台了实施办法，定期公布向社会组织购买服务目录，促进购买服务常态化。各级政府不断加大向社会力量购买服务力度，在向社会放权的同时，向社会投放更多的资源，培育社会主体健康成长，帮助社会得到更大自主权、更广发展空间。这使得政府和社会的关系在互动中得到改善，促进形成政府治理、社会调节、居民自治的良性互动格局。

（二）以民生改善为重点，着力调整社会利益关系

人民群众享有公共服务是公民的基本权利，为公民提供基本公共服务、着力保障改善民生是政府的职责。2015 年，国家一般公共预算支出继续增长，其中中央一般公共预算支出增长 9.5%。在支出项目上，社保和就业支出729.3 亿元，教育支出 1251.51 亿元，医疗卫生和计划生育支出 110.91 亿元。从实际财政支出情况看，社会事业支出增长的幅度较为显著。2015 年，全国居民人均可支配收入 21966 元，实际增长 7.4%。城镇居民人均可支配收入为

31195 元，实际增长 6.6%；农村居民人均可支配收入为 11422 元，实际增长 7.5%。城乡居民人均收入倍差为 2.73，比上年缩小了 0.02。全国居民收入基尼系数为 0.462，比往年稳中略降，趋势向好。

全年城镇新增就业 1312 万人，年末城镇登记失业率为 4.05%，全国大城市调查失业率为 5.1%，继续保持较低水平。在经济下行压力加大和结构调整加快的背景下，部分地区、行业、企业出现效益下滑、减员增多的现象，但是从全国来看没有发生大规模的下岗潮，就业保持稳中向好的态势。

在国务院先后出台《关于深化考试招生制度改革的实施意见》（国发〔2014〕35 号）、《国家贫困地区儿童发展规划（2014~2020 年）》（国办发〔2014〕67 号）的基础上，继续扩大实施农村贫困地区定向招生专项计划，农村学生上重点高校人数持续增加，教育公平程度逐步提高。2015 年，义务教育巩固率提高到 92.6%，高中阶段毛入学率达到 86.5%。在经济下行压力加大、财政收入增幅减缓的情况下，财政性教育经费占国内生产总值比例持续保持在 4% 以上。为贯彻国务院《关于加快发展现代职业教育的决定》（国发〔2014〕19 号），教育部等六部委印发《现代职业教育体系建设规划（2014~2020 年)》（教发〔2014〕6 号），这是我国首次对职业教育体系进行系统谋划、顶层设计、全面部署，对培养适应经济转型升级和竞争力提升的技术人才具有重要意义。

医改在多个重点领域和关键环节取得新进展，医疗服务体系进一步健全、服务能力得到提升。7 月，国办发布《关于全面实施城乡居民大病保险的意见》（国办发〔2015〕57 号），全国 31 个省份出台实施方案，对大病患者发生的高额医疗费用给予进一步保障。2015 年，我国居民人均预期寿命比 2010 年提高 1 岁。2014 年，我国孕产妇万人死亡率为 2.17，比 2008 年的 3.42 大幅下降。婴儿死亡率由 2008 年的 14.9‰，下降为 2014 年的 8.9‰。同时，居民个人卫生支出占卫生总费用比重持续下降，由 2010 年的 35.29%，下降到 30% 以内，为近 20 年来最低水平。

1 月，国务院发布《关于机关事业单位工作人员养老保险制度改革的决定》（国发〔2015〕2 号），改革现行机关事业单位工作人员的退休保障制度，建立独立于机关事业单位之外、资金来源多渠道、保障方式多层次、管理服务社会化的养老保险体系。8 月，《基本养老保险基金投资管理办法》（国发

〔2015〕48 号）发布，养老保险基金的投资运营进入实质化操作阶段。社会保障制度建设加快推进，参保人数持续增加，待遇水平稳步提高，社会保险基金运行总体平稳。全年参加基本养老、城镇基本医疗、失业、工伤、生育保险人数分别为 8.58 亿人、6.66 亿人、1.73 亿人、2.14 亿人、1.78 亿人，比 2014 年底分别增加约 1601 万人、6823 万人、283 万人、765 万人、730 万人；五项社会保险基金总收入 4.6 万亿元、总支出 3.9 万亿元，均比 2014 年底增加 0.6 万亿元。社会保障卡持卡人数达到 8.84 亿人，全年新增 1.7 亿人。我国全民医保制度已经基本建立，职工医保、城镇居民医保和新农合三类医保参保人数超过 13 亿，参保覆盖率持续稳固在 95% 以上。城乡居民基本医保财政补助标准 2015 年为 380 元，是 2008 年人均 80 元的 4.8 倍。职工医保、城镇居民医保和新农合政策范围内住院费用的支付比例持续提高。城乡居民大病保险全面实施后，患者经基本医保支付后需要个人负担的合规医疗费用，实际支付比例不高于 50%。全国疾病应急救助制度已经救助身份不明或无支付能力的急重症患者 40 多万人。2015 年，全国城镇保障性安居工程开工 783 万套（其中棚改开工 601 万套），基本建成 772 万套，完成投资 1.54 万亿元。

（三）以理顺体制机制为核心，加强和创新基层社会治理

社会治理的重点和难点都在基层。2015 年，中办、国办先后印发《关于加强城乡社区协商的意见》（中办发〔2015〕41 号）、《关于深入推进农村社区建设试点工作的指导意见》（中办发〔2015〕30 号），民政部会同中组部印发《关于进一步开展社区减负工作的通知》（民发〔2015〕136 号），进一步完善了基层社会治理的定位、架构、方法等，为加强和创新基层社会治理奠定了制度基础。

街道和社区管理体制改革持续推进，各地按照"重心下移、力量下沉、保障下倾"的要求，不断推进基层社会治理。上海市主要领导高度重视基层治理工作，亲自挂帅、组织调研，出台了上海市《关于进一步创新社会治理加强基层建设的意见》等 6 个配套文件。北京市先后出台《关于深化北京市社会治理体制改革的若干意见》等 4 个文件，具体做法是进一步把社会服务和城市管理的职能下沉到街道，把街道作为社会服务和城市管理的主要抓手；理顺街道与区县政府职能部门的关系，各职能部门在街道下设机构及人员要接受

街道统一调度，机构干部任命也需征求街道意见；加强协管员队伍建设和管理，将协管员队伍整合到街道，具体工作在街道。在社区建设方面推行社区党组织、社区居委会、社区服务站"三位一体"的治理模式，三者既有分工，又相互配合。党组织牵头抓总、抓党建，居委会抓自治，服务站主要承接政府的职能，整体推进社区建设。

全国各地普遍推进社区减负工作，向社区投放和转移更多的人财物等资源。2014 年底江苏省出台《关于减轻城乡社区负担提升为民服务效能的意见》。2015 年，江苏各地市先后出台社区减负增效的规范性文件，提出年底前减掉全省社区 95% 以上的不合理负担。7 月，江苏省出台《关于加强新形势下城乡社区建设的意见》，针对长期以来困扰和制约城乡社区建设发展的"人、财、物"等突出问题提出许多刚性措施。特别是在经费保障上，明确提出建立政府投入和社会投入相结合的经费保障机制，要求各级财政将城乡社区经费纳入同级财政预算，明确提出省级财政引导资金增加到 1 亿元。同时，要求各县（市、区）和街道（乡镇）按照不低于 3000 平方米和 1500 平方米的标准，建设综合性社区服务中心；每个社区按照每百户不少于 20 平方米、最低不少于 400 平方米的标准，建设社区服务中心。在人员待遇保障上，明确要求由县级以上政府统筹解决。全国许多省区市结合当地实际，推出了一系列社区减负、资源下沉的政策措施，使得社区的自我管理、自我服务、自我发展能力得到增强。

社区、社工、社会组织"三社联动"的局面正在形成，社区新型治理的模式和做法不断涌现。"网格化管理""门栋自治""院落自治""楼宇自治""业主自治""社团自治"等多种社区治理形式在许多地方推行。深圳市盐田区首创"居站分设"后，适合各地情况的居站关系正在重构。北京市建立对社区工作的第三方评估机制。南京市建立了居民参与评议政府制度。一些地方尝试减少管理层级，撤销街道办事处，扩大社区区划范围，增加社区居委会服务管理能力，其经验和做法正在总结推广。2015 年城市社区综合服务设施覆盖率达到 81.9%，民办社工机构达到 4600 多家，47429 人取得社工师、助理社工师证书，全国持证社工突破 20 万人，志愿服务、时间银行等工作广泛开展。

（四）以培育社会多元主体为出发点，加速社会组织改革

2015 年，我国社会组织改革从激活存量和发展增量两个角度共同推进。7

月，中央党的群团工作会议召开。这是中央首次召开的群团工作会议，习近平同志出席并发表重要讲话。习近平同志强调了群团工作的政治性、先进性和群众性，提出要以群众为中心，让群众当主角，要大力健全组织建设特别是基层组织建设，加快新领域新阶层组织建设，要积极联系和引导相关社会组织。同月，《关于加强和改进党的群团工作的意见》（中发〔2015〕4号）发布，为工会、妇联、共青团等群团组织改革发展指明了方向，为焕发群团组织的生机活力、有效参与社会治理注入了强大动力。7月，中办、国办印发《行业协会商会与行政机关脱钩总体方案》，要求纳入改革的行业协会商会与其主管机构部门实现机构分离、职能分离、资产财务分离、人员管理分离、党建外事等事项分离，要求加强法律法规制度建设，完善政府综合监管体系，完善信用体系和信息公开制度，建立完善法人治理结构。同时，还从工作机制、任务分工、时间进度、组织实施等方面提出明确要求。方案提出，2015年下半年开始第一批试点，2016年要进行经验总结和扩大试点，2017年要在更大的范围试点，通过试点，完善相应体制机制后全面推开。6月，民政部制定了《关于进一步整治社会组织乱摊派的实施方案》（民函〔2015〕138号），对社会组织利用业务主管部门影响、借用行政资源、依靠代行政府职能或凭借垄断地位，乱摊派问题进行重点整治。经过整治，全国社会组织自律与诚信建设得到加强，社会组织的公信力得到提高。

社会组织在社会治理中的重要性和作用得到普遍认可，社会组织的培育力度不断加大。2015年，全国民政部门登记的社会组织达到63.8万个。各地普遍采取积极措施，建设社会组织"孵化器"、培育基地，通过为入驻社会组织提供行政办公后勤、政策法律咨询、项目策划、服务指导、交流培训、资源链接以及财务托管、人事托管、网站托管等一系列服务，为社会组织的发育成长提供便利条件，提升社会组织发展能力，激发社会组织活力。社区社会组织在加强和创新基层社会治理中被寄予厚望。在街道、乡镇或者社区备案、注册的社会组织如雨后春笋般大量出现，更多以活跃城乡居民文体娱乐生活为目的的草根型社会组织普遍存在，生生不息。社会组织蓬勃发展的新格局和新态势正在形成。

9月，中办印发《关于加强社会组织党的建设工作的意见（试行）》（中办发〔2015〕51号），提出建立健全社会组织党建工作机构，理顺管理体系，完善工作机制,落实党建责任,形成党委统一领导、组织部门牵头抓总、社会组织党建工作机构具体指导、有关部门齐抓共管的工作格局。要求加大党组织组建力度,推进社会组织、党的组织和党的工作有效覆盖,创新党组织的工作内容和活动方式,切实发挥好社会组织党组织的政治核心作用。

(五)以防范化解社会风险为重心,构建共建共享共治的公共安全体系

坚持安全发展、确保公共安全是社会治理创新的重要任务。4月,我国新修订的《食品安全法》颁布。新法通过完善统一权威的食品安全监管机构、建立全过程的监管制度、建立最严格的食品安全标准等举措强化政府在食品安全监管中的法定责任。同时强调食品行业协会加强行业自律,消费者协会和其他消费者组织依法进行社会监督,鼓励举报食品安全领域的违法行为,引导新闻媒体开展食品安全法律、法规以及食品安全标准知识的公益宣传,对食品安全违法行为进行舆论监督,实现食品安全的社会共治。

2015年,全国安全生产事故总量继续下降,全年发生各类事故28.2万起、死亡6.6万人。大部分地区和重点行业领域安全状况基本稳定,煤矿百万吨死亡率降到历史最好水平。组织开展"千名干部与万名煤矿矿长、省(部)长与重点县县委书记县长谈心对话"活动,强化安全生产意识。通过强化领导责任,落实部门监管责任及企业主体责任,积极推进安全生产领域改革创新,完善考核指标体系,创新安全监管机制,推进安全生产标准化和隐患排查治理体系建设,使得安全生产取得阶段性成果。

2015年3月,李克强总理在政府工作报告中提出"互联网+"政策和规划,明确"推动移动互联网、云计算、大数据、物联网等与现代制造业结合,促进电子商务、工业互联网和互联网金融健康发展,引导互联网企业拓展国际市场"。为贯彻落实《"宽带中国"战略及实施方案》,全面建设网络强国和支撑制造业强国建设,工信部制定了实施"宽带中国"专项行动。7月,人民银行等十部委联合发布《关于促进互联网金融健康发展的指导意见》(银发〔2015〕221号),加强对互联网金融的规范和监管。12月,我国成功举办第二届世界互联网大会,国家主席习近平出席大会,在讲话中提出了推进全球互联网治理体系变革"四项原则",并就共同构建网络空间命运共同体提出了

"五点主张"。在实践中，各地结合实际开展智慧城市和智慧社区建设，运用"互联网＋"进行社会治理创新，运用科技信息方式推进社区治理精细化。国家信访局借助互联网，推进网上信访的工作模式。2015 年，全国信访总量、进京访数量、集体访数量都出现下降，网上信访比例持续上升。其中，网上信访数量分别超过来信、来访数量，占到总量的 40.1%，进一步彰显网上信访主渠道作用。

二 社会体制改革中面临的问题与挑战

2015 年，在社会体制改革持续推进的同时，一些深层次的矛盾和问题逐渐显现，政社关系重构、利益关系调整、治理体制机制转型过程中，既出现了"推不动、改得慢、明改暗不改"的现象，也存在"长不大、干不好、接不住"的问题。这迫切需要我们在创新、协调、绿色、开放、共享的理念指导下，进一步深化社会体制改革，加快建立现代社会治理体制，推进社会治理能力现代化。

（一）"放管服"改革不到位、欠科学，影响简政放权与政社关系重构的进程

释放改革红利是推进我国经济社会发展的关键。但是，长期形成的行政理念和文化、既有利益格局、相对滞后的法律法规等，影响和阻碍着简政放权、放管结合、优化服务改革措施的落实与深化。

放权方面，既存在着力度逐级递减、放虚不放实、放小不放大、重数量轻质量等问题，也存在着上放下不放、你放我不放、审批要件互为前置等现象，造成"最后一公里"很难打通，企业和群众办证多、办事难、耗时长、成本高，改革给民众带来的获得感不强。

监管方面，在管理方法上，存在着重审批、轻监管，习惯于"以审代管、以罚代管"的现象，甚至片面认为不审批就无监管职责，或者希望用复杂审批流程分散监管责任。在职能分工上，存在着监管职能分散，职能部门"各自为战"、分段监管，存在着多头监管、重复监管，也存在着无人监管、都不监管。在监管能力上，不能适应简政放权和职能转变的需要，不能适应市场主

体规模增长和新业态发展的需要，存在着人员素质和能力的不足。

服务方面，"官本位"的意识仍然较强，服务意识不强不深入。服务过程中，环节多、材料多、证明多，程序繁杂，流程和要件不清晰。办同样的事，不同地区、不同服务窗口甚至不同工作人员的要求不一样、结果不一样。一些政府部门和人员服务态度不佳、办事拖沓、效率低下的现象依然存在。

（二）事关民生改善的社会领域改革不够理想，影响人民群众的福利提升和幸福感受

我国人均 GDP 总体达到中等偏上收入国家的水平。但是，收入的城乡差距、地区差距、群体差距依然很大。2015 年，城乡居民人均收入倍差 2.73。全国居民按五等份收入分组，低收入组人均可支配收入 5221 元，高收入组人均可支配收入 54544 元，两者收入比有 10 倍多。2015 年全国居民收入的基尼系数为 0.462，贫富收入差距依然较大。收入分配制度改革是社会利益结构的重大调整，是改革中的"硬骨头"。十八届三中全会以来，我们在扶贫、转移支付、规范国有大型企业管理层薪酬水平、社会救助等方面取得了积极进展。但是，在建立劳动者工资的正常增长机制、保障农民公平分享土地增长收益、通过税收调节居民收入分配、建立个人收入与财产信息系统等重大问题上分歧较大，政策制度建设缓慢，影响了逐步形成"橄榄形"分配格局的步伐。

我国社会保障制度基本成型，解决制度碎片化等问题逐步提上日程。但是，社会保障事业发展的困难在增大，人民群众的期望在提升。全民参保计划的扩面征缴外延式发展面临新挑战，扩大社会保障覆盖面变得越来越困难；随着老龄化程度加深和保障水平提高，保障基金的支付压力加大，可持续性也在变差；养老保险制度间的衔接问题还未得到解决，延迟退休与基础养老金的全国统筹进展缓慢。城乡基本医保制度整合难度较大，医保支付方式改革进展不均衡，基本医疗保险的异地就医结算尚待推进。社会保障资金来源不足，增值保值水平不高，使用管理欠科学，资金可持续性较差。

与现代化要求和人民群众期待相比，我国教育、医疗存在明显短板，优质资源不足、资源配置不公平、体制机制不完善等问题长期得不到解决。特别是观念滞后，管理方式方法行政化、官僚化，对师生、医护人员的主动性、积极性、创造性调动不足，管理中统得过死、管得过多，不能适应信息化时代发展的需要。

（三）基层治理、社会组织发展"穿新鞋、走老路"，影响社会的生机与活力

近年来，基层社会管理得到越来越多的重视，基层治理中投入的人财物越来越多，对民众诉求的关切和回应在提高。但是，受传统思维惯性、路径依赖影响，基层治理中很容易走上强化管理、增加控制的老路子。众所周知，社区居委会承担过多不该由其承担的责任和事务，台账材料多、调查报表多、会议活动多、组织牌子多、硬性指派任务多，这就是长期以来居委会改革中的"顽症"。但是，各地在制定社区权利责任清单的过程中，各级党政机关都强调其主管事务在社区存在的必要性和重要性，社区减负很难落到实处。尤其要注意的是在原有负担尚未减少的同时，安监、质检、禁毒、环保、统计等部分政府机构借着强化基层治理、实行群防群治的机会，又在向社区指派新的工作、新的任务。作为居民自治主体的居委会依然承担着过多不该其承担的政府交办事务。

十八届三中全会以来，全社会对社会组织在新时期的定位、作用在认识上有了很大提高，对社会组织在社会治理和社会改革中的重要性寄予厚望。但是，从实际进展情况看，各方在与社会组织发展相关的政策法律建构上存在意见分歧，法律制（修）订工作出现徘徊不前的局面。由于种种原因，行业协会商会类、科技类、公益慈善类、城乡社会服务类社会组织直接登记步伐迟滞不前，降低登记门槛、简化登记程序等工作落实力度不大。"适合由社会组织提供的公共服务和解决的事项，交由社会组织承担"难以真正落到实处。社会组织登记及监督依然没有改变双重管理的状况，政府在推动购买服务、培育社会组织发展过程中，社会组织又增加了一些"管不了、事实上也管不好"的事项。为加强社会组织党建，一些地区、部门把社会组织党建与社会组织自我管理、自我发展相对立，片面强调党对社会组织机构、人员、活动全过程的控制，严重影响社会组织发展的自主性及其生机和活力。

（四）社会矛盾和社会风险高发易发，社会治理体制机制仍在磨合，影响社会和谐稳定

从时代背景看，我国仍将长期处于社会利益再调整、社会资源再配置时

期，贫富之间、劳资之间、官民之间的矛盾与互不信任将在一定时期存在，其内在张力和冲突的社会基础不可能短期内予以消除。从近年来的信访、群体性事件发生的形势来看，征地拆迁、劳资冲突、涉法涉诉等方面稳中略降，但是环境污染、非法集资、食品药品安全、重大项目、重大工程等诱发的信访和群体性事件数量增长很快，屡见报章，不良社会影响很大。

矿山、交通、危化品、烟花爆竹、消防等领域重特大事故易发，特别是煤矿和道路交通重特大事故占比60%以上。在经济社会发展过程中，某些行业产业，特别是道路交通、轨道交通、民爆物品、冶金有色等领域仍将保持较快发展态势，安全生产压力巨大。城市建设规模扩大、功能日趋复杂、人口日益密集，安全风险不断聚集，发生重特大事故的概率在增长，造成的损失也会增加。2015年，全国21个省份共发生38起重特大事故，平均10天一起，造成768人死亡失踪，平均每起重特大事故造成的死亡失踪人数超过前几年，有13个省份重特大事故起数或死亡人数同比上升。特别是上海外滩陈毅广场踩踏事件、天津港火灾爆炸、深圳滑坡等事故造成重大人员伤亡和财产损失，对广大人民群众的安全感造成很大冲击。应急管理的体制机制和应急处置的能力还有待加强。另外，互联网的快速发展给人们生产生活带来极大的便利，但虚拟社会的出现也给社会治理带来巨大挑战。

在社会治理体制机制上，党委领导的主体责任正在逐步落实，但是政府主导仍然过于依赖传统的行政指令和检查验收评比，重审批轻监管，重硬件轻软件，出现了"老办法不管用，新办法不会用，硬办法不敢用，软办法不顶用"的困境；社会协同方面，社区、社会组织、志愿者服务等发展不足的问题尚未根本解决，社会协同的机制化渠道尚未普遍建立；公众参与方面，制度性保障体制机制不健全，民众参与社会治理的积极性不高；法治保障方面，社会领域立法进展缓慢，无法可依与执法不严的现象时有发生。

三　进一步推进社会体制改革的政策建议

（一）继续在社会事业改革中保障改善民生

收入分配及就业、教育、医疗、社会保障等社会事业改革是人民群众最关心、最期待的问题。只有在这一领域不断推出新政策、新举措，才能更好地保障和改善民生、增进人民福祉。要进一步推进收入分配制度改革，提高劳动报酬在国民财富分配中所占比例，建立劳动者工资的正常增长机制，保障农民公平分享土地增长收益，通过税收调节居民收入分配，加快培育形成"橄榄形"的收入分配格局。在就业方面，继续实行就业优先的发展战略，做好大学生、经济结构调整和企业转型升级过程中下岗分流人员、流动人口等重点人群的就业服务工作，推进大众创业、万众创新，以创业带动就业，完善城乡均等的就业创业服务体系。在教育方面，大力促进教育公平，推动城乡教育资源统筹均衡配置，推进现代职业教育体系与经济社会协调发展，认真推进教育管办评分离，不断扩大学校办学自主权，发挥好学校、教师、学生在教育中的积极性和创造性。在医疗方面，继续推进公立医院改革，完善分级诊疗模式，促进医疗资源的均衡配置，鼓励社会办医、规范办医。在社会保障方面，加快制定出台养老保障总体方案，推进城乡养老保障统筹；整合城乡基本医疗保险制度，提高社会保障资金的经办管理和运营水平。

（二）继续在简政放权中推进社会治理体制创新

通过简政放权，明晰政府和社会的边界，使社会具有更大自主权和更大发展空间。进而改善政府和社会关系，为形成政府治理、社会调节、居民自治的良性互动格局创造条件。进一步加强清理、规范中介收费项目，层层编制权力清单和责任清单，把政府不该管、管不了、管不好的事项交给市场和社会，打通公共服务的"最后一公里"，让人民群众实实在在地享受到简政放权带来的改革红利。在下放政府权力的同时，科学确定审批、监管事项及办理程序，提高监管能力，创新监管方式，强化职能部门的监管责任，引导多部门联合监管、综合执法，防止监管中出现"各自为战、重复监管、监管漏洞"等现象。认真提升公共服务的质量，规范行政权力，推进公共服务的标准化和规范化，防止公共服务中的乱作为、不作为现象。加大政府向社会力量购买服务的力度，向社会投入更多的事权与资源，培育社会主体健康成长，引导社会力量成为政府公共服务的协同提供方，增加公共服务的供给总量，推进服务的便利化和可及性。

（三）继续在激发社会活力中推进社会共治

习近平同志指出："社会治理的重心必须落实到城乡社区。"各级党委政府也已经清醒地认识到，社会治理重点难点在基层，社会活力的关键在社会组织。要按照"重心下移、力量下沉、保障下倾"的原则，推进街道和社区治理体制改革。推动街道、乡镇按照经济社会转型的要求进行机构和职能调整，满足民众服务需求，发挥区域统筹协调作用。进一步推进社区建设，切实开展社区减负增效工作，进一步规范社区公共事务的内容与办理程序。同时，要按照费随事转要求，向社区投放转移更多资源，使得社区有钱办事、有人理事；要认真贯彻落实中办和国办印发的《关于加强城乡社区协商的意见》，推动社区民主政治建设进程，引导社区居民积极参与社区事务协商，增强社区自我管理、自我服务、自我发展能力。社区治理要以选举、议事、监督为中心，做到真选、真议、真监督，防止表面化。要加快社会组织立法进程，降低登记门槛、简化登记程序，将适合由社会组织提供的公共服务和解决的事项，交由社会组织承担。按照政社分开、权责明确、依法治理的原则，培育引导社会组织发展，同时强化社会组织内部治理结构和外部监督，保障其正确的发展方向。群团组织改革发展、行业协会商会与行政机关脱钩、整治社会组织乱摊派等为社会组织分类发展、规范发展奠定了基础，要进一步强化推进，将布置的工作真正落到实处。

（四）继续在构建公共安全体系中防范和化解矛盾风险

近年来中央强力反腐、八项规定、"三严三实"教育活动，遏制了腐败蔓延，规范了权力行使，促进了党群关系、干群关系的改善。要继续维持反腐高压态势，把权力关进制度的笼子。要通过持续改善民生，增进民众福祉，继续促进官民关系的持续好转。同时，要通过建立制度化的劳资关系协调机制、群众利益诉求表达机制、社会风险排查机制、社会矛盾纠纷调处机制，及时发现和调处矛盾，避免矛盾的积累、激化和爆发。

加强社会管理、维护人民群众生命财产安全，是社会治理现代化的题中之义。要继续强化在公共安全体系建设中的政府责任、相关部门监管责任和企业主体责任，努力构建立体化、多元共治的公共安全监管网。针对安全生产领域重特大事故高发频发现状，要继续加强管理、不断强化责任，各级人民政府和相关企事业单位要完善落实安全生产责任和管理制度，开展生产安全隐患专项排查整治，并通过加强对各级领导干部公共安全知识和处置突发事件能力的培训，切实提高领导干部的应急处置水平。

在信息化不断加深的大背景下，加强虚拟社会相关法制建设，提高互联网舆论引导能力，确保国家安全、社会稳定和网络信息正常传播，是摆在我们面前的突出任务。要在加强互联网管理立法的同时，构建政府、企业与公众共同参与的互联网管理体制，整合相关机构职能，建立科学有效的监管机制，确保网络正确使用和网络安全。此外，要加强互联网领域的国际合作，争取在互联网发展中拥有更多话语权，建立全球互联网共享共治平台，共同推动网络空间互联互通、共享共治，共同构建网络空间命运共同体。推动各地继续开展智慧城市、智慧社区建设，充分运用现代科技信息手段推进社区治理网格化和精细化，借助"互联网＋"推进社会治理方式的创新。

主要参考文献

国家统计局：《2015 年国民经济运行稳中有进、稳中有好》，http：//www. gov. cn/zhuanti/2016－01/19/content＿ 5034293. htm。

《人力资源和社会保障部 2015 年第四季度新闻发布会答问实录》，http：//www. china. com. cn/zhibo/2016－01/22/content＿ 37630499. htm。

《李立国部长在 2016 年全国民政工作会议上的讲话》，http：//www. kcmz. gov. cn/news. aspx？ newsId＝25090。

《坚持改革创新　强化依法治理　全力遏制重特大事故多发的势头——杨焕宁在全国安全生产工作会议上的讲话》，http：//www. esafety. cn/zt/110960. html。

《中共中央关于制定国民经济和社会发展第十三个五年规划的建议》，新华社，2015 年 11 月 3 日。

社会治理体制篇

Institutions of Social Governance

B.2
2015年社会治理法治化
进程及2016年展望

赵秋雁 *

摘　要：　2015 年是全面完成"十二五"规划的收官之年，也是全面推
进依法治国的开局之年，社会治理法治化取得新进展，多元
主体依法共治迈上新台阶，突出保障和改善民生立法，推进
平安建设。但是，社会治理法治化水平与构建共建共享社会
治理格局的实际需要、切实改善和保障民生的要求还有一定
距离。2016 年是全面建成小康社会决胜阶段的开局之年，推
进社会治理法治建设工程仍很艰巨。

关键词：　社会治理法治化　法治社会　共商共建共享　共治

* 赵秋雁，北京师范大学中国社会管理研究院/社会学院教授、党总支书记兼副院长、法学博
士。

2015 年，适应国际形势新变化和国内经济发展新常态，社会治理在共建共享中推进法治化。

一 2015年社会治理法治化的主要进展

（一）多元主体依法共治迈上新台阶

以法治为基础的多元主体共治是完善"党委领导、政府主导、社会协同、公众参与、法治保障"社会治理体制的内在要求，也是推进社会治理理论创新、实践探索和制度完善的迫切需要。

1. 推出若干加强和改善党领导的重要举措

中共中央颁布的《中国共产党党组工作条例（试行）》明确要求，在包括中央和地方国家机关、人民团体、经济组织、文化组织、社会组织和其他组织领导机关中设立党组。制定的《中国共产党廉洁自律准则》是中国共产党执政以来第一部坚持正面倡导、规范全党廉洁自律工作的法规，修订的《中国共产党纪律处分条例》围绕党纪戒尺要求，开列负面清单，修订的《中国共产党巡视工作条例》则主要规范巡视工作、强化党内监督。"一准则两条例"进一步明晰了政德、纪律和法律三者辩证统一关系，强化了党内法规引导、治理和监督的功能。《推进领导干部能上能下若干规定（试行）》着力解决为官不正、为官不为、为官乱为等问题。《党政领导干部生态环境损害责任追究办法（试行）》作为《关于加快推进生态文明建设的意见》专项配套政策文件，首次对追究党政领导干部生态环境损害责任做出制度性安排。这对新形势下更好发挥党总揽全局、协调各方的领导核心作用具有十分重要的意义。

2. 出台新时期法治政府建设的纲领性文件

中共中央、国务院印发的《法治政府建设实施纲要（2015～2020 年）》（简称《纲要》）是继国务院 2004 年颁布《全面推进依法行政实施纲要》之后关于依法行政的又一重要规划性文件，既是落实党的十八大关于 2020 年法治政府基本建成这一目标的具体规划，又是贯彻"四个全面"战略布局的重要举措，也是推进我国"十三五"规划的有力保障。《纲要》强调要创新社会治理，加强社会治理法律、体制机制、能力、人才队伍和信息化建设，提高社会治理科学化和法治化水平。各地区各部门积极结合实际贯彻执行。四川、广东、江苏、广西、福建、山西、云南、浙江、河北、新疆等省、自治区,以及南京、沈阳、成都、南昌、厦门、温州、石家庄、呼和浩特、大连、西宁、鞍山、本溪、杭州、吉林等地方政府出台了相应的实施意见。

3. 进一步加强党委领导,推进政社分开,激发社会组织活力

中共中央印发《关于加强和改进党的群团工作的意见》对加强和改进党对群团组织的领导、推动群团组织改革提出了要求、制定了举措。中办印发《关于加强社会组织党的建设工作的意见(试行)》,首次从整体上对社会组织党建工作做出顶层设计,民政部成立了民间组织服务中心党委。中办、国办印发《行业协会商会与行政机关脱钩总体方案》,国务院成立了行业协会商会与行政机关脱钩联合工作组,有关部门制定出台了机构编制、负责人任职、国有资产管理、购买服务等配套文件。国务院办公厅印发《中国足球改革发展总体方案》和国务院足球改革发展部际联席会议办公室印发《中国足球协会调整改革方案》,均强调足协改革是中国足球改革发展的关键。首部规范境外非政府组织在我国境内活动的基本法律《中华人民共和国境外非政府组织管理法》经全国人大常委会审议后向社会公开征求意见。民政部《民政部关于探索建立社会组织第三方评估机制的指导意见》明确了建立社会组织第三方评估的总体思路、基本原则、政策措施和组织领导。这些举措从深化社会组织管理制度改革的全局出发,对加强党委领导、加快转变政府职能、激发社会组织活力、完善社会组织综合监管体系产生重要影响。

4. 加强城乡社区协商和减负增效,推动基层群众自治

中办、国办印发的《关于加强城乡社区协商的意见》首次就城乡社区协商工作做出系统性部署。《关于深入推进农村社区建设试点工作的指导意见》对促进城乡一体化建设、建设美好乡村等提出明确要求,并从加强法治力量、健全化解矛盾纠纷机制、指导完善村民自治章程和村规民约等方面部署了农村社区治理法治化建设。民政部、中央组织部发布的《关于进一步开展社区减负工作的通知》是中央层面第一个就社区减负工作做出系统部署的专门政策文件,从依法确定社区工作事项、规范社区考核评比活动等七个方面对社区减负增效工作提出要求。此外,国家档案局、民政部联合发布《城市社区档案管理办法》,全国老龄办、民政部联合下发《关于进一步加强城乡社区老年协

会建设的通知》等，对档案管理、老年协会建设等做出规定。

5. 家庭法治建设开启新篇章

家庭是国家发展、民族进步和社会和谐的重要基点。全国人大常委会审议通过首部《反家庭暴力法》，是保障人权、促进平等的历史性进展，也标志着我国以宪法为根据、以该法为主体的防治家庭暴力法律体系初步形成，丰富和强化了国家和社会干预家庭暴力的法律措施和手段。修订的《人口与计划生育法》明确全国统一实施全面两孩政策，这是继2013年启动实施"单独二孩"之后又一人口政策调整。最高法、最高检、公安部、司法部印发《关于依法办理家庭暴力犯罪案件的意见》，民政部、全国妇联印发《关于做好家庭暴力受害人庇护救助工作的指导意见》，教育部印发《关于加强家庭教育工作的指导意见》等，对家庭建设也做出了规定。

（二）着力改善和保障民生，加强权益保障

1. 落实户籍制度改革，在全国建立居住证制度

2015年，国务院公布《居住证暂行条例》，用法治方式完善居住证管理，保障持证人合法权益，落实户籍制度改革，依法推进义务教育、就业服务、养老、医疗卫生、住房保障等基本公共服务均等化，这是推进以人为核心的新型城镇化、推动农业现代化、促进社会公平正义的重要举措。山西、福建、广西、陕西、贵州、安徽、云南、广东、吉林、重庆、湖北、内蒙古、浙江、海南等省、自治区、直辖市出台了相应的实施意见。

2. 继续推进依法治教

2015年，教育法治建设主要围绕坚持立德树人、促进创新创业、推动教育均衡发展等方面展开。

教育工作基本法《教育法》的修订进一步完善了教育基本制度，强调教育应当为社会主义现代化建设服务、为人民服务，坚持立德树人，加强社会主义核心价值观教育，提出国家财政将主要关注普及教育、义务教育，其他教育领域引进社会资本等。

在义务教育方面，《义务教育法》做出了关于教科书定价原则方面的修订，国务院印发《关于进一步完善城乡义务教育经费保障机制的通知》，教育部发布《关于进一步做好全面改善贫困地区义务教育薄弱学校基本办学条件

有关工作的通知》，财政部、教育部联合出台《农村义务教育薄弱学校改造补助资金管理办法》等，加大了对义务教育的支持和规范。

在高等教育方面，修订的《高等教育法》提出进一步下放设立高校审批权限，规范办学水平和质量评估体系等。国务院印发《统筹推进世界一流大学和一流学科建设总体方案》，旨在引导和支持高校优化学科结构，通过体制机制改革激发内生动力，提升高等教育综合实力和国际竞争力。财政部、教育部联合印发《财政部 教育部关于改革完善中央高校预算拨款制度的通知》，这是引导中央高校转变发展模式的重要制度设计。

在职业教育方面，《高等职业教育创新发展行动计划（2015～2018年）》《关于深化职业教育教学改革全面提高人才培养质量的若干意见》等规范了职业教育创新发展工作。此外，国务院《关于加快发展民族教育的决定》《乡村教师支持计划（2015～2020年）》等对发展民族教育和乡村教育等做出规定。有关部门还针对中央财政支持学前教育发展资金、学生志愿服务等工作出台了相关规定。

3. 鼓励就业创业，推动构建中国特色和谐劳动关系

2015年，劳动保障法治建设着力规范激励就业创业，推动构建中国特色和谐劳动关系。

《就业促进法》根据行政审批改革精神修订了职业中介机构的设立程序，中共中央、国务院印发的《关于构建和谐劳动关系的意见》特别强调要把劳动关系的建立、运行、监督、调处的全过程纳入法治化轨道。此外，中国残联等八部委共同印发《关于发展残疾人辅助性就业的意见》、人社部办公厅等联合下发《关于做好戒毒康复人员就业和社会保障工作的通知》，规范残疾人、戒毒康复人员等群体的就业促进工作。

为推进大众创业、万众创新，国务院发布《关于大力推进大众创业万众创新若干政策措施的意见》《关于大力推进大众创业万众创新若干政策措施的意见》《关于加快构建大众创业万众创新支撑平台的指导意见》。国务院办公厅印发《关于支持农民工等人员返乡创业的意见》《关于深化高等学校创新创业教育改革的实施意见》，发改委、中国科协发布《关于共同推动大众创业万众创新工作的意见》，农业部发布《关于实施推进农民创业创新行动计划（2015～2017年）的通知》，共青团中央办公厅、农业部办公厅、中国农业银行办公室发布《关于实施大学生返乡创业行动的通知》等对落实该部署做出

了具体规定。

4. 进一步完善社会保障制度体系

社会保险方面。国务院《关于机关事业单位工作人员养老保险制度改革的决定》《基本养老保险基金投资管理办法》《机关事业单位职业年金办法》《关于全面实施城乡居民大病保险的意见》，人社部《关于做好进城落户农民参加基本医疗保险和关系转移接续工作的办法》，财政部《关于适当降低生育保险费率的通知》等对养老、生育、大病保险做出规定，普遍性养老金制度得以确立，全民医保体系基本形成。

社会救助方面。为贯彻落实2014年《社会救助暂行办法》，民政部、财政部共同印发《关于加快推进社会救助领域社会工作发展的意见》明确了加快推进社会救助领域社会工作发展的指导思想、原则目标、任务路径与支持保障措施。国务院办公厅转发民政部等五部门《关于进一步完善医疗救助制度全面开展重特大疾病医疗救助工作意见》，旨在进一步完善医疗救助制度，保障困难群众基本医疗权益，民政部印发《关于指导村（居）民委员会协助做好社会救助工作的意见》和《关于支持引导社会力量参与救灾工作的指导意见》有助于支持基层群众性自治组织和社会力量发挥作用。

社会福利方面。老年人权益保障法治建设进展的亮点是为民间资本进入养老服务业提供法律保障。为落实国务院2013年《关于加快发展养老服务业的若干意见》，修订的《老年人权益保障法》允许设立经营性养老机构。卫生计生委等九部委《关于推进医疗卫生与养老服务相结合的指导意见》，国家发展改革委办公厅等制定《关于进一步做好养老服务业发展有关工作的通知》，国家发展改革委等出台《关于规范养老机构服务收费管理促进养老服务业健康发展的指导意见》，民政部等发布《关于鼓励民间资本参与养老服务业发展的实施意见》，民政部、国家开发银行联合发布《关于开发性金融支持社会养老服务体系建设的实施意见》等，就加大养老服务体系投入、推进综合改革试点、探索多元化投融资模式等做出部署。残疾人权益保障法治建设的重点在于改善残疾人民生，为此，国务院发布《关于加快推进残疾人小康进程的意见》《关于全面建立困难残疾人生活补贴和重度残疾人护理补贴制度的意见》，财政部、国家税务总局、中国残疾人联合会发布《残疾人就业保障金征收使用管理办法》，教育部、全国残联发布《残疾人参加普通高等学校招生全国统一考试管理规定（暂行）》。在儿童和其他人员权益保障方面，民政部、公安部出台《关于开展查找不到生父母的打拐解救儿童收养工作的通知》《关于加强生活无着流浪乞讨人员身份查询和照料安置工作的意见》，为查找不到生父母的打拐解救儿童和流浪乞讨人员回归家庭生活等权益保护做出规范。

慈善事业方面。备受关注的慈善事业立法迈出实质性步伐，首部慈善领域的基本法律《慈善法》经 2016 年 3 月 16 日第十二届全国人民代表大会第四次会议审议通过。该法采用"大慈善"概念，不仅把促进教育、科学、文化、卫生、体育事业的发展，及环境保护等领域的公益活动纳入调整范围，而且纳入了符合社会公共利益的其他活动，这体现了与国际接轨和面向未来的立法精神。

5. 推进健康中国建设，提高食药监管法治化水平

国务院办公厅印发的《全国医疗卫生服务体系规划纲要（2015～2020年）》是首次在国家层面制定的医疗卫生服务体系规划，是推动深化医改、打造健康中国的一项重要举措。

在医院综合改革方面，国务院办公厅印发《关于城市公立医院综合改革试点的指导意见》《关于全面推开县级公立医院综合改革的实施意见》《关于推进分级诊疗制度建设的指导意见》《关于促进社会办医加快发展若干政策措施的通知》《关于进一步加强乡村医生队伍建设的实施意见》，以及卫生计生委发布《控制公立医院医疗费用不合理增长的若干意见》等文件，规范了推进医院综合改革和建立现代医院管理制度等工作。

在药品管理方面，修订的《药品管理法》着重简化行政部门工作流程和推进价格管理市场化改革，《关于完善公立医院药品集中采购工作的指导意见》《药品经营质量管理规范》《推进药品价格改革意见》《关于加强药品市场价格行为监管的通知》等文件加强了对药品供应、质量和价格的管理。

在中医药发展方面，国务院办公厅印发的《中医药健康服务发展规划（2015～2020年）》和转发的《中药材保护和发展规划（2015～2020年）》分别是我国第一个关于中医药健康服务发展、中药材保护和发展的国家级规划，卫生计生委、国家中医药管理局联合发布了《关于推进社会办医发展中医药服务的通知》。此外，国务院办公厅转发卫生计生委等十部委制订的《全国精神卫生工作规划（2015～2020年）》，有关部门还发布了规范社区卫生服务、

医疗器械审批检查等文件。

全国人大常委会修订的《食品安全法》被称"史上最严"，在监管主体、过程、标准和法律责任等方面较好体现了预防为主、风险管理、全程控制、社会共治等原则。食品药品监督管理局等有关部门出台的《食品召回管理办法》《食品生产许可管理办法》《食品经营许可管理办法》《关于推进食品药品安全信用体系建设的指导意见》等规范了食品生产、经营、召回等工作，《关于进一步加强农村食品安全治理工作的意见》则着力治理农村食品安全突出问题。

6. 规范工程质量和安全

《国务院关于修改〈建设工程勘察设计管理条例〉的决定》增加了违反本条例应承担的责令限期改正、责令停产停业、赔偿等法律责任。住房和城乡建设部发布《住房城乡建设质量安全事故和其他重大突发事件督办处理办法》旨在加强对住房城乡建设领域质量安全事故和其他重大突发事件督办和查处，发布《住房城乡建设行政复议办法》旨在规范住房城乡建设行政复议工作，防止和纠正违法或者不当的行政行为，还发布了《建筑业企业资质管理规定》，修改了《房地产开发企业资质管理规定》《建设工程质量检测管理办法》《工程造价咨询企业管理办法》《工程建设项目招标代理机构资格认定办法》《工程监理企业资质管理规定》《物业服务企业资质管理办法》《城乡规划编制单位资质管理规定》等部门规章，以加强建筑活动的监督管理。

（三）创新立体化社会治安防控体系，深化平安中国建设

2015年，社会治安综合治理法治建设在总体国家安全观指导下，加强了预警源头治理、推进信访工作法治化、互联网重点领域治理等方面的规范。

全国人大常委会通过的《国家安全法》是立足全局、统领国家安全各领域的基础性、全局性、综合性法律，确立了总体国家安全观的指导地位和国家安全的领导体制，突出强调以人民安全为宗旨，以政治安全为根本，以经济安全为基础，以军事、文化、社会安全为保障，以促进国际安全为依托，维护各领域国家安全，为构建中国特色国家安全体系奠定了法律基础。全国人大常委会审议通过了防范和惩治恐怖活动的《反恐怖主义法》和刑法修正案（九），最高人民法院发布《关于充分发挥审判职能作用切实维护公共安全的若干意

见》等。

中办、国办印发的《关于加强社会治安防控体系建设的意见》从加强社会治安防控网建设、提高社会治安防控体系建设科技水平、完善社会治安防控运行机制、运用法治思维和法治方式推进社会治安防控体系建设、建立健全社会治安防控体系建设工作格局等五大方面提出了具体措施。国务院办公厅秘书局印发《国家突发事件预警信息发布系统运行管理办法（试行）》，针对自然灾害、事故灾难、公共卫生事件、社会安全事件四大类突发事件的预警做出规范，标志着全国统一的预警信息发布系统运行管理机制的建立，将进一步规范预警信息制作及发布传播、发挥国家预警发布系统更大效用、提升政府应急管理水平。

国家信访局印发《关于进一步加强和规范联合接访工作的意见》坚持以依法解决信访问题为核心，努力把信访事项特别是初次来访解决在初始、化解在属地。中央政法委发布的《关于建立律师参与化解和代理涉法涉诉信访案件制度的意见（试行）》有助于发挥律师专业优势，依法解决涉法涉诉信访问题。

全国人大常委会初次审议了《网络安全法（草案）》，并向社会公开征求意见。国家发展改革委、中央综治办、公安部等九部委联合发布《关于加强公共安全视频监控建设联网应用工作的若干意见》、中国人民银行等十部委印发《关于促进互联网金融健康发展的指导意见》，公安部等六部委发布《互联网危险物品信息发布管理规定》，进一步加强对互联网的应用和管理。在司法层面，上海市浦东新区人民法院判决首次将流量劫持认定为犯罪，上海杨浦区法院判决首次认定视频聚合盗链行为构成不正当竞争，有益于进一步净化网络环境。

二 2015年社会治理法治建设的特征

2015年，社会治理法治建设更加注重顶层设计、源头治理和依法治理。

一是更加注重法治中国的顶层设计，发挥立法引领和推动作用。我国15年来首次修改的"管法之法"《立法法》对提高立法质量、坚持立法公开、规范授权立法等做出了规定。这是立法史上的里程碑，对于完善我国立法体制具有重要的现实意义和长远意义。

二是继续贯彻落实《中共中央关于全面推进依法治国若干重大问题的决定》。卫生计生委《关于全面加强卫生计生法治建设的指导意见》将"建立和完善基本医疗、公共卫生、计划生育、监督执法等法律制度"纳入总体目标。人社部《关于全面推进人力资源社会保障部门法治建设的指导意见》提出"重点推进健全促进就业创业体制机制、社会保险配套制度、人才人事管理体制、工资收入分配制度、劳动关系调整机制等方面的改革"。中国民用航空局《加强民航法治建设若干意见》从民航法规体系、加强监管能力建设、行业依法运行、增强守法用法观念四个方面部署了 16 项基本任务。交通运输部《关于全面深化交通运输法治政府部门建设的意见》围绕法治政府建设目标,以法治考评为主要抓手,提出了 8 大类 35 项具体要求及相应保障措施。还有,中医药管理局发布《关于全面推进中医药法治建设的指导意见》、国家宗教事务局出台《关于加强宗教工作法治建设的意见》等。

三是进一步加强源头治理和依法治理。例如,中办、国办印发了《领导干部干预司法活动、插手具体案件处理的记录、通报和责任追究规定》、中央政法委印发了《司法机关内部人员过问案件的记录和责任追究规定》,目的是建立防止司法干预的"防火墙",为司法机关依法独立公正行使职权提供制度保障。例如,中办、国办印发的《关于完善法律援助制度的意见》不仅扩大了民事、行政法律援助的范围,逐步将涉及劳动保障、婚姻家庭、食品药品、教育医疗等与民生紧密相关的事项纳入法律援助补充事项范围,还强调要重点做好农民工、下岗失业人员、妇女、未成年人、老年人、残疾人和军人军属等重点人群的法律援助工作,而且,市、县级财政将法援经费全部纳入同级财政预算。例如,针对"职业病纠纷"频发,卫生计生委发布《职业健康检查管理办法》,明确规定从事接触职业病危害作业的劳动者必须在上岗前、在岗期间、离岗时进行健康检查,费用由用人单位负担。

三　社会治理法治建设面临的挑战

应当看到,社会治理法治建设还面临很多挑战。

一是结合当前社会治理法治保障需求,总体上立法数量还不足,且系统性还不够，与构建共建共享社会治理格局的实际需要、切实改善和保障民生的要求有一定距离。主要体现在：有些重要立法尚未列入计划，如《社会组织法》等；有些虽然列入计划但迟迟没有出台，如制定《社会救助法》《社区矫正法》《网络安全法》，以及志愿服务和社会工作等方面法律法规；有些立法修订相对缓慢，如《城市居民委员会组织法》《民办非企业单位登记管理暂行条例》《基金会管理条例》等；有些立法虽刚刚作出修订，但随着经济社会形势发展变化和相关新法陆续出台，尚需进一步深入研究系统修订，如《社会团体登记管理条例》等。

二是创新社会治理方式，深化司法体制改革的任务仍很繁重。2015年是司法体制改革全面深入推进的一年，司法人员分类管理制度、司法责任制、司法人员职业保障制度和省以下地方法院、检察院人财物统一管理四项司法体制改革试点作了较好的理论准备和经验积累。中央深改组第十九次会议通过《关于在全国各地推开司法体制改革试点的请示》，2016年在北京、天津等13个省区市和新疆生产建设兵团开展第三批司法体制改革试点，这意味着改革试点在全国推开。

三是城市执法体制改革难度还较大。城镇化是现代化的必由之路，以法治思维和方式推进以人的城镇化为核心的新型城镇化建设，严格执法是难点也是关键。中共中央、国务院印发的《关于深入推进城市执法体制改革 改进城市管理工作的指导意见》明确了新形势下推进城市执法体制改革、改进城市管理工作的总体思路，正如该意见指出的，我国多数地区在城市市政管理、交通运行、人居环境、应急处置、公共秩序等方面仍有较大差距，城市管理执法工作还存在管理体制不顺、职责边界不清、法律法规不健全、管理方式简单、服务意识不强、执法行为粗放等问题。

四 展望2016年社会治理法治建设

2016年是全面建成小康社会决胜阶段的开局之年，社会治理法治化将取得较大进展。

一是全面依法治国将为顺利实施"十三五"规划提供坚强法律保障。2015～2020年，既是全面建成小康社会的"收官"阶段，又是全面推进依法治国的"攻坚"阶段。"十三五"规划，既是到2020年实现第一个百年奋斗目标、全面建成小康社会收官的5年规划，也是中国经济发展进入新常态后的首个五年规划，还是全面依法治国战略下第一个系统的五年规划。2016年的社会治理法治化的首要任务是积极贯彻落实"十三五"规划纲要，牢固树立创新、协调、绿色、开放、共享的发展理念，坚持法治国家、法治政府、法治社会一体建设，以协调推进"四个全面"实现"五位一体"的总体布局。

二是"互联网＋"时代对社会领域立法质量、执法效率、司法正义和自觉守法提出新要求。2015年，国务院发布的《关于积极推进"互联网＋"行动的指导意见》明确了11项重点行动和7个方面保障支撑措施，"互联网＋"行动计划上升为国家战略。以立法工作为例，调整后的全国人大常委会五年立法规划一、二类项目从原有的68件增至102件。2016年，《网络安全法》《志愿服务条例》《城市居民委员会组织法》《民办非企业单位登记管理暂行条例》《基金会管理条例》等审议和修订工作都要充分响应"互联网＋"时代日益复杂的社会生态系统的发展需求。

三是深化标准化改革，提升法治软实力，推进社会治理精细化。标准化是中国法治发展成熟的重要标志之一，社会领域标准化关乎民生福祉。2015年，国务院印发《深化标准化工作改革方案》，国办印发《贯彻实施〈深化标准化工作改革方案〉行动计划（2015～2016年）》和我国标准化领域第一个国家专项规划《国家标准化体系建设发展规划（2016～2020年）》。该规划提出，到2020年，基本建成支撑国家治理体系和治理能力现代化的国家标准化体系。这些任务和措施必须落实到每一领域、每一环节、每一时间点，2016年开局之年，加快食品安全、养老服务、社会救助等重点领域标准研制工作极为迫切，也将为之后四年完成目标、任务打下基础。

四是构建学校、家庭、社会立体化的法治教育体系，让遵法守法成为人们的共同追求和自觉行动。习近平同志在十八届中央纪委六次全会上强调："领导干部要把家风建设摆在重要位置，廉洁修身、廉洁齐家。"这为加强干部作风建设、推进反腐倡廉建设指明了新的切入点，也对家庭法治教育提出了新要求。教育部印发《依法治教实施纲要（2016～2020年）》，旨在为全面推进依法治教、以法治校，深化教育综合改革，加快教育现代化提供法治保障。2016年，学校、家庭、社会立体化的法治教育体系构建值得期待。

参考文献

魏礼群：《全面推进法治社会建设》，《社会治理》2015 年第 2 期。

李林等主编《中国法治发展报告 No.14（2016）》，社会科学文献出版社，2016。

李林等主编《中国地方法治发展报告（2016）》，社会科学文献出版社，2016。

徐汉明、张新平：《人民日报人民要论：提高社会治理法治化水平》，2015 年 11 月 23 日。

魏建国：《城市化升级转型中的社会保障与社会法》，《法学研究》2015 年第 1 期。

陈朋、张明军：《社会治理法治化的价值取向及实践回应》，《人民论坛》2015 年第 6 期。

蔡辉：《法治是社会治理的根本抓手——学习党的十八届四中全会决定》，《学术研究》2015 年第 2 期。

王广彬：《论社会主义与社会法》，《中国社会科学院研究生院学报》2015 年第 5 期。

2015年户籍制度改革的省际对比及展望

马福云*

摘　要： 改革开放以后，中国逐步转向市场经济体制。在此背景下，计划经济体制下形成的户籍管理制度开始改革，包括放松人口流动、松动农转非、调整户籍权益等。2014年户籍制度改革因其统一居民户口，明确梯度化落户政策，以及推进户籍权益平等化而引人注目。本文关注户籍制度改革中不同省份制度改革的落实情况，比较其异同点，并提出户籍制度改革的总体趋势。

关键词： 户籍制度　居住证　户籍权益

伴随中国经济转轨与社会转型，计划体制下形成的户籍制度体系逐渐改革。户籍制度改革集中于放松人口迁徙限制，吸引特定人口落户以及调整城乡户籍权利利益。2010年以后，我国经济社会进一步深刻转型，户籍制度改革力度加大，呈现新的趋势。

一　中国户籍制度的形成与改革

1949年新中国成立后，在经济社会秩序的重建过程中，中国对人口、户口的管理及其制度化先城市后农村地逐步形成。20世纪50年代后，伴随对农村外流人口的控制，户籍迁移管理以城市需求为据逐步得到强化。1958年1

---

* 马福云，法学博士，国家行政学院社会治理研究中心副主任、副教授。

月，《中华人民共和国户口登记条例》出台，该条例提出的户口凭证管理使得户籍制度附加了控制人口迁徙的功能。稍后，城市职工与人口的精简，都采取了户籍迁移的办法予以落实，使得户籍制度成为对人口迁徙进行计划管理的有力工具。70年代，推出"农转非"及其内部控制指标，以户籍管理来控制人口迁移的做法被规范化。在农业户籍、非农业户籍二元分割的基础上，不同的户籍权利利益开始逐步显现。城乡户籍逐步与粮食、布匹、食用油、燃煤等生活用品的票证管理联系起来，进而与教育、劳动就业、医疗卫生、养老等社会保障制度等联系起来，使得城乡农业、非农业户籍附加上不同的权利、利益而趋于等级化和差别化。

从20世纪80年代起，伴随国家转向市场经济，城市经济发展对劳动力的需求使得户籍管理不得不松动，人口流动在城乡之间逐步加大，形成了大规模的"民工潮"，而城市工业化推进也使得人口迁移不可避免。80年代，允许在城镇有固定住所、有经营能力，或在乡镇企事业单位长期务工的农民在集镇落户但需要粮油自理。稍后，对流动人口实行暂住证管理制度。90年代，在小城镇、经济特区及开发区等地开始推行当地有效城镇户口，以解决"农转非"指标不足引发的落户难题。进入21世纪后，对小城镇常住户口不再实行计划指标管理，允许在县市区、县政府驻地镇、集镇等地有合法固定住所、稳定职业或生活来源的农民转变为非农业户口，并在子女教育、参军、就业等领域与城镇居民享有同等待遇。在放松农业人口进城限制的同时，伴随国家经济发展，社会物质产品逐步丰富，粮油供应、教育、就业、住房等的市场化改革使得基于户籍的权益配置开始逐步弱化。

2013年，党的十八大在《中共中央关于全面深化改革若干重大问题的决定》中提出，"创新人口管理，加快户籍制度改革，全面放开建制镇和小城市落户限制，有序放开中等城市落户限制，合理确定大城市落户条件，严格控制特大城市人口规模"。这为其后的户籍制度改革确定了基本的政策取向。

二 户籍制度改革政策进展与省际比较

2014年7月，国务院《关于进一步推进户籍制度改革的意见》（以下简称

《意见》）发布。《意见》提出，进一步调整户口迁移政策，建设国家人口基础信息库，推进城镇基本公共服务覆盖全部常住人口。到2020年，基本建立与全面建成小康社会相适应，有效支撑社会管理和公共服务，依法保障公民权利，以人为本、科学高效、规范有序的新型户籍制度。《意见》提出统一城乡户口登记，建立一元化户口管理与居住证制度；对城镇及小、中、大城市实行梯度化户口迁移政策，严格控制特大城市人口规模；保障农业转移人口等常住人口合法权益，完善农村产权制度及城镇基本公共服务等三方面的具体措施。同时，《意见》还要求"各省、自治区、直辖市人民政府要根据本意见，统筹考虑，因地制宜，抓紧出台本地区具体可操作的户籍制度改革措施，并向社会公布"。

截止到2016年1月，全国已有27个省区市出台户籍制度改革方案，包括新疆、黑龙江、河南、河北、四川、山东、安徽、贵州、山西、陕西、江西、湖南、吉林、江苏、福建、广西、青海、甘肃、广东、重庆、云南、辽宁、湖北、内蒙古、浙江、海南、天津等。其中绝大多数省区市的户籍制度改革方案已向社会公布，在网络上可以方便地查询到。对比各省区市的户籍制度改革方案，可以发现各地在户籍改革中的特点。

1. 设定差异化的改革目标

以2020年为时点，各省市区都提出了建设与全面建成小康社会相适应，有效支撑公共服务及社会管理，依法保障公民权利，以人为本、科学规范的新型户籍制度，推进基本公共服务实现城乡均等化等目标。部分省区还提出了转移人口的数量及城镇化率目标，例如河北省在其户籍制度改革方案中提出：力争实现城中村居民农业转移人口及其他常住人口共100万人在城镇落户，使得全省户籍人口的城镇化率达到45%。其他各省提出的具体转移人口数量及城镇化率（此处一般指常住人口的城镇化率，后加 * 的为户籍人口城镇化率）目标参见表1。

2. 创新户籍管理制度

根据《意见》，各省区市所出台的户籍制度改革方案都将创新户籍管理制度放在突出位置，并提出了实行城乡统一的户口登记制度、落实居住证制度、完善人口信息统计及管理制度等方面内容。

（1）实行城乡统一的户口登记制度。取消农业与非农业的二元户口划分

表1 部分省区市转移人口数量及城镇化率一览

省区市	转移人口数(万)	城镇化率(%)
河 南	1100	56
陕 西	1000	62
河 北	1000	45*
湖 北	500	61
青 海	40	50*
天 津	20	62
广 东	1300	—
广 西	600	—
内蒙古	400	—
山 西	360	—
贵 州	300	—
甘 肃	240	—
吉 林	200	—
海 南	80	—
江 苏	—	72
重 庆	—	65、50*
安 徽	—	58*
云 南	—	50、38*

资料来源：各个省区市发布的户籍制度改革方案。

及由此衍生的户口划分，例如地方有效城镇户口等，统一登记为居民户口，从而还原户籍制度所固有的人口登记管理作用；基于统一的户口登记制度，建立与此相适应的教育、卫生、就业、社保、住房、土地及人口统计等相关制度。

（2）落实居住证制度。取消流动人口的暂住登记，实行居住证制度。持有居住证的人口享有与户籍人口同样的劳动就业、基本公共教育、医疗卫生、计划生育、公共文化、证照办理等方面的权利。基于以居住证管理，建立健全与居住年限等要求相关的公共服务供给机制，逐步延伸居住证持有人在居住地享受基本公共服务的范围。以连续居住、参加社会保险的年限等为条件，并作为申请登记居住地常住户口的重要依据。

（3）完善人口信息统计及管理制度。建立健全地方实有人口登记，完善实有人口的统计调查，以准确掌握人口信息，保证人口信息数据的全面准确。

基于公民身份号码标识，以人口基础信息为标准，完善就业、教育、收入、社保、房产、信用、卫生、税务、婚姻、民族等各类信息系统，逐步推动跨部门、跨地区信息的整合与共享，为制订人口发展规划、人口服务和社会治理提供支撑。

3. 实行梯度化的户口迁移政策

根据《意见》所提出的"进一步调整户口迁移政策"的精神，各地在"全面放开建制镇和小城市落户限制，有序放开中等城市落户限制，合理确定大城市落户条件，严格控制特大城市人口规模"的精神下细化落实相关政策举措，有的省区市则根据当地情况放松了中等城市、大城市的落户条件。

（1）将城镇划分为四个层级，分别设定落户条件。辽宁、河南、湖南、湖北、浙江、安徽、江苏、吉林等省根据城市规模确定了四个层级的落户条件。全面放开对小城市和建制镇的落户限制，允许拥有合法稳定住所人员落户；有序放开对中等城市的落户限制，允许有合法稳定职业、住所，参加城镇社会保险的人员落户；合理确定大城市落户条件，允许有合法稳定职业、住所，参加城镇社会保险达到一定年限的人员落户；合理控制特大城市（省会等）人口规模，基于合法稳定就业、住所，参加城镇社会保险、连续居住的年限等为基本指标实行积分入户制度。不同层级城镇落户所要求的大致条件参见表2。

表2 不同层级城镇的落户条件

城镇层级	城区人口数	落户条件
建制镇、小城市	50万以下	合法稳定住所（含租赁）
中等城市	50万~100万	合法稳定住所、就业，参加社会保险
大城市	100万~500万	就业年限、合法稳定住所、社会保险年限
特大城市	500万以上	合法稳定就业、住所，社会保险、连续居住年限

资料来源：综合多个省区市发布的户籍制度改革方案。

（2）突破城镇的四层级划分，设定更宽松落户条件。黑龙江、内蒙古、贵州、四川、山东、山西等省区根据当地实际情况，将域内城镇划分为两三个层级，设定更宽松的落户条件，少数省区仅对特大城市实行积分落户。包括全面放开中、小城市和建制镇落户限制，允许有合法稳定住所或职业的人员落户;有序放开大城市（含省会）落户限制，允许有合法稳定职业、住所，参加城镇社会保险达到一定年限的人员落户。尤其是多个省区放开或者放松了中等城市的落户限制，部分大城市放开大中专高校毕业生的落户限制具有积极意义和示范作用。

（3）对特定地区实行特殊落户及迁移政策。很多省区市根据域内特定地区发展的需要，采取户籍政策来控制人口迁移。例如，湖南省放宽长沙、株洲、湘潭三市居民的落户条件；新疆积极鼓励人们到南疆城镇、农村（牧区）落户，不设置落户条件。河北省对在首都周边的廊坊市区、三河市、大厂县、香河县、永清县、固安县城镇落户提出合法稳定职业、住所及参加社会保险年限的要求。广东省对珠三角的珠海、佛山、东莞、中山市等提出合法稳定就业满五年、合法稳定住所，参加社会保险满五年的落户要求。重庆市强调完善分区落户制度，对本市及市外人口在都市功能核心区、都市功能拓展区及城市发展新区城区等提出不同的落户条件要求。

（4）解决户籍迁移中的突出问题。山西、湖南、河南、江西等多个省区市以户籍制度改革为契机，面对户籍迁移中的问题，出台措施予以解决。包括：放宽高校毕业生、专业技术人员、技术人才以及留学回国人员、获荣誉称号人员、优秀农民工等特殊人员的落户条件；优先解决进城居住时间长、劳动就业能力强、适应产业转型升级和市场竞争环境人员的落户；放宽直系亲属投靠的婚龄、年龄等条件限制，放宽投资落户条件；分类解决无户口人员落户问题，妥善解决新生儿户口登记等问题。

4. 完善与户籍改革相关的配套制度

通过取消户籍性质差异，推动一元化户籍制度改革，引导农业人口转移进入城镇，不仅是户籍性质管理的同质化，更涉及户籍附带权利、利益的调整，与此相关的改革配套措施必不可少。各个省区市这些方面实行了较为一致的改革措施。

（1）保障进城落户农业转移人口的权益。进城落户的农业人口都有户口所附带的一些权益，诸如农村宅基地的使用权、村集体土地的承包使用收取权、集体经济收益的分配权等。对此，各地强调确保进城落户人员的这些权益，严禁违法收回。要求推进农村土地确权登记，健全农村土地承包经营权流转机制，探索进城落户人员宅基地使用权、集体土地承办权等用益物权的退出补偿机制；推动改革农村集体经济组织的产权制度，完善集体经济组织成员的资格认定，探索集体财产权及收益分配权市场化的有效形式。

（2）推动基本公共服务的延伸及全覆盖。进一步推动基本公共服务的延伸，使其覆盖农业转移人口及其他常住人口，保障农业转移人口及其他常住人口均等享受基本公共服务。保障农业转移人口及其他常住人口随迁子女的受教育权，将其纳入社区卫生和计生服务范畴，提供基本医疗卫生服务。落实完善农业转移人口的就业和创业扶持，完善就业失业登记管理制度。加快推进城乡一体的社会保障体系建设，完善社会保险的转移接续政策，创设城乡一体的居民社会保险信息系统，建构城乡一体的社会养老服务体系，完善低保为核心的社会救助制度。把农业转移人口及其他常住人口纳入城镇住房保障范畴，采取多种方式保障转移人口的基本住房需求。

（3）提高基本公共服务的财力保障力度。农业转移人口及其他常住人口的公共服务供给需要一定的财政保障。对此，各地都提出完善促进基本公共服务均等化的财政体系，合理划分各级政府基本公共服务供给事权和财政支出责任，建立事权和支出责任相匹配的制度。改革税收制度，健全地方税收体系。完善中央、省对市、县财政的转移支付，建立财政转移支付与农业人口市民化相挂钩的机制。加强加大财力均衡力度，提高市、县政府提供基本公共服务的能力。

从户籍制度改革的省际对比来看，各省区市之间户籍制度改革的差异更多地和其工业化、城镇化水平相联系。东部地区大多数已基本完成工业化进程，处于工业化转型升级阶段；其在经济发展过程中吸引大量流动人口，城镇常住人口较多，城镇化进程较快，在城乡统一的一元化户籍制度改革后，更关注常住人口信息的完善，公共服务对实有人口的全覆盖。而中西部地区正在工业化进程之中，更多地开放中等城市，甚至大城市户口以吸引当地人口留在本地，推进本地的城镇化进程，并为进城人口及常住人口提供公共服务。基于此，在2015年的户籍制度改革过程中，更多中西部省份提出引导转移人口落户、推动城镇化发展的数量目标，除城乡户口一元化管理、实行居住证制度之外，开放中大城市落户，吸引高校毕业生、专业技术人才、各种特殊人才的力度更大；同时，其在推进基本公共服务对城乡人口全覆盖、保护农业转移人口权益等方面的做法也较为突出。

三 户籍制度改革分析及发展展望

随着市场经济体制改革的深化，原有户籍制度妨碍劳动力自由流动、影响社会公平发展的弊端日益显现。2014年《意见》发布，提出实行居民户口城乡统一管理、形成梯度化户口迁移落户政策、推动基本公共服务全覆盖。这还原了户籍管理登记统计人口信息的基本职能，基本消除原不同性质户籍附加权利、利益的巨大差异，基于居住、就业等条件入籍便于常住人口在本地落户，这意味着我国户籍制度改革基本到位。但是，制度出台仅是户籍制度改革的第一步，制度本身及制度执行中的问题还需要解决。

1. 户籍制度改革中问题及解决建议

户籍制度改革的落实需要各个省区市切实制定落地方案，并根据当地实际创新性执行政策，使政策落到实处。从各地户籍制度改革方案来看，我国户籍制度改革中还存在一些问题。

（1）梯度化落户政策与流动人口迁移落户意愿相矛盾。我国户籍制度自从改革以来就具有明显的政府调控色彩，而政府在调控中则表现明显的城市中心取向，政策制定调整都是以城市发展需求为导向的，2014年《意见》的出台依然如此，各个省区市制定的户籍制度改革方案也如此。正是基于城市发展的考量，无论中央政策还是地方政策，都基于城市规模从小到大，制定了从宽泛到严格的高低有别的梯度化落户政策。但流动人口在不同规模城镇的分布及落户意愿恰恰与此相左。根据《人口与劳动绿皮书：中国人口与劳动问题报告No.16》的数据，约10%的流动人口居住在小城镇，其落户限制较小；约35%的流动人口居住在大城市（100万~300万人口）和中等城市，落户限制有较大程度放宽；约17%的流动人口居住在较大城市（300万~500万人口），落户限制略宽，但仍比较严格。从流动人口的落户意愿来看，在严格控制的特大城市人们的落户意愿最高，将近6成；在大城市居住流动人口落户意愿稍高，为45%左右；而城区人口300万以下城市的落户限制放宽，但是流动人口明确表示愿意落户的人不足4成。人们愿意落户的城市因落户条件高企而难以进入，人们不太愿意落户的城市落户条件虽较为宽松仍难以吸引人才留下，还有部分群体把落户瞄准北上广等特大城市，其愿望更难以满足。这可能会限制户籍制度改革对流动人口"落户"推动作用的发挥。

　　针对这一问题，要深入分析当前的梯度化落户政策，分析流动人口迁移进入大城市、特大城市背后的动因。针对城镇规模不同实行梯度化落户政策，具有内在的合理性，考虑到城镇经济社会发展潜力、人口承载能力的差异，以及防止城市规模过大所带来的交通、居住、污染等大城市病的防治，不可能放任大城市过度发展。流动人口迁移进入大城市、特大城市的动因有多个方面，其中城市资源较为丰富、就业机会较多、薪酬待遇较高、公共服务完善等居首位。因此，为解决梯度化落户政策与流动人口迁移落户意愿间的矛盾，应该分析特大城市、大城市具有的吸引流动人口的各种因素，采取有力措施充分发展中小城市优势，增加中小城市的就业吸引力，提升中小城市的劳动薪酬及公共服务，吸引更多农业转移人口进城落户。

　　（2）居住证制度与户籍制度的衔接落实问题。在人口流动规模不断增加、流动人口在全国城镇大量存在背景下，政府等为其提供基本公共服务已经成为社会共识。基于此，2015年11月《居住证暂行条例》（以下简称条例）公布，并自2016年起施行。该条例在明确居住证性质及申领条件的同时，突出了政府及其相关部门的服务职责，明确为持证人提供基本公共服务，并根据城市大小提出了持证落户的原则性条件。从条例和各地户籍制度改革方案来看，到常住户口所在地之外其他城市居住半年以上，有合法稳定就业、住所或者连续就读的，可申领居住证。持证人在居住地享受劳动就业，参加社会保险，缴提使用住房公积金的权利，享受义务教育、基本就业、文体娱乐、法律援助等服务，享有身份证、出入境证件、机动车驾驶证等证照办理的便利等。从条例以及各个省区市出台的户籍制度改革方案来看，居住证与落户衔接的规定为原则性的，持证人在城市积分落户的规定依然根据城市规模不同、附加值高低各异，尤其是在大城市、特大城市而不同，并且积分落户的条件较为严格。同时，多地对持证人享有的随迁子女参加中高考、住房保障、养老服务、社会救助、社会福利等权利并未做出具体规定。居住证与户籍管理的衔接问题不可避免会带来持证人意欲进入的大城市难落户，意欲享有的权利难以享受的困境。

　　针对这一问题，要推动居住证制度与户籍制度之间的衔接，在推动中小城市发展，为农业转移人口提供更多就业机会、生活便利和公共服务的同时，设计更为具体的持证年限与享受权益相连接的制度方案。例如，新疆在户籍制度方案中提出"居住证持有人连续居住满二年和参加社会保险满二年，逐步享有与当地户籍人口同等的职业教育补贴、就业扶持、住房保障、养老服务、社会福利、社会救助等权利；随行子女在当地连续就学满四年以上、父母参加社会保险满三年为基本条件，逐步享有随行子女在当地参加中考和高考的资格"。

这种具体规定值得在全国多个省区市推行，以逐步推进居住证附带权益的增加，直到实现与本地户籍权益的平等化。

（3）户籍制度改革与城乡相关配套改革的统筹问题。从 20 世纪 70 年代开始，户籍更多地和其上附着的各种权利、利益关联在一起，从粮油分配，到教育、医疗、就业、住房、社会保障等几乎涵盖了人们社会生活的各个方面。我国户籍管理异化为基于户籍性质进行权益配置的根本原因是资源稀缺。经过 30 多年的经济发展，我国社会物质资源产品已经极大丰富，我国户籍制度改革的资源制约条件几乎已经消解，尤其是市场化改革已经削弱了诸多非农户口所附带的户籍权益。目前与非农业户口相比，反而是农业户口所连带的资源，例如农村宅基地使用权、集体土地承包权、集体财产收益权等变得更为稀缺。当前户籍制度改革的政策取向是考量不同城镇的经济社会发展需求、人口承载能力及服务供给能力，通过梯度化落户政策推动有能力在城镇稳定就业及生活的常住人口实现市民化。然而，对进入城镇务工经商的人员而言，进城落户不能损害到自身在农村的土地承包权、宅基地使用权、集体收益分配权，否则宁愿不选择落户城镇。这反映了农村土地制度、用益物权制度、集体财产使用分配制度等改革的问题。与此相对，农业人口转移进城，需要政府为其配备相应的资源和权益，履行相应的公共服务责任，这同样需要增加财政投入，否则就会摊薄原有人口享受的资源、权益及服务。当前农业转移人口市民化成本基本由城镇政府承担，用工企业、个人参与成本的分担机制一直难以建立，这也反映了市民化成本改革机制的滞后。而这些都意味着户籍制度改革需要推进城乡相关配套制度机制的调整，这些相关制度机制改革的滞后无形中制约着户籍制度改革的推进，带来诸多问题。

针对这一问题，要进一步推动与户籍制度改革相关联的各种配套制度机制的改革。一些农业转移人口不愿进入城镇落户，一方面与其不愿意放弃在农村的权益有关，另一方面也与其在城市的就业、居住、子女教育、社会保障等公共服务难以享受到有关。对此，要在切实保护农业转移人口的土地承包权、宅基地使用权、集体收益分配权的同时，探索其权益的依法转让，以及有偿转移机制，通过合理补偿来推进农业转移人口在城镇落户。同时，对其进城而增加的社会保障、公共服务等成本也要做出科学、合理的制度安排，建立市民化转移成本的分担机制，调动政府、用人机构及个人的积极性，加快进城转移人口的市民化进程。

2. 户籍制度改革的政策展望

2014年《意见》的出台，为我国户籍制度改革做出了政策顶层设计，各个省区市发布的户籍制度改革方案则是地方政府因地制宜对户籍制度改革进行的积极探索。这次改革建立城乡统一的户籍登记管理制度，取消城乡居民间的身份差别，并采取推进基本公共服务均等化的方式，来均衡与户籍相关的权利和利益，以实现公民身份和权利的平等化。

从我国户籍制度改革的实际情况来看，户籍制度改革所遵循的改革路径依然是"双轨制"。一方面，根据户籍制度改革梯度化推进的思路，在分类推进、存量优先的原则下，逐步推进有合法稳定住所、合法稳定职业、参加城镇社会保险的农业转移人口在城镇落户，从常住人口转移成为当地户籍人口；另一方面，通过对原有户籍所附加的权利、利益进行调整，逐步推进城乡均等的基本公共服务，城乡统一、相互转移衔接的社会保障制度，以及城乡有别的土地制度、基层社会管理制度来大力推动城乡一体化。最终，伴随城乡一体化的逐步实现，而达到基于常住人口管理、基本公共服务全覆盖、居民权益均等化的户籍管理目标。

参考文献

《国务院关于进一步推进户籍制度改革的意见》，国务院2014年7月30日发布。

马福云：《户籍制度改革及其内在逻辑》，《北京科技大学学报（社科版）》2013年第1期。

游海疆：《户籍制度改革中利益相关者权利的安排与实现》，《求实》2015年第4期。

王健：《户籍制度改革与新型城镇化建设》，《中国领导科学》2015年第8期。

B.4
我国城市户籍开放程度及其影响因素分析

——基于全国 63 个样本城市的评估

刘金伟　徐 乐*

摘　要：　本文根据国家户籍制度改革的总体要求，结合各城市户籍改革方案，分析了 2015 年不同类型城市户籍制度改革的总体进展和趋势。在收集大量资料和数据的基础上，建立了城市户籍开放度评价指标体系。采用定量方法对全国流动人口比较密集的 63 个样本城市进行评估。根据评估结果，总结了被评估城市户籍开放度的总体状况和特点，分析了主要影响因素，并提出了有针对性的建议。研究结果可以为我国制定差异化的户籍制度改革方案提供参考依据。

关键词：　城市户籍　开放度　评估

　　户籍制度改革是新时期破解城乡二元结构，促进流动人口社会融合，实现中国由传统的乡村社会向现代城市社会转型的关键。2014 年 7 月 24 日国务院下发了《国务院关于进一步推进户籍制度改革的意见》（国发〔2014〕25 号），对不同类型城市的落户条件进行了具体规定。城市是户籍制度改革的执行主体，户籍制度改革的难点和重点在于中等规模以上城市。本文选择人口总量和流动人口聚集度较高的 63 个大中城市作为对象，从夫

* 刘金伟，博士，国家卫生计生委流动人口服务中心副研究员、首都社会建设与社会管理协同创新中心副秘书长；徐乐，硕士，国家卫生计生委流动人口服务中心研究人员。

妻投靠、购房、投资、纳税、就业五个方面对其户籍开放程度进行评估。总结中国城市户籍开放程度的总体状况和特点，分析影响城市户籍开放程度的主要因素，并提出了相应的对策，为未来我国户籍制度改革提供参考依据。

一 不同类型城市户籍制度改革进展与趋势分析

（一）超大城市——设定总量上限，未来落户难度进一步加大

根据国务院 2014 年 11 月出台的城市规模划分标准，城区常住人口超过 1000 万的超大城市为北京、上海、广州、深圳市。从这 4 个超大城市户籍制度改革的重点来看：一是总量上严格控制，设定规模上限。这 4 个超大城市都在"十三五"规划中提出了未来总量控制的"天花板"。北京市提出 2020 年人口总量不能突破 2300 万的红线，上海提出 2020 年人口总量不超过 2500 万的目标。按照当前的常住人口数量，未来北京、上海分别还有约 130 万和 75 万的人口"增长空间"。二是进入门槛进一步提高，积分制提供的入户机会有限。2015 年北京市开始在通州区率先试点积分制改革，但同时又实行户籍指标总量控制，在户籍指标逐年降低的情况下，积分制实际上只具有象征意义。从上海、广州、深圳市已经推行了积分制的超大城市来看，通过积分制获得户籍的人数非常有限。例如 2012 年起至 2015 年年底，共计 110 万人申请了上海市居住证。经审核确认，有 30 万人的积分分值达到要求的 120 分，仅有 2.6 万人最终获得上海市户口，占申请人数的 2.36%，占符合积分要求（120 分）人数的 8.67%。

（二）特大城市——严控人口规模，落户需要具备较高的门槛

根据新标准，城区常住人口超过 500 万低于 1000 万的城市为特大城市，目前我国有天津、重庆、沈阳、南京、武汉、成都 6 个城市符合标准。特大城市户籍属于国家严格控制的范围，总的原则是在总量控制的基础上，通过积分制有条件进入，但相比大城市和中等城市积分准入条件较高。从这 6 个特大城市出台的政策文件来看，大多数城市需要满足以下几个标准：一是购

买中心城区的住房，并对住房的金额、面积、购买时间、有无贷款等进行了限定，同时对购房人的年龄、学历等条件进行了限定。二是人才引进。大多数要求引进的人才具有大学本科以上学历，或具有中等以上专业技术职称，并对引进人才的年龄进行了限定。三是纳税和投资落户。对于连续纳税达到一定金额的个人或投资（增资）达到一定金额的企业给予一定的落户指标。四是应届毕业生落户。对于在城市就业或落实工作单位的应届毕业生准予落户。五是投靠落户。对夫妻之间、子女、老人的投靠落户也设定了比较严格的条件。

（三）大城市——适度控制人口规模，因地制宜，有选择进入

根据新标准，城区常住人口超过100万低于500万的城市为大城市，其中300万以上500万以下的城市为Ⅰ型大城市，100万以上300万以下的城市为Ⅱ型大城市。在本文选定的评估对象中，属于Ⅰ型大城市的有济南、青岛、厦门、大连、苏州、无锡、西安、杭州、哈尔滨、佛山等16个。Ⅱ型大城市有海口、福州、贵阳、宁波、南宁、泉州、石家庄等23个。对于Ⅱ型大城市，国家规定只要具有合法稳定就业达到一定年限并有合法稳定住所（含租赁），同时按照国家规定参加城镇社会保险达到一定年限的人员，本人及其共同居住生活的配偶、未成年子女、父母等，可以在当地申请登记常住户口。对于Ⅰ型大城市，可以根据实际情况适度控制落户规模和节奏，对合法稳定就业的范围、年限和合法稳定住所（含租赁）的范围、条件等做出较严格的规定，也可结合本地实际，建立积分落户制度。从实际情况来看，大城市落户条件存在很大差异，对于厦门、青岛、杭州、苏州、海口、宁波等沿海开放城市或经济发达城市落户的条件仍然很高，比如厦门、杭州、青岛等城市的落户条件甚至高于部分特大城市。从未来的趋势看，大城市仍然会成为我国吸纳农村转移人口的主要目的地，稳定的就业和相对固定的住所应成为落户的普遍条件。

（四）中等城市——逐步扩大人口规模，有序全面放开落户限制

根据新标准，城区常住人口超过50万低于100万为中等城市，按照目前的标准被评估城市中有三亚、拉萨、中山、廊坊等14个。从目前国家和各城

市的入户门槛来看，除了部分特殊的城市如三亚、拉萨等外，其他入户条件比较宽松。只要有稳定的就业和合法稳定的住所（包括租赁），同时按照国家规定参加城镇社会保险达到一定年限的人员，本人及其共同居住生活的配偶、未成年子女、父母等，可以在当地申请登记常住户口。城市综合承载能力压力小的地方，可以参照建制镇和小城市标准，全面放开落户限制；城市综合承载能力压力大的地方，可以对合法稳定就业的范围、年限和合法稳定住所（含租赁）的范围、条件等做出具体规定，但对合法稳定住所（含租赁）不得设置住房面积、金额等要求，对参加城镇社会保险年限的要求不得超过 3 年。中等城市相对于大城市人口、资源的压力比较小，相对于小城市和城镇具有一定的产业聚集规模，对流动人口的吸引力比较大，应该成为未来我国农村转移人口的主阵地。

从未来总的趋势来看，随着我国新型城镇化战略的推进，我国将进入城市化的加速发展阶段，解除城乡"二元"体制对城市化的约束、促进流动人口的市民化已经成为国家和社会各界的共识。未来除了几个超大、特大城市和少部分Ⅰ型大城市外，总体上不同类型的城市对落户条件的限制将逐渐放松。按照国家 2020 年努力实现 1 亿左右农业转移人口和其他常住人口在城镇落户的目标，很多城市对户籍的限制性条件将逐渐取消，只要有能力在城市就业和生活就可以自愿成为城市居民。

二　指标体系的构成与评价方法

（一）指标体系的构成

一般来说，可以将城市的落户条件分为就业、居住、投资、家庭团聚和特殊贡献等，而这五个渠道又可以细分为若干个具体的渠道。通过查阅 2015 年不同城市入户标准的政策性文件，本研究从夫妻投靠、购房、投资、纳税和就业五个方面设了 5 个一级指标，5 个一级指标下面根据评估内容设置了 10 个二级指标，每个二级指标又根据具体的入户标准和条件设置了若干个评估指标。具体指标体系的构成见表 1。

表1 中国城市户籍开放程度评估指标体系

一级指标	二级指标	评估指标	指标权重
夫妻投靠	夫妻投靠限制条件	有无年龄要求 有无结婚年限要求	0.05056522
购房	购房总面积	面积(平方米)	0.12700351
	购房附带限制条件	有无社保年限要求 有无房产证年限要求 有无其他要求	0.0731579
投资	投资金额	金额(万元)	0.12700351
	投资附带限制条件	有无社保要求 有无经营年限要求 有无其他要求	0.0731579
纳税	年纳税额	金额(万元/年)	0.12700351
	纳税附带限制条件	有无社保要求 有无缴纳年限要求 有无其他要求	0.0731579
就业	最低学历	本科以下、本科、本科以上	0.12700351
	最低专业技术职称	低级职称、中级职称、高级职称	0.12700351
	就业附带限制条件	有无年龄要求 有无社保要求 有无劳动合同年限要求 有无其他要求	0.09494352

（二）资料来源与评价方法

1. 资料来源

本研究所需要的资料均来自被评估城市政府相关部门2015年发布的关于本地入户标准和条件的政策性文件。

2. 评价方法

（1）分值计算方法。所有评价指标中的"有无……要求"均定义为："有"＝1，"无"＝0。比如夫妻投靠条件中有无年龄和结婚年限的要求，如果"有"打分为1，"没有"打分为0；其他指标按照落户的难易程度进行打分，比如纳税金额的要求、购房面积的要求、学历的要求等，按照不同的等级进行打分，要求越高分值越高。

（2）数据的标准化方法。采用极值化方法对各指标数值进行无量纲化处理，通过利用变量取值的最大值和最小值将原始数据转换为介于某一特定范围的数据，从而消除量纲和数量级影响，改变变量在分析中的权重来解决不同度量的问题。对于正向指标，采用公式 $y_{ij} = \dfrac{x_{ij} - \min x_j}{\max x_j - \min x_j}$ 对数据进行标准化处理；对于逆向指标，采用公式 $y_{ij} = \dfrac{\max x_j - x_{ij}}{\max x_j - \min x_j}$ 对数据进行处理。其中 $\max x_j$、$\min x_j$ 分别表示第 j 个指标下样本的最大值和最小值。

（3）指标权重的计算方法。指标权重的计算方法直接关系评估结果的可靠性和准确性，依据资料来源和数据的性质，主要采取主观赋权法、客观赋权法等。本研究主要采用模糊层次分析法（FAHP）来确定城市户籍开放程度评估指标的权重。

三 城市户籍开放总体状况及其特点

从被评价城市户籍开放程度的得分来看，得分最高的是北京市为 0.9268 分，是被评价城市中户籍开放度最低的城市，得分最低的是浙江省金华市，得分为 0.0244 分。所有被评估城市户籍开放度的均值为 0.2846，标准差为 0.1909。这说明随着我国新型城镇化战略的推进和国家一系列户籍改革措施的出台，很多城市逐渐降低了入户门槛，我国城市户籍开放程度整体上得到提升。但是从标准差来看，城市之间户籍开放程度存在很大的差异。总起来看，具有以下几个特点。

（一）"北上广深"一线超大城市和沿海旅游城市开放度最低

从户籍开放程度的排名来看，户籍开放度最低的 10 个城市分别是北京市、上海市、三亚市、广州市、深圳市、海口市、天津市、苏州市、青岛市、西安市。"北上广深"作为外来人口聚集地比较高的一线超大城市，面临的人口压力最大，户籍附带的条件最多，特别是北京市的户籍开放度得分达到 0.9268，在当前的条件下获得北京市城镇户口的难度最大。除了"北上广深"，户籍开放度最低的是三亚市和海口市，分别排在最难入户城市的第三名和第六名。这与两个城市特殊的区位有很大关系，三亚和海口作为我国热带旅游度假城市，每年冬季吸引了东北等地区大量离退休人员过冬。据统计最近几年每年到三亚养老的"候鸟"一族有40多万人。在这类稀缺性的特殊区位城市，由于很多自然条件是其他城市不具备的，户籍制度限制往往也比较严格。

表2 被评价城市户籍开放度得分及排名

城市	省市	区域	得分	排名
北京市	北京	华北	0.9268	1
上海市	上海	华东	0.8652	2
三亚市	海南	华南	0.8163	3
广州市	广东	华南	0.8018	4
深圳市	广东	华南	0.6372	5
海口市	海南	华南	0.5653	6
天津市	天津	华北	0.5184	7
苏州市	江苏	华东	0.4563	8
青岛市	山东	华东	0.4375	9
西安市	陕西	西北	0.4345	10
厦门市	福建	华东	0.3985	11
拉萨市	西藏	西南	0.3838	12
武汉市	湖北	华中	0.3684	13
杭州市	浙江	华东	0.3632	14
福州市	福建	华东	0.3615	15
成都市	四川	西南	0.3541	16
佛山市	广东	华南	0.3473	17
大庆市	黑龙江	东北	0.3394	18
重庆市	重庆	西南	0.3345	19
乌鲁木齐市	新疆	西北	0.3269	20
无锡市	江苏	华东	0.3149	21
贵阳市	贵州	西南	0.2880	22
烟台市	山东	华东	0.2856	23
济南市	山东	华东	0.2812	24
南京市	江苏	华东	0.2662	25
合肥市	安徽	华东	0.2567	26
南宁市	广西	华南	0.2553	27
九江市	江西	华中	0.2498	28

城市	省市	区域	得分	排名
兰州市	甘肃	西北	0.2472	29
大连市	辽宁	东北	0.2445	30
宁波市	浙江	华东	0.2427	31
南昌市	江西	华中	0.2403	32
长沙市	湖南	华中	0.2369	33
哈尔滨市	黑龙江	东北	0.2350	34
西宁市	青海	西北	0.2340	35
株洲市	湖南	华中	0.2329	36
中山市	广东	华南	0.2234	37
延安市	陕西	西北	0.2047	38
长春市	吉林	东北	0.2032	39
柳州市	广西	华南	0.1971	40
台州市	浙江	华东	0.1963	41
昆明市	云南	西南	0.1942	42
郑州市	河南	华中	0.1916	43
呼和浩特市	内蒙古	华北	0.1898	44
嘉兴市	浙江	华东	0.1898	45
沈阳市	辽宁	东北	0.1886	46
温州市	浙江	华东	0.1843	47
银川市	宁夏	西北	0.1834	48
十堰市	湖北	华中	0.1637	49
石家庄市	河北	华北	0.1614	50
鄂尔多斯市	内蒙古	华北	0.1507	51
廊坊市	河北	华北	0.1457	52
太原市	山西	华北	0.1412	53
大同市	山西	华北	0.1389	54
东莞市	广东	华南	0.1361	55
赣州市	江西	华中	0.1199	56
泉州市	福建	华东	0.0953	57
保定市	河北	华北	0.0740	58
包头市	内蒙古	华北	0.0739	59
榆林市	陕西	西北	0.0719	60
遵义市	贵州	西南	0.0659	61
桂林市	广西	华南	0.0253	62
金华市	浙江	华东	0.0244	63

（二）户籍开放程度呈现明显的东、中、西部差距

户籍开放程度除了跟城市的规模、功能定位有很大关系外，跟城市所在的区域有着非常紧密的关系。在我国传统的区域划分中，户籍开放程度得分最低的是华南地区，该区域城市户籍开放度平均分值为 0.4166；其次是华东地区，平均分值为 0.3070；开放度最好的是华中地区、西北地区和华北地区。从区域内部的差距来看，根据标准差的大小，区域内部差距最大的是华南地区和华北地区（见表 3）。

表 3　户籍开放程度的地区比较

地区划分	均值	个案	标准差
华北	.246309	11	.2553620
华中	.225438	8	.0732261
华南	.416644	9	.2960194
华东	.307035	17	.1838222
西北	.243229	7	.1140935
西南	.267971	7	.1096185
东北	.255525	4	.0586394
总计	.287029	63	.1933722

按照地理区位来划分，不同区域城市户籍开放度的差异更加明显。根据得分，户籍开放程度最低的是以北京、天津为代表的环渤海地区，户籍开放程度的平均分值为 0.3538；其次是以上海、广州和深圳为代表的东南沿海地区，户籍开放程度的平均分值为 0.3335；再其次为西南地区，户籍开放程度的平均分值为 0.3163。户籍开放程度最高的地区是中部地区、西北地区和东北地区。总起来看，东部沿海发达地区城市对入户条件要求比较高，而这些地方也正是外来人口流入数量比较多的地区；中西部地区城市对入户条件的要求比较低，而这些地区主要是外来人口流出地，虽然也吸纳了大量本地农村人口进城，但人口压力相对要小（见表 4）。

表 4　户籍开放程度的区域比较

区域划分	均值	个案	标准差
环渤海湾	.353825	8	.2754117
中部	.210740	10	.0751891
西北	.211700	10	.1096721
东北	.242140	5	.0589468
东南	.333542	19	.2240722
西南	.316345	11	.2234586
总计	.287029	63	.1933722

（三）不同类型城市户籍开放度与国家规划基本一致

按照国家最新城市类型的划分标准，被评估城市中有 4 个超大城市、6 个特大城市、16 个 I 型大城市、23 个 II 型大城市、14 个中等城市。从不同类型城市户籍开放程度的得分来看，超大城市的平均分值达到 0.8078；6 个特大城市的分值为 0.3384；16 个 I 型大城市的平均分值为 0.2916；23 个 II 型大城市的分值为 0.2314；14 个中等城市的平均分值为 0.2025。得分情况与国家新型城镇化规划对不同类型城市户籍的控制标准基本一致。从不同类型城市的比较来看，超大城市的户籍门槛比特大城市和大城市高很多，特大城市、大城市与中等城市之间的差距反而不是太大（见表 5）。

表 5　不同类型城市户籍开放度比较

城市类型	均值	个案	标准差
超大城市	.807750	4	.1246276
特大城市	.338367	6	.1106477
I 型大城市	.291569	16	.0960948
II 型大城市	.231357	23	.1116984
中等城市	.202521	14	.2010613
总计	.287029	63	.1933722

从不同区域相同类型城市户籍开放程度的比较来看，超大城市的户籍开放程度东南沿海地区高于环渤海地区；在特大城市中，东北地区户籍开放程度最

高；在 I 型大城市中，户籍开放度最高的是西南地区和中部地区；II 型大城市中开放度最好的是环渤海、西北和中部地区；中等城市中除了西南地区以外，其他几个区域开放度都比较高（见表6）。

表6　不同区域同类型城市户籍开放程度比较

城市类型	地区	均值	个案数	标准差
超大城市	环渤海湾	.926800	1	.
	东南	.768067	3	.1176837
特大城市	环渤海湾	.518400	1	.
	中部	.368400	1	.
	东北	.188600	1	.
	东南	.266200	1	.
	西南	.344300	2	.0138593
I 型大城市	环渤海湾	.359350	2	.1105208
	中部	.206600	4	.0514142
	西北	.380700	2	.0760847
	东北	.227567	3	.0216301
	东南	.370425	4	.0606754
	西南	.194200	1	.
II 型大城市	环渤海湾	.173667	3	.1063320
	中部	.189600	2	.0717006
	西北	.185660	5	.0682577
	东北	.339400	1	.
	东南	.230950	8	.1042199
	西南	.326425	4	.1636271
中等城市	环渤海湾	.145700	1	.
	中部	.177800	3	.0660879
	西北	.142433	3	.0667848
	东南	.145867	3	.1065263
	西南	.322825	4	.3659541

四　原因分析及对策

从以上分析中可以发现，一个城市户籍的开放程度除了与其城市人口规模有着直接关系外，还受多种因素的影响。下面主要从经济因素、社会因素、人口迁移等几个方面进行分析。

（一）户籍开放程度与城市经济发展水平密切相关

我国户籍制度设立的初衷是为经济发展服务的，在我国工业化初期阶段，经济基础比较薄弱，城市需要农村为工业发展提供资源，同时又不能因人口过多造成对城市资源过度消耗。在这种特殊的历史背景下，通过户籍把大量人口限定在农村，成为中国工业化道路的一种现实选择。改革开放以后，在最先发展起来的东部沿海开放地区，由于加工制造业的快速发展，本地劳动力出现供给不足。20 世纪 80 年代中期以后，国家逐渐放开了对农村劳动力流动的限制。大量中西部农村劳动力开始进入东部沿海地区务工经商，往往经济越发达的地区，提供的就业机会越多，对农村劳动力的吸引越大。在现行的制度安排下，提供户籍就意味着对劳动力投入成本增加。对沿海开放城市而言，最优的选择就是享受农村劳动力转移带来的经济收益，而把投入社会福利、医疗、教育等成本留在户籍地。因此，越是经济发展程度高的地区相比同类型的城市其对户籍的限制也越高。

我们对所有被评估城市户籍开放程度得分与当地人均 GDP 进行相关分析，两者的相关性非常显著，Pearson 相关性的分值为 0.316，也就是说经济发展程度越高的城市，其对户籍的限制也更加严格（见表 7）。已有的研究也表明，东部经济发达地区的大城市之所以坚持户籍管制，一个重要的原因是户籍管制可以提高中心城市人均收入增长速度，让户籍拥有者成为既得利益者。[①] 从经济的角度来看，放松东部经济发达城市户籍制度管制，仅依靠其自身去推动缺少内在的动力，而流动人口给所在城市带来的负外部效应，使其有强烈拒绝改革的动机。因此，必须从国家层面和法律层面去推动地方加快推进户籍制度改革。

---

① 邓可斌、丁菊红：《户籍管制、经济增长与地区差距》，《制度经济学研究》2010 年第 1 期，第 46 页。

表7　被评估城市户籍开放程度与经济发展水平相关分析

项目		人均 GDP	户籍得分
人均 GDP	Pearson 相关性	1	.316*
	显著性（双侧）		.012
	N	63	63
户籍得分	Pearson 相关性	.316*	1
	显著性（双侧）	.012	
	N	63	63

*. 在 0.05 水平（双侧）上显著相关。

（二）社会发展差异是阻碍户籍开放的主要原因

户籍制度改革之所以难度比较大，是与户籍制度背后附带的一系列社会福利制度密切相关的。由户籍制度造成的社会福利差别，不仅存在于城乡之间，地区和不同类型城市之间的差别也比较大。1994 年我国实行分税制改革以后，地方政府是本地公共事务的主要承担者，也就是说一个地方的教育、医疗、社会保障和社会福利等公共事业主要由地方政府负责。东部沿海地区城市或者大城市，由于其具有较高的财税收入，整个社会发展程度也比较高。如果大量放开户籍制度，城市政府担心所在城市对教育、医疗、就业、住房、社会保障等公共支出会大幅度增加，这不仅增加了政府的财政负担，而且会降低原有城市居民的福利水平。夏纪军等研究认为，各地在地方公共品供给上的差异是人口异地迁徙的重要诱因，迁入地通过户籍制度，可使人口流入带来的拥挤性最小化，并扩大自身收益。[1] 特别是在外来人口比例比较高的超大城市，由于担心外来人口会侵占自身资源，本地居民与外来人口的冲突经常发生，间接给当地政府放开户籍制度造成很大压力。因此，很多学者认为福利项目越多的地区，户籍制度改革越困难。[2]

以城市人均公共财政支出代表其整体社会福利水平，与户籍开放度得分进

[1] 夏纪军：《人口流动性、公共收入与支出——户籍制度变迁动因分析》，《经济研究》2004年第10期，第56～65页。

[2] 蔡昉：《户籍制度改革与城乡社会福利制度统筹》，《经济学动态》2010年第12期，第4～10页。

行相关分析，结果表明两者之间具有较高的相关关系，Pearson 相关性的值为
0.487，说明人均公共财政支出越高的地区其户籍开放度越低（见表8）。如何
破解以户籍为核心的自我利益保护的困局？最彻底的办法是使户籍制度逐渐与
各类社会福利制度脱钩，回归户籍制度本身应承担的角色。目前切实可行的办
法是大力推进基本公共服务的均等化，无论是外来人口还是本地人口只要在本
地生活达到一定时间，就可以享受到相同的基本公共服务，从而填平外地人口
与本地人口的福利差。国家在一些关系国计民生的基本社会福利和社会保障
上，通过税收提高统筹的层次，降低地方政府的责任和权限。

表8　被评估城市户籍开放程度与人均公共财政支出相关分析

		户籍得分	人均公共财政支出
户籍得分	Pearson 相关性	1	.487 **
	显著性（双侧）		.000
	N	63	63
人均公共财政支出	Pearson 相关性	.487 **	1
	显著性（双侧）	.000	
	N	63	63

**.在0.01水平（双侧）上显著相关。

（三）人口净迁入压力越大的城市，越倾向于设置较高的户籍门槛

20世纪80年代以来，中国经历了世界上最大规模的人口迁移，迁移的方
向是从农村迁到城市，从中西部地区迁到东部沿海地区。东部沿海地区的城市
既要接纳本地农村人口的流入，又要接纳西部农村和城市人口流入，人口压力
不断增加。从统计数据来看，我国人口净流入比较高的城市基本集中在东部沿
海地区的珠江三角洲、长江三角洲和环渤海地区的城市带。从总量来看，净流
入排在前十位的分别是上海市、北京市、深圳市、东莞市、天津市、广州市、
苏州市、佛山市、成都市和武汉市。考虑到城市规模和人口总量，我们以人口
净流入的数量除以本地常住人口数量，得到每个城市人口净流入率，用此指标
来反映人口流入给本地带来的压力。排在前十位的分别为东莞市、深圳市、中
山市、佛山市、厦门市、上海市、苏州市、北京市、广州市、天津市（见表
9）。排在前十位的城市全部处在上述三大城市圈。

表9 被评估城市外来人口净流入率最高的城市排名

城市	常住人口	净流入人口	净流入率
东莞市	831.66	642.73	0.77
深圳市	1062.89	738.57	0.69
中山市	317.39	163.30	0.51
佛山市	729.57	347.96	0.48
厦门市	373.00	176.22	0.47
上海市	2415.15	990.01	0.41
苏州市	1057.87	404.03	0.38
北京市	2114.80	798.50	0.38
广州市	1292.68	460.37	0.36
天津市	1472.27	468.24	0.32

注：数据截止到2013年年底，数据来自各城市统计年鉴。

外来人口的大量流入必定会给本地城市资源、环境、生活带来各种压力，城市政府在提供公共服务、维护社会秩序等方面面临的压力也比较大。一般来说，人口净迁入越大的城市，越倾向于设置较高的入户门槛以防止人口过量的涌入。从实际情况来看，苏州、厦门、青岛等人口压力比较大的城市，其户籍门槛比西部的一些特大城市如重庆、成都、武汉等高得多。从所有被评估城市户籍开放程度得分与本市人口净流入的关系来看，两者有着非常高的相关关系，Pearson相关值达到0.471，也就是说人口净流入占本地常住人口比值越高的城市，其户籍进入的门槛越高。人口过度集中会带来一系列社会问题，国家要从战略的高度对整个区域产业进行规划，通过产业的布局和调整，引导人口向中西部地区城市转移。

表10 被评估城市户籍开放程度与人口净流入率相关分析

		户籍得分	净流入率
户籍得分	Pearson相关性	1	.471 **
	显著性（双侧）		.000
	N	63	63
净流入率	Pearson相关性	.471 **	1
	显著性（双侧）	.000	
	N	63	63

**. 在0.01水平（双侧）上显著相关。

总之，城市户籍逐渐放开是未来我国城市化战略的大方向，全国各地按照十五届五中全会提出的"提高户籍人口城镇化水平"总体要求，积极推进户籍制度改革，户籍制度的开放性、公平性有了很大提高。但户籍制度改革是一项综合性、复杂性的工作，受多种因素的影响，必须在国家总体规划的框架下，分类别、分阶段逐步推进，特别要做好各项配套改革，使改革不流于形式，而造福于全体人民。

B.5
社区治理体制改革创新

张 燕 许晨龙*

摘　要：　本文系统梳理了 2015 年中央和各省份社区治理体制改革的政策文件和实践探索，提出社区治理呈现四大发展趋势；分析了改革中存在的问题，提出切实开展社区分类治理、推进社区减负、理顺多元主体关系、鼓励社区居民参与、加强社区工作者人才队伍建设的对策建议。

关键词：　社区治理　体制　改革

2015 年是政府主导社区治理体制改革全面启动的一年。中央层面建立了全国社区建设部际联席会议制度。中办、国办出台了《关于加强城乡社区协商的意见》。民政部、中组部出台了《关于进一步开展社区减负工作的通知》，国家档案局联合民政部出台了《城市社区档案管理办法》。同时，民政部坚持尊重基层、尊重群众、尊重实践的原则，开展了三批全国社区治理和服务创新实验区工作，积极总结推广各实验区在改革探索过程中形成的创新经验，适时推动各实验区的成熟经验上升为政策法规，努力形成"以点带面"推进社区治理创新的良好局面。各省份也纷纷出台了街道、社区治理体制改革相关文件，北京市出台了《关于深化北京市社会治理体制改革的意见》《关于深化街道、社区管理体制改革的意见》《关于加强北京市城市服务管理网格化体系建设的意见》"1 + 3"文件。上海出台了《关于进一步创新社会治理加强基层建设的意见》"1 + 6"文件，南京出台了《深化街道和社区体制改革实施方案》

---

* 张燕，首都社会经济发展研究所副研究员；许晨龙，北京市民政局基层政权和社会建设处副处长。

《南京市街道办事处工作职责清单》《基层群众自治组织依法履行行政职责事项》《政府购买公共服务项目清单》等。据不完全统计，已有 20 余个省份出台了社区治理体制改革政策文件。

一 社区治理体制改革的总体趋势

（一）以社区减负增效为重点推动社区治理职责规范化

民政部、中组部发布的《关于进一步开展社区减负工作的通知》明确提出，从依法确定社区工作事项、规范社区考核评比活动、清理社区工作机构和牌子、精简社区会议和台账、严格社区印章管理使用、整合社区信息网络、增强社区服务能力等七个方面开展社区减负工作。根据《通知》要求，目前各省份都启动了社区减负增效工作，依法依规系统梳理社区居委会的工作事项，制定社区工作清单，规范社区居民委员会承担的公共服务事项和社区建设工作。以北京市为例，根据调查，减负前，社区居委会承担了 241 项工作，其中属于法律、法规、规章要求的，涉及 21 个部门 47 个工作事项；属于中央、各部委发文要求的，涉及 13 个部门 77 个工作事项；属于市委、市政府发文要求的，涉及 9 个部门 22 个工作事项；属于市级部门联合发文类的，涉及 8 个部门 16 个工作事项；其他类的涉及 12 个部门 50 个工作事项；与社区无关或无依据的涉及 6 个部门 29 个事项。新增需要社区居委会盖章证明的工作，涉及 10 个部门 32 个事项。开展社区减负工作以来，北京市民政局核验了 150 项（含印章的 17 项）不符合法律法规等要求以及未涉及社区工作的事项，整理合并了 81 项具有包含关系的工作事项；梳理出社区居委会依法履行职能的 32 项工作，社区居委会依法协助的 13 类 34 项工作，明确可以依规定使用印章开具证明的 15 项工作；取消了在社区居委会开展的 26 项评比达标工作以及 28 个组织机构，推动社区治理职责逐步走向制度化、规范化。

（二）以基层党组织为核心推动社区多元主体协商常态化

近年来，各地都在探索发挥社区党组织领导核心作用，畅通社区居民和社会各界参与渠道，初步构建起多元参与、多元协商、多元共治协调发展的社区治理格局。北京市从 2015 年起，加大区域化党建力度，把社区内党员、驻社区单位等组织动员起来，并为每个社区拨付 20 万元社区党组织服务群众专项经费。上海市建立健全以社区党组织为领导核心、居委会为主导，居民为主体，业委会、物业公司、驻社区单位、群众团体、社会组织、群众活动团体等共同参与的居民治理框架，倡导上述主体中的党员兼任社区党组织成员，探索符合条件的居委会成员通过合法程序兼任业委会成员。深圳建立了社区综合党组织，区职能部门和街道处级干部担任挂点社区综合党组织兼职委员，驻社区单位党组织负责同志也以"兼职委员"身份进入社区综合党组织领导班子。社区综合党组织所属支部延伸到各个小区、楼宇以及驻社区的"两新"组织，形成区域化"大党建"工作格局，共同参与社区事务管理、化解矛盾纠纷和解决社区实际问题。

在党的领导下，各地还开展"参与式协商"、党政群共商共治，逐步将公共服务、公益服务等涉及居民直接利益的公共事务和公益事业纳入民主议事协商范畴，健全自下而上的社区共治议题和居民自治项目形成机制，完善下评上和上评下的双向评价制度，创新居民小组形式，加强楼院委员会、网格议事会、楼宇自治理事会建设，推动政府行政管理与社区民主自治有效衔接和良性互动。同时，各省份也按照中央的要求，积极制定出台任务分工方案，督促各级部门制定出台实施细则和贯彻落实意见，建立完善社区协商的保障机制和监督机制，确保社区协商工作落到实处、取得实效。

（三）以智慧社区建设为抓手推动社区治理信息化

目前，全国各地积极加强社区信息化建设，着力构建现代化的社区治理体系，努力提升社区服务管理能力。主要包括以下四个方面，一是社区网格化体系全面覆盖。在区、街道（乡镇）、社区（村）推动三级网格化体系建设全面覆盖，整合社区人口、社会事务、城市公共服务、民政、卫生、文化以及综治等信息和服务资源，实现社会服务网、城市管理网、社会治安网"三网"融合。二是智慧政务建设。利用物联网、云计算、移动互联网、人工智能、数据挖掘、知识管理等技术，提高政府办公、监管、服务、决策的智能化水平，形成高效、敏捷、便民的新型政府服务模式，为社区居民提供就近、就便、一站式办公。三是智慧商务建设。建立社区电子商务平台，提供便捷的社区在线购物，为社区居民及业主提供精细、便捷的衣、食、住等方面星级服务，打造全天候、快捷的上门服务。四是智慧民生建设。以智慧养老、智慧医疗、智慧托幼、智慧家居等为重点，推进社区数字化、网络化、智能化建设，让社区居民的生活更安全、更便利、更舒适。

（四）以三社联动等为依托推动社区服务社会化

目前，全国很多城市街道、社区都积极引入社会组织，依托社区服务中心、社区服务站建立社会组织孵化基地，探索以政府购买服务为保障、项目化运作为纽带的"三社联动"新机制，开展以扶贫、助弱、帮困为核心的专业社工服务。此外，企业也积极向社区进一步延伸服务。"1小时到家"、京东等都积极建立社区O2O平台，开展社区便捷、精准服务。一些企业还将服务从商业服务扩展到公共服务领域，例如上海"幸福9号"不仅依托电子商务平台，满足老年人日常购物需求，还开展了老人的精神层面的文化、教育等服务。

二　社区治理体制改革存在的问题

总体而言，这次大规模社区治理体制改革，是自上而下推动的，各地纷纷按照中央的精神，结合各地的具体实践，分工部署相关改革措施。但有些改革措施由于尚未触及根本问题，或政策措施相互不衔接配套，部门之间相互协作不足，难以在实践中真正落地，社区治理体制改革仍面临诸多问题。

（一）社区治理缺乏针对性

长期以来，我国各地受历史沿革、地理位置、人口组成、辖区资源、居民需求等影响，形成了老旧小区、商品房小区、单位社区、农民回迁社区、城中村等复杂多样的社区类型，社区的特点和存在的问题各有不同。例如老旧小区基础设施陈旧，跑冒滴漏现象突出，但是现有政府对社区投入基本采取无差别政策，导致很多老旧小区只能利用有限的公益金修修补补，不能从根本上解决问题。商品房社区居民邻里关系淡漠，缺乏信任，业主与物业、业主与业主之间的权益之争频发。回迁小区原有的人际关系网络由于回迁安置遭到破坏，熟人社会变为"半熟人社区",传统的邻里交往和守望相助、居民相互间的信任度下降。面对复杂多样的社区类型,目前自上而下推动的社区治理体制改革政策措施,其精细化、针对性和有效性都显不足。

(二)社区减负效果不彰

虽然中央和地方省市都相继出台了社区减负的文件,但是在实践中,许多社区居委会工作却陷入越减越重的怪圈。究其原因,有三方面。一是街道办与社区居委会关系不对等。虽然从法理上讲,社区居委会是群众性自治组织,其主要职责是开展居民自治,街道办与其是指导与服务、协调与监督的平等关系,但是由于社区居委会人、财、物都受制于街道,实际上变成了从属于街道的下级,社区居委会被迫承接街道办分派布置的各项行政事务性工作。二是政府职能转变不到位。长期以来,政府包揽大量社会事务,职能部门存在各自为政、懒政现象,相互缺乏沟通协调,各行其是,各自考核,不考虑街道社区实际情况,随意向街道社区分派任务。三是条块关系没有理顺。虽然在此次全国性街居体制改革中,很多地方取消了街道办的经济职能,但其社会管理职能有增无减。职能部门在工作推进过程中强调"属地管理"责任,将许多本应由职能部门来做的工作交给街道办来完成,而街道办对职能部门派驻街道的科站队所缺乏有效的约束力,对其工作的督促、检查、协调往往流于形式。最终,各项工作落到社区居委会身上,上述原因导致社区减负政策难以落地,社区居委会行政化趋势没有得到根本扭转。

(三)社区多元主体关系尚未理顺

目前社区治理主体呈现多元化态势,但组织设置、功能定位及权责边界、组织目标和运行机制呈现错位、不清的问题,导致现实中相互之间的矛盾冲突比较突出,降低了社区的治理效率。社区党组织是社区的政治核心,但现实中,居民对党组织和社区居委会的关系认识不清,党员与社区党组织联系不紧密,党组织缺乏常态化经费保障,党建工作方式陈旧,流于形式,政治核心作用不突出。社区居委会应是自我服务、自我管理的群众性自治组织,但现实中,却成了政府的腿,忙于政府交办的行政事务。业委会是新型自治组织,但是在现有法规制度不完善的情况下,业委会与居委会关系不顺,缺乏监管机制，有些成了个别人谋取私利的工具、给政府找麻烦的刺头。物业公司是自主经营的市场经济实体，但在没有建立业主委员会、政府监管不到位的情况下，损害业主利益的行为屡有发生。总之，社区各类主体之间的合理关系架构尚未建立起来。

（四）社区居民参与不足

近年来，在基层维稳和改善基本公共服务双重任务的驱使下，各地都加强了街道社区网格化管理、综合服务与社会管理信息平台建设，有些街道社区全体干部还定期下到对应的社区，开展大扫除活动，对辖区的卫生死角、环境脏乱点、自行车无序停放等进行集中清理整治等全方位服务。同时，越来越多的企业和社会组织开始关注社区，将服务触角延伸到社区，社区居民足不出户就可以享受到专业化、社会化服务。但上述两种力量对社区居民保姆式服务和管理的渗透在一定程度上改变了传统社区的生态，在客观上削弱了社区居民参与社区建设，发现问题、解决问题，开展自我服务、自我监督、自我管理、自我教育的意愿和意识。传统社区的关系亲密、守望相助、富有人情味氛围渐行渐远。正如吉登斯指出，"现代社会的脱域机制已经逐步地将人们的社会关系从它们所处的特殊的地域'情境'中提取了出来"[1]。从现实情况来看，社区居民参与多为中老年娱乐活动，为社区发展出谋划策的志愿性参与非常有限。

（五）社区工作者队伍建设不力

社区是城市管理的基本单元，目前社区工作依然沿用传统工作方法和手段，专业社工机构数量不足，未能充分发挥作用。虽然高校纷纷开设了社工专业，但毕业后从事社会工作的大学生比例非常低。尽管近几年社区工作者待遇调整力度很大，但整体待遇仍偏低，加班制度不规范，有些社区工作者工资甚至低于协管员，再加上社会地位不高，缺乏职业晋升通道，发展空间较小，人才流失较为严重。现有社区工作者专业水平、专业技能亟须提升。

---

① 安东尼·吉登斯：《现代性的后果》，田禾译，译林出版社，2000。

三 加强社区治理的对策建议

（一）切实加强社区分类治理

针对不同类型的社区，积极分析其存在的问题，在社区投入和治理方式上采取差别性政策，例如在老旧小区治理中，应当发挥政府主导作用，有序推进老旧小区综合整治力度，改造老旧城区基础设施，探索创新完善适合老旧小区的物业管理机制，探索在社区服务领域推广政府和社会资本合作模式，培育和发展社区基金会等新型社区社会组织，构建起政府投入、居民筹集、多方融资互联互补的社区保障机制，切实解决老旧小区的困难。针对脱管的单位社区，应当重视挖掘单位内部的组织资源和人力资源，将老职工和老党员视为社区动员的中间力量，引导其在公共服务体系建设、社区再组织化等方面发挥作用，重塑社区公共性。针对农民回迁社区，着力恢复原有邻里关系网络，逐步培育形成现代社区居民的公共精神和价值观。针对商品房小区，要创新居民参与形式，加强社区民主协商，处理好各方的利益关系，并逐步培育和增强居民对社区的认同感、归属感和责任感。同时，大力鼓励不同类型的社会组织进驻社区，在防灾减灾、矛盾纠纷调解、社区矫正等方面积极发挥作用，培养居民的志愿精神和责任意识。

（二）切实推进社区减负

要从根本上落实社区减负的政策措施，必须在系统梳理职能部门、街道办事处和社区居委会职责事项，建立社区工作事项准入清单的基础上，从以下四方面下功夫：一是赋予社区居委会独立的人权、财权，让社区居委会摆脱与街道办附属关系，建立居委会工作信息公开制度，依法开展社区居委会监督和管理；二是转变政府职能，按照"费随事转"的原则，引导社会组织通过政府购买服务的方式承接社区公共服务，切实减轻社区居委会负担；三是理顺条块关系，赋予街道办监督协调、统筹部署权力，有效整合社区各项工作，减少和杜绝社区无效劳动；四是建立第三方监督评估机制，由区一级纪检监察部门牵头对社区工作事项进行督察，发现问题及时督促相关单位整改，把社区工作事项准入实施情况列入年度综合考评。

（三）切实理顺多元主体关系

目前看，政府、党组织、社区居委会、业委会、物业公司、驻社单位等多元主体都已进入社区这个平台，需要建立相互合作的社区协同治理机制，共同分享资源，承担维护社区秩序、发展社区公益事业的责任。为此，必须尽快完善制度，确保不同主体担负不同的角色，各自发挥应有的作用。政府应该加强法规制度供给，不断提高履职能力，尽快拟定权力清单，切实放权，减少对居民自治事务的干预，不扰乱社会自组织的秩序，做到适时介入、适当干预和适度供给。社区党组织要加强领导干部选拔和党员的教育监督管理，凝聚共识，推动和谐社区建设。社区居委会要真正回归居民自治组织，着力解决权威与合法性来源问题，由政府自上而下的任命转变为社区居民自下而上的授权，深入开展社区自治，利用社区自治章程、居民公约等，实现在公共道德、公共秩序等方面的集体认同，提高对社区各类主体的协调动员能力。业主委员会应明确社团法人地位，完善内部治理结构，建立评价和监督机制，切实加强对物业公司的监督管理，维护业主的权益，同时也要防止部分人滥用权力，谋取私利，扰乱社会正常秩序。物业管理公司要明确服务和管理标准，加强物业管理维修基金的监管，明确业主违约的法律责任承担方式，建立物业管理行业协会，由其履行企业资质管理、物业管理从业人员培训和资格审查等行业监管职能。

（四）切实增强居民参与

社区居民参与社区治理，是整合与发挥社区各种资源，培养居民社区归属感、认同感和现代社区意识，培育社会资本的重要途径，是社区建设的内在动力和源泉。加强社区居民参与，一要搭建各类参与平台，建立对话机制，如通过社区和谐促进会、社区志愿组织、居民议事厅、社区评议会等多种形式，激发居民的主体意识和参与热情，逐步实现社区治理由"政府拉动"向"居民推动"转变。二要重视社区精英的参与，既要将党政干部和企事业负责人、党员联系社区制度化、常态化，也要将一些群众威望高、工作干劲足的退休老干部、学者、党员等吸纳到社区治理之中，通过相关程序担任社区居委会委员、党小组长、楼组长、业委会委员、群众活动团体负责人，发挥其骨干作用。三要积极培育社区自生的"草根"社会组织。目前在"三社联动"的背景下，各地都大力发展社区养老助残、青少年教育、防灾减灾等公益类、服务类社会组织，但是这些组织在培养社区居民互助、互益精神方面作用有限，未来还应着力发展社区内部各种兴趣类、互助类社会组织、群众活动团体，培育社区志愿者队伍，将居民有序组织起来，培养居民的志愿精神和责任意识。

（五）切实加强社区工作者人才队伍建设

进一步完善社区工作者培养、使用、管理、激励办法。一是完善社区工作者职业评价体系，形成初、中、高级相衔接的职称等级。按照职称等级，制定相对应的工资等级，根据不同岗位，适当给予不同的岗位补助，建立科学合理的薪酬福利体系。二是明确社区工作者定位和岗位职责，进一步细化社区服务站、社区服务中心与居委会的职责划分及人员配置。三是建立社区工作者职业晋升通道，探索优秀社区工作者向党政机关、事业单位流动的渠道和方式，为社区工作者发展拓展空间、创造条件、搭建平台。四是建立健全招聘、选拔优秀社区工作者办法。五是将专业社区工作者纳入杰出人才、高层次专业人才等奖励体系，对有突出贡献的专业社工进行表彰奖励，逐步提高社会工作人才的社会地位。六是进一步加强社区工作者培训力度，促进社区工作者队伍整体素质的提升。

B.6
新型城镇化进程中的乡村治理
回顾与展望

袁金辉*

摘 要: 新型城镇化为我国农村发展提供了难得的机遇,随着城镇化步伐的加快,我国乡村治理格局出现了新的变化,这些变化一方面为农村经济社会发展提供了强大的动力和活力,但同时也带来了一系列突出的问题和矛盾。为此,需要通过不断深化改革,切实转变乡镇政府职能,大力推进基层协商民主,不断创新村民自治的内容和形式,统筹城乡公共服务,充分调动农民参与乡村治理的积极性等举措,推动新型城镇化和乡村治理的顺利进行。

关键词: 新型城镇化 乡村治理 机遇挑战 改革创新

新型城镇化给乡村治理带来了前所未有的机遇和挑战,但同时在城镇化不断推进的大背景下,我国乡村治理还存在一些亟待解决和改进的困难和问题。为此,需要重新审视我国乡村治理的方向和路径,以便通过乡村善治来推动新型城镇化建设的顺利进行。

一 新型城镇化给乡村治理带来的机遇和挑战

新型城镇化是以城乡统筹发展和城乡一体化为基本特征的城镇化,是大中

---

* 袁金辉,国家行政学院研究员、博士。

小城市、小城镇、新型农村社区协调发展的城镇化。其核心是实现城乡基础设施一体化和公共服务均等化，实现城市和农村协调发展。自党的十八大明确提出"新型城镇化"的概念以来，我国城镇化建设步伐明显加快，截至2015年底，我国城镇化率达到56.1%。[①] 随着城镇化的加快发展，农村社会正在进入一个新的大发展和大转折时期，这既给乡村治理带来了难得的发展机遇，同时也给乡村治理带来一些困难和挑战。

（一）新型城镇化促使乡村治理空间发生变化

一方面，随着新型城镇化的大力推进，乡村治理的空间被压缩。这种情况客观上会减少乡村治理成本，也许会给乡村治理带来一定的利好。另一方面，城镇化也可能导致乡村治理，尤其是城郊地区的治理难度加大。比如，快速城镇化带来的大量城中村以及城郊农村新社区，给乡村治理带来了一系列新的挑战。如，"村改居"中的利益格局调整，必然会带来一些冲突和矛盾；城镇化过程中带来的征地补偿、失地农民社会保障等问题都会给乡村治理带来新的问题与困境。

（二）新型城镇化推动乡村治理主体的多元化

随着城镇化的不断深入推进，城乡人员流动加速，农村出现了多样化的治理主体。就人口而言，随着市场经济深入发展和城镇化的加速推进，数以亿计的农村人口从农村流入城镇，同时部分城镇人口也开始流入农村，这样导致乡村不仅有本地村民，有定居的外来人员、务工人员，还有市场经济带来的流动人口，这样村民自治制度的主题就悄然发生了变化，可能会对当前的村民自治制度带来严峻的挑战。就组织来看，在大多数城郊地方，还是沿用多年的村级党组织和村民自治组织，但也有一些地方实行了"村改居"，出现了城镇居民委员会。与此同时，与城镇生活相适应，也出现了一些新的社会组织，形成了一个多元混合的组织格局。如何协调各组织、各利益群体之间的关系和矛盾，是摆在乡村治理面前的一个重要课题。

---

① 《2015年国民经济和社会发展统计公报》，《人民日报》2016年3月1日。

（三）新型城镇化导致乡村治理模式的多样化

随着我国城镇化的加快，农村人口不断向城市流动，我国农村出现了一些新的形态，既有在城市中形成的城中村，也有人口大量流出的空心村，还有城郊接合部的拆迁村。这种格局的出现对我国乡村治理提出了新的挑战，多种类型的乡村治理模式也就应运而生。比如，在城郊地区可能同时实行两种基层治理模式，一种是城市的居民自治，另一种是农村的村民自治。由于城镇边缘地带正处于城镇化的过程中，这样实践中就会出现村民自治和居民自治两种治理模式并存的情况。同时在城镇化进程中，出现了两种最基本的乡村类型，一种是属于人口输出的乡村，另一种是属于人口流入的区域。这些情况的出现，一方面给乡村治理带来了更多的方式和手段，各地可以根据当地实际选取不同的治理模式；但另一方面，由于这种边缘治理的特殊性，也可能会加大这些地区尤其是城郊地区农村的治理难度，甚至有可能影响城镇化的顺利推进。因为以前的乡村治理都是在城乡二元体制这一基本前提下去推进和完善的，而现在的乡村治理要从破解城乡二元结构、促进城乡一体化的角度出发来制定和优化政策。

（四）新型城镇化推动乡村治理理念的复杂化

长期以来实行的城乡二元体制，导致广大农村有不断被边缘化的危险，而农民远远没有形成城市居民该有的民主意识、参与意识和法治意识，导致农村缺乏有效的治理。改革开放以来，随着市场经济的不断深入，农民的经济意识不断增强，农民的权利意识也显著提高，维权行动明显增多。随着城镇化尤其是新型城镇化的大力推进，市场经济不断深入山村农户，民主法治观念不断被村民所接受，乡村治理水平和能力得到前所未有的提高。近些年来，各地村民自治全面推进，村民自治的内容和形式不断丰富和创新，民主选举村民委员会成员已经全面实施，民主管理、民主决策使村民自治能力大为提高，民主监督不仅规范了乡村治理，还大大提升了村民的法制观念和法治意识。

二 新型城镇化背景下乡村治理面临的困境

随着我国城镇化步伐的加快，我国原有乡村治理格局发生了深刻变化，这些前所未有的变化一方面可能给我国农村经济社会发展带来巨大的活力，但同时也引起了一系列突出矛盾和问题。

（一）农民权益保护问题突出

随着城镇化的加速，一些地方政府为了增加财政收入，提高政绩，不遗余力征地卖地，盲目招商引资和兴建新城或各类园区，这样不仅牺牲了当地的环境，还损害了当地农民的各种利益，导致农民与当地基层政府间的矛盾加剧，影响了这些地区的稳定与和谐，近年来各类农村群体性事件呈高发态势就是最明显的证明。在城镇化进程中，乡村治理面临最突出的问题是如何维护农民的基本权益，包括财产权、土地收益权、社会保障权、平等参与权等。这要求在新型城镇化过程中，要对村民的合法收益和私人财产进行保护，要保障农民尤其是农民工和城郊农民的医疗、教育、社会保障等基本公共服务，还要维护农民对公共事务的参与权和表达权等。比如，当下城郊农民"农转非"的实践中，改变的只是户籍的类别，也就是形式，却没有赋予这些近郊农民与城市居民一样的权利和待遇。这样，近郊农民虽然在政策引导下实现了身份的转变，形式上成为城市人，但转变身份户籍之后的农民仍然无法享受城镇化的种种福利待遇。①

（二）农村空心化问题日益严重

城镇化也好，治理也罢，关键是要靠人来推进。但随着我国城镇化的不断提速，农村空心化问题日益突出。现在留守在农村居住和生活的基本是妇女、儿童和老人，号称"386199部队"，这些人员不仅无法承担起农业生产的重任，更使乡村治理主体乏力，不能承担起乡村治理的重任，特别是影响村民自治的顺利推行。由于农村的青壮年劳动力大都进城务工去了，很多农村地区不仅组织农业生产和农田水利等基础设施建设困难，就连村民（代表）大会都不能正常展开，更不用说民主决策、民主管理和民主监督了。他们由于自身素质原因，没有参与村级民主管理和民主决策的积极性，也没有能力参与监督。同时，农村干部队伍后继无人，特别是农村青壮年人口外出进城之后，农村党

---

① 卢福营：《城镇化过程中近郊村落的边缘化》，《浙江社会科学》2015年9期。

支部和村民委员会的班子都难以健全，有的农村地区出现了一批老支书、老村长，有的农村甚至多年没有发展一个党员，乡村治理经常处于无为无序状态。[①] 上述情况严重影响了我国村民自治的顺利实施，同时也对推进国家基层治理体系和治理能力现代化提出了新的挑战。

（三）农村基础设施和公共事业发展滞后

客观地看，近些年来，我国农村的水电路等公共服务和基础设施建设得到极大的改善，但与新型城镇化的要求相比，差距还比较大，缺少公园、广场等休闲生活的服务设施。农村自然环境有加速恶化的趋势，主要表现在农村水土污染严重，污水和垃圾处理落后，不仅威胁到农产品质量安全，也极大影响了农村居民的居住环境与健康。

（四）村民自治实践还需要完善和创新

自 20 世纪 80 年代初期村民自治制度在我国推行以来，一定程度上实现了村民自我教育、自我管理和自我服务，推动了我国农村社会的发展和基层民主建设。特别是近些年来，村民自治的内容不断充实发展，村民自治的形式不断创新，涌现了一大批实践创新案例。比如山东诸城建立健全了以社区党组织为核心、群众自治组织为主体、经济社会组织为补充的农村管理服务新机制。不仅大大提高了群众满意度，也在这种治理过程中提高了村民的参与能力和参与意识。江苏张家港市通过服务平台建设，成立了社区卫生服务中心、建设管理服务中心、劳动保障服务中心、文体服务中心等政府平台，让政府职能下沉、管理延伸，保障老百姓的生活质量与生活需求。然而，在新型城镇化政策的驱动下，数亿农民从农村涌向城市，使得农村社会的治理根基发生了变化。这就要求不断创新村民自治的形式和内容，以推动乡村善治。

（五）乡村治理主体的参与度需要提高

乡村治理的主体主要分为人和组织两大类。从人这个角度看，表面上认为农民的整体教育程度提高了，参与的能力和水平增强了。但如果做深入分析，

---

① 田雄：《城镇化背景下的农村治理》，《学习时报》2015 年 1 月 26 日。

便可发现随着城镇化的不断推进，村民正在逐渐失去政治参与的积极性。可以说，目前村民自治的"四大民主"中，除了民主选举各地实施还不错外，民主决策、民主管理、民主监督在很大程度上还是流于形式。比如，村务公开作为民主监督的一项重要内容，就是因为公开中的一些不真实性而使村民失去热情。就农村干部而言，在压力型体制下，乡村基层干部一天忙到晚就是为了完成各项任务和指标，工作十分辛苦，但同时待遇十分低下，难以养家糊口，严重影响了乡村干部工作的积极性。从组织的角度看，现在的农村地区乡镇政府作为基层政府，职能转变还没完全到位，公共服务和社会管理的职能还没有发挥好；农村党支部、村民委员会作用发挥不够，特别是村民委员会作为村民的自治组织，没能起到组织村民参与公共管理的作用，个别地方还有村支两委不和的情况出现，也极大影响了乡村治理的效果。就非政府组织而言，当前农村除了合作社等经济组织发展较快，产生了一定积极作用外，农村民间组织发展非常滞后，难以跟上经济社会发展和城乡一体化的需要。

三 新型城镇化进程中的乡村治理展望

世界各国城镇化的经验表明，良好的乡村治理是社会和谐稳定的重要前提。经过初步统计，即使到2030年中国城镇化率达到70%，我国仍有5亿农民生活在农村。因此，乡村治理的好坏在我国具有特殊的现实意义。最近这几年，在新型城镇化进程中，我国乡村治理成效显著。但同时城镇化也给乡村治理带来了一系列新问题新挑战，需要通过不断深化改革，建立健全乡村治理的体制机制，从而为新型城镇化的顺利推进提供稳定的基础。

（一）切实转变乡镇政府职能

在我国新型城镇化和经济社会加速转型过程中，一方面农村对公共产品和公共服务的需求增加，另一方面公共产品和公共服务的供应相对不足，且二者矛盾日益加大。作为直接面对群众的乡镇政府，最重要的职责就是及时提供公共产品和公共服务，以满足群众日益增长的物质和文化生活需要。因此，作为最基层政府的乡镇政府不仅要承担上级政府下达的各项指标任务，同时还要对本乡镇区域行使相对独立的社会管理和公共服务职能，特别是要承担大量公共服务职责。围绕建设服务型政府的总体要求，发挥乡镇政府在乡村治理中的主导作用，为此要切实转变乡镇政府的职能。一是要把乡镇政府的职能从发展经济为主转换到公共服务为主。乡镇政府要切实放弃管理理念，真正把工作重心转移到农村提供公共服务产品上来。作为基层政府，乡镇今后最重要的职责和任务，就是加强农村义务教育、乡村公共卫生服务、基本社会保障等方面的规划和建设，协助农民解决子女上学难、看病难、养老难等实际问题。二是乡镇政府要从无限政府向有限政府转变。我们经常讲的政府职能包括宏观调控、发展经济、公共服务、社会管理等，但是对乡镇政府来说，主要是社会管理和公共服务，只能负有限政府的责任。三是乡镇政府工作要从管理控制向更多的组织协调转变。根据乡镇政府服务型政府建设要求和建立有限政府的要求，乡镇政府在公共设施建设和公共产品提供中主要承担组织动员、牵头协调的作用，变以前的直接管理为间接管理，变行政命令为协调服务，同时尽可能发挥社会组织和村民自治组织参与乡村治理的积极性。

（二）大力推进基层民主协商

在基层治理中，我们传统的方式就是自上而下的单向管理，这样的好处是能够集中力量办大事。但这样主要靠行政命令来解决问题的方式，很容易导致"政府买单、百姓不买账"的尴尬结果。特别是当前快速城镇化和社会结构转型的大背景下，迫切需要采取一些新的治理方式来解决乡村治理问题。这些年在全国各地推行的基层协商民主，就是在城镇化进程中实现乡村善治的有效探索，实现了"一元治理"向"多元治理"的有效转变，做到百姓的事情百姓自己解决。比如，浙江温岭的民主恳谈会是乡村基层民主协商成功的案例。重庆江北区郭家沱街道党务村务"三询制度"不仅帮助当地村民解决了许多现实问题，密切了干群联系，还为农村问题的解决提供了一个成功的示范和案例，特别是给新型城镇化背景下如何搞好乡村治理提供了很好的借鉴。[①] 未来乡村治理，要多层次、多渠道开展基层协商民主。一是可以依托农村基层党组织和群众自治组织，畅通老百姓与基层政府交流沟通的制度渠道，探索建立基层政府与村民自治组织、社会组织、群众间的对话平台。二是要通过社区媒

---

① 侯发兵等：《城镇化进程中的农村基层治理模式创新》，《西华师范大学学报》2014 年 5 期。

体、互联网络、移动设备等现代传媒，建立完善民情恳谈、社区听证、社区论坛等协商机制，积极推动基层民主协商向下延伸。三是要加强基层协商民主与党内民主和政治协商的制度衔接，建立党代表、人大代表、政协委员联系社区制度，以基层协商民主带动党内民主和民主政治发展。

（三）创新村民自治的内容和形式

行政村和自然村一级，是我国农村的最基层，也是中国社会的最基层。在我国，村民自治是乡村社会治理的基本制度，这一制度从1982年《村民委员会组织法》颁布后开始全面实施，并在实践中不断完善。近些年来，我国农村村民自治虽然取得了很大成效，但也存在村委会选举组织不好、民主管理和民主监督流于形式等问题。为此，要通过创新村民自治来推动乡村治理，从而提高城镇化的水平和质量。一是要把村民自治所承担的乡村公共服务职能纳入城乡一体化体制中，要按照新型城镇化的要求，统一配置农村的道路交通、教育卫生、水利设施等基础设施和基本公共服务。二是要逐步让村民自治组织退出村级集体经济和集体土地管理领域，要通过农村土地制度改革和产权制度改革，引导农村经济社会持续健康发展。[①] 广东近几年在一些农村地区建立起农村产权交易中心，让各种要素资源在交易平台里更有序地流动，这种方式就值得各地借鉴和推广。三是要规范乡政村治，要明确村民委员会和乡镇政府的职能边界，保证农村群众自治组织主导乡村治理的积极性。

（四）充分尊重农民的主体地位

人是城镇化的主体，人的城镇化的核心是尊重农民在城市化过程中的主体性，不强迫农民进城或留守农村，让他们有自己选择自己生活方式的权利。尊重和突出农民的主体地位，归纳起来主要有以下几个方面：一是农民的财产权。在城镇化进程中，随着征地拆迁、土地补偿等问题的出现，农民的财产权利问题日益突出，财产权保护不力已成为影响社会和谐稳定的重要因素。为此，要通过制度设计，切实维护农民尤其是失地农民的权益，以保护农民的财

[①] 陆益龙：《新型城镇化与乡村治理模式的变革》，《人民论坛》2013年9月中（总第416期）。

产权利不受侵犯。江苏省张家港市南丰镇永联村分解了传统村委会的职能，把村里的社会管理职能交给社区管理中心，同时在经济方面引进现代企业制度，实现了村委会治理向经济合作社治理模式的转变，有效避免了村委会权力的越位和缺位问题，是一个值得借鉴的经验。二是农民的基本政治权利，也就是参与权，要通过制度创新来进行保障。这些年来，各地做了一些有益的尝试。比如江苏永联村构建了"三位一体、共融分治"的治理模式，浙江诸暨形成了社会综合治理的"枫桥经验"，江苏南京六合区的赵坝农民议会，江苏邳州开展的"四权"建设等，都把维护农民权益放在首位。① 三是农民的社会福利权利。要千方百计解决好农民的住房、就业、医疗、社会保障以及子女上学等民生问题。

（五）统筹城乡基本公共服务

按照城乡一体化和基本民生公共服务均等化的原则，统一配置道路交通、文化教育、医疗卫生、水利环保等公共基础设施和公共服务，并进行统一的管理。为此，要通过制度创新，逐步消除阻碍城乡一体化发展的体制机制障碍。一是要打破城乡分离的财政体制，将农村公共产品的提供纳入城乡一体的公共财政体系中。特别是对偏远贫困的农村地区，基础设施建设、公共服务的支出，必须由国家财政负担，而不能靠村民自己解决。二是要深化户籍制度的改革。这些年不断推进的各项改革制度虽取得了瞩目的成绩，但户籍制度改革还有很多工作要做，尤其是大城市的户籍改革还亟待破题。

（六）继续深化农村产权制度改革

特别是要在承包地、宅基地、建设用地和房产上赋予农民更多财产权利。比如赋予农村土地承包经营权抵押、担保的权能，使土地承包经营权的权能更加完整。

---

① 孙中华：《乡村治理是国家治理体系的基础》，《农民日报》2014 年 5 月 31 日。

B.7
"互联网＋"社会治理应用的
现状、问题与思考

李　宇[*]

摘　要：　目前，互联网等新技术在社会治理中的作用已经得到政府和社会各界的普遍认同。2015年，中国政府首次提出"互联网＋行动计划"。在社会治理以及政府管理领域，网格化和大数据等"互联网＋应用"的范围不断扩大，取得了一些成果和有益的经验。本文从网格化和大数据两个方面对"互联网＋"在社会治理中应用的现状和问题进行了分析，并提出了对策建议。

关键词：　"互联网＋"　社会治理　网格化　大数据

一　互联网在社会治理应用的相关政策

2015年3月5日第十二届全国人民代表大会三次会议上，李克强总理在《政府工作报告》中首次提出"互联网＋"行动计划。同时提出对开发利用网络化、数字化、智能化等技术，着力在一些关键领域抢占先机、取得突破的总体要求。作为国家战略，"互联网＋"的提出，意味着互联网在中国的产业政策中，正在从边缘逐渐向主流化迈进。就互联网的自身发展而言，也将迎来一个新阶段的飞跃，它预示着互联网与社会各个领域紧密结合的时代已经到来。为此，国务院和相关部门先后出台了一系列重要的政策文件。

＊　李宇，国家行政学院社会和文化教研部副教授。

2015 年 7 月 4 日，国务院颁布《国务院关于积极推进"互联网＋"行动的指导意见》。该《意见》从行动要求、重点行动和保障支持三个方面，详细阐述了当前我国"互联网＋"行动的基本设想和要求。《意见》中首先明确了要顺应"互联网＋"发展趋势，夯实网络发展基础，营造安全网络环境，创新政府服务模式，激发社会活力，提升公共服务水平。本着"开放共享"的原则，互联网将成为生产生活要素共享的重要平台，营造一个开放、共享、包容的发展环境。《意见》中提出了十大"互联网＋"行动的任务，其中"互联网＋益民服务任务"详细列举了包括"创新政府网络化管理和服务""发展便民服务新业态""推广在线医疗卫生新模式""促进智慧健康养老产业发展""探索新型教育服务供给方式"等 5 个与社会治理服务相关的内容。同时确定了以发展改革委、教育部、工业和信息化部、民政部、人力资源社会保障部等部门的责任主体。

2015 年 8 月 31 日，国务院出台《促进大数据发展行动纲要》，旨在加快政府信息平台整合，消除信息孤岛，推进数据资源向社会开放，大力推动政府信息系统和公共数据互联开放共享。为保证各项任务的顺利进行，《纲要》从完善组织实施机制、加强法规制度建设、健全市场发展机制、建立标准规范体系、加大财政金融支持、加强专业人才培养、促进国际交流合作等七个方面提出了政策保障措施。

2015 年 10 月 29 日，中国共产党第十八届中央委员会第五次全体会议通过了《中共中央关于制定国民经济和社会发展第十三个五年规划的建议》。《建议》明确提出实施国家大数据战略，推进数据资源开放共享。实施"互联网＋"行动计划，发展物联网技术和应用，发展分享经济，促进互联网和经济社会融合发展。完善电信普遍服务机制，开展网络提速降费行动，超前布局下一代互联网等成为"十三五"期间的重要任务。"互联网＋"在中国经济未来发展中扮演的角色，将越来越引人注目。

2015 年 5 月 16 日，住房和城乡建设部、工业和信息化部联合印发《关于加强城市通信基础设施规划的通知》。《通知》要求至 2016 年底前，所有大城市、特大城市要完成通信基础设施专项规划编制工作；其他城市应于 2017 年底前完成专项规划编制工作。这为"互联网＋"行动的实施提供了基础性的保障。

2015 年 12 月 16～18 日，在中国乌镇举行的第二届世界互联网大会上，习近平总书记提出了"加快全球网络基础设施建设，促进互联互通。网络的本质在于互联，信息的价值在于互通。只有加强信息基础设施建设，铺就信息畅通之路，不断缩小不同国家、地区、人群间的信息鸿沟，才能让信息资源充分涌流"的倡议。

二 "互联网＋"社会治理应用现状

"互联网＋"技术的应用，涵盖经济、金融、政府、社会、舆论、企业等方方面面。现阶段，社会治理方面应用最为广泛的是网格化和大数据。

（一）网格化促进社会治理创新

党的十八届三中全会明确指出："改进社会治理方式。以网格化管理、社会化服务为方向，健全基层综合服务管理平台，及时反映和协调人民群众各方面各层次利益诉求"。近几年来，随着城镇化进程的不断推进，城市信息化管理也逐渐从数字化管理向智慧化管理转变。各级政府充分意识到新一代"互联网＋"技术与社会治理服务融合将在未来城市管理和社会服务等方面发挥重要作用，特别是网格化管理，将为提升城市精细化治理水平提供强有力的科技支撑。网格化是以信息化技术手段作为支撑，以社会治理与服务平台为基础，统筹各类服务资源作为切入点，立足于满足社工、居民、企事业单位、社会组织的需求，构建集社会管理、社会服务、社会综治、社会组织、便民服务等于一体的智慧化综合管理、服务和提供决策依据的平台。

网格化管理主要有以下两种模式。

1. 全模式高位的独立监督机制

该模式是将城市单元和事件精确到网格中，并由独立的监督主体监督政府各部门、相关单位是否及时解决问题，其特点是通过网格化进行全过程监督。该模式通过采集、整合、协调政府及社会资源建立一个高位的独立监督机制，把城市管理网格、社会管理服务网格、社会治安网格进行融合，形成统一的网格化平台，实现"大社会小政府"的工作格局；充分发挥单位与市民的主体作用，充分发挥社区自治与协管作用，实现管理到位、执法归位的"大管理小执法"工作格局。

该模式的创新点主要包括：第一，组织化多元主体参与。"互联网＋"社会治理的核心内容，是政府和公众参与创造组织化的社区组织。即：将监督方式由政府内部监督为主转化为以社会公众监督为主；被监督主体由政府为主转变为以事件的责任主体、公共服务企业、物业公司等社会单位为主。将这种理念应用于各个领域，通过全过程和全方位的监督方式产生的数据集合，对社会治理的深入开展将产生不可估量的成效。第二，闭环式监督流程。在网格化社会治理中，运用移动通信、互联网、物联网等科技手段，结合体制机制闭环流程的设计，形成接受公众咨询、投诉，联系职能部门答复、问题解决、向公众反馈结果的闭环式工作流程，并对每一个工作环节进行监督评估。在整个流程中，本着"政府主导，社会参与，发挥多元主体"的原则，形成无缝隙的社会治理新模式，促进社会主体的自我发育。

2. 监督、管理、执法三权分离模式

该模式以网格化治理为起点，与"维稳"为主的社会管理体制改革相结合，并在此基础上拓展网格化的功能范围，使网格化应用于更多的政府管理领域之中。建立"城市监督中心"，监督街道办事处和城管执法局的执法，将城市管理、城市执法和城市监督的职能相分离。

通过网格化信息系统平台，采集、分类、处理各种数据，从而形成独立的可量化的基础数据，实现城市管理由传统的定性管理向定量管理转变，为城市监管提供科学决策的依据。这种模式的创新之处，首先是政府部门可动态掌握管理对象基本情况、动态信息及解决问题的成效。其次是及时了解民情民意。以网格为基础，针对不同区域的不同人群，对原始信息数据进行细化，把握特殊或重点人群的不同需求和动态，从而实现科学化、精细化及个性化的服务和管理。再次是为社会稳定提供技术保障。随着经济的不断发展，社会矛盾逐渐凸显，网格化的基础作用显得尤为突出，如何将社会矛盾消除在萌芽期，如仅实现矛盾源头的预防、排查和调处，警务的网格化将有效地解决这一问题。最后是社会管理服务的基础单元。传统社会通常采用粗放的、运动式的、自上而下的管理方式，而网格划分了社会管理服务基本单元，有效地整合了社会资源，打破了社会管理服务领域的条块分割、专群分割、社群分割的工作格局，形成了一种新的高效率的管理体制。

（二）大数据推进社会治理现代化

大数据是以容量大、类型多、存取快、应用价值高为主要特征的数据集合。它正在迅速发展成为采集、存储和关联分析数量巨大、来源分散、格式多样的数据，进而发现新知识、创造新价值、提升新能力的新一代信息技术和服务业态。

长期以来，政府部门被信息孤岛所困扰，信息不能整合共享，使许多社会管理服务不能得到有效落实，而各级政府在信息化方面的投入又加大了行政成本的总量，投入与产出不成比例。大数据和云计算技术的应用，能够在某种程度上改变这一状况。目前，一些省市建立了统一的政务云平台，解决了一部分信息共享的难题。以贵州省为例。建设初期，贵州省政府制定了"多方参与，共同建设"的指导方针，依托"云上贵州平台"，把一些政府部门应用服务发布到该平台上，形成了"一个核心，多个节点"的政府信息系统平台架构。"云上贵州"系统平台现已初步建成。

1. 运用云技术，与企业合作，建立关键支撑技术企业群，整合各部门的系统平台资源

贵州省遵循"政府主导，企业参与，建立全省统一系统平台"的原则，利用"阿里云"等技术，建立囊括数据采集、清洗、认证、计算、挖掘、平复、测试、安全等关键支撑技术的企业群。整合企业产品，建立一个立足服务所有产业链的核心支撑技术公共服务平台，包括"政务外网子平台"和"互联网子平台"。对政府掌控的数据存储资源、计算资源和宽带资源进行统一管理。将数据按照"涉密、非密敏感、开放"的政府信息分类方式，在电子政务内网、政务外网和互联网上独立传输。

2. 运用大数据提升政府治理能力现代化水平

贵州省注重利用大数据提升对经济运行和各项重要指标的监测、预测、调节和管理水平。社会治理"用数据说话"，利用大数据及云计算技术帮助政府做出决策、处置事件、监管城市，实现了各职能部门的联动机制，提高了统一指挥、快速反应、高效决策的处置能力。

大数据技术的应用可以有效推进立体治理框架的建立，实现信息公开，满足公众的知情权和政府的治理需求。在防灾减灾管理、城市公共安全方面，对重要监测点的各类信息进行集成整合，基本形成了"一网、一图、一库"的

指挥系统架构，提高了预测预报、危险源排查等方面的准确性。

3. 运用大数据提升政府服务水平

大数据带来了社会服务资源调配效率的提升和整体服务水平的提升。通过建设数字化城市综合治理体系，政府信息横向贯穿城管、环卫、绿化、交通等部门，纵向连接各级政府、街道、社区等，实现城市管理的数字化、可视化和智能化。

4. 运用大数据提升政府监督水平

大数据应用提高了政府管理行为和服务行为的可监督性。利用大数据实现网上办公、网上审批、网上执法，权力运转全过程电子化，处处留痕，形成了"人在干，云在算，天在看"的闭环模式，实现了社会对政府的监督和政府部门之间的相互监督，让权力不再任性。

三 我国"互联网＋"在社会治理应用的主要问题

（一）网格化泛化

目前，中国城市社会治理体制仍处于改革和不断完善的阶段，仍然存在政府各部门之间职责不清、责权不明，政出多门、条块分割的情况，未能形成有效的联动机制，整体工作效率不高等问题比较突出。尽管各级政府已认识到问题的所在，纷纷成立了"网格办公室"等相关机构，但"泛网格化"问题并未消除，难以实现政府社会管理水平的提高。网格化的核心，不仅仅增加一级更小的基层治理单元，而且要改变基层社会治理的全面体系架构。很多地方政府不能做到高位的独立监督，缺少全覆盖的监督方式。如就城管执法局内部管理而言，城管执法局局长兼任监督中心的主任，下设一个科室来监督，部门间的联动无法实施，派遣任务无法做到有效执行，只是城市管理的主体内部形成了一个自我监督的模式。这种模式功能单一，发现问题的覆盖面少，有一定的局限性。这种泛网格化的结果，使以网格化为基础的城市监督中心失去了根本性的作用，难以实现社会治理体制创新的目的，甚至给某些地区的城市管理增加了一个累赘。此外，也不能过多地强调技术，认为所有问题都可以通过技术监督手段来实现，而忽略了管理主体在社会治理中所应有的作用。

（二）信息安全问题仍很严峻

信息是政府在社会治理中的主要依据。随着"互联网＋"行动计划的实施，各个行业、各个领域的数据信息将随着大数据、物联网、互联网等技术的应用而不断叠加，形成一个巨大的集合体。人们在使用新技术的同时，也会为个人隐私、信息安全担忧。政府信息、企业信息、个人信息也会随着信息技术的深度应用带来不可避免的信息安全隐患。近几年，信息安全事件频频发生，给政府、企业和个人造成很大影响，而这些事件均来源于互联网。其中包括海康威生产的监控设备出现严重的安全隐患，部分设备被境外 IP 地址控制；重庆、上海、山西、沈阳、贵州等超 30 省市曝安全管理漏洞，数千万社保用户敏感信息遭泄露；四川、湖北、贵州、河南、重庆、甘肃、陕西等 13 个省区市约 10 万条高考生信息泄露等。这些信息安全事件的发生，主要有两个层面，一是技术层面，如系统漏洞，使得黑客可进入核心部分进行攻击；二是一些人为了获取高额的经济利益，利用非法渠道获取信息进行交易。对信息安全的担忧与全社会生产、生活越来越依赖信息的局面，成为"互联网＋"时代的一个悖论和难题，特别是政府在"互联网＋政务"应用中仍然面临着信息安全的风险。《促进大数据发展行动纲要》中要求"完善法规制度和标准体系，科学规范利用大数据，切实保障数据安全"。习近平总书记在第二届世界互联网大会上也明确指出："保障网络安全，促进有序发展。安全和发展是一体之两翼、驱动之双轮。安全是发展的保障，发展是安全的目的。"信息安全是一个全球性的问题，任何一个国家或地区，无论是政府、企业还是个人，都无法置身事外。

（三）信息资源共享的瓶颈问题仍然突出

随着信息技术的不断发展和政府信息化应用水平的提升，各级政府对信息化的认知度不断改善。但由于体制等诸多因素的制约，政府部门之间、政府与社会之间、政府与公众之间的信息不能共享，仍然是较为突出的问题。

信息资源是政府在社会管理服务中的核心资源，也是体现政府社会治理能力现代化的关键所在。作为核心资源，除了职能部门自身所拥有的数据以外，信息资源主要应该通过对分布在相关政府部门的信息进行有效整合获得。但是由于体制原因，长期以来各区域、部门建设是各自独立的，缺乏全局观念和共享意识。因此，我国绝大多数政府信息部门的数字资源系统自成体系，形成彼此相互独立并封闭的信息系统，严重阻碍了彼此间信息流通、共享和更新。以政府来说，各委、办、局都建有各自的信息系统，每个信息系统都由机构内部的信息中心负责管理，有用自身的数据库、配套的操作系统、定制开发的应用软件和用户界面，完全自成体系。这一现状导致了大部分信息资源被封闭在政府内部或政府各部门内部，公众对政务活动相关信息资源的需求得不到满足。同时，从部门自身利益和本位思想出发，各个部门和单位不愿分享各自的信息，相互封闭信息，形成信息瓶颈。

四 "互联网＋"在社会治理应用中的思考与建议

随着城镇化脚步的加快以及新技术的不断开发与利用，互联网等技术在政府管理、社会治理等方面的应用将更加广泛。通过大数据、云计算等技术来解决现有政府、社会、行业、企业管理的难点和痛点，将是"互联网＋"行动的实质所在。电子政务、数字政府、智慧管理将成为"互联网＋政务"的典型业态。

（一）数据产生的价值将使决策更加科学化

未来社会治理的发展方向是"互联网＋"社会，最根本的主线就是决策定量化、科学化，建立"用数据说话、用数据决策、用数据管理、用数据创新"的管理机制。要以现代科技体系为支撑，物联网、云计算、大数据等技术为基础，持续推进政府决策的数量化和科学化，使政府管理服务做到精准化与精细化，将市场需求和科学计划有机结合，逐步建立按比例、可持续、协同发展的经济社会结构。

（二）整合基础数据资源，实现信息的"聚、通、用"

中共十八届五中全会提出了五大发展理念：创新、协调、绿色、开放、共享。这对城市数据信息资源的整合，将起到指导性的作用。以现代科技体系为中心，逐步实现万事万物的有机联系，实施互连互通，将是减低"数字鸿沟"，实现社会治理高效化、政府管理科学化的发展趋势。若想打破政府信息资源共享壁垒，必须实现数据信息的"聚、通、用"。首先是"聚"。遵循"集聚是必须、不集聚是例外"的原则，制定相关的规章制度，对数据的使用进行规范管理，按不同政府职能进行分类，将各类社会基础数据信息整合到统一的平台上，避免重复建设和数据割据。其次是"通"。数据只有流通后才能实现其真正的价值，数据流通是实现信息资源共享的根本。静态数据或者是僵尸数据都会失去数据本身所具有的意义。要做到数据互通，应用互动，成果共享，形成一个立体式的数据网络。政府部门之间横向要连，纵向要通，部门内部也要互联，消除一切可能会形成信息孤岛的不利因素。最后是"用"。有效运用信息资源，可以为政府决策提供有效的科学依据与保障。特别是在公共服务方面，利用"互联网＋社会"的应用技术，让公众真正感受到"互联网＋"给生活带来的便利。如通过网格化，对扶贫对象或地区进行精准分析和筛选，保证贫困地区真正获得实惠；通过网格化、大数据和云技术应用，分析医疗资源配置不均衡等问题，提供相应的解决方案。

通过对全国数字化城市管理的城市联网，所产生的与城市建设和城市管理相关的大量数据，有助于城市管理者时时了解每个城市具体数据的情况。依托网格化的量化统计、量化分析、量化评价，对单位就个人有关社会治理各类主题和领域，实现全面、准确定量分析和定性分析，有助于政府科学决策和创新社会治理。

（三）依靠社会多元主体参与数据采集

社会治理要实现市场、社会、政府三者之间的良性互动，形成相互促进、相互制约的依存关系，以自我管理为基础，个人、单位、社区和政府共管共治。促进"互联网＋社会"治理，第一，政府应该对市民、单位、社会实行数据开放；第二，实现组织化的社区自治形式，由社区把居民、单位组织起来，从"可以参与"到"必须参与"，建立激励机制，进行自我运转和自我管理；第三，数据资源的获取离不开社会各个领域、各个群体的参与。在数据采集过程中，应充分依靠社会力量，以物联网、移动互联网等技术手段为依托，通过社区的组织化模式采集数据，特别是一些基础数据和动态数据，更需要基层社区、社会组织的参与才可获得。利用企业力量开发与社会治理相关的手机

APP 软件，充分发挥社会多元主体的作用，对所负责或居住辖区内的数据进行动态更新和监督，以弥补政府数据采集的局限性，如消防安全、流动人口等数据的采集。

主要参考文献

阿莱克斯·彭特莱：《智慧社会》，浙江人民出版社，2015。

章政、皮定均：《大数据时代的社会治理体制》，中国经济出版社，2016。

马克·格雷厄姆：《另一个地球互联网＋社会》，电子工业出版社，2015。

城田真琴：《大数据的冲击》，人民邮电出版社，2013。

B. 盖伊·比德斯：《政府未来的治理模式》，中国人民大学出版社，2013。

马利：《互联网治国理政的新平台》，人民日报出版社，2012。

姜奇平：《如何避免"复杂社会的崩溃"》，互联网周刊，2015。

胡海、殷焕举：《协同化治理：社会治理创新的现实选择》，《学术界》2015 年第 9 期。

B.8
上海基层社会治理体制创新的新探索[*]

何海兵^{**}

摘　要：　由于社会人群结构、产业结构、城乡布局和居住空间的深刻
变化，传统的基层社会管理体系和公共服务体系难以适应。
随着社会管理向社会治理的转变，基层社会治理体制的改革
势在必行。上海在新的形势面前开展了基层社会治理改革的
探索，内容包括完善区域化党建体制、深化街道体制改革、
推进居民自治、推进社会协同机制、加强基层队伍建设等，
取得了初步成效，但还需进一步健全基层社会治理结构、机
制和方式，加强公民意识教育。

关键词：　基层社会治理　体制创新　上海

一　当前上海基层社会治理体制创新的基本背景

（一）社会人群及其结构的深刻变化，导致传统的基层社会管理体系出现很多"盲区"

习近平总书记说，社会治理的核心是"人"，在经济社会的发展过程中，
"人"发生了巨大的变化。一是人口总量和结构的变化。20世纪90年代中期，
上海开展加强基层政权建设调研，当时经常提到的概念是"两个100万，两个
200万"，即100万下岗工人，100万动拆迁人口，200万外来人口，200万老

---

　*　本文为全国哲学社科基金项目"共治"框架下社区治理新路径研究(12CSH036)的阶段性成果。
　**　何海兵，国家行政学院公共管理博士后，上海行政学院社会学教授。

年人口。当时采取了城市管理重心下移的做法，建立"两级政府，三级管理，四级网络"的城市管理体制，取得了较好的成效。现在 20 年时间过去了，形势更加严峻。人口总量快速增加，目前上海常住人口 2425 万，1995 年的时候才 1400 万，2000 年"五普"的时候也才 1600 万。上海的人口相当于欧洲丹麦、斯洛伐克、芬兰、挪威和克罗地亚五个国家人口的总和，相当于英国或法国人口的 40%，一个加拿大的人口也才 3500 多万。人口快速增长，人口密度过大，给基层社会治理带来巨大的压力。人口结构方面，非户籍常住人口所占的比重越来越大，2000 年 305 万，占 18.6%，2010 年 900 万，占 39%，现在是超过 1000 万，占比超过 40%。这 1000 多万人，既为上海的发展带来活力，同时对服务和管理带来挑战。在 1000 万的非户籍常住人口中，初中以下文化程度的比重超过 70%，郊区的比重更高。

二是人群分化带来需求的多样化和多元化。市场化带来的必然结果就是分化，把原来的社会人群分成不同的群体，不同的群体有不同的利益诉求，这是非常正常的，但需要处理不同群体之间的利益冲突和矛盾，需要健全和完善利益诉求表达机制和利益协调机制。同时，不同群体的需求类型出现多样化和多元化的趋势，需求的层次和水平也不一样，如何满足不同群体的需求，供给好公共产品和公共服务，是一个持续不断的挑战。

（二）产业结构、城乡布局、居住空间等的深刻变化，导致传统的基层公共服务体系难以应付

中国当前的社会转型是双重转型，既从传统社会向现代社会转型，也从计划体制下的单位社会向市场体制下的个体化社会转型。过去的社会联结纽带（血缘、地缘、业缘）出现松弛，人际关系疏离化，社会走向去共同体化。

一是单位人转变为社会人。单位制的消解给每个人都带来了影响深远的变化，由此带来社会组织形式和社会关系的深刻变化。"社会人"可在一定程度上支配自己的行为，具有相对的独立性和自由度，进而从对单位的依赖关系中解放出来。这种"解放"带来的结果：①个人获取资源、利益和社会地位的渠道走向多元化，但同时也意味着个人不能向其工作单位要求解决住房、医疗和教育等问题。这些以往原来由单位履行的社会功能逐渐社会化，甚至需要通过市场化的方式来解决。②"有问题找单位"的思维定式和行为习惯被根本

改变，在民事纠纷事件中单位已不再作为个体社会成员的代表，个体的利益诉求很难再通过其工作单位的渠道得到满足。③个人的工作圈和生活圈逐步分离，单位仅仅变成一个职业化的工作场所。个人的生活空间大大拓展，与工作单位不再紧密相连。"单位人"转变为"社会人"，是社会变革的结果，也是社会主义市场经济体制改革的必然要求。"社会人"的转变，转换了社会支持系统，也转换了生活方式。特别重要的是，个体与组织的联结方式发生了根本性的变化，构成我国基层社会秩序独特景观的"单位现象"已不复存在。这个变化体现了中国社会管理体制的根本性变化，从家族保障/治理、单位保障/治理走向社会保障/治理。

二是熟悉人转为陌生人。①上海城乡布局已经发生巨大变化，中心城边界不断向外拓展，城郊接合部出现大型镇和大型居住社区，多种社区形态并存。快速城市化伴随着大量动迁人口和外来人口，熟人社会被打破。②居住空间的变化。在单位制时代，个人没有选择住房的自由，住房主要由单位统一建设、集中安排，通常同一个单位的成员居住在同一个小区。这样一来，同一个单位的成员不仅在工作上是同事关系，在生活上还是邻里关系，彼此之间可以相互关照。后单位制时代的住房货币化改革，使得居民可以到市场上自主购房，原来单位分配的住房在产权私有化之后也可以自由买卖。这样改革的结果就是在新的小区，购买住房的居民来自不同的单位、不同的行业乃至不同的地方，彼此之间互不相识；在老的单位小区，越来越多的单位成员选择将原住房出售从而搬迁到其他小区的公寓房或别墅居住，导致单位小区的居民成分也越来越复杂多样。同时，由于购买多套住房，人户分离现象也十分突出，居民之间原来的熟悉程度越来越低。由此可见，住房货币化改革带来了居住空间的变化，原来单位制时代的"熟人社会"正被新的居住方式所解构，个人的空间私密性增加了，但同时增加了陌生感。我国原有的社会规范都建立在熟人社会的基础之上，走向陌生人社会后，如何重建规范，如何再组织化社会，建立契约社会，是一个很大的难题。

根据新形势新要求新挑战新问题，上海基层社会治理存在着四点不足：基层干部群众认识不够到位，基层治理架构不够完善，基层治理机制不够健全，基层治理能力明显不足。反映在具体工作当中，是几个方面的不适应：街道体制机制、居民区治理体系、城郊接合部和远郊农村治理体系多元主体参与社区共治，基层社区治理保障，基层治理法治化等。要从战略高度和全局来把握这些不适应，努力走出一条具有特大型城市特点的社会治理新路。

二 上海基层社会治理体制创新的主要做法

2014 年，上海将"新形势下创新社会治理加强基层建设"作为市委一号课题，并于年底出台了"1＋6"文件，即《关于进一步创新社会治理加强基层建设的意见》《关于深化本市街道体制改革的若干意见》《关于完善居民区治理体系加强基层建设的若干意见》《关于完善村级治理体系加强基层建设的若干意见》《关于组织引导社会力量参与社区治理的若干意见》《关于深化拓展网格化管理提升城市综合管理效能的若干意见》和《上海市社区工作者管理办法》，全面构建了未来较长时期内上海基层社会治理体系框架，针对全市基层建设与治理中长期存在的体制机制瓶颈提出了系统破解思路和方案。

（一）完善区域化党建体制

创新基层社会治理，根本目的是扩大党的群众基础，巩固党的执政地位。加强党的建设是重中之重。

1. 改革社区"1＋3"党建体制

原社区（街道）党工委更名为街道党工委，抓紧修订党工委工作条例，原党工委兼职委员继续保留。原先的"3"调整为"2"，将原先的"综合党委"和"居民区党委"合并为"社区党委"，原来的"行政党组"保留。

2. 区域化党建平台向上拓展、向下延伸

向上拓展：在区县层面建立区域化党建组织平台；向下延伸：在村居层面推进兼职委员制度，倡导社区民警、业委会、物业公司、驻区单位、社会组织等方面的党员代表，通过相关程序兼任居民区党（总）支部委员。兼职委员人数一般不超过专职委员人数。

3. 建立社区党建服务中心

将原先的社区党员服务中心调整为社区党建服务中心，进一步拓展服务区域内党组织和党员群众的功能，使其成为区域化党建的开放式、集约化、共享性服务平台。

4.进一步促进区域化党建工作平台和社区委员会等社区共治平台的功能整合、工作融合

建立社区公益服务清单制度,形成自下而上的社区共治议题机制,积极引导各方参与社区共治。在街镇层面探索建立社区发展基金(会),有序拓展社会资源参与社区治理的渠道。

(二)深化街道体制改革

1.完善街道的职能

明确街道以"三公"即公共服务、公共管理、公共安全为基本职责,主要承担加强党的建设,统筹社区发展,组织公共服务等职能。在职能调整过程中,上海下决心取消了街道的招商引资职能,街道的运转经费由区级财政通过预算全额保障,从而确保街道工作重心转移,使街道真正回归区委区政府的派出机关身份。

2.优化机构设置

现在街道的科室设置和上级条线单位简单对应,科室分得过细,职能重叠交叉。街道小的有11个科室,中等的有15个科室左右,大的有20多个科室,与上对应对口,上面有什么部门,下面就有一个什么部门,与群众的需求和社区的治理贴得不够近、不够紧。上海将街道的机构压缩到8个以内,采取"6+2"的方式,也就是6个机构全市统一规定,即党政办公室、社区党建办公室、社区管理办公室、社区服务办公室、社区平安办公室、社区自治办公室,其余2个机构各个区县自行设立。从原先的单纯向上负责转为面向群众,向下负责。

同时,要做优做实做强若干个中心,即社区事务受理服务中心、卫生中心、文化中心、城市综合管理网格中心、社区党建服务中心和综治中心。推动街道向窗口服务和平台服务转型,更好地为社区群众提供精准优质高效的基本公共服务。

3.推进权责一致,理顺条块关系

为解决好基层治理中的最后一公里问题,赋予街道"四项权力":对区职能部门派出机构负责人的人事考核权和征得同意权,对区域建设规划和公共设施布局的规划参与权,对区域综合性事务的综合管理权,对事关社会民生重大

决策项目的建议权。实行"职能部门职责下沉审核把关的准入制度",做到权随事转、人随事转、费随事转。改革基层考核评价制度,职能部门不再直接考核街道,实行双向评价,加大群众评价的力度。

(三)大力推进居民自治

长期以来,居委会行政化色彩较浓,调动社会资源、社会力量推进自治工作不够。创新基层社会治理体制,需要调动社会治理主体的积极性,激发自治活力。

1. 完善居民区治理结构

建立健全"以居民区党组织为领导核心,居委会为主导,居民为主体,业委会、物业公司、驻区单位、群众团体、社会组织、群众活动团队等共同参与的居民区治理架构"。

2. 扎实推进减负增能

一方面减轻居委会行政事务负担,实行"两份清单、一本台账、一项机制",即居委会依法协助行政事项清单和居委会印章使用清单,居委会电子台账建设,实行居民区工作事项准入机制。另一方面,增强居委会自治能力,居委会要善于搭建平台,整合资源,坚持问题导向、需求导向,更有效地服务居民群众。

3. 激发居民主体参与积极性

推动居民参与的制度化、规范化,建立健全两个"自下而上"的机制:一个是自下而上的自治议题和自治项目形成机制,一个是自下而上的居委会工作评价体系。运用好议事会、理事会、微信群等新载体,广泛开展社区民主协商。

(四)推进社会协同机制

从社会管理到社会治理,重点要发挥多元治理主体的参与热情和积极作用。

1. 加强社区共治平台建设

完善社区委员会、理事会等共治平台,积极引导驻区企事业单位、社会组织以及人大代表、党代表、政协委员、居民代表等参与到社区治理,共同商议社区公共事务,解决社区公共问题。

2. 扶持社区社会组织发展

大力扶持社区公益慈善类、文体娱乐类、生活服务类、矛盾调处类社会组织发展；加大政府购买服务力度，将社会力量能够承接的公共管理和服务事项都纳入政府购买服务的范围中；编制承接社区服务的社会组织指导目录，加强社会组织党建工作。

3. 壮大社区志愿者队伍

健全"三个平台"推动志愿者参与社区治理：一个是市、区县、街镇三级志愿者协会和各行业、各条线志愿服务队伍构成的枢纽型平台；一个是拓展志愿者服务基地、睦邻中心等实体化平台建设，引导志愿者就近参与为老、帮困、助残等志愿服务；还有一个是整合各类志愿者服务系统，建立全市统一的信息化平台。

（五）加强基层队伍建设

上海的基层社区干部队伍普遍存在来源渠道较少、结构不尽合理、总体能力偏弱、年龄老化严重、后继相对乏人等问题。加强社区干部队伍建设是创新基层社会治理的重要内容。

1. 加强居民区党组织书记队伍建设

要打造一支结构合理、素质优良、精干高效的居民区书记队伍，形成一支来源稳定、储备充足、相对成熟的后备干部队伍，为巩固党的执政基础，激发基层活力提供政治、组织保证。抓班长工程，建立一套更为完善的管理保障制度，就业年龄段的实行"事业岗位、事业待遇"，连续任职满两届、表现优秀，经过规定程序使用事业编制，在岗退休享受事业编制退休待遇。

2. 建立专业化社区工作者体系

从上海现实情况出发，以专业化、规范化为发展方向，以建立完善的薪酬体系为基础，根据社区工作者的岗位特点、工作年限、受教育程度、相关专业水平等综合因素，建立岗位等级序列，形成较为完整的职业发展体系，使每个社区工作者在工作年限增加、岗位提升、能力素质提高后，岗位等级随之提高。制定《社区工作者职业化薪酬体系指导意见》，按照人均收入高于上年全市职工平均工资水平的标准，合理设定社区工作者薪酬体系，并根据全市职工平均工资增长情况进行动态调整。

此外，还要畅通社区工作者进入党政机关、事业单位的通道，加大从优秀社区工作者中发展党员、选拔人才的力度，积极推荐其担任各级党代表、人大代表和政协委员。媒体要大力宣传报道社区工作者中的典型人物、先进事迹，展现广大社区工作者的职业风采和良好形象，提高社区工作者的社会认同度和职业荣誉感，努力在全社会形成重视、关心、支持社区工作者队伍建设的良好的舆论氛围和社会环境。

三 上海基层社会治理体制创新的几点启示与思考

（一）需要进一步健全基层社会治理结构

客观地讲，现阶段的基层社会治理某种程度上还是政府治理，依然是以国家主导的方式展开的，社区自身的力量还没有成为一个主体力量。在改革前的计划体制下，国家统合了全部的社会资源和社会力量，限制了社会自我管理体系、自我服务体系功能的发挥，社会的自主性较弱。改革开放之后，各类社会力量、社会组织开始发育，居民的自主空间也大大增加，自主能力不断增强。但是，目前社会力量、社会组织的能力尚未达到改变政府主导的局面。当然，政府已经认识到在基层社会治理中必须充分发挥社会力量、社会组织的重要作用。从政府角度来说，通过国家权力来建构基层社会治理秩序是其主要目的；从社区角度来说，希望基于社区自身力量来建构社区内生的秩序。虽各自的逻辑不同，但都离不开对方，需要政府与社区的合作。

在现代化的进程中，每个人的独立自主的发展空间增加了，可以离开乡土，离开传统的家庭，也可以离开原有的单位，成为自由的个体。但是，这种自由是以失去原有家族或单位共同体的保障为前提的。因而，个体在获得自由的同时，也产生了对政府提供社会保障的依赖，同时个体还要寻找新的组织归属，来摆脱去共同体化的困扰。因此，作为个体的人离不开政府，也离不开社区。要创造良好的基层社会治理秩序，必须同时依靠政府与社区的双重意志与双重力量的共同努力，两者的合力是基层社会治理的基础与动力。在基层社会治理体系成长的过程中，现阶段政府的主导作用比较突出，政府基于法律、公共权力、公共政策、公共资源来服务社区；将来要凸显社会力量、居民自治力量，成为能够担纲的主体力量，使政府治理与社会自我调节、居民自治真正达到良性互动，政府主导的基层社会治理结构向政府主导与社会力量担纲的基层社会治理结构转化。

（二）需要进一步完善基层社会治理机制

政府与社会、居民良性互动，共同促进基层社会治理体系成长和基层社会治理秩序形成的内在机制就是协商。沟通、协调与合作，为社区参与政府治理提供机制和平台，为政府听取民意、提升社区自治能力和水平提供机制与平台。要推进乡镇、街道的协商，推进行政村、社区的协商，推进企事业单位的协商，探索开展社会组织协商。

因此，新形势下上海创新基层社会治理，推进社区重塑，重在协商众治，为此要健全机制、提供保障、注重过程。一是建立健全社区公共议题的形成机制。公共议题的形成包括两个方面：议题或需求的提出，议题的选择确定。一方面要畅通诉求表达渠道，建立居民参与的公共平台，比如居民议事会、业主论坛等，形成意见表达、议题讨论的公共空间。另一方面要建立收集民意的议题收集机制。比如通过机关干部联络点制度、窗口接待制度、热线电话、网络平台广泛问计于民、问需于民和问政于民。二是建立健全社区公共事务的协商议事机制。社区既然是多元主体的格局，必然要保障多主体参与协商的权利。特别是市场经济体制建立之后，带来了社区居民群体的分化，不同的群体有不同的利益诉求，彼此之间有可能会产生矛盾和冲突。因此，各方的意见不会完全统一。这就需要在社区协商议事的平台进行充分沟通，争取达成共识，形成一致的意见。可考虑借鉴罗伯特议事规则制定合适的社区议事规则。三是逐步形成社区的规则和秩序。十八届四中全会提出：深化基层组织和部门、行业依法治理，支持各类社会主体自我约束、自我管理，发挥市民公约、乡规民约、行业规章、团体章程等社会规范在社会治理中的积极作用。通过协商，社区居民可以从家规家训、楼道公约、文明养宠物公约、停车公约等做起，逐步将影响覆盖到全社区，共同制定居民公约，并内化为居民的自觉行为。

（三）需要进一步推进基层社会公民意识教育

改革开放以来，虽然我国民众的公民意识在逐渐养成，但还处在培育和发展的过程中，公民意识教育还急需加强。加强公民意识教育的基础还是在社区，要注重在社区治理的过程中融入公民意识教育内容，引导居民自我服务、自我管理、自我教育、自我监督，培育居民的自主自律意识、民主参与意识和公共责任精神，促使公民意识不断发展成熟，从而把社区建设成为管理有序、服务完善、文明祥和的社会生活共同体。

参考文献

《关于加强社会主义协商民主建设的意见》。

许耀桐：《大力加强公民意识教育》，《求是》2009 年第 6 期。

基本公共服务篇

Basic Public Service Provision

B.9

农民工工作"十二五"回顾及"十三五"建议

沈水生*

摘　要： 2015 年一批新的政策措施出台实施，农民工工作取得新成效。"十二五"时期农民工工作取得重要成就，农民工发展进入市民化发展新阶段。"十三五"时期农民工工作的机遇与挑战并存、优势大于劣势。"十三五"时期农民工工作应该围绕有序推进、逐步实现有条件有意愿的农民工市民化的总目标，推动全社会用创新、协调、绿色、开放、共享理念，着力稳定和扩大农民工就业创业，着力维护农民工的劳动保障权益，着力推动农民工逐步实现平等享受城镇基本公共服务和在城镇落户，着力促进农民工社会融合。重点推进十项工作。

* 沈水生，国家人力资源和社会保障部农民工工作司副司长。

关键词： 农民工工作 "十二五" "十三五"

2015 年是"十二五"收官之年，总结评估"十二五"、展望谋划"十三五"，对于推进社会体制相关改革、做好农民工工作具有重要意义。

一 2015年和"十二五"时期农民工工作回顾

2015 年，一批新的政策措施出台实施，农民工工作取得新成效。在就业创业方面，国务院办公厅印发关于支持农民工等人员返乡创业的意见，有关部门组织实施鼓励农民工等人员返乡创业三年行动计划（2015～2017 年）；人社部完善就业失业登记制度，在城镇常住的农民工可以进行失业登记；扶贫办、教育部、人社部印发关于加强雨露计划、支持农村贫困家庭新成长劳动力接受职业教育的意见，对每生每年补助 3000 元左右。在维护劳动保障权益方面，人社部会同有关部门加大农民工工资支付保障力度，印发关于做好进城落户农民参加基本医疗保险和关系转移接续工作的办法，推动 29 个省份建立了省内异地就医结算系统，启动实施建筑业工伤保险"同舟计划"专项扩面行动。在享受市民权益方面，国务院颁布《居住证暂行条例》，明确了居住证持有人在居住地依法享受的基本公共服务和便利，并要求各地积极创造条件，逐步扩大提供公共服务和便利的范围；27 个省份出台户籍制度改革的实施意见，放宽了农业转移人口落户城镇的政策；全国农民工随迁子女义务教育纳入财政保障的数量接近 90%；国务院常务会议决定，从 2017 年春季学期开始，统一对城乡义务教育学生（含民办学校学生）免除学杂费、免费提供教科书、补助家庭经济困难寄宿生生活费，实现"两免一补"经费随学生流动可携带，这将进一步推动随迁子女在常住地平等接受义务教育。在社会融合方面，180 名农民工当选全国劳动模范；国务院农民工工作领导小组表彰了 981 名全国优秀农民工和 100 个农民工工作先进集体。此外，国家统计局会同农民工办组织开展农民工市民化进程动态监测调查，初步建立了输出地与输入地相结合的农民工统计监测调查体系。

2015 年各项工作的成绩，是在以往工作的基础上取得的。"十二五"时期，农民工工作取得突破性进展，农民工发展又上了一个新台阶。

（一）推动农民工发展进入市民化新阶段

2011年初，国务院领导亲自部署和指导，明确由国务院农民工办会同各成员单位，围绕如何从根本上解决农民工问题开展综合研究、进行顶层设计、提出政策建议。国务院农民工办会同各成员单位深入开展调研、广泛征求意见、委托研究机构开展研究，起草了中国农民工发展研究总报告和21个分报告，提出了有序推进农民工市民化的建议，并报送国务院。2012年11月，党的十八大报告提出"有序推进农业转移人口市民化"，为从根本上解决农民工问题指明了方向，推动农民工发展进入市民化新阶段。为贯彻落实党的十八大精神，《国家新型城镇化规划（2014～2020年）》《国务院关于进一步推进户籍制度改革的意见》先后印发实施；尤其是2014年9月，《国务院关于进一步做好为农民工服务工作的意见》（国发〔2014〕40号）印发实施，对有序推进农民工市民化的指导思想、基本原则、目标任务、政策措施等做出了全面部署。这是继《国务院关于解决农民工问题的若干意见》（国发〔2006〕5号）之后国务院印发的第二份农民工工作综合性指导文件，是今后一个时期农民工工作的具体指引文件。

（二）农民工就业平权基本实现，职业技能不断提高，就业总量继续较快增长，但增速开始下降

《就业促进法》规定："农村劳动者进城就业享有与城镇劳动者平等的劳动权利，不得对农村劳动者进城就业设置歧视性限制。"到"十二五"期末，除部分地方政府公务员招考、事业单位招聘以及出租车司机招用仍然限定本地户籍外，大多数地区、绝大多数行业、各类用人单位基本上废止了对农村劳动者进城就业设置的歧视性限制，农民工基本上能够享有与城镇劳动者平等的自愿选择求职的权利。

2010年，《国务院办公厅关于进一步做好农民工培训工作的指导意见》印发实施，农民工职业培训力度进一步加大。从2014年开始，国务院农民工办协调13个部门（单位）按年度编制农民工职业技能培训综合计划，每年培训农民工2000万人以上；其中人社部门启动实施农民工职业技能提升计划——春潮行动，每年培训农民工1000万人左右。

五年来，农村劳动力转移就业规模继续扩大，2015 年与 2010 年相比，全国农民工总量达到 2.77 亿人，增加 0.35 亿人，年均增加 700 万人；其中跨乡镇外出农民工 1.69 亿人，增加 0.15 亿人，年均增加 310 万人。与此同时，受劳动年龄人口总量下降、农村尚未转移就业劳动力平均年龄偏大、经济下行压力导致劳动力需求增幅下滑等劳动力市场供需因素的影响，农村劳动力转移就业增幅开始逐年下降。2011～2015 年，全国农民工总量比上年分别增加 1055 万人、983 万人、633 万人、501 万人、352 万人；其中，外出农民工比上年分别增加 528 万人、473 万人、274 万人、211 万人、63 万人。

（三）农民工劳动平权逐步巩固

"十一五"期间出台的《劳动合同法》《劳动争议调解仲裁法》《社会保险法》遵循"以人为本、公平对待"的原则，赋予了农民工与城镇户籍劳动者平等的劳动和社会保障权益。"十二五"期间，这些权益逐步落实和巩固。有关部门组织开展"春暖行动"、小微企业签订劳动合同专项行动，农民工劳动合同签订率不断提高。在坚持每年底开展农民工工资支付情况专项检查的同时，通过增设拒不支付劳动报酬罪、建立工资保证金制度等措施加强长效机制建设。2014 年，外出农民工被拖欠工资的比重下降到 0.8%，比 2010 年下降0.6 个百分点。通过调整最低工资标准、推行工资集体协商，外出农民工平均工资由 2010 年的 1690 元增加到 2015 年的 3072 元，增长了 81.8%。通过加大社会保险扩面力度、完善社保跨地区转移接续办法，2015 年底，农民工参加职工基本养老保险、基本医疗保险、工伤保险、失业保险的人数分别达到5585 万人、5166 万人、7489 万人、4219 万人，比 2010 年底分别增长 70.1%、12.7%、18.9%、112%。《职业病防治法》于 2011 年 12 月修订，卫生计生、安全生产监管等部门认真贯彻落实，提升职业卫生技术服务、职业健康检查、职业病诊断鉴定等机构的服务水平，强化监督执法，推进水泥制造和石材加工企业粉尘危害治理等专项治理工作，努力维护农民工的职业安全健康权益。

（四）农民工市民平权进一步推进

"十二五"期间，农民工适龄随迁子女在输入地公办学校平等接受义务教育的比例维持在 80% 左右，中央财政每年安排奖励资金 100 多亿元，推动输入地做好此项工作。2012 年，国务院又印发文件推动符合条件的农民工随迁子女在输入地参加中考高考，到 2015 年，已有 29 个省份近 8 万名考生就地参加高考。一些地方还将农民工随迁子女纳入普惠性幼儿园覆盖范围。2013 年，国务院办公厅发文要求，地级以上城市要将符合条件的农民工纳入住房保障实施范围。重庆、成都等地明确将公共租赁住房的一定比例定向安排给符合条件的农民工。文化部、人社部、全国总工会联合印发《关于进一步加强农民工文化工作的意见》，首次对农民工文化建设进行全面部署，明确要建立相对稳定的农民工文化经费保障机制，将农民工文化服务纳入公共文化服务体系。2011 年、2014 年，国务院两次印发文件，推进有条件有意愿、在城镇有稳定就业和住所（含租赁）的农民工及其家属在城镇有序落户；27 个省份出台实施意见，进一步放宽了户口迁移政策。

（五）农民工社会融合工作开始启动

在逐步落实农民工就业平权、劳动平权、市民平权的同时，努力推动农民工本人融入企业、子女融入学校、家庭融入社区、群体融入城镇，从而实现农民工及其随迁家属这个新市民群体与原城镇户籍人口这个老市民群体在工作方式、生活方式、情感上融为一体，对于提高农民工家庭的生活质量、提升城镇的文明程度、促进社会和谐稳定，都具有重要意义。"十二五"期间，农民工社会融合工作开始启动。国务院农民工办总结宁波、成都、重庆等地首创经验，鼓励指导有条件的地区针对农民工及其随迁家属开展新市民培训；吸取富士康公司员工跳楼事件的教训，引导企业加强对农民工的人文关怀。各地基层组织经常性地开展群众文体活动，促进农民工与老市民之间交往、交流。国务院农民工办和一些地区组织开展农民工春晚、农民工电影周、农民工文艺比赛等大型活动，凝聚社会力量共同关心关爱农民工及其家庭。在党的十八大上，26 名农民工党代表首次以群体形象出现；31 名农民工当选为十二届全国人大代表；每年国务院征求对政府工作报告稿意见的座谈会，都有农民工代表参加，农民工社会地位进一步提高。

综上所述，"十二五"时期农民工发展取得了重要成就，尤其是进入了市民化发展新阶段。但与此同时，农民工发展仍然面临诸多障碍。在劳动平权方面，建设领域拖欠农民工工资问题依然严重，一些农民工遭受工伤或患职业病后还不能依法享受工伤待遇，参加职工社会保险的比例仍然较低。在市民平权方面，近五分之一的农民工适龄随迁子女还不能在输入地公办学校平等接受义务教育，就地参加高考的学生比例更低，绝大多数低收入农民工还不能在常住地享受住房保障，更难以通过市场方式解决长期稳定的住房，已经在常住地落户的农民工数量很少。在社会融合方面，各项工作才刚刚起步。这些问题都需要引起高度重视，在"十三五"时期继续努力推动解决。

二 "十三五"时期农民工工作形势分析

运用"SWOT"分析法（strengths，优势；weaknesses，劣势；opportunities，机遇；threats，挑战）进行分析可以看出，"十三五"时期农民工工作的机遇与挑战并存、优势大于劣势。

（一）农民工发展的机遇

实现现行标准下农村贫困人口全面脱贫，为促进农民工转移就业带来重大机遇。十八届五中全会提出，必须充分发挥政治优势和制度优势，坚决打赢脱贫攻坚战。到2020年，通过产业扶持，解决3000万人脱贫；通过转移就业，解决1000万人脱贫；通过易地搬迁，解决1000万人脱贫。除了转移就业人口之外，产业扶持、异地搬迁的人口中，很大部分也将是就地就近转移到二、三产业就业创业。这是对各级党委政府提出的硬任务，也将大力促进这部分在劳动力市场上更加处于弱势的农村贫困劳动力转移就业。

加快推进以人为核心的新型城镇化，为推进农民工市民化带来重大机遇。十八届五中全会提出，"十三五"时期要加快提高户籍人口城镇化率，加快落实中央确定的使1亿左右农民工和其他常住人口在城镇定居落户的目标；并且对深化户籍制度改革、实施居住证制度、建立健全财政转移支付和城镇建设用地增加规模同农业转移人口市民化挂钩机制等提出了要求。这就将推进农民工市民化摆上了党和政府工作更加重要的位置，有利于各地各部门和全社会提高认识、完善政策、配置资源、狠抓落实。

（二）农民工发展的挑战

随着我国经济发展进入新常态，产能过剩化解、产业结构优化升级、创新驱动发展实现都需要一定的时间和空间，经济下行压力明显。受此影响，新增就业岗位困难加大，稳定和扩大农民工就业将面临严峻形势；一些企业经营业绩下滑甚至关闭、破产、兼并、重组，拖欠农民工工资、不缴纳社会保险费等违法行为可能增多，因劳动关系终止而发生的劳动争议可能上升；财政收入增幅下降，政府在推进农民工逐步平等享受城镇基本公共服务方面将受到更大的财力制约；在农民工随迁子女就地参加高考、享受住房保障等政策落实上，部分原户籍居民与新市民之间可能出现冲突；一些企业和经济学者对维护农民工劳动保障权益以及逐步平等享受市民权益开始提出反对意见，可能导致经济下行压力的部分代价转嫁到农民工群体。

（三）农民工工作的优势

党中央、国务院高度重视农民工发展和为农民工服务工作。目前国家和各省、自治区、直辖市均已建立了由政府分管领导任组长、30余个部门（单位）参加的农民工工作议事协调机构，党委、政府统一领导，各部门（单位）各司其职、协调配合的农民工工作体制已经形成，制定出台了一系列赋予农民工平等权益的法律法规和努力解决农民工问题的政策措施，全社会关心关爱农民工的舆论氛围初步形成。这些为做好"十三五"时期农民工工作奠定了坚实基础。

（四）农民工工作的劣势

由于中国目前仍然处于中等收入发展阶段和经济社会转型时期，各种侵害农民工权益的违法行为居高不下，与此相比，劳动保障监察、劳动争议调解仲裁、安全生产和职业卫生执法等执法和仲裁机构力量不足，难以落实违法必究；农民工进城落户后的住房问题如何解决，其土地承包经营权、宅基地使用权、集体收益分配权如何妥善处理，这些难点问题的具体政策措施尚未出台；有的地方对维护农民工合法权益、有序推进农民工市民化还认识不足、落实不力。这些问题都会妨碍农民工工作。

三 "十三五"时期农民工工作建议

"十三五"时期农民工工作的基本思路建议:深入贯彻落实党的十八大和十八届三中、四中、五中全会精神以及《国务院关于进一步做好为农民工服务工作的意见》的部署,围绕有序推进、逐步实现有条件有意愿的农民工市民化的总目标,推动全社会用创新、协调、绿色、开放、共享理念,着力稳定和扩大农民工就业创业,着力维护农民工的劳动保障权益,着力推动农民工逐步实现平等享受城镇基本公共服务和在城镇落户,着力促进农民工社会融合。重点推进以下十项工作。

(一)以大中城市为重点,推动有条件有意愿的农民工在城镇落户

努力使 1 亿左右农民工和其他常住人口在城镇定居落户,是十八届五中全会明确的"十三五"时期的重点任务,应当作为农民工工作的重中之重。与小城市、建制镇相比,大中城市经济实力强、基础设施完备、吸纳就业和提供基本公共服务的承载能力强;目前约 1.7 亿外出农民工中,流入地级以上城市的约占 2/3。因此,推动农民工在城镇落户应以大中城市为重点。一方面,要进一步推动放宽大中城市落户条件;另一方面,要研究出台具体政策措施,解决农民工在城镇购房问题、农民工全家落户后的土地权益处理问题,让农民工选择落户时无后顾之忧。

(二)以非兜底保障性质的基本公共服务为重点,逐步推进未落户农民工在城镇平等享受市民权益

有序推进农民工市民化,不可将市民化等同于在城镇落户,而应当始终坚持"两条腿走路":一方面推动有条件有意愿的农民工在城镇落户,并依法立即平等享受各项市民权益;另一方面推动未落户农民工持居住证逐步平等享受城镇基本公共服务。随着享受的公共服务项目不断增加,若干年后未落户农民工将与户籍人口权益基本相同,殊途同归、"两碰头",持居住证的农民工与持户口簿的农民工都实现了市民化。在 2020 年全面建成小康社会、基本实现

基本公共服务均等化的大背景下，"十三五"时期要努力推进未落户的农民工逐步平等享受教育、住房、社会保险、卫生计生、社会救助、居委会选举、证件办理、人身损害赔偿标准等市民权益。为了防止道德风险，对于保障"有饭吃、有房住、有工作"的兜底保障性质的基本公共服务，仍然由原户籍地解决，可以在"十三五"之后再推进在常住地逐步享受。

（三）以解决农民工城镇住房问题为重点，建立城镇新增建设用地、财政转移支付、中央基建投资同农民工市民化"三挂钩"机制

在审批各城镇新增建设用地时，按照每平方公里1万人的基本标准测算，不仅要考虑农民工落户数量，而且要考虑该城镇目前未落户常住人口数量以及规划中未来的常住人口数量。只有先增地，降低城镇住房价格让未落户常住人口买得起房，然后才能更好地吸引农民工落户。在中央和省级财政研究设立农民工市民化专项转移支付资金，根据各省份、各城镇农民工落户数量以及未落户农民工享受基本公共服务进展情况，对其实行转移支付。根据各省份、各城镇农民工落户情况，确定中央基建投资的投向与数量。

（四）以编制"农民工市民化指数"为重点，开展农民工市民化进程动态监测

由国家统计局会同国务院农民工办组织开展监测工作，科学设置反映农民工市民化进程的指标体系、数据采集办法、计分办法，在此基础上编制"农民工市民化指数"，每年定期开展监测并发布全国及分地区监测结果。通过开展监测工作，不仅可以跟踪掌握全国及分地区农民工市民化推进情况，为决策提供参考；而且可以此为基础对各地区农民工工作进行考核评估，督促各地区落实好中央决策精神；同时，中央财政在确定农民工市民化专项转移支付资金时，也可以此为基础，提高工作精准程度，调动地方推进农民工市民化的积极性。

（五）以新生代农民工为重点，大力实施农民工职业技能提升计划

实施农民工职业技能提升计划，对农民工进行政府补贴的职业培训，提高其职业技能，不仅可以促进其稳定就业、提高收入，使其真正具备在城镇长期

定居的实力从而促进其市民化,而且也能够为企业提供所需的高素质劳动者,促进产业转型升级。在实施农民工职业技能提升计划过程中,要以新生代农民工为主要对象,并且针对目前存在的问题进一步完善培训项目管理制度,提高培训实效。

(六)以转移就业脱贫为重点,稳定和扩大农民工就业创业

转移就业脱贫一批,是中央下达的硬任务;在农民工总量增速放缓的趋势下,有劳动能力的贫困人口转移就业将成为"十三五"农民工增量的重要组成部分。为此,建议实施转移就业脱贫工程,改变"您申请,我服务;您不申请,我不服务"的公共就业服务一般模式,将贫困劳动力纳入《就业促进法》所称的"就业困难人员",由公共就业服务机构主动、积极、精准地对其实施就业援助。具体采取"1+5"办法,即以"一对一"的精准职业指导为龙头,以通用语言培训、职业技能培训、职业介绍、劳动维权、就业安置等五项措施为后台支持,共同帮助有劳动能力的农村贫困劳动力外出转移就业。

(七)以建设施工领域为重点,努力实现农民工工资基本无拖欠并合理增长

目前在拖欠农民工工资案件中,建设施工领域占80%以上,主要原因是全行业普遍存在的违法层层分包转包,致使总承包企业规避用人单位主体责任。为此,应重点规范建设施工领域用工行为,坚决扭转总承包企业将支付工资等用人单位法定义务推卸给包工头的潜规则,努力实现农民工工资基本无拖欠。同时,通过稳慎调整最低工资标准、推行工资集体协商等途径,促进农民工工资合理增长,共享改革发展成果。

(八)以降低社会保险费率及缴费基数下限为重点,努力实现农民工参加社会保险全覆盖

目前农民工参加职工社会保险的比例仍然较低,重要原因之一是养老、医疗保险费率较高,而且政策规定劳动者本人工资低于统筹地区社会平均工资60%的,以社会平均工资的60%作为养老保险缴费基数,使得其实际缴费占工资的比率更高。现实中,大量农民工的工资低于社会平均工资的60%,因

此本人及企业均不愿参保缴费。为此，应将降低社会保险费率及缴费基数下限作为改革重点，辅之以"全民参保计划"、加强监察执法，努力实现农民工参加社会保险全覆盖。

（九）以实施农民工职业病防治和帮扶行动为重点，维护农民工职业安全健康权益

工伤职业病是对农民工及其家庭最大的伤害，比拖欠工资的伤害还要严重。最大限度地预防生产事故危害及职业病危害、最大限度地保障已经发生工伤职业病的农民工的待遇，是维护农民工权益的底线。《安全生产法》《职业病防治法》已经修订，应加大执法力度，努力预防事故和职业病伤害，依法保障受工伤职业病伤害的农民工的待遇。目前存在的最大问题是历史遗留的部分无法追溯用人单位及用人单位无法承担相应责任的农民工职业病患者难以享受工伤待遇。为此，应重点实施农民工职业病防治和帮扶行动，解决这部分农民工的生活和医疗待遇问题。

（十）以开展新市民培训为重点，促进农民工社会融合

促进农民工与原户籍居民之间的相互包容、接纳、融合，一方面需要老市民尊重关爱农民工，另一方面需要提高新市民的综合素质，使其适应、遵守现代城市文明规范。为此，应重点开展新市民培训，主要内容是"四讲三学两适应"，即讲文明、讲卫生、讲秩序、讲法制，学安全防护、学生活技能、学人际交往，本人适应企业、子女适应学校。

参考文献

《关于〈中共中央关于制定国民经济和社会发展第十三个五年规划的建议〉的说明》
《中共中央国务院关于打赢脱贫攻坚战的决定》
《国务院关于进一步做好为农民工服务工作的意见》

B.10
中国社会保障制度新近发展与改革展望

摘　要：　"十二五"时期，中国社会保障在制度体系、体制改革、保障人群、保障水平以及经办能力方面都获得了长足的进步，2015年部分社会保障领域改革也取得了积极进展。新时期，中国社会保障制度改革面临的形势相较以往更为复杂，需要解决的障碍与问题也比较多。"十三五"时期，中国社会保障制度改革应当遵循"守住底线、突出重点、完善制度、引导舆论"的总体思路，在推进制度整合、保障制度公平性，多策并举、增强制度可持续性，优化经办管理体制、提升治理能力等方面用心、用功。

关键词：　社会保障制度　"十二五"　"十三五"

一　"十二五"时期社会保障制度发展状况

（一）"十二五"时期社会保障制度发展取得的主要成就

"十二五"时期，是中国社会保障制度改革力度最大、发展最迅速的时期。2011年以来，特别是党的十八大以及十八届三中全会以来，中国社会保障事业进入全面深化改革的新阶段，围绕着"统筹推进城乡社会保障体系建设"以及"建立更加公平可持续的社会保障制度"的总体思路，在各个社会

＊　李志明，国家行政学院社会和文化教研部副教授。

保障领域出台了一系列新政策、新举措，社会保障制度建设取得了重大进展。具体体现在以下几个方面。

一是制度体系得到不断完善。"十二五"时期，在养老保险领域，中国从2011年开始全面建立了城镇居民社会养老保险制度；2015年1月3日，国务院颁布《关于机关事业单位工作人员养老保险制度改革的决定》，正式建立机关事业单位工作人员基本养老保险制度。在医疗保险领域，中国于2012年、2015年出台意见建立和规范了城乡居民大病保险制度。在社会救助领域，中国于2013年、2015年建立了疾病应急救助制度和重特大疾病医疗救助制度。

二是体制改革逐步推向深入。"十二五"时期，中国社会保障制度改革相比以往更加注重围绕"增强公平性、适应流动性、保证可持续性"，推进开展体制机制改革。在养老保险领域，2014年2月21日将城镇居民社会养老保险与新型农村社会养老保险合并实施，建立全国统一的城乡居民基本养老保险制度。随后，人社部、财政部于2014年2月24日印发《城乡养老保险制度衔接暂行办法》，解决城镇职工基本养老保险与城乡居民基本养老保险两大制度体系之间的衔接问题。2015年中国建立机关事业单位工作人员基本养老保险后，由机关事业单位基本养老保险制度、城镇职工基本养老保险制度和城乡居民基本养老保险制度三大制度共同组成的基本养老保险制度体系正式形成，制度碎片化与养老金"多轨制"的问题得到一定程度的缓解。在医疗保险领域，中国于2011年5月31日由人力资源和社会保障部制定了《关于进一步推进医疗保险付费方式改革的意见》，通过推进医保付费方式改革来规范医疗服务提供主体的行为，抑制医药费用不合理增长的发展趋势。在社会救助领域，2015年4月21日，中国还决定合并实施城市医疗救助制度和农村医疗救助制度，促进城乡医疗救助制度整合，确保城乡居民权益公平。

三是保障人群全面持续增加。"十二五"时期，中国各项社会保障制度覆盖面不断扩大，参保人数不断增加，初期制定的各类规划指标完成情况非常好，截至2014年末提前完成和进展良好的指标达到100%（见表1），2015年完成全部的目标任务的压力不大。

表 1   "十二五"社会保障目标完成进展情况（2010～2014 年）

指标	2010 年	2011 年	2012 年	2013 年	2014 年	2015 年目标	进展评价
基本养老保险参保人数（亿人）	3.60	6.16	7.88	8.20	8.42	8.07	提前完成
城镇参加基本养老保险人数（亿人）	2.57[1]	2.84	3.04	3.22	3.41	3.57[2]	进展良好
城镇职工基本医疗保险覆盖人数（万人）	23735	25227	26486	27443	28296	[3%]	提前完成
城镇居民基本医疗保险覆盖人数（万人）	19528	22116	27156	29629	31451	[3%]	提前完成
新型农村合作医疗参合率（%）	96.0	97.5	98.3	98.7	98.9	[3%]	进展良好
工伤保险参保人数（亿人）	1.6	1.77	1.90	1.99	2.06	2.1	进展良好
失业保险参保人数（亿人）	1.3	1.43	1.52	1.64	1.70	1.6	提前完成
生育保险参保人数（亿人）	1.2	1.39	1.54	1.64	1.70	1.5	提前完成
社会保障卡持卡人数（亿人）	1.03	1.99	3.41	5.4	7.12	8.00	进展良好

注：[1] 2010 年城镇基本养老保险参保人数中未包含城镇居民；[2] 2015 年企业职工基本养老保险参保人数不少于 3.07 亿人；[3%] 为累计增加百分比数。

资料来源：历年《人力资源和社会保障事业发展统计公报》《卫生事业发展统计公报》《卫生和计划生育事业发展统计公报》。

四是保障水平持续稳步提高。"十二五"时期，中国城镇企业退休人员月平均基本养老金水平 2015 年达到 2200 多元，约为 2010 年（1354 元/月）的 1.7 倍。2014 年职工基本医疗保险、城镇居民基本医疗保险和新型农村合作医疗政策范围内住院费用报销比例比 2010 年平均提高了 10 个百分点左右①。城市和农村最低生活保障平均标准分别由 2010 年底的每人每月 251 元和 117 元

---

① 楼继伟：《建立更加公平更可持续的社会保障制度》，《人民日报》2015 年 12 月 16 日，第 7 版。

提高到 2014 年的 411 元和 231 元①。

五是经办能力不断夯实提升。"十二五"时期，中国在中西部 23 个省（区、市）和新疆生产建设兵团开展基层就业和社会保障服务设施建设试点，共支持 1176 个县、4381 个乡镇开展建设，有效地改善了基层劳动就业和社会保障经办服务条件。与此同时，全国重点建设了统一的城乡居民养老保险信息系统，社保跨地区系统建设应用迈出坚实步伐，2014 年底社会保障卡实际持卡人数为 7.12 亿人，普及率达到 52.4%②。

（二）2015年改革方向预测的实现情况

一是机关事业单位养老保险制度改革如期推进。笔者在《中国社会体制改革报告（2015）》中曾预测，2015 年最为确定的重大改革举措应是全面推进机关事业单位工作人员养老保险制度实施及其配套的职业年金具体办法的制定实施。现在看来，这一预测是准确的。2015 年 1 月 14 日国务院《关于机关事业单位工作人员养老保险制度改革的决定》公布后，经过一段时间的准备，已经全面铺开实施；2015 年 4 月 6 日国务院办公厅印发《机关事业单位职业年金办法》，职业年金具体办法如期制定实施。机关事业单位工作人员养老保险和职业年金两项制度的制定和实施，解决了不同就业人群在养老保险基本制度安排上的"双轨制"问题。

二是完善个人账户制度仍需审慎研究基础上的关键决断。2015 年正在紧张研究中的完善个人账户制度的具体方案仍然没有做出最后决断。依照目前的情形来看，完善个人账户制度主要有两种思路可供选择：一是做小做实个人账户；二是向名义账户制转型③。相比较而言，笔者比较倾向于做小做实个人账户，并将其与基本养老保险基金全国统筹、基本养老保险基金投资运营以及基本养老金计发办法改革等举措一起构成中国养老保险顶层设计方案的核心内容。

三是职工基本养老保险基金全国统筹方案"爽约"。2014 年 12 月 28 日人

---

① 民政部：《2014 年社会服务发展统计公报》、《2010 年社会服务发展统计公报》。
② 人力资源和社会保障部：《2014 年度人力资源和社会保障事业发展统计公报》。
③ 参见李志明《完善基本养老保险个人账户制度亟须关键决断》，《中国经济时报》2015 年12 月 15 日，第 5 版。

力资源和社会保障部部长尹蔚民在十二届全国人大常委会第十二次会议联组专题询问时表态，争取在 2015 年提出职工基本养老保险基金全国统筹的方案。现在看来，该方案并未在 2015 年提出。有鉴于基本养老保险基金全国统筹是优化中国养老保险制度以及整个养老保险顶层设计方案的关键改革①，应当抓紧出台并加快推进基本养老保险基金全国统筹。

四是城乡居民大病保险如期而至，基本医疗保险城乡统筹仍需等待。2015 年 8 月 2 日，国务院办公厅下发了《关于全面实施城乡居民大病保险的意见》，加快推进城乡居民大病保险制度建设，筑牢全民基本医疗保障网底。推进基本医疗保险城乡统筹有利于提升管理经办效率、促进城乡居民公平享有基本医疗保险权益，2015 年 12 月 9 日中央全面深化改革领导小组第十九次会议审议通过了《关于整合城乡居民基本医疗保险制度的意见》，决定建立统一的城乡居民基本医疗保险制度，但是该项《意见》并未在 2015 年正式出台，基本医疗保险城乡统筹仍然有待 2016 年继续推进。

五是现代社会救助体系仍有进一步改进和完善空间。在 2014 年《社会救助暂行办法》颁布特别是 2015 年全面实施临时救助制度后，中国的社会救助制度体系已然不存在制度性"短板"和"盲区"。但是，在社会救助制度具体运行过程中，还存在着诸如救助申请人收入和财产信息核对困难，专项救助政策分散在不同部门管理经办、难以形成政策协同，医疗救助资金短缺等问题亟须重视和解决。

二 当前社会保障制度改革面临的基本形势与主要障碍

（一）基本形势

"十二五"时期社会保障事业发展所取得的各项成就，为"十三五"时期中国进一步完善和改进社会保障制度奠定了坚实的基础。但是，"十三五"时期中国社会保障制度全面深化改革所面临的基本形势较以往已经发生巨大变

---

① 参见李志明《破解养老保险制度改革困局》，《学习时报》2015 年 9 月 10 日，第 5 版。

化，主要体现在以下几个方面。

一是经济社会发展进入新常态。"十二五"时期，中国经济增长速度从"十一五"时期的高速增长状态放缓到中高速增长状态，"十三五"时期中国经济将进入速度换挡、结构优化、动力转换的新常态，社会事业发展也从解决制度有无的问题走向提高水平以及保证公平可持续的新阶段。经济社会进入新常态、新阶段后，财政汲取能力增长受限将导致财政收入增势趋缓、总体上将呈现中低速增长，有的地方甚至可能出现增长停滞。在这种情形下，未来社会保障等社会事业支出刚性增长、待遇持续提高乃至全面深化改革就会受到财政能力增长相对不足的深刻影响。财政收入增速放缓与社会保障事业改革完善之间事实上已经形成现实矛盾。

二是社会环境与社会预期发生深刻变化。当前中国的改革开放事业已经进入攻坚期、深水区，日益触及深层次矛盾和重大利益调整，人民群众对公平正义的呼声很高、对全面深化改革的期望也很高。随着社会保障项目日益增多、覆盖面日渐扩大、保障水平日趋提高，既得利益和制度惯性的力量正在变得越来越强。在这样的社会环境与社会预期背景下，中国在社会保障领域推行任何一项改革将涉及的对象群体比以往都要多、触及的利益调整比以往都要大，改革的难度只会越来越大，以往能够开展、好开展的改革，到现在很可能就不允许了。

三是人口快速老龄化将对社会保障制度建设产生全面、深刻而持久的影响。"十三五"时期，中国人口老龄化程度将比以往都更高，随之而来的迅速壮大的老年人口规模不仅将提升养老保险的制度内抚养比（缴费人数下降而待遇领取人数上升）并继而带来严重的基金收支压力，而且将导致医疗保险待遇支出大幅度增长，还会引起全社会对综合养老服务设施及人才需求急剧增加，最终也会增加国家财政对社会保障制度的投入负担。因此，人口老龄化将是"十三五"时期影响中国社会保障制度可持续发展的关键变量。

四是供给侧改革措施产生的社会效应将给社会保障体系带来巨大压力。当前，"供给侧改革"就是从供给、生产端入手，通过解放生产力、提升竞争力来全面促进经济发展，将涉及大规模淘汰落后产能以及经济结构的重大调整。可以预见，在这个过程中就业结构也会随之发生较大的调整，相当一部分原本就业的人群会随着产业结构调整而失业，相当一部分家庭抵御经济风险的能力会遭受削弱甚至还可能会陷入贫困。在这种情势下，包括社会保障在内的社会政策所要承担的兜底责任和压力就较以往要大。

五是业已打响的"扶贫攻坚战"需要社会保障制度发挥好扶贫功能。习近平总书记在关于《中共中央关于制定国民经济和社会发展第十三个五年规划的建议》的说明中，指出要实施精准扶贫、精准脱贫，7017万农村贫困人口中有2000多万完全或部分丧失劳动能力的贫困人口需要通过全部纳入最低生活保障覆盖范围，实现社保政策兜底脱贫。这实际上就给中国社会保障制度特别是社会救助制度中的最低生活保障制度提出了任务，要求社会保障政策增强兜住底线的扶贫功能，提高社会救助制度目标定位的准确性，实现精准救助、精准扶贫。

（二）主要障碍

当前社会保障制度改革面临并需着力解决的主要障碍如下。

1. 关键领域改革顶层设计总体方案长期"议而不定"

"十二五"时期，中国在养老保险、医疗保险以及社会救助等关键领域启动了系统性改革方案的研究设计工作。特别是2013年以来，中国由人力资源和社会保障部牵头开展了养老保险的顶层设计，对未来几十年中国养老保险改革主要目标、基本原则、制度模式、制度体系、运行机制进行全面规划，明确改革路线图和时间表。目前，养老保险顶层设计初步工作方案已经形成。但是，其中许多关键的改革措施目前都没有公布实施，例如职工基本养老保险基金全国统筹、完善基本养老保险个人账户制度、建立养老金正常调整机制、延迟法定退休年龄等。这些措施如果不出台不实施，建立更加公平更可持续的基本养老保险制度基本上属于空谈；这些措施如果不早出台不早实施，完善基本养老保险制度宝贵的机会窗口将很快失去，严重影响制度未来的进一步改革与完善。

2. 制度碎片化严重影响制度公平性

"十二五"时期，中国已经开始着手通过制度整合和并轨尽可能消除"碎片化"对制度公平性的影响。例如，建立统一的城乡居民基本养老保险制度以及参照城镇企业职工为机关事业单位工作人员建立社会统筹和个人账户相结合的养老保险制度。但是，不同人群之间的社会保障待遇差别、不同地区之间的社会保障负担差异、不同社会保障制度之间的条块分割以及社会保障制度与其他经济社会制度之间衔接配套有待加强等问题仍然较为严峻，碎片化问题突出，严重影响制度公平性和权益公平性。例如，医疗救助、重特大疾病医疗救助以及临时救助等社会救助制度和基本医疗保险、大病保险等社会保险制度之间缺乏有效衔接机制，致使不同保障对象由于属于/不属于低保户等资格条件差异，所能享受的保障待遇实际存在很大差别。

3. 重点制度财务可持续性较差

财务可持续性是社会保障制度持续发展的基础。其中，主要依靠保障对象缴费来筹资、追求资金收支平衡的社会保险制度更应当体现精算平衡原则，确保基金财务具有长期可持续性。然而，中国基本养老保险制度、基本医疗保险制度等核心社会保险制度的财务可持续性较差，收支平衡压力比较大。"十二五"时期，职工基本养老保险基金支出年均增长 18.6%，相比基金收入年均增长幅度（12%）高 6.6 个百分点；职工基本医疗保险基金和城乡居民基本医疗保险基金支出年均增长幅度比收入年均增长幅度分别高 2.5 个百分点和 5 个百分点。[①] 这种情况在人口老龄化比较严重、制度内抚养比（参保离退休人员与参保职工之比）比较高的统筹地区表现得更加突出。

4. 部分领域的经办管理体制不顺

目前，中国社会保障制度虽然主要由人力资源和社会保障部门、民政部门管理，但是诸如卫生和计划生育部门、教育部门、住房和城乡建设部门等也都参与社会保障经办管理。例如，社会救助体系中的医疗、教育、住房、就业等专项救助制度就分属多个部门管理，基层经办也是各部门来承担；城镇居民基本医疗保险和新型农村合作医疗这两项基本医疗保险制度就分属人力资源和社会保障部门以及卫生和计划生育部门来经办管理。多部门经办管理带来的体制不顺，将导致制度间衔接协调不畅、经办管理资源重复配置以及重复参保、效率低下等一系列问题，这些都是社会保障制度下一步改革需要着力解决的对象。

---

① 楼继伟：《建立更加公平更可持续的社会保障制度》，《人民日报》2015 年 12 月 16 日，第 7 版。

三 "十三五"时期社会保障改革重点与对策建议

（一）坚持"守住底线、突出重点"，抓好养老保险、医疗保险以及社会救助全面深化改革

"十三五"时期，社会保障制度改革的重点应当从"守住底线"、织牢民生安全的"网底"出发，构建现代社会救助体系，同时"突出重点"，侧重抓好养老保险、医疗保险这两个领域的全面深化改革。

就构建现代社会救助体系而言，"十三五"时期应当致力于构建以最低生活保障、特困人员供养、受灾人员救助等基本生活救助制度为基础，以医疗、教育、住房、就业等专项救助制度为支撑，以临时救助等急难救助制度为补充的现代社会救助体系。与此同时，在条件成熟的情况下，推进城乡居民最低生活保障制度整合；还应当加强社会救助政策之间的衔接，使得专项救助政策不再专门锁定最低生活保障对象，减少福利捆绑现象，而是根据救助申请人在医疗、教育、住房、就业等方面的实际情况提供差别化救助①；加强社会救助政策与其他社会保障政策衔接，使得最低生活保障、医疗救助、就业救助等社会救助制度与基本养老保险、基本医疗保险、大病保险、失业保险等社会保险制度形成协同联动；制定和完善救助申请者收入和财产信息核查机制，实施"互联网＋社会救助"工程，建立跨部门、多层次的救助申请家庭经济状况核对信息平台。

就全面深化养老保险制度改革而言，首先，应当推进职工基本养老保险基金全国统筹，在更广泛的范围内实现互助共济，真正实现基本养老保险制度全国统一，提高制度公平性以及财务可持续能力。其次，着力优化基本养老保险制度，包括完善个人账户制度、调整养老金计发办法、建立待遇正常调整机制、加强基本养老保险基金投资管理等，不断增强制度的财务可持续性以及正向激励性。再次，真正构建起多层次制度体系，通过适度降低基本养老保险缴费率和替代率，为企业年金和职业年金等留出空间，并给予公平且更具激励性

---

① 楼继伟：《建立更加公平更可持续的社会保障制度》，《人民日报》2015 年 12 月 16 日，第 7 版。

的政策优惠。

就全面深化医疗保险制度改革而言，首先，要适当强化政府责任，提高政府卫生支出在卫生总支出中的比重，合理强化包括退休人员在内的医疗个人缴费责任，建立医疗保险报销比例调整机制，努力降低个人自付比例。其次，改进个人账户制度，开展门诊费用统筹，降低参保人一般性看病用药负担；同时，全面实施城乡居民大病保险制度，切实减轻社会成员的大病医疗负担。再次，通过提高基本医疗保险的统筹层次、改进医保结算方式等举措，缓解异地就医难和异地结算难。

（二）坚持"完善制度、引导舆论"，给予全体国民以稳定的安全预期

"十三五"时期，社会保障制度改革还应当在"完善制度"、形成系统全面的制度保障的同时，科学"引导舆论"、形成良好的舆论氛围和稳定的安全预期。

中国社会保障制度的框架已经基本完成，但是，在社会保障制度的部分领域仍然存在完善的空间。首先，完善社会保险体系，从老"五险"变为新"五险"。借鉴德国等国家的经验，实行"生育保险跟随医疗保险"的政策，将生育保险和基本医疗保险合并实施；针对人口老龄化程度日益加深、老年人长期照料和护理需求日渐上升的现实国情，着手研究制定长期照护保险制度，为老年人身体机能发生退行性变后将产生的长期护理费用筹资。其次，完善职工基本养老保险和基本医疗保险当中的个人账户制度。对于职工养老保险个人账户，应予做小做实，再配合基金投资运营以及养老金进发办法改革，健全多缴多得激励机制；对于医疗保险个人账户，要么予以取消，要么通过开展门诊统筹提高资金使用效率，减轻参保职工就医用药负担。

社会保障制度作为涉及面非常广泛的民生保障制度安排，其改革必然备受全社会的广泛关注和普遍期待。在这种情况下，发展社会保障既要尽力而为，不断完善社会保障制度、持续提高制度公信力和保障水平，免除全体国民的生存危机、疾病恐惧，解除全体国民的养老后顾之忧，让全体国民能够对未来形成清晰而稳定的安全预期；又要量力而行，"有多大能力解决多大问题"，先从兜底线、保基本做起，随着经济社会发展水平的提高来逐步调

整和提高保障水平，引导社会公众对社会保障制度形成切实合理的预期，避免期望过高。

（三）加强制度整合，确保社会保障制度的公平性

"十三五"时期，在积极推进单项社会保障制度改革完善的同时，加强制度整合、消除"碎片化"，逐步弱化城乡之间、地区之间、群体之间社会保障政策和待遇水平的差距，不断提升制度的公平性，应当成为社会保障制度改革的着力方向。

在养老保险领域，制度整合不仅体现远期内在职工基本养老保险制度与机关事业单位工作人员养老保险制度调整完善到位后，可以谋求将这两项制度并轨整合成统一的城镇就业人员基本养老保险制度；也体现在近期内在基本养老保险基金实现全国统筹后，将已经在一定程度上沦为地方性制度的职工基本养老保险制度①重新整合恢复成国家统一制度安排②。在医疗保险领域，制度整合体现在将原来分别由人社部门、卫生计生部门管理的城镇居民基本医疗保险与新型农村合作医疗整合成为城乡居民基本医疗保险制度。在社会救助领域，制度整合将主要体现在城乡最低居民生活保障制度合并实施以及促进各项社会救助政策协调衔接、救助综合效能提升上。

（四）多策并举，增强社会保障制度的可持续性

"十三五"时期，切实增强财务可持续性应当成为社会保障制度改革努力的主要方向。具体来说，应当从以下两个方面入手。

一是坚持社会精算平衡原则。从宏观上讲，就是根据人口、经济、财政等因素建立健全社会保险筹资机制和待遇确定调整机制，确保基金中长期收支平衡；从微观上讲，就是健全多缴多得、长缴多得的激励机制，强化参保者缴费与待遇之间的正相关关系，调动其缴费积极性，实现激励相容。

二是优化社会保险责任分担。建立更可持续的社会保险制度，需要合理均

---

① 目前，职工基本养老保险制度仍处于地区分割统筹状态，各地缴费基数计算口径、缴费率等都存在较大差异。

② 李志明：《破解养老保险制度改革困局》，《学习时报》2015 年 9 月 10 日，第 5 版。

衡政府、企业、个人等主体之间的责任。根据各险种解决的风险性质、基金收支以及滚存结余情况，建立科学合理筹资调整机制，适时适当降低社会保险费率。在职工基本养老保险制度中，政府应当建立健全制度隐性债务偿还机制，减轻社会统筹基金支出压力；在城镇居民基本医疗保险和新型农村合作医疗制度中，需要合理强化个人缴费责任，增强这两项制度的社会保险属性；在职工基本医疗保险制度中，应当根据统筹基金实行现收现付、追求年度平衡的属性，研究实行退休人员适度缴费政策。

三是合理划分中央和地方政府在社会救助、社会福利等领域的支出责任。按照外部性、信息复杂性和激励相容性原则，根据不同社会保障项目的特征，合理确定社会保障事权在不同层级政府中的分配体系，根据事权与支出责任相适应的原则，在完善财政转移支付制度的基础上，确保各级财政的社会保障支出。对于实行全国统一制度的社会救助制度，中央政府的财政责任不低于50%，地方财政的责任不超过50%，以增进该项制度的公平性；对于社会福利制度，中央财政应当承担最基本的福利项目支出如基础教育补贴等，适当分担公共住房福利补贴及其他福利事业补贴，地方政府应当根据本地财力状况适时发展地方性补充福利项目①。

（五）着力优化社会保障经办管理体制，提升社会保障治理能力

社会保障经办管理体制直接影响了制度的运行效率。"十三五"时期的社会保障改革还应当着力优化经办管理体制，纠正现行权责配置不合理之处，打破部门利益的掣肘，提升社会保障治理能力。

"十三五"时期，在基本医疗保险方面，应当着力整合城镇居民基本医疗保险和新型农村合作医疗制度的经办管理主体、人员队伍和信息系统，优化经办服务资源配置。笔者认为，这两项制度统一交由负责职工基本医疗保险以及专管其他社会保险项目的人力资源和社会保障部门经办管理，较能发挥专管、专业优势，并更利于对医疗服务机构的医疗服务行为形成有效的监督制约。

在社会救助方面，进一步改革社会救助治理体制。在各级民政部门中设置

---

① 参见郑功成主编《中国社会保障改革与发展战略》（总论卷），第50页，北京，人民出版社2011年版。

专门的社会救助行政管理以及经办服务机构，集中管理和经办各项社会救助事务，将救助对象纳入统一的社会救助管理体系中。在基层，以当地社会救助经办服务机构为平台，将民政部门主管的社会救助工作以及原属其他部门主管的教育、就业、住房等救助项目，通过该平台"一门受理"、协同办理，同时使得所有救助资源也都必须通过该平台"一个口子"向救助对象发放，避免多头申报、多头审查、重复救助和救助遗漏，方便救助对象降低经办成本、提高工作实效。①

---

① 李志明：《如何推进社会救助治理能力现代化》，《中国经济时报》2014 年 7 月 4 日，第 6 版。

B.11
中国教育体制改革踏上新征程

朱国仁*

摘　要： "十二五"时期，我国教育体制改革全面推进，2015年，一系列改革政策和措施的实施为此画上了圆满的句号。党的十八届五中全会提出"创新、协调、绿色、开放、共享"发展理念，为"十三五"时期我国经济社会发展提供了指引，也为我国教育事业发展和教育体制改革指明了方向。2016年是"十三五"开局之年，我国教育体制改革要在新的发展理念引领下进一步深化，人才培养体制、教育管理体制、办学体制、教育公平、教育对外开放等方面的改革将取得新的进展。

关键词： 中国　教育体制改革　"十三五"

"十二五"时期特别是十八大以来，我国教育事业发展和教育体制改革都取得了突出成就和积极进展。2015年是我国"十二五"收官之年，也是《国家中长期教育改革和发展规划纲要（2010～2020年）》（以下简称《教育规划纲要》）实施的中期节点。党的十八届五中全会提出了新的发展理念和改革要求，进一步明确了我国教育事业发展和教育体制深化改革的方向，2016年，我国教育体制改革将踏上新的征程。

一　"十二五"时期教育体制改革成就

2010年，中共中央国务院印发的《教育规划纲要》确定了到2020年我国

---

* 朱国仁，国家行政学院研究生院常务副院长，研究员。

教育改革和发展的指导思想和目标、任务。国务院成立国家教育体制改革领导小组，确立了教育体制改革的重点任务并启动实施了改革试点工作。教育部制定并实施了《国家教育事业发展第十二个五年规划》。"十二五"时期，在党的十八大和十八届三中、四中和五中全会精神指引下，我国教育体制改革攻坚克难，稳步推进，取得了多方面的突破，成就辉煌，教育事业发展迈上新台阶，"总体发展水平进入世界中上行列"①。

（一）以提高人才培养质量为目的，坚持内涵式发展，优化人才培养结构，创新人才培养模式，人才培养体制改革稳步推进

"十二五"时期，我国把提高教育质量作为教育改革发展的核心任务，把人才培养体制改革作为教育体制改革的核心，贯彻党的教育方针，坚持以人为本、立德树人和全面实施素质教育，推出了一系列人才培养体制改革的政策和措施。把培养学生社会责任感、实践能力和创新能力作为重点，减轻中小学生课业负担，加强学生的德育、体育和美育，强化实践教学，突出能力培养和创新创业教育。实施职业教育基础能力建设和高等教育质量提升等工程，进一步推进教学改革和各级各类学校课程改革和教材建设，完善各学段相互衔接的课程教材体系。修订和完善职业教育、普通高等学校本科专业目录和学位授予与人才培养学科目录，不断提高应用型、技能型人才培养比重，优化人才培养结构。通过学分互换、学历互认，推进职业教育与普通教育和成人教育之间的相互连通。明确社会和家庭在人才培养中的责任，强化学校教育、社会教育和家庭教育的协同配合以及学校与社会、企业、科研机构的育人合作。构建教师队伍建设标准体系，完善教师资格制度、培训制度和各种激励机制，不断提高教师素质和业务能力。重视信息技术手段的应用，推进现代信息技术与教育教学的融合，通过信息化提高教育质量、创新人才培养模式，扩大优质教育资源。建立和完善国家教育标准体系和国家教育质量标

---

① 《教育总体发展水平进入世界中上行列（辉煌"十二五"）》，《人民日报》2015 年 10 月 13 日，第 2 版。另据上海教科院、国家教育发展研究中心、华东师范大学、湖北教科院联合评估组《〈教育规划纲要〉贯彻落实情况总体评估报告（摘要）》（教育部网站，2015 年 12 月 15 日），2012 年世界中高收入国家学前教育毛入园率、高中阶段毛入学率和高等教育毛入学率分别是 69.2%、75.9%、33.9%，我国 2014 年分别是 70.5%、86.5%、37.6%。

准体系，完善教育评估、评价制度，健全教育质量保障体系和教育质量检测评价体系。

（二）以提高教育治理能力和推进教育治理体系现代化为目标，完善教育管理制度，转变政府职能和管理方式，教育管理体制改革不断深化

改革教育行政审批制度，先后取消和下放教育行政审批事项 21 个，精简了教育评审、评估、评价和检查事项。健全省级政府教育统筹制度，明确各级政府教育职责，发挥地方政府改革和发展教育的创造性和主动性。完善教育督导制度，健全教育督导机构和体制，建立督导问责机制，强化了教育督导工作。深入推进教育管办评分离，构建政府、学校和社会之间新型关系，鼓励社会参与、发挥专业教育组织的作用，引入第三方评估，放管服结合，完善了教育治理体系。修改公布《中华人民共和国教育法》和《中华人民共和国高等教育法》，制定和完善一批教育法规，落实教育行政执法责任制，推进了教育法治化进程。完善教育信息公开制度，不断扩大教育信息公开范围，推进教育行政部门教育信息公开年度报告常态化，增强了信息公开的监督功能。完善教育决策咨询制度，重视发挥各类教育决策咨询和研究机构作用，重大教育决策公开和广泛征求意见建议，推进了教育决策的科学化和民主化。

（三）以建立现代学校制度为目标，优化学校内部治理结构，学校管理体制改革取得新进展

以学校章程制定为抓手，推进依法治校，教育部直属高校的章程制定、核准工作如期完成，其他高校及各级各类学校的章程制定工作稳步进行，学校自主办学的能力得到增强。完善高等学校党委领导下的校长负责制、落实中小学校长负责制，学校领导体制得到进一步明确和加强。健全高校管理制度，重视高校学术委员会和普通高校理事会建设和作用的发挥，高校学术管理和社会参与管理得到规范和强化。完善学校校务委员会制度、教职工代表大会制度、中小学家长委员会制度，健全了学校内部民主管理和监督机制、社会参与学校管理和监督机制。制定并实施了幼儿园园长和义务教育学校、普通高中和中等职业学校校长专业标准，推进了学校管理的专业化。

（四）以激发社会办学活力和规范民办学校办学为目的，办学体制改革有一定进展

《教育规划纲要》提出要深化办学体制改革，大力支持民办教育和依法管理民办教育，《国家教育事业发展第十二个五年规划》把完善民办教育制度、落实促进民办教育发展政策和推进分类管理、引导民办教育健康发展作为办学体制改革的重点任务。教育部2012年印发《关于鼓励和引导民间资金进入教育领域促进民办教育健康发展的实施意见》，要求鼓励和支持民间资本兴办各类教育，完善促进民办教育发展的政策，清理和纠正对民办学校的各类歧视政策，落实民办学校办学、招生自主权和优惠政策，保障民办学校的各项权益，引导和规范民办教育健康发展。各地也出台了一些相关的法规、政策，采取了公共财政扶持、税收优惠和奖励等具体措施，促进了民办教育的发展和办学水平的提高，有5所民办高校获得开展专业学位研究生教育授权。行业、企业等社会力量参与公办学校办学得到鼓励。此外，对外开放办学取得积极进展，修订了《中外合作办学条例》，进一步规范和促进了中外合作办学的发展；国（境）外高校到国内举办分校、国内高校到国外办学有了新的进展。

（五）坚持公平公正、科学高效，加强顶层设计，考试招生制度改革全面启动

考试招生制度改革是"十二五"时期教育体制改革也是整个教育改革中的重大亮点，中央高度重视，取得突破性进展。2014年，国务院印发《关于深化考试招生制度改革的实施意见》，做出了整体、系统的顶层设计，进一步明确了建立分类考试、综合评价、多元录取的考试招生模式的改革方向，为全面推进考试招生制度改革提出了具体部署。五年间，考试招生制度改革从未间断，教育部和地方政府出台并实施了一系列改革措施。完善义务教育阶段学生就近免试入学制度，缓解了"择校"难题。进城务工人员随迁子女接受义务教育后在当地参加升学考试问题逐步得到解决；中等学校学生学业水平考试和综合评价体系建设全面展开。确立基于统一高考和高中学业水平考试成绩、参考综合素质评价的多元高校录取机制，启动高考综合改革试点；规范高等学校自主招生选拔制度和程序，减少并规范了高考加分项目及分值。改进高考招生

自愿填报和录取方式，增加了考生选择机会。进一步扩大高校招生信息公开，广泛接受考生、学校和社会监督。实施了重点高校招生指标向城市和农村倾斜的政策。出台考试违规处理办法，严格考试纪律，加大考试违规查处力度，国家考试和招生作弊等行为及其处理写进了新修订的《中华人民共和国刑法》和《中华人民共和国教育法》。

（六）以增加教育经费投入、优化教育支出结构、提高教育经费效益为目标，教育投资体制改革取得新成效

"十二五"期间，教育经费投入不断增加，财政性教育经费投入增长较快，在国内生产总值中所占比例实现了 4% 的目标。2010 年是 3.65%、2011 年是 3.93%、2012 年达到 4.28%、2013 年是 4.16%、2014 年是 4.15%。义务教育经费中央财政和地方财政分担机制和非义务教育培养成本分担机制进一步健全。拓宽社会投资渠道，鼓励社会资金投入，以政府投入为主、投资主体多元化的教育投资结构进一步完善。实施教育扶贫工程，中央财政对中西部特别是西部和集中连片贫困地区支持力度与对贫困家庭学生的资助力度不断加大。完善教育经费管理制度，加强对学校经费的预算管理和监督，加大学校财务的审计、公开力度，教育经费使用效益有所提高。

此外，"十二五"时期，我国教育体制其他方面如各级各类教育体制、高校毕业生就业创业制度、高校科研管理体制等的改革也取得了不同程度的进展。总之，"十二五"时期教育体制改革全面推进，为教育事业的发展提供了重要保证，也为"十三五"时期教育体制改革和教育事业的发展打下了坚实的基础。

二　2015年教育体制改革主要政策措施

2015 年，党中央、国务院和教育行政部门出台和实施了一系列新的教育政策和措施，推动教育体制改革进一步深化。

（一）教育管理体制改革：推进教育管办评分离，促进政府职能转变

厘清政府、学校、社会的权责关系，推进教育管办评分离，促进政府职能转变，是教育管理体制改革的关键。对此，《教育规划纲要》和《中共中央关于全面深化改革若干重大问题的决定》指出了明确的方向。2015 年 5 月，教育部印发《关于深入推进教育管办评分离促进政府职能转变的若干意见》，按照权责统一、统筹兼顾、放管结合、有序推进的原则，从完善和建立教育管理体制、现代学校制度和教育评价制度三个方面，提出了 17 条具体推进措施。为保证这项改革的有序稳步推进，7 月，教育部启动教育管办评分离改革试点工作，并于 10 月根据申报情况确定了 8 个全国教育管办评分离改革综合试点单位和 4 个单项试点单位。各试点单位的工作正根据试点目标任务要求开展。改革教育行政审批制度是实现政府职能转变、推进教育管理体制改革的必然要求。2015 年，国务院继续取消和下放了一些教育行政审批事项，教育部下发《关于做好教育行政审批制度改革有关后续工作的通知》，为做好后续工作提出了具体要求，保证了行政审批取消、下放工作的稳步推进。此外，学校章程制定工作取得新成果，教育部及中央所属高校章程制定和核准工作按计划如期完成，其他高校和学校章程的制定工作在全面展开，现代学校制度建设进一步推进。为更好服务教育管理和科学决策，指导各级教育行政部门和学校科学开展教育事业发展监测与评价工作，教育部对 1991 年发布的《中国教育监测与评价统计指标体系（试行）》进行了修订和完善，印发了《中国教育监测与评价统计指标体系》。为建立和完善现代职业学校制度，提高职业院校管理水平，推进职业院校治理能力的现代化，教育部推出了《职业院校管理水平提升行动计划（2015～2018 年)》。

（二）人才培养体制改革：强化全面素质教育，重视发挥家庭教育作用

培养德智体美全面发展的社会主义建设者和接班人既是整个教育的目标，也是人才培养体制改革的目标。2015 年，我国人才培养体制改革得到进一步深化，具体表现在以下方面。一是学生思想政治教育、德育、体育、美育和劳动教育工作得到强化。为加强新时期大学生思想政治教育工作，中组部、中宣部和教育部印发《关于领导干部上讲台开展思想政治教育的意见》、中宣部和教育部出台《普通高校思想政治理论课建设体系创新计划》，教育部修订了 2011 年印发的《高等学校思想政治理论课建设标准

（暂行）》，颁布了《高等学校思想政治理论课建设标准》；为适应新形势新要求，提高中小学生德育的针对性和实效性，教育部印发了新修订的《中小学生守则》；为增强青少年身心健康，引领学校体育改革同时推进我国足球事业的发展，教育部等 6 部门联合印发《关于加快发展青少年校园足球的实施意见》，此前，教育部还会同其他 5 部门成立了"全国青少年校园足球工作领导小组"；为加强学校美育提高学生的审美素养，国务院办公厅印发了《关于全面加强和改进学校美育工作的意见》；为加强学生劳动教育，教育部等 3 部门印发了《关于加强中小学劳动教育的意见》。二是家庭教育受到重视。家庭是儿童成长的主要环境，父母是人才培养的重要主体。儿童的健康成长和社会主义教育目的的实现需要家庭、学校和社会的密切配合。针对现实中家庭教育存在的不良偏向和家庭教育工作存在的问题，教育部出台了《关于加强家庭教育工作的指导意见》，进一步明确了家长在家庭教育中的主体责任，要求家长要依法履行家庭教育职责，教育孩子要遵循儿童身心发展规律，同时，不断提高自身教育能力和水平；强调发挥学校在家庭教育中的指导和服务作用；推进形成家庭教育社会支持网络，为家庭教育提供充分和多样的指导服务和社会支持；通过组织领导、科学研究和宣传引导，为家庭教育工作提供充分保障。三是为适应经济社会发展对应用型、复合型、创新型人才的需要，教育部等 3 部门联合印发了《关于引导部分地方普通本科高校向应用型转变的指导意见》，将推进 700 多所地方普通本科院校的转型发展，这既是关于人才培养体制的改革，也是我国高等教育结构的又一次大调整。四是为创新人才培养模式，提高技术技能人才培养质量，教育部相继印发了《关于深化职业教育教学改革全面提高人才培养质量的若干意见》《普通高等学校高等职业教育（专科）专业设置管理办法》《普通高等学校高等职业教育（专科）专业目录（2015年）》《高等职业教育创新发展行动计划（2015～2018 年）》。五是学校校长和教师专业标准化建设进一步推进，继义务教育学校校长、中等职业学校教师等专业标准的颁布和实施，2015 年，教育部又颁布了《普通高中校长专业标准》《中等职业学校校长专业标准》《幼儿园园长专业标准》《特殊教育教师专业标准（试行）》等，对提高各级各类学校办学水平、提高人才培养质量提供了重要保证。

（三）考试招生制度改革：考试招生工作进一步规范，将考试招生舞弊行为惩处写进法律

考试招生制度改革有序推进，考试管理工作得到加强。一是高考录取全部取消全国性鼓励类加分项目，地方加分项目也大幅减少。2月，教育部印发《关于做好2015年普通高校招生工作的通知》和《2015年普通高等学校招生工作规定》，对当年普通高校招生考试、录取、管理等提出了全面明确要求，保证了各项具体改革措施的实施和考试招生工作的规范进行。二是重点高校招生进一步向农村贫困地区倾斜。教育部专门印发《关于做好2015年重点高校招收农村学生工作的通知》，增加了重点高校面向农村贫困地区定向招生专项计划，比上年增加1万人达到5万人，同时，还对招生计划落实和具体考试招生工作提出了明确要求。三是进一步健全城市义务教育招生入学制度。教育部办公厅印发《关于做好2015年城市义务教育招生入学工作的通知》，要求各地巩固已有义务教育招生入学改革成效，坚持公平、公开和公正原则，针对现实存在的矛盾和问题，进一步完善相关制度和工作机制，确保义务教育免试就近入学，维护了城市义务教育招生秩序，缓解了择校难题。四是为加强和规范研究生招生工作，教育部颁布了《2016年全国硕士研究生招生工作管理规定》，对硕士研究生的招生考试、思想政治素质和品德考核、录取、信息公开公示、违规处理等做出全面具体严格的规定。教育部还根据专业学位教育要求、职业特点和专业人才培养需要，印发了《关于推进临床医学、口腔医学及中医专业学位硕士研究生考试招生改革的实施意见》。此外，上海、浙江两地高考综合改革试点工作稳步推进，其余省份也陆续完成了考试招生制度改革实施方案的制定。五是国家考试和招生舞弊行为及其惩处入法、入刑，加大了对考试招生过程中舞弊行为的打击力度。全国人大常委会2015年8月29日通过的《中华人民共和国刑法修正案（九）》和2015年12月27日通过的新修订的《中华人民共和国教育法》增加了关于国家考试和招生方面舞弊行为及其惩处的具体规定，一些严重的舞弊行为将被判刑，使我国考试招生管理工作有了法律依据，维护了国家考试和招生工作的秩序和严肃性。

（四）高校毕业生就业制度改革：高校创新创业教育和指导工作进一步加强

完善高校毕业生就业制度，推进高校毕业生创新创业，既是适应我国经济新常态、服务国家创新驱动战略和"大众创业万众创新"政策的要求，也是缓解逐年增加的高校毕业生就业压力的需要。为此，2015年，国务院、教育部相继出台了相应的政策和措施，主要有《国务院关于大力推进大众创业万众创新若干政策措施的意见》《国务院关于进一步做好新形势下就业创业工作的意见》《国务院办公厅关于深化高等学校创新创业教育改革的实施意见》《教育部关于做好2016届全国普通高等学校毕业生就业创业工作的通知》等。为推进高校毕业生创新创业各项政策的贯彻落实，教育部要求省级教育行政部门和部属高校研究制定并提交深化创新创业教育改革的实施方案和《深化创新创业教育改革任务分工表》。为激励在校大学生创业，教育部在6月到10月举办了首届中国"互联网＋"大学生创新创业大赛，1878所高校20万大学生参与，提交项目作品多达36508个。7月，教育部和人社部联合召开了2015年全国高校实践育人暨创新创业现场推进会。这些政策和措施的颁布和实施，完善了高校毕业生就业创业制度，加强了对高校创新创业的教育、指导和支持，促进了高校毕业生的就业，激发了高校在校生和毕业生的创业热情。2015年，749万高校毕业生初次就业率达到80%以上；[1] 部分高校毕业生创业率比上年增长一倍。[2]

（五）促进教育均衡发展：农村和贫困地区教育扶持力度进一步加大

为推进教育均衡发展，促进教育公平，2015年，国家对农村和贫困地区教育的扶持力度进一步加大，为此出台了一系列政策和措施。一是改革义务教育经费保障机制。为适应新的形势和改革要求，加快城乡义务教育一体化建设，建立城乡统一、重在农村的义务教育经费保障机制，国务院印发《关于

---

[1] 北京大学教育学院教育经济研究所：《2015年高校毕业生就业状况调查》，《光明日报》2016年1月19日，第13版。

[2] 陈璐、王琛莹：《大学生创业调查：东部爱技术西部爱餐饮》，《中国青年报》2016年1月26日，第12版。

进一步完善城乡义务教育经费保障机制的通知》，提出整合现行的农村义务教育经费保障机制和城市义务教育奖补政策，城乡义务教育经费统一由中央和地方分项目、按比例分担，要求继续加大义务教育投入，重点向农村义务教育倾斜，向革命老区、民族地区、边疆地区、贫困地区倾斜。二是加强贫困地区和乡村教师队伍建设。缩小城乡师资水平差距是缩小城乡教育差距、促进教育公平、推动城乡一体化建设的关键，国务院办公厅印发的《乡村教师支持计划（2015~2020 年）》，推出了 8 项旨在稳定乡村教师队伍、提高乡村教师素质和能力的具体措施。教育部向各省级教育行政部门下达了《2015 年"三区"人才支持计划教师专项计划》，进一步推进了选派教师到边远贫困地区、边疆民族地区和革命老区支教的工作。同时，为继续推进《农村义务教育阶段学校教师特设岗位计划实施方案》（2006 年颁发）的实施，教育部和财政部印发了《关于做好 2015 年农村义务教育阶段学校教师特设岗位计划有关实施工作的通知》。三是进一步改善贫困地区学校办学条件，教育部发出了《关于进一步做好全面改善贫困地区义务教育薄弱学校基本办学条件有关工作的通知》、出台了《改善普通高中学校办学条件补助资金管理办法》。为推进相关政策的落实，国务院教育督导委员会办公室还制定了《全面改善贫困地区义务教育薄弱学校基本办学条件工作专项督导办法》。四是加快民族教育发展。民族教育关系少数民族和民族地区的人才培养和经济社会发展，关系国家的统一、稳定和长治久安。为缩小民族教育整体发展水平与全国平均水平的差距，国务院出台了《关于加快发展民族教育的决定》，对推动民族教育事业发展做出了整体设计，提出了系统的支持少数民族和民族地区教育发展的政策和措施。五是为完善贫困家庭学生资助政策，教育部等 4 部门印发《关于完善国家助学贷款政策的若干意见》，国务院扶贫办、教育部和人社部联合发出了《关于加强雨露计划支持农村贫困家庭新成长劳动力接受职业教育的意见》。2015 年 11 月 29日发布的《中共中央国务院关于打赢脱贫攻坚战的决定》，对支持贫困地区教育发展和救助家庭经济困难学生提出了进一步的要求，对推进教育均衡发展、促进教育公平提供了重要和明确的指导。

（六）其他方面的改革政策和措施

2015 年，我国有关教育体制其他方面的改革也有重要的政策措施出台，取得了新的进展。一是提升教育对外开放的质量和水平。中央全面深化改革领导小组第十九次会议审议通过《关于做好新时期教育对外开放工作的若干意见》，提出教育对外开放要增强服务中心工作的能力和服务与推动国家重大战略实施的能力，适应经济社会和教育改革发展的需要。二是加快推进教育信息化。当今世界信息技术迅猛发展，已全面融入经济社会发展和人类生产生活学习的方方面面，教育信息化对推进教育改革发展具有重要作用，本身也是教育改革的主要内容。2015 年 5 月，首届国际教育信息化大会在青岛召开，习近平总书记在贺信中表示，"中国坚持不懈推进教育信息化"。[1] 11 月，国家教育体制改革领导小组召开了第二次全国教育信息化工作电视电话会议。当年，教育部还先后印发了《2015 年教育信息化工作要点》和《关于加强高等学校在线开放课程建设应用与管理的意见》。三是加强教育经费的管理。提高教育投入与加强教育经费管理、提高教育经费使用效益必须同步推进，为此，教育部或会同财政部先后印发了《关于加强直属高等学校内部审计工作的意见》《关于直属高校落实财务管理领导责任严肃财经纪律的若干意见》《中央财政支持学前教育发展资金管理办法》《关于改革完善中央高校预算拨款制度的通知》等。四是加快推进世界一流大学和一流学科建设有了新举措。继"211 工程""985 工程""2011 计划"等，国务院印发了《统筹推进世界一流大学和一流学科建设总体方案》，提出了建设世界一流大学和学科的新举措，对提高我国高层次专业人才培养质量和高等教育综合实力与国际竞争力将发挥重大作用。

三　2016年教育体制改革展望

党的十八届五中全会通过的《中共中央关于制定国民经济和社会发展第十三个五年规划的建议》（以下简称《建议》），提出了创新、协调、绿色、开放、共享发展理念，描绘了"十三五"时期我国经济社会发展的蓝图，进一步明确了我国教育改革发展的方向。"十三五"是我国全面建成小康社会的决胜期，也是全面落实《教育规划纲要》的关键期。作为"十三五"的开局之

---

① 习近平：《致国际教育信息化大会的贺信》，《人民日报》2015 年 5 月 24 日，第 2 版。

年，2016 年显得尤为重要。习近平总书记指出，2016 年是"十三五"开局之年，各项改革任务、制度建设要向全面建成小康社会这个目标聚焦、向构建发展新体制聚焦，扭住关键，精准发力，严明责任，狠抓落实，确保各项改革取得预期成效。[①] 站在新的历史起点上，面对经济新常态、新的科技革命和工业革命、新型城镇化建设、扶贫攻坚等带来的新挑战和新机遇，在新的发展理念引领下，我国教育体制改革由此踏上新的征程。展望 2016 年，必须紧紧围绕提高教育质量这个战略主题，抓住关键环节，聚焦重点问题，把教育体制改革进一步推向深入。

（一）着眼提高教育质量，进一步完善人才培养体制

《建议》把"提高教育质量"确定为"十三五"时期教育改革发展的主题，抓住了我国教育存在的主要矛盾和核心问题。教育质量的核心是人才培养质量，与人才培养体制直接相关。因此，人才培养体制改革仍是今后教育体制改革的重中之重。着眼于提高教育质量，完善人才培养体制，一要确立正确的人才培养质量观。坚持以德为先，德才兼备，德智体美全面发展，培养具有正确的理想信念、社会责任感、创新精神、实践能力和学习能力的合格的中国特色社会主义建设者和接班人。二要切实把教学改革特别是人才培养模式的创新放在教育改革更加突出的地位。完善教学制度，更新教学内容，创新教学方式方法和教学手段，改进教学评价机制。三要加强以学校为主导的人才培养主体的协同配合。切实提高教师素质和教育教学能力，进一步明确和强化学校、社会、家庭和学生本人作为人才培养主体的责任和义务，以学校为主导，形成和凝聚人才培养的合力。四要提高人才和人才培养评价的科学性。建立和完善科学的人才和人才培养评价机制，以科学的评价引导和促进人才培养过程的改革。

（二）坚持放管服并重，深入推进管办评分离，切实提高教育管理体制改革的成效

教育管理体制改革作为教育体制改革的关键，向来是教育改革的重点，虽

---

① 参见《习近平主持中央全面深化改革领导小组第十九次会议》，《人民日报》2015 年 12 月 10 日，第 1 版。

然相关改革政策和措施不断完善，但改革成效不大显著。要切实提高教育管理体制改革的成效，建立政府、学校与社会之间的新型关系，加快推进教育治理体系和治理能力的现代化。一要坚持放管服并重，进一步转变政府职能。教育行政部门要进一步取消和下放一些不合时宜的行政审批事项和管理权限，把确需规范和管理的方面切实管好，为学校依法自主办学提供充分必要的服务和保障，做到不越位、不缺位。二要扎实推进政事分开、管办评分离改革。在进一步明确教育行政部门的权利和责任的基础上，完善相关法律法规，推进依法行政；学校要重视和加强章程和内部管理制度与规范建设，推进现代学校制度的建立；完善教育评价制度，重点加强社会专业教育评价机构的培育和建设，重视和强化第三方评估。三要健全教育督导体制，强化问责机制。加强教育督导队伍建设，提高教育督导的专业化水平，推进对各级各类教育督导的全覆盖。加大督导结果问责力度，提高教育督导的权威性和实效性。四要鼓励社会参与管理，重视社会监督。提高教育决策的社会参与度，健全教育管理和学校管理社会参与机制。加大教育信息公开力度，畅通社会监督渠道，重视、鼓励、支持和广泛接受社会监督。

（三）坚守科学、公平与公正，依法推进考试招生制度改革

考试招生制度改革作为教育改革的枢纽环节，是近年来力度较大的一项改革。各项改革措施逐步到位，相关内容写进法律。今后改革的重点是在坚持科学、公平和公正原则的基础上，依法推进各项改革措施的落实。一要在研究和总结高考制度改革试点经验的基础上，研究制定总体改革方案，进一步完善相关配套政策，为2017年实现改革全面推进的目标，做好充分准备。同时，继续扩大高职院校分类考试录取比例。二要加快推进高中阶段学校考试招生方式改革，提高优质普通高中和优质中等职业学校区域内招生名额分配比例。三要合理规划义务教育学校布局，加快薄弱学校办学条件的改善，全面落实义务教育免试就近入学政策。四要以新修订《中华人民共和国教育法》的实施为契机，修订和完善相关实施细则，健全国家考试和招生违法违规行为惩处机制，提高执法能力和效率，加大对考试招生违法违规行为的打击力度。

（四）支持和规范民办教育，推进办学体制改革

相对于教育体制其他方面的改革，办学体制改革相对滞后，应作为今后教

育体制改革的重点加快推进。一要修订完善民办教育法律法规,支持和规范民办教育发展。进一步明确和切实保障民办学校、教师和受教育者的合法权益,加快推进民办教育机构的分类管理,支持民办学校依法办学,引导和规范民办教育发展。二要探索和推进办学模式的多样化。支持和鼓励社会机构和个人以不同形式参与公办学校建设和各种形式的合作办学,探索民办公助、公办改制等办学模式的改革。三要支持行业、企业特色办学。适应经济社会发展对不同类型人才的需求和满足社会对教育多样化选择的需要,支持行业、企业依托自身条件、优势和特色举办各种类型的特色鲜明的教育机构。四要支持和规范中外合作办学。制定和完善中外合作办学相关法律法规和政策,区分不同办学形式,实行分类管理,支持符合国家相关规定的办学活动,规范和保证中外合作办学健康发展。

(五)强化创新创业,深化高校毕业生就业制度改革

虽然近年来在改革高校毕业生就业制度、推进高校毕业生创新创业方面采取了一些措施,取得了一些成效,但仍存在不少问题,高校毕业生创业比例低于发达国家水平。要继续深化高校毕业生就业制度改革,一要加大支持高校毕业生自主创业优惠政策实施的力度,进一步清理各种制度障碍,为高校毕业生自主创业创造更好的条件和环境。二要加快推进高校创新创业教育改革,提高创新创业教育的系统性、针对性、实践性和实效性,着力培养学生创新创业精神、意识、能力和信心。三要清除高校毕业生就业过程中各种社会阻碍,切实杜绝任何形式的就业歧视现象。四要引导高校毕业生理性就业。加强高校毕业生就业指导和服务,支持高校毕业生以不同形式就业,鼓励高校毕业生进一步转变就业观念,实施更加优惠的政策措施,引导高校毕业生到人才紧缺的基层、农村、贫困地区和艰苦行业就业。

(六)精准教育扶贫,促进教育公平发展

教育扶贫是根本的扶贫,也是促进教育公平的基本保障。实现教育公平的关键是解决贫困地区、家庭经济贫困学生和薄弱学校的问题。实施精准教育扶贫,推进教育公平发展。一要统筹资源和力量重点扶持集中连片贫困地区教育发展。要进一步加大财政转移支付力度,统筹整合各种现有工程、计划和项

目，重点加大对集中连片贫困地区教育专项经费的支持。继续开展和扩大教育对口帮扶工作，鼓励社会力量参与教育扶贫。二要完善家庭经济困难学生资助政策，重点提高建档立卡的家庭经济贫困学生资助水平，不断扩大家庭经济困难学生资助覆盖面。三要为贫困地区和家庭经济困难学生提供适宜的教育，重点支持贫困地区职业教育发展，引导和鼓励家庭经济困难的义务教育后学生接受各级各类职业教育。四要加快推进标准学校和普惠性幼儿园建设，重点支持农村和贫困地区的学校和幼儿园建设，加强城乡教师队伍建设，扩大区域内和城乡教师交流。五要制定实施针对留守儿童教育问题的专项政策措施，全面落实进城务工人员随迁子女就学和升学考试的政策措施。

（七）服务国家战略，着力提升教育对外开放的质量和水平

教育对外开放是我国对外开放事业的重要组成部分。近年来，我国教育对外开放虽然不断扩大，但质量和水平还比较低，对国家战略服务的针对性和能力有待提高，必须作为进一步深化教育改革的重要内容。一要服务于中心工作和国家战略。公共机构和国有企业开展的教育对外开放和合作项目要与中心工作和国家战略实施相配套，有助于国外资源的引进和利用，有利于促进文化交流，提高教育对外开放的针对性和实效性。二要深化教育国际合作交流体制机制改革，完善教育对外合作交流政策，支持和规范教育对外合作交流活动。三要积极参加国际教育组织，更多参与国际教育标准、规则和政策制定，提高我国教育国际竞争力、影响力和话语权。四要完善留学教育政策，规范公派出国留学，提高公派出国留学效益，加强对自费出国留学的引导和指导，逐步扩大来华留学生规模，优化来华留学生结构，重点提高出国留学生和国外来华留学生的质量。五要支持和规范国际教育资源的引进和利用，坚持与我有益、为我所用，着力引进有利于我国教育改革和健康发展的国外优质教育资源。

除上述教育体制改革的重点之外，还要继续推进教育法制建设，加快相关教育法律法规修订和新法律法规的制定，同时，制定和完善相关实施细则，推进全面依法治教进程；继续探索和推进教育投资体制改革，加大社会资本投入教育的力度，进一步加强教育经费监管，提高教育经费效益；推动信息技术特别是网络技术、大数据、物联网等与教育教学过程深度融合，充分发挥信息技术手段在扩大优质教育资源覆盖面方面的作用，提高教育发展和教育管理的信

息化水平；深化高校科研体制改革，完善产学研合作机制，健全科研经费管理和成果奖励制度，加快高校新型智库建设，提高服务决策和咨询的能力与水平。

　　总之，2016 年，我国教育进入一个新的发展时期，在新的发展理念指引下，在制定和启动实施"十三五"教育发展规划的关键之年，我国教育体制改革一定能够取得新的成就。

B.12

公立医院改革进展：兼论混合所有制改革可行性

胡　薇[*]

摘　要： 2015 年中国公立医院改革依然在艰难中摸索前行，试点范围不断扩大，改革内容不断深入，资源配置更加合理、价格改革开始破冰。本文在梳理 2015 年公立医院改革政策进展与改革成效的基础上，选取近两年地方改革的热点探索之一——"混合所有制改革"，对其进行了理论和实践上的梳理。研究发现，混合所有制改革对政府、公立医院、社会资本都具有较大的吸引力，可以解决或部分解决公立医院改革所面临的问题，因此尽管其面临着政策上的诸多障碍，在实践中却依然以各种形式在不断推进。

关键词： 公立医院　混合所有制　社会资本

　　2015 年城市公立医院改革试点城市扩展到 100 个，县级公立医院改革在全国普遍推开，医改综合改革省级试点在江苏、福建、安徽、青海等四省开始推进。公立医院改革以价格改革为亮点，以资源配置为重心，探索薪酬制度改革和管理体制改革。24 个省份出台了分级诊疗文件，社会化办医环境不断改善，公私合作（PPP）与混合所有制改革在各地不断摸索，试图为公立医院改革探索出一条新的道路。

---

　　* 胡薇，国家行政学院社会和文化教研部副教授。

一 公立医院改革政策进展与主要成效

（一）公立医院改革政策进展

2015 年，从中央层面来看，与医疗体制改革相关的政策频繁出台，以下将与公立医院改革密切相关的政策进行分类梳理，进而归纳本年度公立医院改革的重点。

1. 总体规划类政策

4 月 26 日国务院办公厅印发《深化医药卫生体制改革 2014 年工作总结和2015 年重点工作任务》，5 月 17 日国务院办公厅印发《关于城市公立医院综合改革试点的指导意见》，5 月 8 日国务院办公厅发布《关于全面推开县级公立医院综合改革的实施意见》，等等。十八届五中全会《中共中央关于制定国民经济和社会发展第十三个五年规划的建议》在"推进健康中国建设"一节中对全面推进公立医院综合改革进行了专门论述。

2. 医疗服务费用和药品价格改革类政策

价格改革是 2015 年的工作亮点。2 月 28 日国务院办公厅印发《关于完善公立医院药品集中采购工作的指导意见》，10 月 12 日中共中央、国务院发布《关于推进价格机制改革的若干意见》，10 月 21 日国家发改委公布重新修订的《中央定价目录》，10 月 27 日国家卫生计生委、国家发改委、财政部、人力资源社会保障部和国家中医药管理局等 5 部门联合印发《关于控制公立医院医疗费用不合理增长的若干意见》等。

3. 有关卫生人才发展的相关政策

3 月 6 日国办印发《关于进一步加强乡村医生队伍建设的实施意见》、11 月 24 日国家卫计委联合人社部出台《关于进一步改革完善基层卫生专业技术人员职称评审工作的指导意见》。

4. 有关医疗卫生资源配置方面的政策

医疗卫生资源的合理配置主要包括区域配置、分级配置、公立与私立配置等几个不同的划分维度。3 月 6 日国务院办公厅印发《全国医疗卫生服务体系规划纲要（2015~2020 年）》，6 月 15 日国务院办公厅印发《关于促进社会办医加快发展若干政策措施的通知》，9 月 11 日国务院办公厅印发《关于推进分级诊疗制度建设的指导意见》，等等。此外，11月20日国务院办公厅转发国家卫生计生委、民政部等9部门《关于推进医疗卫生与养老服务相结合的指导意见》，该意见将极大促进医疗机构与养老机构的资源整合、医疗机构向基层的延伸，以及社会力量参与医养结合服务，也是影响资源配置的重要政策。

5. 有关医院监督评估方面的政策

1月29日国家卫生计生委办公厅印发《大型医院巡查工作方案（2015～2017年度)》，12月21日国家卫生计生委等4部门联合印发《关于加强公立医疗卫生机构绩效评价的指导意见》等。

总结以上规划和政策可以发现，2015年公立医院改革的特点主要集中在以下方面。

第一，扩大公立医院改革试点范围，推进综合改革。从城市公立医院改革到县级公立医院改革，再到医改综合改革省级试点，公立医院改革的覆盖范围逐渐扩大，改革内容不断深入，改革效应从深度和广度都在不断延展，改革的整体性和区域性也在不断增强。

第二，破除公立医院逐利机制，回归公益性。2015年最大的工作亮点也是最能凸显改革成效的一项任务就是价格机制改革。围绕此项改革，规范医务人员诊疗行为、强化医疗机构内控制度、完善财政补偿机制、降低药品价格、推进医保支付方式改革、探索人事薪酬制度改革和公益性为导向的考核评价机制等是重要的分解任务。改革的总体目标是到2016年6月底，初步建立公立医院医疗费用监测体系，医疗费用不合理增长的势头得到初步遏制；2017年底，公立医院医疗费用控制监测和考核机制逐步建立健全。

第三，优化医疗卫生资源布局，化解看病难。以《全国医疗卫生服务体系规划纲要（2015～2020年)》的出台为重要标志，以分级诊疗和推动社会化办医为重要手段，2015年以来卫生资源的配置更具整体规划性。湖北、辽宁、浙江、四川、海南、重庆等多个省级规划区已出台本区域内的医疗服务体系规划纲要。

第四，改革医院管理体制，建立现代管理制度。现代医院管理制度涉及医院的治理结构、薪酬制度、人才政策、绩效考核政策和精细化管理制度等诸多方面。本年度在人才政策、绩效考核政策和薪酬制度方面都有所突破。

（二）公立医院改革的主要成效

新医改推行以来，医疗资源的供给总量不断提高，供给比例渐趋合理。表

1 显示，各类医院的床位增长率都逐年提高，其中民营医院床位增长率远高于公立医院。但是从 2014 年的数据来看，两类医院的床位增长都有所放缓。

表1　2009～2014 年各类医院床位数及增长情况

项目	2009 年	2010 年	2011 年	2012 年	2013 年	2014 年
公立医院床位(张)	2792544	3013768	3243658	3579309	3865385	4125715
床位增长率(%)	7.0	7.9	7.6	10.4	8.0	6.7
民营医院床位(张)	328229	373669	461460	582177	713216	835446
床位增长率(%)	20.1	13.8	23.5	26.2	22.5	17.1

资料来源：《2013 卫生统计年鉴》"表3－2　医院床位数"和《2013 年我国卫生和计划生育事业发展统计公报》、《2014 年我国卫生和计划生育事业发展统计公报》。

新医改推行以来，政府对医疗卫生服务的投入不断增加。表 2 显示，2014 年卫生总费用占 GDP 的百分比达到 5.56%，政府卫生支出占比总体不断升高，个人卫生支出占比不断下降，距离 2017 年 30% 的目标已相当接近。但数据也反映出个人卫生支出占比依然高于政府卫生支出的现状，群众的医疗服务负担依然较重。

表2　2009～2014 年卫生事业投入情况

年份	卫生总费用(亿元)				卫生总费用构成(%)			卫生总费用占 GDP 百分比(%)
	合计	政府卫生支出	社会卫生支出	个人卫生支出	政府卫生支出	社会卫生支出	个人卫生支出	
2009	17541.92	4816.26	6154.49	6571.16	27.5	35.1	37.5	5.15
2010	19980.39	5732.49	7196.61	7051.29	28.7	36.0	35.3	4.98
2011	24345.91	7464.18	8416.45	8465.28	30.7	34.6	34.8	5.15
2012	27846.84	8365.98	9916.31	9564.55	30.0	35.6	34.4	5.36
2013	31661.5	9521.4	11413.5	10726.8	30.1	36.0	33.3	5.57
2014	35378.9	10590.7	13042.9	11745.3	29.9	36.9	33.2	5.56

资料来源：《2013 卫生统计年鉴》和《2013 年我国卫生和计划生育事业发展统计公报》、《2014 年我国卫生和计划生育事业发展统计公报》。

新医改以来，医疗资源的结构布局渐趋合理。表 3 显示，2014 年，公立医院诊疗人次依然远高于民营医院诊疗人次，服务仍处于失衡状态，但民营医院服务量占比有上升的迹象。另外，基层医疗卫生机构诊疗人次占比已达到57.4%，超过一半，但近三年有下降趋势，与改革取向不符，提示分级诊疗还需进一步改革。

表3 2012~2014年分级分类诊疗

年份	不同类别医院诊疗情况				不同级别医疗机构诊疗情况			
	公立医院诊疗		民营医院诊疗		医院诊疗		基层医疗卫生机构诊疗	
	人次（亿）	占比（%）	人次（亿）	占比（%）	人次（亿）	占比（%）	人次（亿）	占比（%）
2012	22.9	90.2	2.5	9.8	25.4	38.2	41.1	61.8
2013	24.6	89.4	2.9	10.6	27.4	37.5	43.2	59.1
2014	26.5	89.1	3.3	10.9	29.7	39.0	43.6	57.4

注：不同级别医疗机构中还包括其他医疗机构，这里没有列出。

资料来源：《2013卫生统计年鉴》和《2013年我国卫生和计划生育事业发展统计公报》、《2014年我国卫生和计划生育事业发展统计公报》。

公立医院医疗服务费用上涨得到有效控制。按照《深化医药卫生体制改革2014年工作总结和2015年重点工作任务》公布的数据，截至2014年底，全国66%的县（市）取消了药品加成，医疗服务的价格趋于合理化。2014年6~7月，国家卫生计生委、财政部、国务院医改办会同有关部门及专家对第一批17个试点城市和福建省三明市公立医院改革情况进行了评估。评估结果显示，城市三级公立医院的次均门诊医疗费用和人均住院费用的增长情况得到有效控制，分别从改革前的9.14%和12.71%下降到5.34%和3.95%，群众医疗费用自付比例比改革之前降低了10个百分点左右。从统计公报显示数据来看，公立医院医疗费用确实得到有效的控制，按可比价格上涨幅度不大，其中人均住院费用上涨率最低，但日均住院费用上涨幅度最高（见表4）。

表4 2012~2014年公立医院医疗费用上涨情况

年份	次均门诊费用		人均住院费用		日均住院费用	
	费用（元）	按可比价格上涨（%）	费用（元）	按可比价格上涨（%）	费用（元）	按可比价格上涨（%）
2012	193.4	4.6	7325.1	3.3	716.8	6.2
2013	207.9	4.8	7858.9	4.6	782.7	6.4
2014	221.6	4.5	8290.5	3.4	843.8	5.7

资料来源：《2013卫生统计年鉴》和《2013年我国卫生和计划生育事业发展统计公报》、《2014年我国卫生和计划生育事业发展统计公报》。

根据 2014 年国家卫生计生委的评估数据，医务人员对改革的认同度达到 82%，群众对医改和就诊体验的满意度达到 96%。总体而言，医疗卫生体制改革初步见到成效，群众对医改的认同度也较高。

（三）公立医院改革的重要探索——混合所有制改革

2014 年随着政府与社会资本合作即 PPP 模式的广泛推行，医疗卫生领域内的公私合作日益受到关注。实际在此之前，公立医院与社会资本之间的合作已在各地进行了深度不一、模式各异的探索，从科室合作、服务外包逐渐扩展到共同举办新的医疗机构。2013 年国务院《关于促进健康服务业发展的若干意见》指出"公立医院资源丰富的城市要加快推进国有企业所办医疗机构改制试点；国家确定部分地区进行公立医院改制试点"。2015 年国务院办公厅出台《关于城市公立医院综合改革试点的指导意见》，明确提出"鼓励社会力量以出资新建、参与改制等多种形式投资医疗，优先支持举办非营利性医疗机构。公立医院资源丰富的城市，可选择部分公立医院引入社会资本进行改制试点"。2015 年 1 月《全国医疗卫生服务体系规划纲要》通过，纲要指出社会力量"可以多种形式参与国有企业所办医疗机构等部分公立医院改制重组。鼓励公立医院与社会力量以合资合作的方式共同举办新的非营利性医疗机构，满足群众多层次医疗服务需求"。

正是在各种政策影响之下，有关公立医院与社会资本合作的地方探索在各地频繁涌现，这些探索也日益引起国家卫计委的重视。一方面，无论从医疗资源的增量发展还是从存量改革的角度来看，混合所有制发展对公立医院、民营资本和政府部门来说都有巨大的吸引力，但另一方面也存在诸多政策障碍与困扰。接下来，本文将以公立医院混合所有制改革为重点，对相关实践探索和理论争议进行梳理。

二　公立医院混合所有制改革的基本探索

（一）政策背景

"混合所有制"是经济领域内的概念，是国有企业改革的重要内容之一。

1997 年十五大报告中首次出现"混合所有制经济"一词，从 90 年代开始一直到十七大，混合所有制经济的主要目的在于实现投资主体的多元化，解决国有企业市场竞争力不足的问题。2014 年，十八届三中全会重提积极发展混合所有制经济，并指出"国有资本、集体资本、非公有资本等交叉持股、相互融合的混合所有制经济，是基本经济制度的重要实现形式"。从经济领域来看，混合所有制改革的争议不大，已在包括油气、金融、电信和房地产等诸多领域展开。

目前，对医疗卫生领域采取混合所有制还没有明确的政策支持，多是实践探索和改革思路，与其相关的"社会办医""购买服务""参与改制"等却有大量的政策支持。在这些政策中，政府与社会资本的合作程度步步深入，为混合所有制提供了重要的政策基础，其中"参与改制"的政策规定与"混合所有制"改革最为接近，《全国医疗卫生服务体系规划纲要》中"公立医院与社会力量可以合资举办新的非营利医疗机构"的说法，其本质就是混合所有制。

混合所有制指的是财产权分属于不同性质所有者的产权混合状态，即公有经济成分与集体和私营经济成分在同一产权结构上的混合状态。混合所有制与公私合作（PPP）具有密切相关性，有人认为二者不同，因为前者涉及产权且没有合作期限，而后者不涉及产权且往往有合作期限；有人则认为混合所有制属于广义 PPP 的一种形式。本文认为，混合所有制是 PPP 的一种深度合作形态，意味着产权结构、治理结构和收益结构的混合，是公有资本与非公有资本共担风险、共享收益、共同治理的复杂经济形态，它通常是永久性合作。

（二）实践探索

对不同利益相关方来说，推进混合所有制改革都具有巨大的吸引力。对政府部门来说，它可以吸纳社会资本、增加医疗资源供给，促进健康服务业和相关经济发展，有利于多元化办医格局的形成并撬动公立医院改革；对公立医院来说，它可以跨过"规模限制"和"资金限制"的门槛，实现规模扩张，提升医疗服务水平、提高工作人员待遇，并有助于医院法人治理结构的建立；对社会资本来说，混合所有制可以帮助它们更容易进入医疗服务市场、利用公立医院的优质资源，并由此获得利益回报。实际上，混合所有制就是将公立医院的人才、技术、品牌等资源优势与社会资本的资金优势和管理优势进行有效整合，从而形成既有活力又有公益性的医疗服务市场的一种手段。

目前来看，混合所有制的实践形态非常复杂，各地政府对其称谓也比较混乱。如果按照公私合作的深度来划分，公立医院改革内的公私合作形式可以被划分为"业务外包""租赁""托管""特许经营""私有化"等不同的类型，其中混合所有制改革是其中合作深度最深的、涉及产权改革的一种形式，可以被归为"私有化"的一端。

2015 年 1 月，浙江省曾向社会公开发布《关于发展混合所有制医疗机构的试点意见（征求意见稿）》，提出 2015 年探索举办若干家混合所有制医疗机构，到 2020 年，探索举办一批混合所有制医疗机构。但是由于各种政策障碍和理论争议，该意见并未出台。但浙江省关于公立医院混合所有制的改革毫无疑问引起了全国的注意。业内通常认为 2003 年金陵药业参与江苏宿迁人民医院改制是最早的混合所有制改革案例。目前来看，公立医院混合所有制改革的形式非常多样，主要表现为股权的多元混合，但这些复杂多样的形式依然存在以下几个方面的区别。

1. 改革的领域

是"增量"混改还是"存量"混改？前者指的是新举办的医疗机构采取混合所有制，后者指的是现有公立医院进行改制。"增量"混改如 2011 年昆明市妇幼保健院与通策医疗投资股份有限公司共同出资设立昆明市妇幼保健医院呈贡新区医院，浙江首家中外混合所有制医院慈溪慈林医院等，"存量"混改如 2003 年金陵药业斥资 7000 万元收购宿迁人民医院 70% 股权的案例。

2. 注册的性质

是注册为"营利性"还是"非营利性"组织？目前来看，混改的医疗机构大多注册为非营利性质，有的保持事业单位属性，如昆明市第一人民医院甘美国际医院；有的注册为民办非企业单位，如武汉普仁医院；极个别的注册为营利性质，如南京同仁医院。

3. 股权的混合形态

谁与谁混合？混合后的股权结构是什么？目前来看，政府、国有企业、社会资本、员工等都可以相互混合，其中政府或国有企业作为公有产权的代表必须出现。混合后的股权结构主要指的是谁控股，目前来看，政府和社会资本都有控股的情况，但以社会资本控股居多。

4. 社会资本的回报模式

尽管医院多注册为非营利性质，但社会资本通常会通过各种方式获取长期或短期收益。一种是通过参与医院的上下游关联交易而获益，如药品、耗材和医疗器械的采购等；一种是在扣除办医成本、预留发展基金和其他必需费用后，从结余中取得回报即分红，回报的规模一般有规定；另外一种是，社会资本并不设置明确的投资回报，而是将某一合作医疗机构视为自身产业扩张的基点和孵化器，看重整个医疗集团在医疗产业各层面的中长期收益，如华润医疗对昆明市儿童医院的投资等；此外，政府也可通过支付社会资本管理费的方式，保证社会资本的回报。

5. 治理结构

混改的重要目的之一是推进现代法人治理结构的建立。进行股份制改革之后，医院的董事会通常会根据股权比例的大小而配置，但决策权有时则并不根据股权比例大小而定，有的设置了一票否决权，如昆明儿童医院，市卫计委尽管只有34%的股份，但有一票否决权。目前来看，治理结构呈现社会化的趋势，但并未有效纳入医院员工和社会人士等非持股人员的参与。

（三）改革争议

尽管实践中公立医院混合所有制改革早已推行，但从政策上予以肯定和支持，甚至在更高的制度层面予以规范则存在较大的争议。目前来看，主要有三类观点。一类是支持性观点，认为社会资本可以成为医改的外部动力，混合所有制可以改善公立医院机制不活、效率低下等问题，可以推动多元化办医，解决公立医院政事不分等问题，真正实现公立医院的现代治理结构。一类是反对观点，认为混合所有制可能引起国有资产流失，将公共资源投入营利性医院存在法律和道德上的疑问，而投入非营利医院则无法满足社会资本分红的投资需求。另一类观点则是有条件地支持。如认为当前不宜搞股份制，但可以采取股份合作制的形式，不宜采取股权融资，而应提倡债权融资，有的则认为省级和国家级医院不应作为民营资本进入的合作领域，应向民营资本开放市级和区县级公立医院，促进卫生资源配置结构趋于合理等。

目前来看，阻碍公立医院进行混合所有制改革的争议主要集中于以下三点。

1. 股份制非营利医院的自我矛盾

有学者认为，公立医院如进行混合所有制改革，由于社会资本的逐利性，"非营利"则将不可保证，而政府参与营利性医疗服务，有违政府责任。2000年卫生部等部门关于城镇医疗机构的分类管理办法上明确规定"政府不举办营利性医疗机构"，这成为公立医院进行混合所有制改革的最大障碍。如注册为营利性机构，有违政策和伦理，如注册为非营利性医院，则需要对社会资本进行严格的收益限定，一方面不能满足社会资本的需求，另一方面则需要政府有较强的监管能力。

2. 公立医院资产难以评估的矛盾

公立医院与社会资本进行产权混合的基本前提是对公立医院的"资产"进行准确评估，以保证国有资产不流失。但是公立医院的产权带有天然的模糊性，代表公立医院出资者的政府部门名义上拥有公立医院资产的所有权，但并没有真正意义上的产权，资产难以清查和评估，债券和债务也难以彻底清理，流转面临诸多障碍，特别是土地流转的问题。此外，公立医院本身的品牌、人才和技术等无形资产也难以准确评估，客观上影响了混合所有制改革。

退一步讲，在公立医院管办还未清晰分离的情况下，即使对公立医院的资产进行了准确评估，由谁来代表公立医院参与改制也是一大难题，混改后医院治理和管理过程中也会存在职责不清、问责不明的问题。

3. 社会资本如何获得补偿的问题

除了担忧"国有资产流失"之外，在混改的争论中，"民营资本侵占"论也比较常见。有人担忧，混合所有制改革只不过是吸纳社会资本为我所用的一种手段，在法制不健全的情况下，社会资本的权益极易被国有资本侵占。在保证公立医院公益性的同时，社会资本也必须能够合法地获得相应回报，但是非营利组织是不允许"分红"的，这又回到第一个矛盾。

三 公立医院推行混合所有制改革的可行性分析

（一）当前公立医院改革的难点

为什么一定要在公立医院推行混合所有制改革？研究和调查显示，混改可以解决当下公立医院改革的一些棘手问题。目前来看，公立医院改革的难点主要有以下几点。

第一，法人治理结构难以真正建立，公立医院行政化倾向严重，政府管办不分、政事不分，改革始终难以推进；第二，社会资本难以进入和顺利发展，"玻璃门"和"弹簧门"大量存在；第三，公立医院的辐射和带动效应难以体现，大型医院虹吸效应明显，社会办机构和基层医疗机构发展受限；第四，医务人员的服务价值难以得到有效体现等；第五，也是最根本的原因，医疗卫生服务的核心矛盾是医疗资源供给严重不足、优质医疗资源配置严重失衡，而公立医院的发展规模则受到一定的限制，在这种情况下，必须要发挥市场的作用，通过吸纳社会资本参与医疗卫生事业，从而扩大医疗资源的总体供给。

（二）混合所有制改革能否解决当下公立医院改革的核心矛盾

前文已经提到，混合所有制改革在实践中对政府、公立医院和社会资本都有较大的吸引力，可以解决其所面临的一些棘手问题。因此尽管有争议，混改在实践中依然具有较大的吸引力。

首先，混改可以通过倒逼机制推动医院法人治理结构的建立。目前来看，公立医院一直是在单一产权模式下进行运营，政府作为公立医院的所有者自然会关心甚至是插手公立医院的运营，而医院背倚政府，则缺乏足够的动力去参与竞争。通过产权改革，可以逼迫医院实现治理机制的多元化。

其次，混改可以为社会资本办医创造有利的政策条件。社会资本拥有较为充足的资金，但是其参与办医面临较多的障碍，卫生医疗资源规划对社会办医重视不足，社会资本办医面临人才、科研、社保、土地、税收等多方面障碍。推行混合所有制改革，可以将社会资本的资金与管理等优势资源与公立医院的人才、技术和品牌等资源进行强强联合，社会资本进入更加容易，优势更易发挥。

最后，混改有助于医务人员的合理流动和薪酬标准的市场化。进行混合所有制改革之后，对医务人员的管理将更加灵活。医院将必须适应混合所有制的组织特点，实行市场化、企业化的管理模式，人才管理、薪酬结构也将更加市场化，医务人员的收入将提高，多点执业更容易实现。

总体而言，混改可以增加医疗资源的供给、优化医疗资源的配置、激发医疗服务市场的活力、助推政府部门转变职能并撬动公立医院深化改革等。当然，这也并不是说它不存在风险，如何保证公立医院的公益性、避免国有资产的流失、保证社会资本的合理回报、提高政府的监管能力等都需要考虑。

（三）混合所有制改革的政策可行性

公立医院推行混改早已实践先行，不管政策上是否承认，这个改革对多方都是有吸引力的。是继续默认地方自由发展还是及早出台政策规范，是政府面临的重要选择。目前来看，如果要推进公立医院混合所有制改革，需要健全几个方面的政策。

首先，突破关于政府不得举办营利性医院的规定，如可以代之以"不单独举办"、明确限定政府股权的非营利性等；其次，加快推动管办分离，明确公立医院产权所属；再次，出台公立医院产权评估的相关政策，培育相关评估专业机构；又次，明确混改后的医疗机构性质和社会资本取得回报的方式；最后，划定不得进行混改的领域，如哪类医院、哪些地区的医院、哪类性质的服务等不得或暂缓推行混合所有制改革等，以保证改革的稳妥性。

参考文献

贾康、孙洁：《公立医院改革中采用 PPP 管理模式提高绩效水平的探讨》，《国家行政学院学报》2010 年第 5 期。

吴雁鸣、李建巍：《公立医院现代产权改革的探讨》，《中国农村卫生事业管理》2009 年第 9 期。

黄二丹：《公私合作不回避重规范》，《中国卫生》2014 年第 10 期。

黄二丹、赵雯：《公私合作的私营部门回报方式及其在医疗行业应用的分析》，《卫生经济研究》2010 年第 10 期。

冯文、陈育德、张拓红等：《我国医疗服务领域资本准入政策的历史演变》，《中华医院管理杂志》2003 年第 19 期。

郭永瑾：《公私合作模式在我国公立医院投资建设领域中应用的探讨》，《中华医院管理杂志》2005 年第 21 期。

赵莹:《公立医院 PPP 建设需注意的问题》,《中国建设报》2015 年 7 月 10 日。

刘保恩:《认真学习十五大精神　搞好医院所有制改革》,《卫生经济研究》1998 年第 6 期。

龙玉玲等:《混合所有制产权结构对医院发展的影响及政策建议》,《中国医疗管理科学》2014 年第 7 期。

余小宝:《探索混合所有制医院治理模式》,《中国医院院长》2014 年第 13 期。

B.13
社会养老服务发展成效、问题与建议

叶响裙*

摘　要：　2015 年，我国社会养老服务体系基本框架初步建立，政府主
导、社会广泛参与养老服务的多元化格局初步形成，养老服
务能力不断提升，医疗卫生与养老服务相结合的工作开始启
动，养老服务业各种改革试点稳步推进。我国社会养老服务
在取得显著发展成效的同时，在居家养老服务发展、养老机
构建设、养老服务专业化建设、医养结合推进等方面还存在
一些比较突出的问题。展望 2016 年，需要着力推进以社区为
依托的居家养老服务，促进居家养老、社区养老和机构养老
融合发展；进一步创新体制机制，激发各类服务提供主体活
力；大力推进医养结合，以此满足快速增长的老年医疗护理
服务需求；逐步健全养老服务发展的各项保障机制，从而全
面提升养老服务能力。

关键词：　社会养老服务　老龄化　居家养老　医养结合

当前，我国正处于人口老龄化快速发展阶段。国家统计局数据显示，截至
2015 年底，我国 60 岁以上人口达到 2.2 亿，占总人口的 16%。与其他国家相
比，中国的老龄化具有数量大、发展快、高龄化、空巢化、城乡差别大等特
点。面对严峻的老龄化挑战，国家"十二五"规划纲要明确提出了"建立以
居家为基础、社区为依托、机构为支撑的养老服务体系"的目标。2015 年是

＊　叶响裙，国家行政学院公共管理教研部教授。

"十二五"时期收官之年,是社会养老服务发展承上启下的关键一年。党中央和国务院高度重视养老服务发展,在多年大力推进养老服务发展的基础上,强化制度创新,出台了一系列新的政策文件,同时,地方各级政府进一步加强对各项法规政策的完善与落实,探索推进养老服务的多种有效方式,养老服务业在保障改善民生、拉动内需、扩大就业、促进经济转型升级等方面发挥了积极作用。

一 2015年社会养老服务发展成效

(一)社会养老服务体系框架初步建立

经过多年的探索和实践,到2015年,我国初步建立以居家养老为基础、社区服务为依托、机构照料为补充的社会养老服务体系基本框架。

居家养老服务网络初步形成。各地依托社区服务设施,并借助专业化养老服务组织,不断探索服务的有效方式,扩大服务内容,为居家老年人提供做饭、配餐、洗衣、理发等生活照料和康复护理服务,持续提升服务能力。

社区养老服务发展力度加大。各地建立了各种社区服务中心和服务网点,面向老年人提供日间照料、紧急援助、文体娱乐、保健康复等服务,不断提升社区养老服务能力。全国社区老年人日间照料中心覆盖率明显提升。在江苏、上海等5个省(市),城市社区日间照料中心覆盖率已达到100%,农村日间照料中心覆盖率超过了50%。

在推进机构养老服务方面,针对长期沿袭的政府管办不分的弊端,鼓励社会资本投资,积极探索投资主体多元化的有效途径和管理方式,加大敬老院、福利院、老年公寓等养老机构的基础设施建设,取得了明显成效。目前,全国养老床位数达到680万张,每千名老年人拥有床位数达到30.8张,实现了"十二五"社会养老服务规划对养老床位数设置的目标。

(二)政府主导、社会广泛参与的多元化格局基本形成

强化政府对社会养老服务的主导和引领作用。政府着重在制度建设、项目规划、基础平台建设、行业规范等方面发挥主导作用。各级政府将养老服务业

发展纳入经济和社会发展规划，制定和组织实施专项规划和配套政策。与此同时，支持社会力量进入养老服务领域。根据《国务院关于加快发展养老服务业的若干意见》（国发〔2013〕35 号）精神，2015 年 2 月 3 日，民政部、国家发改委、教育部等十部委联合发布《关于鼓励民间资本参与养老服务业发展的实施意见》。该意见提出多项具体举措，鼓励民间资本参与养老服务的发展。

目前，养老服务多元投入格局逐渐形成。一是加大财政投入力度。实施养老服务设施建设"敬老爱老助老工程"，加快基础设施建设，加大财政投入，落实对"三无"、"五保"人员、高龄老人的养老补贴制度，推动政府购买服务，切实履行政府提供基本公共服务的职能，更好地发挥政府对养老服务业的引导和扶持作用。中央财政安排 28 亿元支持各地老年养护机构和社区日间照料中心建设。二是加大彩票公益金投入。拨付 10 亿元中央专项彩票公益金支持地方 3.3 万个农村幸福院项目，安排 14 亿元部本级福利彩票公益金支持地方老年福利设施建设。三是鼓励社会资金投入。出台各种优惠政策，引导社会资本投入养老服务业，以满足多元化的社会需求。

（三）养老服务能力不断提升

不断扩展服务范围。在体系规划方面，由单一推动养老服务事业发展，扩展到同时推进养老服务事业和养老产业发展。在养老服务对象方面，由主要针对"五保""三无"老人提供服务，扩展到为全社会老人提供多元化的养老服务。在行业管理方面，由专门管理政府举办的公立养老机构，扩展到对全社会不同性质的养老机构进行统一监管。在服务提供方式方面，由传统的、单一的、粗放式的服务提供方式，逐步转化为现代的、综合的、专业化的服务提供方式。服务范围的不断扩展，使养老服务能力和水平不断得以提升。

健全促进养老服务业发展的政策体系。2015 年，民政部会同有关部门制定了《关于进一步做好养老服务业发展有关工作的通知》《关于鼓励民间资本参与养老服务业发展的实施意见》《关于规范养老机构服务收费管理促进养老服务业健康发展的指导意见》《关于加快推进民政标准化工作的意见》等文件，为推进养老服务业发展提供了重要政策保障。

加强养老服务专业队伍建设。加强对养老护理员的岗位技能培训和在职教育。积极推进全国职业院校养老服务类示范专业点建设，加大对专业社会工作者的培养和引入力度，不断提高养老服务从业人员的职业道德、业务水平和整体素质。截至2015年9月底，全国包括养老护理员在内的养老机构职工总数达60多万人，全国养老护理人员持证比例达到33.7%。

（四）医养结合开始启动

随着人口老龄化的加剧，养老问题、老年人就医问题日益凸显。2015年11月18日，国务院办公厅转发国家卫生计生委、民政部、国家发改委等部门《关于推进医疗卫生与养老服务相结合的指导意见》，该意见提出，进一步推进医疗卫生与养老服务相结合，医养结合工作在全国范围内正式启动。

目前，各地通过积极探索，基本形成了三种医养结合的模式。第一种是"联合运行"模式，即医疗机构与养老机构紧密合作，患病老年人在综合性医院接受必要的治疗之后，通过简便的程序，转到养老机构接受护理服务。在养老机构入住的老人患病后，也能很便捷地到合作医疗机构接受治疗。医疗机构和养老机构之间建立双向转诊机制，有利于资源整合、功能互补。第二种是"整合照料"模式，即由兼具医疗和养老服务功能的机构统一为老年人提供医疗和养老服务。第三种是"支撑辐射"模式，即充分发挥社区养老的优势，促使社区养老服务机构与社区卫生服务机构或其他医疗机构合作，为社区内的老年人就近提供健康服务。为加快推进医养结合工作，使医养结合落到实处，上海、青岛、南通等地借鉴西方国家经验，探索建立了长期照护保障制度。

（五）改革试点稳步推进

开展养老服务业综合改革试点。综合改革试点的重点内容包括健全养老服务体系、引导社会力量参与养老服务、创新养老服务供给方式、强化养老服务市场监管等八个方面，目前已确定在上海市浦东新区等42个地区开展改革试点工作。

开展公办养老机构改革试点。强化公办养老机构的托底作用，使广大低收入的失能/半失能老人、"五保"老人、"三无"老人得到基本的养老服务。同时，通过对公办养老机构实行转企改制、公建民营等，提高公办养老机构的运营效能，进一步提高其服务能力。目前已确定北京市门头沟区社会福利中心等

126 家为试点单位。

开展养老信息惠民工程等信息化试点。城乡社区养老服务网络平台建设顺利推进，到 2015 年，全国共建有统一的城市养老服务信息平台 840 个。此外，国家智能养老物联网示范工程的实施，对各地养老服务信息化工作产生了深远影响，全国养老服务信息化水平明显提升。

二 当前养老服务发展中存在的问题

（一）依托社区的居家养老服务发展不足

面对我国老龄化发展的严峻形势，目前我国居家养老服务的发展还难以满足广大城乡居民快速增长的养老服务需求。从基础设施建设看，还有相当一部分城市社区居家养老设施不够健全，老年服务的配套公共设施不够完善，制约了依托社区的居家养老服务的整体发展。农村居家养老设施建设更是滞后，社区日间照料中心还未能实现全覆盖。从服务内容看，目前大部分社区居家服务中心服务内容单一，往往只局限于提供家政服务，比如做饭、洗衣、理发等，而老年人迫切需要的医疗护理、精神慰藉、生活照料等服务难以提供。从服务水平看，由于服务设施不完善、服务人员素质和能力参差不齐，居家养老服务的专业化水平整体上看还不高。有关调查显示，当前我国城市居家养老服务总的满意率只有 15.9%，其中护理服务满意率为 8.3%，家政服务满意率为 22.6%。① 社区养老服务资源分散，难以整合。养老服务的不同项目资源，如医疗卫生、土地供应、税费减免、人力资源等分散在多个部门，尚未建立有效的协调机制，难以实现资源的整合共享。

（二）养老机构建设中矛盾突出

养老机构的服务供给存在结构性失衡。一方面，低档养老机构供给过剩；另一方面，中高档养老机构供给不足。"一床难求"与"床位闲置"的问题同时并存。在城区，由于土地供应相对紧缺，养老机构建设规模受限，养老床位

---

① 钱亚仙：《老龄化背景下的社会养老服务体系研究》，《理论探讨》2014 年第 1 期。

总量不足，特别是设施完善的公办养老机构往往"一床难求"。与此同时，农村和城市郊区的养老机构以及一些民办养老机构由于地处偏远、设施不完善、服务不足等原因而入住率偏低，出现大量闲置床位。2015 年 1 月 27 日民政部统计数据显示，全国民办养老床位空床率在 50% 以上。

不同性质的养老机构的职责模糊。公办、民办、营利、非营利等各种养老机构的功能定位不明确。一些公办养老机构不是将失能失智老人、低收入的高龄老人作为重点收养对象，而是大量收养生活能自理的老年人，对其提供本应由社区、家庭或个人承担的养老服务，大量占用了本就稀缺的公共资源。在有些地方，公立养老机构甚至成为部分"特权"老人修养休闲的场所。民办机构发展苦乐不均。有的民办机构从政策、资金、管理等方面得到政府的大力支持，而有的民办机构承担了大量的社会责任，却没有得到相应的政策优惠和政府资助。①

不同性质养老机构发展不均衡。公办、民办养老机构在资源获取、服务质量方面均存在不均衡的问题。公办养老机构在土地使用、税收优惠、资金支持等方面享有优势，管理规范，服务质量高，价格相对低，而机构数量较少，使得床位供不应求。而民办养老机构准入标准较高，前期投入大。尽管政府出台了各种优惠政策，鼓励社会资本投入养老服务业，但由于缺乏可操作性的具体措施，因此许多优惠政策往往难以得到贯彻落实。公办和民办养老服务机构发展环境的差异，直接导致二者在养老服务市场上不平等的竞争，最终必然会妨碍养老服务业的健康发展。

（三）养老服务专业化水平不高

截止到 2014 年底，我国高龄老人 2000 万，失能失智老人 4000 万。随着老龄化程度的加深，这个规模还将进一步扩大，2050 年前后失能老人将达 1 亿人左右。可以预见，失能老年人对护理型社会养老服务的刚性需求将越来越大，我国亟须加快对养老服务的优化升级，培养一大批经验丰富、专业水平较高的养老护理员，以满足失智失能老人、高龄老人对于养老护理的迫切需求。按"十二五"规划，我国需要有 500 万持证上岗的养老护理员，然而，当前

---

① 潘屹：《社区综合养老服务体系建设：挑战、问题与对策》，《探索》2015 年第 4 期。

我国养老服务从业人员短缺问题比较突出。养老服务从业人员不仅劳动强度大、工作环境差，而且，社会认可度不高、薪酬待遇和福利水平低，往往还要面对户籍管理、职称评定、社会保障等方面的一系列制度障碍，因此，养老服务工作难以吸引更多的从业人员，更难以留住优秀人才。目前，全国包括养老护理员在内的养老机构职工总数仅为 60 多万人。与此同时，养老服务人员服务水平普遍不高，全国养老护理人员的持证比例仅为 33.7%。现有养老护理人员大部分是进城务工的农民和下岗失业人员，年龄偏大，缺乏护理知识和技能，没有经过必要的岗位培训，基本上只能提供做饭、洗衣等日常服务，服务范围窄，专业化水平低。

（四）医养结合推进面临困难

当前，我国医养结合工作刚开始起步，在推进过程中还面临诸多问题。一是相关政策有待进一步完善。现有的养老、医疗和医保政策对于医养结合工作的推动力度不够，尤其是财政资金投入不足，对于低收入的失能老人、高龄老人的很多医疗护理项目缺乏制度化的资金保障。而为这部分老年人提供基本的医疗护理和生活照护，是政府的基本职责。二是医疗护理和生活护理服务长期隔离。社区养老服务设施通常只能提供日间照料服务，与社区医疗卫生服务结合不紧密，难以满足失能老人、高龄老人的服务需求。一些高龄多病的老年人即使入住养老机构，但由于养医资源整合不够，老年人看病就诊仍然面临诸多不便。三是工作机制不健全。推进医养结合需要卫生计生、民政、人力资源与社会保障等多个部门协调合作，然而，目前这些部门制定的政策、标准尚不完全统一，有待进一步调整规范，跨部门的沟通协调机制也有待进一步建立完善。

三　2016年养老服务展望与政策建议

（一）着力推进以社区为依托的居家养老服务，促进居家养老、社区养老和机构养老融合发展

我国老年人群体受文化传统影响，再加上受各种经济和社会条件限制，必

然会将居家养老作为首选的养老方式，而且这种状况在相当长一个时期内都不会改变。为此，我国必须着力发展依托社区的居家养老服务，引导和支持社区和社会组织为居家老人提供契合其需要的养老服务，尤其对那些居家养老的失能或半失能老人、高龄老人、空巢老人，更要给予全方位的照护，切实提高居家养老服务品质。

一是破除行业壁垒与部门分割，主管部门和相关职能部门要紧密合作，协商解决社区居家养老中的重点难点问题，推进相关政策贯彻落实。二是加强社会养老服务信息化建设，搭建社区信息和交易平台，通过网络管理平台，及时反映养老服务需求，整合养老服务资源，实现养老服务需求与供给的有效对接，提高服务质量和管理水平。三是整合社区、机构、家庭养老服务资源，形成"三位一体"的养老服务格局。加大城乡社区养老服务基础设施建设力度，进一步拓展社区居家养老服务的内容，探索各种有效的服务形式，切实增强社区养老服务的可及性。大力推进"养老机构延伸服务社区"，将具有一定资质的养老服务机构引入社区，为居家养老服务提供必要的专业支撑。四是充分调动家庭养老服务资源，提升家庭成员照料老人的能力和积极性。通过专项立法为家庭养老提供制度化保障，对提供养老服务的家庭成员给予直接的经济支持和政策优惠。

（二）创新体制机制，激发各类服务提供主体的活力

积极开展养老服务业综合改革试点，鼓励先行先试，探索创新。推进公办养老机构改革，鼓励具备条件的公办养老机构通过公开招投标，以合资合作、委托运营、承包等多种方式，转给社会组织和企业运营管理。建立完善统一、公平、透明的市场规则，不分公办、民办，不分内资、外资实施同等的准入扶持政策，推动不同主体平等参与。

加大对社会力量参与养老服务业的扶持力度。要处理好政府、社会、市场在养老服务业发展中各自的作用。政府要在制定规划、完善政策、加大投入、营造环境等方面多下功夫，全面落实税费减免、土地供应、财政补贴、融资贷款等优惠扶持政策，研究探索新的符合实际的优惠扶持措施，破解民办养老服务机构的微利性和公益性之间的矛盾，加快推进政府向社会力量购买养老服务，有效调动社会资本参与的积极性。切实推动公办养老机构改革，增强机构

发展内在动力和活力。加快推广养老机构综合责任保险工作，切实提高各类养老机构风险防御能力。

（三）推进医养结合，满足急剧增长的医疗护理类养老服务需求

按照《国务院办公厅转发卫生计生委等部门关于推进医疗卫生与养老服务相结合指导意见的通知》的要求，统筹利用医疗卫生和养老服务资源，推进医养结合工作。一是要正确理解医养结合的内涵。医养结合指的是将养老资源和医疗资源进行有效整合，从而实现功能互补，而不是简单地将养老设施和医疗设施合并在一起。二是要全面统筹养老服务和医疗卫生事业发展。为此，要进一步完善医养结合政策，使其与养老服务、医疗卫生、医疗保障等相关政策有效衔接。要探索以对口支援、协议合作、合作共建等多种方式，加强不同服务机构之间的合作，并在此基础上，建立健全长效合作机制。三是要发挥多元主体的积极作用。政府要发挥政策制定者、基本公共服务资金保障者、服务监管者的作用，市场要发挥配置资源的决定性作用，各种类型的服务提供机构既要优势互补、实现资源整合，又要公平竞争、规范管理，从而为城乡居民提供多样化、多层次的养老医疗服务。四是要明确目标，切实提升服务质量。医养结合的最终目的是提高养老医疗服务的质量，确保人人享有基本的健康养老服务。推进医养结合工作，首要原则是保障基本，要着力保基本、兜底线、补短板，在此基础上，提供多样化、多层次的养老医疗服务。

（四）健全养老服务发展的保障机制，全面提升服务能力

健全养老服务资金保障机制。坚持投资主体多元化，多渠道筹集资金，进一步完善财政资金、福彩公益金、民间资本相结合的多元化投入机制。试点推广长期护理保险制度。切实加大养老服务业的资金投入，保障特殊困难老年人的养老服务到位。各级政府要坚持"兜底线、保基本"，通过多种方式，切实保障城乡特困老年人、经济困难老年人以及失能、半失能老年人的服务需求。

建立养老服务需求评估机制。明确制定养老服务需求的评估标准，选择科学的评估方式方法，对老年人的身体状况、经济状况、服务需求等方面进行全面调查和综合评估，甄别不同的老年群体及其需求偏好。合理使用评估结果，统筹安排养老服务资源，实现老年人服务需求与服务供给的公平有效对接。

提升养老服务专业化水平。贯彻落实教育部、民政部等九部门《关于加快推进养老服务业人才培养的意见》，通过多种途径，加强养老服务培训，强化岗位培训和相关职业技术教育，提高养老服务人员的持证上岗比例；加大对养老护理专业人才和管理人才的培养力度，通过完善并落实职称评聘、提高工资福利待遇、开发公益性岗位、加强劳动保护和职业防护、改善工作条件等方式，吸引人才、留住人才；鼓励大中专院校毕业生从事养老服务工作，培育壮大养老服务队伍，提升养老服务专业化水平。

加强养老服务标准化。为积极推进养老服务领域管理标准化，2015年12月，民政部等五部门出台《关于加强养老服务标准化工作的指导意见》，为进一步推进行业标准和市场规范奠定了重要基础，成为加强行业管理的准则和依据。今后，在养老服务领域，将重点研制养老服务基础通用、服务质量、服务保障和养老机构管理标准，从而促进养老服务管理水平和服务能力的全面提升。

B.14
房地产过剩时代的保障房发展

马秀莲*

摘　要： 2015 年是"十二五"规划的保障房体系建设的收官之年，正逢住房供给结构性过剩时代的到来。"十二五"规划任务虽然超额完成，但是已经悄悄发生了棚改占保障房主导（55.5%）、保障房为去库存服务的改变。但是公租房最大估算 1417 万套，占 35.9%，仍然占大约 1/3 的体量。2016 年去库存成为主要任务。停建公租房、600 万套棚改任务，以及提高货币化安置比例等等，使保障房再次成为去库存的有力支撑和配合措施。与此同时，以新市民为对象、租购并举的去库存措施关系去库存成败，同时，也为外来人口尤其是农民工住房制度的突破，以及我国保障房制度的进一步完善提供了契机。

关键词： 保障房　公租房　去库存　棚改

一　2015年房地产的发展

（一）住房体系格局的调整

2015 年保障房建设的重要特点，是在两个大的格局转变中推进：一是"十二五"规划的保障房建设任务收官；二是住房供给阶段性过剩时代的到来。

---

* 马秀莲，国家行政学院社会和文化教研部副教授。

1. 保障房建设"十二五"规划

"十二五"规划目标提出于我国从一度的住房过度市场化（1998～2007）向保障回归（2007－）之际。规划要求 2011～2015 年期间完成 3600 万套保障房开工（建设）任务，使我国的保障房覆盖率达到 20%。这一目标被嵌入一个更大的住房体系建设目标中，即"对城镇低收入住房困难家庭，实行廉租住房制度。对中等偏下收入住房困难家庭，实行公共租赁住房保障。对中高收入家庭，实行租赁与购买商品住房相结合的制度"，并且要"重点发展公共租赁住房，逐步使其成为保障性住房的主体。"① 虽然之前有所谓的"四房"（经济适用房、限价商品房、廉租房和公租房），但最终要实现的是以租为主的保障房体系。

所以"十二五"规划的重点任务是：（1）3600 万套保障房建设的开工，这一任务在指标的层层分解中开展；（2）建立以租为主的保障房体系，包括廉租房和公租房的并轨，以及产权性保障房的淡出，等等。廉租房和公租房并轨方面，国家已经要求各地从 2014 年起，将公共租赁住房和廉租住房并轨运行，并轨后统称为公共租赁住房。产权性保障房的退出虽然没有时间表，但是各地已经付诸行动。如早在 2012 年 1 月，江西省将经济适用住房、廉租住房、公共租赁住房"三房合一"，停建经济适用房，重点发展公共租赁住房。2012 年 3 月，广东暂停新建经济适用住房和限价房，大力推进以公租房为主要保障方式的新型住房保障制度，鼓励各地发展小户型公租房，逐步对现有的廉租房、直管公房、公共租赁住房等保障性住房"并轨"管理，只租不售。2014 年 4 月 1 日，烟台将经适房、廉租房、公租房"三合一"，统一归并为租赁型保障房。河南、武汉、福州等地的经适房也已陆续退出市场，公租房和廉租房并轨。

2. 商品房供给阶段性过剩

但是"十二五"保障房体系建设的收官，正好遭遇中国房地产过剩时代的到来。市场一般认为，2014 年我国房地产已经进入结构性过剩时代，不过为各种金融杠杆和需求刺激作用所掩盖。2014 年 1 月，70 个大中城市中，房价环比上涨的 62 个，持平的 2 个，下降的仅 6 个。到 2014 年 6 月，房价环比

---

① 《国民经济和社会发展十二五规划纲要》（2011）。

上涨的城市仅 8 个，持平 7 个，环比下降的增至 55 个。到 2015 年 1 月，房价环比上涨的城市仅 2 个，持平的 4 个，下降的进一步增至 64 个。而且与上一年同月相比，70 个大中城市中，价格下降的有 69 个，上涨的仅 1 个。① 说明房价出现了全线下滑。

2015 年，库存严重积压问题（尤其在三四线城市）开始暴露。年中安邦的一份报告指出，截至 2014 年 11 月，国内一线城市出清周期已回落至 14.4 个月，土地消化时间为 1.5 年。二线城市出清周期 21.6 个月，土地消化时间 3.3 年。三四线城市，出清周期仍高达 47.8 个月，土地消化时间依然超过 5 年。无论从短期还是中长期来看，多数城市三四线城市库存量均已达到历史高位。② 年底，中国社会科学院财经战略研究院发布的《中国住房报告（2015～2016）》进一步证实这一情况。报告指出，一方面，2015 年，房地产投资增速呈俯冲式下降，对经济增长直接贡献几乎为零。另一方面，库存高企，去化压力增大，商品住房过剩总库存高达 21 亿平方米，仅现房库存去化就需 23 至 24 个月。③

实际住房过剩可能比这一数据严重得多。因为通常使用的全国统计数据仅包括已竣工且可以上市销售的房屋（即建成待售的最小口径统计）。但是目前仍在建设但是已获监管部门售楼许可的楼盘数据只包含在地方统计数据中。如 2014 年中期，全国统计数据显示，中国房屋库存量相当于四个月的销量，而地方统计数据显示，库存量则超过了两年的销量，是前者的五倍。此外，还有大量正在建设或已经建设完成但是尚未取得商品房销售许可的住房，它们未纳入国家和地方统计局的统计。④

---

① 资料来源：国家统计局。

② 《三四线城市房地产后遗症可能祸延 10 年》，《安邦－每日经济》，第 4956 期，http：//
club. kdnet. net/dispbbs. asp？boardid = 3&id = 11017873。

③ 《楼市进入结构性过剩时代总库存 21 亿平米》，http：//nanchong. house. sina. com. cn/news/
2015－12－04/095660783608758013195541. shtml？wt_ source = news_ xwph_ m03。

④ 2 月 19 日召开的中国经济 50 人论坛 2016 年年会上，国务院发展研究中心副主任王一鸣指出，
到上年 12 月底，全国房地产待售面积为 7.18 亿平方米，这是房地产库存的最小口径。加上
在建面积 73.5 亿平方米，是库存的中口径，这个库存量需要 5 年 9 个月的时间才能消化掉。
《三部门联手为房产交易减税楼市去库存能否找到强心剂》，http：//finance. people. com. cn/
n1/2016/0220/c1004－28136434. html。

（二）保障房任务完成状况

"十二五"保障房规划在这样的房地产过剩格局下收官。具有相当覆盖规模的、以租为主的保障房体系建设也发生了相应的调整。

1. 超额完成任务

表1显示"十二五"期间我国保障房开工建设与完成情况。"十二五"期间，我国共开工建设保障房3948万套，超额完成3600万套规划任务，是后者109.7%。共建成保障房2760万套，建成比例达69.9%。

其中，2015年计划开工740万套，实际开工783万套，超额5.8%完成任务。由于前两年开工较多，当年开工量只占"十二五"的19.8%。但是建成772万套，建成比例高达98.6%。

表1 "十二五"期间我国保障房计划与实际完成情况

单位：万套

年份	计划		实际	
	开工	完成	开工	完成
2011	1000		1043	432
2012	700	500	722	505
2013	630	470	660	540
2014	700（其中棚改470）	480	740	511
2015 *	740（其中棚改580）	480	783	772（其中棚改601）
合计	3770	1930	3948	2760

  * 住建部：《2015年全国保障性安居工程超额完成任务》，http：//news. xinhuanet. com/fortune/ 2016 –01/08/c_ 128610112. htm。

资料来源：历年政府工作报告（除单独注明外）。

2. 棚改成保障房主流

"十二五"期间开工的3948万套保障房中，棚改2191万套，占55.5%。这远远超出了《国家基本公共服务体系"十二五"规划》的要求（见表2）。按照该规划要求，"十二五"期间提供公租房和廉租房不少于1550万套（占3600万套的43%），棚户区改造不少于1000万套（占3600万套的27.8%），符合"以租为主"的精神。但是，实际上棚改比例翻倍，1550万套公、廉租房任务全国完成也只占39.3%，比棚改低16.2个百分点。

表2 国家基本公共服务体系"十二五"规划城镇保障房建设要求

保障房	服务对象	覆盖水平
廉租住房	城镇低收入住房困难家庭	增加廉租住房不低于400万套,新增发放租赁补贴不低于150万户
公共租赁住房	城镇中等偏下收入住房困难家庭、新就业无房职工、城镇稳定就业的外来务工人员	增加公共租赁住房不低于1000万套
棚户区改造	符合条件的棚户区居民	改造棚户区居民住房不低于1000万户

棚户区改造是逐渐被纳入保障房范围的。虽然2008年以来,棚户区改造已经纳入城镇保障性安居工程,但是传统上的保障房定义只包含"四房",即廉租房、公租房、经济适用房和限价商品房;也只有很少地方(如上海)将棚改纳入保障房定义。棚户区改造的规模也较小。2008~2012年,全国改造各类棚户区1260万户,年均252万套,占新建保障安置性住房的41.2%(见表3)。随后,国家提出了2013~2017年改造各类棚户区1000万户的任务,并且"重点推进资源枯竭型城市及独立工矿棚户区、三线企业集中地区的棚户区改造,稳步实施城中村改造",年均200万套,比之前平均水平还略有下降。[①]

但是2014年开始,棚改强势进入,成为保障房主导。2014年政府工作提出:"加大保障性安居工程建设力度,今年新开工700万套以上,其中各类棚户区470万套以上",首次将棚改作为保障房的重要子项提出(占67.1%),并且其规模是2008~2012年间(平均)的1.87倍,2013~2017年间(平均)的2.35倍。在此情况下,地方纷纷修改保障房定义以便将棚改纳入。四川修改《四川省城镇住房保障条例(草案)》,将棚户区改造纳入了住房保障定义范围[②];大连2014年将"棚户区改造首次纳入保障房体系,全年计划完成改造19808套"[③],等等。结果2011~2014年开工各类保障房3165万套,棚改达1590套,占50.2%。2015年,中央再次提出,2015~2017年改造包括城市危

---

① 《国务院关于加快棚户区改造工作的意见》(国发〔2013〕25号)。
② 《棚户区改造拟纳入住房保障体系》,http://news.sina.com.cn/o/2014-06-12/070030343812.shtml。
③ 《棚户区改造首次纳入保障房体系全年计划完成改造19808套》,http://szb.dlxww.com/dlwb/html/2014-01/10/content_955274.htm?div=-1。'

房、城中村在内的各类棚户区住房1800万套（其中2015年580万套）①，同时当年棚改任务580万套，占当年保障房任务的78.3%，为2008~2012年间（平均）的2.3倍，2013~2017年间（平均）的2.9倍。

表3 我国"十二五"前后保障房及棚改开工建设情况

单位：万套

	保障房	棚改	占比（%）
2008~2012（新建） 12.5规划期间（开工）	3060	1260①	41.2
2011~2014（实际）②	3165	1590	50.2
2013年（实际）	660	320③	48.5
2014年（计划）	700	470	67.1
2015（实际）④	783	601	76.8
合计	3948	2191	55.5

① 《国务院关于加快棚户区改造工作的意见》（国发〔2013〕25号）。
② 2011~2014年间3165万套开工数据，来源于历年政府工作报告累计，另一统计口径是3230万套，见《安得广厦千万间——"十二五"成就系列报道》，http://house.people.com.cn/GB/392526/399439/，1590万套棚改资料来源于同一出处。
③ 《2014年计划棚户区改造470万户以上》，http://dy.fccs.com/news/201408/4390910.shtml。
④ 来自于住建部，见《2015年全国城镇保障房开工783万套》，http://shanxi.house.sina.com.cn/news/2016-01-14/09046093205843283859340.shtml。
资料来源：主要来自历年政府工作报告，并综合住建部数据。

3. 保障房变去库存

棚户改造成为保障房主导的同时，商品房去库存也开始动保障房这块奶酪。早在2015年的政府工作报告中就指出"住房保障逐步实行实物保障与货币补贴并举，把一些存量房转为公租房和安置房"。也就是要千方百计"打通保障性安居工程与存量商品房通道"，这意味着库存转公租房和库存转安置房两种。

（1）库存转公租房

库存转公租房做法之一，是政府直接接手空置楼盘做公租房。这在很多地

① 《关于进一步做好城镇棚户区和城乡危房改造及配套基础设施建设有关工作的意见》（国发〔2015〕37号）。

方被当做既可以去库存，又可以完成保障房任务的一箭双雕之举。

2015 年，国家下达河南省公共租赁住房分配入住目标任务 29.02 万套，河南省鼓励地方政府购买符合条件的商品住房作为公共租赁住房。① 漯河市郾城区福星鑫园小区共有住房 720 套，市场均价每平方米 3400 元左右。2015 年 5 月份，漯河市政府以每平方米 3000 元的价格回购了 597 套作为公租房，并进行统一的简单装修。然后按照每月每平方米 5 元的价格，出租给住房困难的市民和符合条件的进城务工的农民，比当地市场租赁价格大约低 50%。漯河市房管局局长陈兴和算的更是一笔大账：2015 年我们的去库存任务是 130 万平方米，不打通通道，压力就会非常大。如果开发商的资金链断了，留下烂尾楼，损失的是老百姓，最终还得政府来埋单。②

上海的库存转公租房，更进一步将治理群租的社会目标也纳入，从而实现一石三鸟③：政府收作公租房，既可以防止空置，又可以防止被用作群租。如长宁新泾北苑项目，长宁区公租房公司按照该项目毛坯房的市场租金水平进行回租，与业主签订回租合同，租赁期限为 6 年，共签订回租合同 198 套。公租房公司按照上海市公租房装修标准统一进行装修和家具家电配置。区财政对项目运营中所产生的装修、家具家电配置成本、空置期成本、税金和管理运营成本进行平衡扶持补贴。装修后的公租房以市场价 8.5 折左右供应。

库存转公租房做法之二，是提高发放住房补贴比例，以便低收入家庭租赁存量商品房。2015 年年初，住建部发文《关于加快培育和发展住房租赁市场指导意见》，明确保障性住房要逐步从实物保障为主转向建设和租赁补贴并重，"补砖头"与"补人头"相结合。随着库存积压"补砖头"不如"补人头"提法呼声再起，各地也积极试点。如广东惠州把住房保障以货币形式发放给低收入者。④ 杭州市通过《关于大力推进住房货币化保障方式的指导意见》，按照人均建筑面积 15 平方米，补贴总建筑面积 36 ~ 60 平方米，租金补贴标准每

---

① 《河南今年要分 29 万套公租房 省住建厅鼓励发住房补贴》，http://news.dahe.cn/2015/07 – 21/105308100.html。

② http://www.ce.cn/cysc/fdc/fc/201601/05/t20160105_8048335.shtml.

③ 《徐汇试点收储社会房源作公租房》，http://newspaper.jfdaily.com/xwcb/html/2015 – 09/22/content_133244.htm。

④ 《住房保障货币化从"补砖头"到"补人头"》，http://opinion.hexun.com/2015 – 03 – 07/173822526.html。

平方米 6 元/月，率先在缺少公租房房源的上城区开始试点按人头方式补贴。

（2）库存转安置房

既然棚改已经成为保障房重头，去库存自然要转安置房。从中央到地方，都要求"切实提高棚户区改造货币化安置比重"。2015 年，棚户区改造实际开工 601 万套，创历史新高的同时，货币化安置比例达到 28%，对去库存发挥了重要作用。[①]

空置的商品房小区被整体或者部分回购用作棚改安置。漯河市阳光福园小区是漯河市政府 2015 年回购商品房项目之一。2014 年最艰难时，售楼处里连续一两个星期一个看房的客户都没有。2015 年，漯河市以每平方米 3800 元的价格，购买小区内两栋楼共计 400 套房子，用于安置距离不到一公里的源汇区南关村的棚户区改造住户，而当时房子的市场价为每平方米 4500 元左右。

4. 公租房趋于一定规模

在棚改的挤压以及去库存的重要作用中，我国的公租房建设形成了一定的规模。有报道指出"住建部内部的统计数据显示，截至 2014 年底，全国建设的公租房（含廉租房）已经有 1660 万套。"[②] 事实上，截至 2013 年底，全国已经筹集租赁性保障房 1425.16 万套。鉴于 2008 年之前租赁性保障房的筹集数量极为有限（约在 10 万~20 万套之间），同时 2008、2009、2010 年三年间筹集租赁性保障房 414 万套[③]；因此，"十二五"规划前三年间（2011~2013 年），我国共筹集公租房约 1000 万套。[④] 2014 年在 2013 年的基础上又增加了 235 万套。由于 2015 年数据缺乏，以最大估算计为 182 万套（783 万套实际完成扣除 601 万套棚改）。因此"十二五"期间最多完成 1417 万套，占 3948 万套总开工量的 35.9%。

而且我国的公租房逐渐形成了三种提供模式：（1）直接政府模式。财政直接投资建设，事业单位性质，"住房保障房中心"拥有，收支两条线运营管

---

① 《2016 多地棚改货币化安置比例提到 50% 以上　助力楼市去库存》，http://news. xinhuanet. com/finance/2016 – 01/07/c_ 128603161. htm。

② 《集中建设高峰已过　公租房未来或以货币补贴为主》，http://news. cb. com. cn/html/economy_ 9_ 26872_ 1. html。

③ 数据来自住建部住房保障司。

④ 马秀莲：《我国公租房建设与发展现状》，载龚维斌、赵秋雁主编《社会体制蓝皮书：中国社会体制改革报告 No. 3（2015）》，第 122~136 页。

理。这是目前公租房提供的主导模式。到 2013 年底，我国 1349.19 万套新建公租房中，政府投资 1058.22 万套，占 78.4%，也说明了这一点。（2）企业模式。主要是国有（也包括少部分民营）企业，以市场资金为主建设、拥有、运营和管理公租房的模式。其中较为成功的是上海的公租房运营公司模式。（3）融资平台模式。融资平台以市场资金为主投资建设后，与政府共同拥有、运营与管理的模式。此模式以重庆、九江等城市为代表。

二　2016年房地产的展望

2016 年，保障房还将在去库存中被重塑，因为去库存不仅是压力，而且是任务。12 月中央经济工作会议，"去库存"成为 2016 年经济工作的"五大任务"之一，在位次排列上，楼市去库存仅次于产能过剩。"化解房地产库存"措施将包括开发商降价、发展租赁市场、加快农民工市民化，使他们形成在就业地买房或长期租房的预期和需求等等。

政府已经开始需求刺激，包括在不限购城市，首次置业贷款最低首付比例从 30% 降低到 25% 再到 20%；上调住房公积金存款利率为 1.5%；除了北京、上海、广州等一线城市外，降低房地产交易环节的契税、营业税征收比例，等等。

保障房政策再次围绕去库存进行调整，提高货币化安置比例成为去库存的有力支撑。首先，住建部部长 2015 年 12 月 28 日在全国住房城乡建设工作会议上表示，2016 年将不再建设公租房，实现公租房货币化，通过市场筹集房源，政府给予租金补贴。从而说明我国公租房正式走上了货币化的道路。[1] 地方纷纷响应，福建等省明确表示不再新建公租房。[2] 甘肃省 2016 年新建 4.6 万套公租房的计划，其中拟新建 1.3 万套保障房用于乡镇公务员和乡镇教师周转用房，其余 3.3 万套全部从存量商品房中回购，货币化安置比例高达 71%。[3]

---

[1] 《明年将实现"公租房"货币化》，http：//www.chinadaily.com.cn/interface/toutiaonew/158872/2015 - 12 -29/cd_ 22851232.html。

[2] 《逾 130 城市密集出台楼市去库存新政》，http：//jjckb.xinhuanet.com/2016 - 02/22/c_135118062.htm。

[3] 《甘肃：3.3 万套商品房将通过政府回购成为保障房》，http：//gs.people.com.cn/n2/2015/1228/c183348 - 27415970.html。

其次，2016 年安排了 600 万套棚户区改造任务，并要求努力提高货币化安置比例。云南、安徽、内蒙古等省份以及济南等城市都明确指出，力争 2016 年货币化安置比例提到 50% 以上。重庆方面则提出力争 2016 年城市棚户区改造货币化安置比例达到 85%。① 这些都说明，棚改之外的保障房数量不会有大的增加，即便增加也主要走货币化道路。

但是以租为主的保障房体系正被去库存逐渐消解的同时，公租房另一扇窗却正在打开。2015 年底的中央经济工作会议，以及紧接着的全国住房城乡建设工作会议，都明确指出，以满足新市民住房需求为主要出发点，以建立购租并举的住房制度为主要方向，把公租房扩大到非户籍人口。换句话说，把新市民作为去库存的主要对象，鼓励新市民以购买、市场租赁以及公租房形式，满足长期住房需求。

在落实新型城镇化发展模式的背景下，新市民能否在足够的政策补贴和支持下，在就业地买得起或租得起房；或者真正打破户籍篱樊，将公租房扩展到广大的非户籍人口，既关系去库存的成败，也关系外来人口（尤其是农民工）住房制度方面的突破，以及我国保障房制度的进一步完善。这些改革让人拭目以待。

---

① 《2016 多地棚改货币化安置比例提到 50% 以上　助力楼市去库存》，http：//
news. xinhuanet. com/finance/2016 - 01/07/c_ 128603161. htm。

现代社会组织体制篇

Institutions of Modern Social Organizations

B.15

2015年行业协会商会与行政脱钩改革
进展评述与政策建议

赵小平*

摘　要：　《行业协会商会与行政机关脱钩总体方案》及其配套文件的
出台是 2015 年行业协会商会改革的主要进展，其核心是提
出了"五分离五规范"的脱钩任务和举措。与以往同类改革
不同，本次改革不仅事关行业协会商会的发展，而且有利于
为将顺政市关系、政社关系、政事关系积累经验，具有重要
的战略示范性；同时，本次改革也是一场对专业性要求更高
且具有更强穿透力的改革。政策落实依然是本次改革的难点
和关键。对此，政府应当完善相关政策制度，一是要突破固
有的利益壁垒，让政策执行到位；二是要保证改革的专业
性，让政策制定和实施的技术跟进到位；三是要促进各方对

* 赵小平，国家卫生计生委流动人口服务中心信息服务处负责人，助理研究员。

改革意义的认知，提升大局意识和改革决心，营造良好改革氛围。

关键词： 行业协会商会　脱钩改革　政策落实

一　2014年改革回顾与2015年进展

（一）2014年改革回顾

对中央政府而言，2014年是《行业协会商会与行政机关脱钩总体方案》（以下简称《总体方案》）出台的酝酿之年和筹备之年。按中央原计划，2014年初出台《总体方案》，然后在全国选择100个机构进行试点。但是，由于牵涉的利益范围广、难度大，尤其是配套文件需要协调的关系较多，《总体方案》最终没能出台。为了营造改革氛围，创造脱钩基础，一方面中央加紧协调推进《总体方案》及其配套文件，另一方面通过领导讲话、媒体宣传营造舆论氛围，在全国性培训会、交流会动员行业协会商会勇敢面对改革[①]。

对地方政府而言，虽然全国层面的《总体方案》在2014年没有出台，但在中央改革精神的指引下，有超过22个省级行政区域竞相制定了脱钩改革政策，有的省份已经开始执行，比如，2014年，广东省就清退了行业协会商会兼职国家机关工作人员1547名。

（二）2015年改革进展

在2014年工作的基础上，2015年7月8日，中共中央办公厅、国务院办公厅印发了《行业协会商会与行政机关脱钩总体方案》并发出通知，要求各地区各部门结合实际认真贯彻执行。《总体方案》阐述了改革的总体要求和基本原则，明确了脱钩主体、范围、任务和措施，对配套政策和组织实施方式也

---

① 赵小平：《与行政机关脱钩：2014年行业协会商会改革的热点分析》，载龚维斌、赵秋雁主编《中国社会体制改革报告 No3.（2015）》，社会科学文献出版社，2015，第188页。

做了详细的说明。其中，最为核心的内容脱钩的任务和措施，即推进行业协会商会与行政机关在机构、职能、资产财务、人员、党建外事等方面的"五分离五规范"。

按照中央的部署，全国性行业协会商会脱钩试点工作由民政部牵头负责，2015年下半年开始第一批试点，2016年总结经验、扩大试点，2017年在更大范围试点，通过试点完善相应的体制机制后全面推开。

在《总体方案》出台后，国务院办公厅又出台了《关于成立行业协会商会与行政机关脱钩联合工作组的通知》，工作组设在国务院层面，由国务委员王勇任组长，发展改革委主任徐绍史、民政部部长李立国、国务院副秘书长孟扬任副组长，中组部、财政部、国资委等有关负责同志任成员。工作组的主要责任是组织实施《总体方案》、推进全国性机构的脱钩工作，指导和督促各地区相关机构的脱钩工作，统筹协调解决脱钩工作中的重点难点问题。8月18日，中央召开行业协会商会与行政机关脱钩全国电视电话会议，王勇出席并讲话。

此外，继《总体方案》出台，各相关部委先后出台了10个配套文件，对行业协会商会和行政机关脱钩后的党建工作、编制调整、外事管理、信息公开、负责人任职、资产清查和国有资产管理、财政拨款、服务购买、办公用房腾退等一系列具体方面进行了安排。

在中央下发文件之前，地方部分省市已经先行开展了政策制定和试点工作，比如广东、天津、山东、云南等。在中央下发文件之后，各省市也分别开展了中央政策的落实工作。比如，北京在2015年将350余家行业协会（占全市60%）纳入了脱钩试点，上海也开始着手脱钩改革工作。

二 2015年改革评述

（一）主要特征

1. 这是一场具有重要战略示范性的改革

从类别来讲，行业协会商会只是社会组织中社团类的一个分支，数量不过7万家，中央政府在本次改革中却将其与行政机关脱钩置于一个十分突出的位置，在国务院层面成立联合工作组予以推进，足见其重要程度。之所以如此，是因为本次改革不仅关乎行业协会商会自身，还有利于为政市关系、政社关系、事业单位的改革积累宝贵经验，具有重要的战略示范性。

（1）有利于捋顺政府和市场的关系，为进一步激发市场活力积累经验

作为政府和企业之间的中介组织，行业协会商会起着政府宏观经济管理和企业微观经济运行的"上挂下联"功能。因此，行业协会商会改革的过程也是进一步捋顺政府和市场关系、激发市场活力的过程：一是下放或减少行政力量对市场主体的干预，尤其是革除"红顶中介"，有利于让市场在资源配置中起决定性作用；二是改革有利于让行业协会商会形成有序良性竞争，让市场主体的选择决定其生死，使之真正起到服务企业、行业的作用；三是逐渐规范政府服务购买，尤其是招投标的公开、公正、透明，有利于优秀的行业协会商会发挥行业数据统计、报送，为政府提供第三方专业咨询等作用。

（2）有利于捋顺政府和社会的关系，为推进社会组织改革积累经验

社会组织的改革是党中央全面深化改革的有机组分。党的十八届三中全会上形成的《中共中央关于全面深化改革若干重大问题的决定》（以下简称《决定》）中明确指出，要"激发社会组织活力。正确处理政府和社会关系，加快实施政社分开……适合由社会组织提供的公共服务和解决的事项，交由社会组织承担"。作为社会组织的重要组成部分，行业协会商会的改革同时也是社会组织改革的试点，为捋顺政社关系积累经验。《决定》指出，要"限期实现行业协会商会与行政机关真正脱钩，重点培育和优先发展行业协会商会类……社会组织"。在行业协会商会与行政机关脱钩全国电视电话会议上，联合工作组组长、国务委员王勇也指出："行业协会商会与行政机关脱钩改革是理顺政社关系的重要举措。"① 可以预见，行业协会商会与行政机关脱钩是否成功，将对我国社会组织改革尤其是大量官方背景组织的生死产生重要的影响。

（3）有利于捋顺政府和事业单位的关系，为推进事业单位改革积累经验

推进事业单位改革，捋顺政府和事业单位关系，是我国历届政府改革的老大难问题。一是由于牵涉范围太广，涉及数量庞大的机构和在职人员的利益调

---

① 王勇：《扎实推进行业协会商会与行政机关脱钩改革》，《求是》2015 年第 21 期。

整，改革阻力很大①；二是事业单位与政府关系与其他类别组织相比更为紧密，改革动力更为不足；三是事业单位改革涉及人事、收入分配、社会保障、资产管理②等诸多方面的政策调整，其中许多都无前车可鉴，对配套政策的技术性也要求很高。因此事业单位改革不仅是利益调整问题，也面临政策专业性的挑战。

相比而言，行业协会商会与行政脱钩涉及范围相对小，它们与政府的关系也没有与事业单位那般紧密，加之市场也提出了迫切的要求，所以推进这场改革的阻力相对小，可行性更高。另外，又因为行业协会商会及其与政府的关系同事业单位有诸多相似之处，所以脱钩改革可以为推进事业单位改革积累经验，有利于捋顺政府和事业单位之间的关系。

2. 这是一场对专业性要求更高的改革

如果说行业协会商会与行政机关脱钩方案是本次改革的顶层设计，那么《总体方案》就是顶层中的顶层。与以往行业协会商会改革不同，本次方案设计对机构改革后的党建、人事、经费、外事、负责人任职、编制、行业信息公开、办公用房、国有资产、综合监管十个方面进行了政策安排，继《总体方案》后陆续出台了十个配套文件。

从技术上讲，这十个方面的政策安排对政策专业性的要求很高。一是每个方面都是一个专业领域，都有一整套的制度规制和技术规范；二是每个方面都需要和行业协会商会这个特殊类型的机构进行无缝"嫁接"；三是行业协会商会旧的制度安排需要稳妥地向新制度过渡。可以看到，本次脱钩方案的设计中有许多工作都具有技术性强、创新性强和跨领域的特征，鲜有前车之鉴，需要不同学科和不同领域的合作才能完成。

另外，本次改革方案设计也明确传递了"脱钩不是脱管"的信号，一是完善支持政策，通过分类指导、服务购买、税收优惠、能力建设、信息共享、支持对外交流等方式支持行业协会商会发展；二是完善综合监管体制，通过加强法律法规制度建设、完善政府各部门的综合监管体系、完善信用体系和信息

---

① 徐靖：《论法律视域下社会公权力的内涵、构成及价值》，《中国法学》2014 年第 1 期。

② 陈艳利、张丽娜、孟悦：《基于内部控制的事业单位资产管理模式》，《财政研究》2014 年第 6 期。

公开制度、建立完善法人治理结构四个方面对脱钩后的行业协会商会进行监督管理。

因此，本次行业协会商会脱钩改革是一场对专业性要求较高的改革，这也是《总体方案》出台时间从 2014 年推迟到 2015 年的重要原因之一。现在还仅仅是完成方案设计和初步试行阶段，相信在具体实施的过程中还将遇到更多之前未曾考虑的专业性难题。

3. 这是一场具有较强穿透力的改革

第一，党中央和国务院对本次改革十分重视，具有较强的政治和行政穿透力。习近平总书记指出，要厘清行政机关与行业协会商会的职能边界，理清政府、社会、市场三者关系，加强综合监管，规范行业协会商会依法运行，促进行业协会商会更加有效地发挥作用①。李克强总理在国务院常务会议上痛斥"红顶中介"是"戴着政府的帽子，拿着市场的鞭子，收着企业的票子！"② 他强调，要通过试点探索实现行业协会商会与行政机关真正脱钩，加快形成政府依法行政、行业协会商会依法自治的新体制。中央对本次改革的难度有较为充分的预期，为了切实推动本次改革，在国务院层面成立了联合工作组，由国务委员王勇担任组长，国家发展改革委主任徐绍史、民政部部长李立国、国务院副秘书长孟扬任副组长。

第二，本次改革是多项重要改革的"牛鼻子"，具有较强的跨领域穿透力。习近平总书记在中共中央政治局第二十次集体学习中指出，改革既要注重总体谋划，又要注重牵住"牛鼻子"，从上文的分析可见，实施行业协会商会的脱钩改革不仅关乎政市关系的捋顺，而且对改革政社关系、政事关系也有重要意义，这就是深化市场改革、社会组织改革以及事业单位改革的"牛鼻子"。

第三，与之前类似改革相比，本次改革的方案更为全面具体和可操作，具有相对强的政策执行穿透力。《总体方案》及其配套文件不仅提出了"五分离五规范"这个核心，而且对党建、人事、经费、外事、负责人任职、编制、行

---

① 王勇：《扎实推进行业协会商会与行政机关脱钩改革》，《求是》2015 年第 21 期。
② 摘自中央政府门户网站《总理痛斥中介评估乱象：戴着官帽收票子》，http：// www. gov. cn/zhengce/2015 – 04/22/content_ 2850756. htm。

业信息公开、办公用房、国有资产、综合监管十个方面进行了较为明确的政策安排。与之前类似的改革相比，本次脱钩方案对政策执行而言，具有相对强的指导意义。不过，这并不代表执行就不存在难题，而是相对之前的改革而言可操作性更高。

（二）存在的难点

应当说，本次脱钩改革的方案设计较为全面，不仅提出"五分离五规范"的改革核心，而且对脱钩后如何帮扶、监管，对政策实施的工作机制、责任分工、开展试点等方面都做了安排。下一步的关键，也是存在的难点，就是如何切实推进政策落实。

1. 如何突破固有的利益壁垒，让政策执行到位

虽然与以往行业协会商会改革相比，本次改革的穿透力更强，但是并不代表执行就一帆风顺，固有的利益壁垒依然是改革的核心阻力。一些行业协会商会"不想脱、不愿脱"的情况依然存在。

第一，部分行业协会商会不愿意脱钩。一些行业协会商会习惯依附政府，服务市场主体的意识淡薄、能力不足，如果转型不成功，本次改革将可能直接"断其生路"；另一些机构则利用行政权力，充当"红顶中介"，收敛财物、干扰市场，本次改革更将直接"断其财路"[①]；还有一些机构的负责人是离退休的老干部，其中的部分负责人将行业协会商会视为其退休养老甚至谋取个人福利的"后花园"，本次改革将直接影响其"晚年福利"。

第二，部分政府部门也不愿意脱钩。为了应对简政放权，一些政府部门假意将权力"下放"给自己能控制的行业协会商会，照常从中谋取不当利益，本次改革将直接"断其财路"；还有一些政府部门负责人是行业协会商会负责人的原下属或"老关系"，或部分政府部门负责人正打算到行业协会商会退休养老，这也导致脱钩改革时容易应付了事，下不了"狠手"。

第三，部分企业也不愿脱钩。行业协会商会还是一个"旋转门"，门里是行政部门，门外是企业。部分企业经营者通过在拥有行政级别的行业协会兼

---

① 宫宝芝、赵倩：《我国行业协会自律功能的缺失与拓展》，《江苏大学学报（社会科学版）》2008 年第 10 卷。

职，不仅获得了相应级别的身份和待遇，而且获得更多商业机遇①。

多年来，部分行政机关、行业协会商会和企业形成了牢固的利益链条，有的甚至结成"攻守同盟"，相互掩护。如何突破这样的利益格局，让脱钩真正落实到位而非"表面化"是本次改革的首要难点。

2. 如何保证专业性，让中央到地方都具备制定相关政策的技术能力

行业协会商会改革的难点不仅涉及利益问题、意识问题，同时也包含涉及人事、财务、外事、资产等诸多方面的专业问题。一是如何保证2016年度100家全国性行业协会商会的脱钩专业性。从《总体方案》及其配套政策中可见，政策制定的专业性已经初显，但是在实施中肯定还会遇到各种意想不到的技术问题。二是如何保证中央政府在政策制定和实施中的专业性"传递"到地方政府并得以创造性地发挥。

3. 如何促进各方对改革意义的认知，提升大局意识和改革决心

与以往类似改革不同，本次改革不仅关乎行业协会商会的生存发展，更是将顺政市关系、政社关系、政事关系改革的试点，是推进多项重要改革的"牛鼻子"，具有十分重要的意义。但是，部分重要的利益相关方却对本次改革的重视不够，对与自己利益的相关程度还严重认识不足，比如社会组织领域似乎对本次改革就鲜有关注，相关学者对行业协会商会改革的深度研究也相对不足。因此，需要让来自市场、社会的不同主体都充分认识到本次改革对其发展的现实意义，一是形成良好的改革氛围，二是密切关注、早作打算，增强改革决心，走在改革的前沿。

三　政策建议

1. 多措并举，强力突破利益壁垒

一要继续争取党和国家领导的重视。继续保持脱钩联合工作组的高层次，及时向国家高层领导人汇报改革进展，争取进一步得到中央全面深化改革领导小组的重视和支持。

---

① 赵小平：《与行政机关脱钩：2014年行业协会商会改革的热点分析》，载龚维斌、赵秋雁主编《中国社会体制改革报告 No.3（2015）》，社会科学文献出版社，2015，第189页。

二要监督到位、评估见底。监督评估的指标要全面、具体、可测；政府直接督查要铁面无私、严肃认真，第三方评估机构须与政府签订责任书，建立并落实监督评估不到位的责任追究机制；过程监督和结果评估都要重视；督查和评估结果要和政府相关部门的主要负责人政绩挂钩；建立行业协会商会的改革积分积累制度，将其与政府购买等支持政策挂钩。

三要落实帮扶政策，创造转型机会。一是要进一步细化分类扶持政策，根据市场需求、行业发展、国家需要、转型潜力、机构意愿等方面对行业协会商会进行分类排序，有针对性地制定扶持政策；二是要细化政府购买服务政策，保证公开、公平、公正、透明，促进行业协会商会间竞争机制的生成；三是加大对行业协会脱钩和转型阶段的培训工作，将有转型潜力的行业协会"扶上马，送一程"；四是要妥善安置有特殊贡献或做出特殊牺牲的人员和历次政府机构改革分流人员，做到待遇的公平、公正。

2. 研学用相结合，为脱钩改革提供足够的专业性保障

一是立足脱钩实践，加强政策研究。根据专题向相关研究团队委托研究课题，研究要立足现实问题，采用参与式方法，深入政策实践，追踪改革全程，着力攻关重点难点问题，随时提供相关政策咨询。建立多方联席会议机制，定期讨论改革中的专业技术问题。

二是建立学习机制，保证技术传递。分专题、领域、层级对行业协会商会、政府部门相关人员进行培训；分领域挑选优秀案例，加强模式总结，寻找一般性问题和应对举措；建立学习网络，发展同伴教育，激发互助热情，鼓励形成互帮互学的良好氛围；加强专业人才培养，为行业协会商会脱钩及其后续发展提供人才保障；加强对外合作交流，向国际优秀同行取经。

3. 深化相关主体对改革意义的认知，提升其大局意识和改革决心

行业协会商会、政府、企业、社会组织、事业单位都是本次改革的利益相关主体。通过集中动员、专题培训、同行交流等方式，让各方意识到脱钩改革不仅关系行业协会商会发展，也关乎政市关系、政社关系和政事关系改革，试点机构要站在国家发展的立场，具有大局意识，痛下改革决心，将改革视为机构新的发展契机；鼓励社会组织、企业等主体也高度重视和密切关注改革进展，一是与政府改革遥相呼应，二是为改革提供意见建议，三是把握趋势，早作打算，尽快转型。

B.16
中国基金会发展十年回顾

王群 姚嫣然*

摘 要: 基金会在中国的非营利领域日益重要。过去十余年，基金会
不仅数量和资产都成倍增长，而且出现了新的类型。它们为
中国的社会、政治和经济转型提供了非常好的研究机会。本
文利用中国基金会研究基础数据库（RICF）来探讨基金会的
历史、发展、作用以及与政府之间关系，依据创始人、管理
人、动机和使命等维度将基金会分为七类：系统基金会、企
业基金会、学校基金会、家族基金会、宗教基金会、社区基
金会和独立基金会。政府对各种类型基金会的不同态度和实
用主义对基金会的发展和特点具有重要影响。

关键词: 基金会 基金会分类 国家与社会关系

现代慈善基金会起源于 20 世纪初的美国，之后 100 年里，对公共政策、
公共服务、公民社会发展做出重要贡献，在整个非营利领域不可或缺。我国基
金会出现于 20 世纪 80 年代。当时的社会、经济和政治情况不同于美国。早期
基金会没有明确的法律地位，数据也缺乏可靠来源。我国政府 2003 年才开始
收集基金会数据。一些学者将中国基金会发展比喻成高速和低速发展交替的几
个阶段。①② 然而这种方法忽略了那些由于无法达到注册要求而解散的基金会，

---

* 王群，美国印第安纳大学公共与环境事务学院博士生；姚嫣然，香港大学政治与公共行政
学系博士生。

① Estes, Richard J. *Emerging Chinese foundations: The role of private philanthropy in the new China.*
Aspen Institute, 1998.

② 杨团:《关于基金会研究的初步解析》,《湖南社会科学》, 2010 年第 1 期, 第 53 ~ 59 页。

也不能解释为何基金会在限制性法规（1988 年《基金会管理办法》和 1995 年《关于进一步加强基金会管理的通知》）出台的年份反而加速增长的现象。所以，目前相对可靠的数据只能从 2003 年算起。

2004 年《基金会管理条例》（简称《条例》）是中国基金会发展的分水岭。自颁布以来，基金会迅速发展，十余年内数量至少增长了 3 倍，为我们研究国家与社会关系、政治和经济制度提供了丰富的素材。然而目前关于基金会的学术文章不多，由于数据稀缺，实证研究更是屈指可数。笔者在核心期刊上找到的相关定量实证研究不足 10 篇。为解决这一问题，几位中国非营利学者于 2015 年创建了中国基金会研究基础数据库（Research Infrastructure of China Foundations；简称 RICF）[①]，为实现运用大量数据进行定量实证研究创造了条件。目前，RICF 记录了 2014 年之前成立的 3344 家基金会信息，与同期《中国统计年鉴》的 3549 家和基金会中心网的 3627 家接近。RICF 的数据库结构、数据收集方法可以参见马季等编写的数据库使用手册。[②] 本文由于写作需要在 RICF 基础上添加一家，总样本包括 3345 家基金会。本文的写作目的是通过不同标准对基金会进行分类，利用大量数据较为客观地描述我国基金会的整体情况，深入探讨每一类基金会的特点，并分析基金会的发展趋势。由于未囊括所有基金会，读者可以将本文部分数据折算成百分比以助于理解。

一　基金会分类

分类研究方法适用于任何学科，可以从事物的多样性和复杂性中总结出共性并保留各自的不同特征，为实证研究和假设检验提供依据。[③] 如果我们想科学地研究基金会的行为，应该从合理分类开始。[④] 在这一部分，我们介绍几种分类方法。表 1 展现的是基金会的范围、民间程度、募捐方式和地域分布。

---

① 数据库网址为 http：//ricf. org. cn/。

② Prewitt, Kenneth. "Foundations." *The nonprofit sector: A research handbook* (2006): 355～377.

③ McKinney, John C. *Constructive typology and social theory.* Ardent Media, 1966.

④ Ma, Ji and Wang, Qun and Dong, Chao. *The Research Infrastructure of China Foundations: Database Introduction and User Manual* (October 13, 2015). Available at SSRN: http://ssrn. com/abstract＝2673879.

表1　基金会分类总览

省份*	全国	地方	民间	非民间	公募	非公募	2013年数量	2003年数量	增长数量
东部									
北　京	149	271	189	231	129	291	420	118	302
天　津	0	54	18	36	20	34	54	16	38
河　北	1	48	21	28	13	36	49	7	42
上　海	4	149	69	84	51	102	153	49	104
江　苏	3	434	109	328	183	254	437	30	407
浙　江	3	315	114	204	135	183	318	69	249
福　建	3	164	76	91	24	143	167	31	136
山　东	1	88	20	69	38	51	89	18	71
广　东	13	356	203	166	96	273	369	65	304
海　南	0	51	11	40	23	28	51	5	46
中部									
山　西	0	52	23	29	23	29	52	8	44
安　徽	0	73	26	47	22	51	73	14	59
江　西	0	42	14	28	18	24	42	5	37
河　南	1	97	43	55	40	58	98	5	93
湖　北	1	70	19	52	21	50	71	13	58
湖　南	1	125	21	105	77	49	126	21	105
西部									
内蒙古	0	100	32	68	44	56	100	14	86
广　西	0	39	15	24	18	21	39	8	31
重　庆	1	24	6	19	9	16	25	0	25
四　川	1	110	18	93	69	42	111	31	80
贵　州	0	32	4	28	28	4	32	3	29
云　南	0	58	19	39	36	22	58	13	45
西　藏	0	11	2	9	9	2	11	3	8
陕　西	1	77	28	50	31	47	78	9	69
甘　肃	2	41	9	34	24	19	43	14	29
青　海	0	26	9	17	14	12	26	4	22
宁　夏	0	35	21	14	11	24	35	1	34
新　疆	0	17	7	10	5	12	17	1	16
东北部									
黑龙江	0	63	5	58	34	29	63	16	47
吉　林	0	66	13	53	21	45	66	15	51
辽　宁	1	71	7	65	45	27	72	8	64
总　计	186	3159	1171	2174	1311	2034	3345	614	2731

＊以2011年国家经济区域划分为标准。

（一）范围

《条例》对基金会开展业务的区域做出限制。全国基金会可以在全国开展项目，地方基金会则只能在其注册区域内。截至 2013 年底，我国共有 186 家全国基金会，大部分位于北京。经济较为发达的省份和城市基金会数量比较多。

民间性质，即基金会成立和运作的自愿性、自主性和独立性，是公民社会发展的一项重要指标。随着政府改革和社会发展，我国非营利组织的性质愈加复杂，出现了官办民营等混合类型。民间或非民间是指程度而非两个极端，所以下文所说的民间和非民间指民间性质更显著或非民间性质更显著。用于区别民间和非民间的标准包括发起人、出资人、主要负责人、办公地址、历史沿革、业务领域等因素。据此我们发现 1171 家民间基金会和 2174 家非民间基金会。除广东和宁夏以外，所有省份非民间基金会都多于民间基金会。东北地区各省和整体上，非民间基金会占比均超过 80%，高于其他地区，原因可能是之前国家在此重点培育国有重工业企业。

（二）募捐方式

《条例》确立了两种基金会类型：公募和非公募。前者可以在注册范围内向社会大众募捐，后者则是依靠发起人自己的投入、基金会的投资收益或者小范围内从亲朋好友处筹款。非公募基金会数量在 2003 年不足公募基金会 1/3，于 2010 年首度超越公募基金会，且优势逐年递增。对很多人来说这意味着一个更强大、独立的基金会行业。但如果结合民间程度来分析，却会有不同的发现（见表 2）。

表 2　民间程度与募捐方式

2003 年			2013 年		
民间/公募	民间/非公募	民间	民间/公募	民间/非公募	民间
6	47	53	37	1134	1171
1%	8%	9%	1%	34%	35%
非民间/公募	非民间/非公募	非民间	非民间/公募	非民间/非公募	非民间
472	89	561	1274	900	2174
77%	14%	91%	38%	27%	65%
公募	非公募	总计	公募	非公募	总计
478	136	614	1311	2034	3345
78%	22%	100%	39%	61%	100%

上表说明，非民间基金会在选择注册类型时相对自由，而民间基金会只有极少数具备公募资格。2003 年以来，非民间公募和非公募基金会各成立 800 多家，民间公募基金会仅增长 31 家。较高的注册资金和募捐压力固然会影响对募捐方式的选择，发起人的动机（主动、被动）和注册部门的要求、建议也会发生作用。所以，数据同时体现了发起人意志和政府态度，甚至以后者为主。比如，河南省民政厅在 2014 年表示原则上不再发展公募基金会。

在互联网时代，募捐方式的区别愈加模糊，大量非公募基金会在网站上公布银行账号，从而事实上面向全国募捐。即使不考虑互联网，笔者在查阅基金会网站时发现，很多非公募、地方性基金会表示接受全国范围内捐款和在全国范围内开展救助。另外，非公募基金会有时通过公募基金会募捐，方式一般是公募基金会设立专项基金，募捐款项用来资助非公募基金会的项目。

（三）综合分类法

以上分类方法未充分解释政府与基金会关系和这种关系如何影响基金会的发展。本文把发起人、负责人、动机、使命等因素有机结合起来，将基金会分为系统基金会、企业基金会、学校基金会、家族基金会、宗教基金会、社区基金会和独立基金会七类。以下是分类标准：

●系统基金会：即政府主导的基金会，由党政机关、民主党派、主要群众组织成立，不同程度上利用政府资源开展业务，部分接受政府补贴。近几年常见系统基金会通过募捐筹集注册资金。

●企业基金会：一般由企业或企业家单独发起，常用企业名称或企业家姓名命名，注册地址与企业相关，理事会多为企业高管，主要依靠员工运作；有些企业基金会在项目实施过程中为企业宣传，或将基金会工作归入企业社会责任。

●学校基金会：发起主体是各层次和类型的学校，以大学为主，绝大多数由校方发起，通常设在校址。学校基金会一般由校内某部门代管，设专门人员的比较少。

●家族基金会：广义上由家族发起和管理，目的是纪念家族成员、履行家族使命、通过慈善团结家族成员。越来越多的家族基金会由家族企业发起。

●宗教基金会：一般由寺庙和教堂发起，少数由政府部门或团体发起，注册资金来源各异。宗教基金会的章程不一定包括明显的宗教使命，执行项目时和其他类型的基金会区别不大。

●社区基金会：服务地域明确，在特定街道、农村等区域内提供救助服务。以省份或者城市命名的基金会服务于较大人群，本文将其归为系统基金会。

●独立基金会：指不能确切归类的非系统基金会。这些基金会通常由社会团体、企事业单位、名人、富人等联合发起。发起人身份的独立性和基金会运作的独立性没有必然联系，相当一部分为非民间。

综合分类法考虑多种因素，仔细平衡不同类型基金会特点的权重后做出最合理分类。比如，我们将企业家在农村成立的服务于村民的基金会归为社区基金会而非企业基金会，因为基金会的地域特点要比发起人的身份更加显著。有几种基金会数量极少，适当给予这些基金会更大权重基本不会影响到分类和结论，同时也让我们更好地了解这些基金会。本文接下来逐一介绍这七种基金会。

二 七种类型基金会分析

以下主要结合表3介绍七类基金会的历史、特点、与政府关系、作用和发展趋势等。

表3 综合分类法与范围、民间程度、募捐方式分类总表

分类	全国	地方	公募	非公募	民间	非民间	2013年数量	2003年数量	增长数量
系统基金会	94	1404	1250	248	0	1498	1498	495	1003
企业基金会	40	618	14	644	658	0	658	17	641
独立基金会	27	539	32	534	349	217	566	58	508
学校基金会	17	455	4	468	32	440	472	21	451
家族基金会	6	50	0	56	56	0	56	17	39
宗教基金会	1	49	10	40	37	13	50	5	45
社区基金会	1	44	1	44	39	6	45	1	43
总计	186	3159	1311	2034	1171	2174	3345	614	2731

（一）系统基金会

上表说明系统基金会数量最大，共 1498 家，占基金会总数的 45%，全部为非民间；其中 1250 家注册成公募，占同类 83%。系统基金会占全国型基金会半数以上。明确涉及权利保护的基金会只有 9 家，全部为公募。2003 年我国有 495 家系统基金会，占全部基金会的 81%。从 2004～2013 年，系统基金会共增加 1003 家，占全部增长数量的 37%。

大部分系统基金会成立是地方政府响应和执行中央政策，比如样本里有 284 家教育基金会、208 家见义勇为基金会、60 家残疾人福利基金会、59 家公安民警基金会。其他系统还包括老年人基金会、扶贫基金会、青年创业就业基金会、关心下一代基金会、青少年基金会、社会组织发展基金会、志愿服务基金会、人口基金会等。以上基金会可以称为政策型系统基金会，共 1171 家，几乎全部为公募。政策型以外政府自发成立的基金会为自发型系统基金会，共 327 家，多数为非公募。从 2004～2013 年，新成立的政策外系统基金会只有 277 家。以上数据表明地方政府自发成立基金会的积极性其实不是很高。

经过去行政化，我国很多非营利组织已经在人员、管理和项目执行方面拥有自主权。然而我们对去行政化的理解应该超出组织结构，拓展到项目执行。通过对一家被认为成功去行政化的全国基金会深度调研，我们发现此基金会既没有成功去行政化，也没有成功市场化。一方面，此基金会资助低收入家庭的学生，但施加给学校很多没有任何补偿的工作。如果学校没有按要求完成，此基金会则电话联系学校相关负责人，告知他们基金会将把此事通知当地政府。另一方面，此基金会过度市场化，基金会对企业家保证如果他们捐款，基金会将邀请政府官员参加仪式，提升企业曝光率。不完整的去行政化和过度的市场化表明，基金会仍旧依赖政府关系。鉴于理事会成员现在仍保持很强的政治背景，这种现状近期很难改变。

（二）企业基金会

企业基金会理论上可以使企业慈善更加持续和制度化。我国企业基金会增长迅速，2003 年只有 17 家，2013 年已达 658 家，增长将近 40 倍。早期的企业基金会通常资助科研和教育，近年来关注的领域开始多元化，包括扶贫、医疗救助、文化艺术和环保等。一些企业将基金会使命与公司业务联系起来，比如养老、保健和环保。有 14 家企业基金会为公募，原因主要是发起主体由事业单位改制成企业。

目前鲜有相关实证研究，笔者只能从企业社会责任文献入手来理解企业基金会的动机和行为。企业社会责任研究使用的样本迥异，但由于私营企业的经济地位日益显著，愈发获得关注。据中民慈善捐助信息中心报告，私营企业主的捐赠额从 2007~2013 年一直超过企业捐赠总额的半数。所以，本节重点讨论私营企业。

大部分企业社会责任和企业捐赠文献从四个维度出发：企业家的社会和政治地位、资源依赖、社会关系和社会资本、法人治理。前三个维度经常被放在制度环境下分析。中国的经济转型常常受制于不完善的资本市场结构、不清晰的产权、不稳定的制度，以及政府干预和对资源分配的控制。通过建立政治关联，私营企业可以避免资产被侵占等不正当待遇，还能获得融资便利、税收优惠、市场准入、法律优待。① 私营企业家主要通过成为人大代表或政协委员参与政治，并由此和政府官员建立正式或非正式的关系。这类文献展现出以下大致框架：从 20 世纪 90 年代开始，私营企业家通过政府或政府背景机构捐款以获取人大代表或政协委员资格；为了维持资格，他们的捐赠一般高于那些没有政治关联的企业家；资格级别越高，他们捐款就越多；政治关联和企业捐赠的关系在市场体制欠发达地区最为明显。②③

笔者经过查阅企业基金会年报和新闻，得出与上述框架一致的结论。首先，大量成立基金会的私营企业家为人大代表、政协委员、政府主导的商会或侨联会员。其次，政府常常建议私营企业家创建基金会，退休不久的官员担任理事的现象很多。可以说，政府是企业基金会迅速发展的重要动力，私营企业家成立基金会的主观能动性不能只依靠数据下结论。另外两则证据也可以支持

---

① 贾明、张喆：《高管的政治关联影响公司慈善行为吗?》，《管理世界》，2010 年第 4 期，第 99~113 页。

② Ma, Dali and William L. Parish. "Tocquevillian Moments: Charitable Contributions by Chinese Private Entrepreneurs." *Social Forces* 85. 2 (2006): 943~964.

③ 陈凌、陈华丽：《家族企业主的政治联系、制度环境与慈善捐赠——基于全国私营企业调查的实证研究》，《华东经济管理》2014 年第 1 期，第 1~6 页。

以上观点。第一,在我国,企业是否用心撰写社会责任报告与企业的政治关联和制度环境有关。① 第二,一项对于563家浙江省私营企业的研究表明,民营企业社会责任实践随意性、随机性、功利性、盲目性较大,对参与社会公益事业的回报寄予较低期望。

最后需要指出,借助企业社会责任和捐赠来分析企业基金会有可能造成误导。首先,企业捐赠本身可能就足以维护和加强政治关联,没有必要成立基金会。其次,无论是否有政府因素,企业成立基金会的目的可能是增加参与公益慈善的灵活性,比如腾讯公益慈善基金会创建了在线捐赠平台。总的来说,我们并不否定企业家真心从事慈善或战略性通过基金会将慈善融入企业治理,也不否定政治关联对公益慈善事业的促进作用。企业成立基金会的动机还有待于实证研究加以解释。

(三)独立基金会

独立基金会发展也较为迅速,2013年达566家,绝大多数为非公募。很大一部分独立基金会从事教育、弱势群体福利、扶贫、文化艺术、科研、医疗救助,领域比较广泛。大多数独立基金会的注册资金和公益基金来自多个发起人。通过查阅基金会章程和年报,我们发现217家基金会为非民间性质,约占38%,有以下原因:一是发起人中包括政府,且政府官员在理事会占据职位;二是基金会设在政府地址,由政府托管或挂靠政府;三是发起人为事业单位(但其二级部门成立的基金会归入民间);四是发起人为商会和侨联等(而非某一成员);五是基金会业务涉及政府职能和权限,如外事。绝大多数独立基金会的设立都有企业家出资,原因如下:一是基金会业务和企业相关或符合企业家兴趣,例如联合医疗机构成立科研或医疗救助基金会;二是政府积极倡导,号召企业家出资成立基金会。尤其是即将离退休的政府官员,不仅积极参与基金会注册,还在离退休前后担任理事和秘书长职位。当有政府参与时,独立基金会倾向于设置在政府地址。对政府来讲,企业基金会和部分独立基金会可以协助政府工作,比政府自己成立基金会成本低、风险小,而且避免了募款、年检、免税资格申请等工作。

---

① Marquis, Christopher, and Cuili Qian. "Corporate Social Responsibility Reporting in China: Symbol or Substance?" *Organization Science*25.1 (2013): 127~148.

（四）学校基金会

学校基金会由小学到大学各级别和类型的学校成立，业务主管单位通常是教育部门或某专业化部门，如信息产业部。学校基金会10余年间从21家增长到472家。我国学校一般为事业单位，学校基金会相应地多为非民间性质。由于绝大部分学校基金会由大学发起，这里着重介绍大学基金会。

大学可以说是《条例》的最大受益者。20世纪中期，高等教育被纳入政府的计划体制。很长一段时间，我国高校遵循政府计划、政府举办、公共财政出资的办学理念。改革开放以后，中央政府将大学的资助和管理权限下放到地方，不久又用"综合定额加专项补助"替代了之前的"基数加发展"拨款模式。1993年的《中国教育改革和发展纲要》明确将学费、校办产业、高新科技企业、社会服务、社会捐助、金融信贷手段等作为国家财政性教育经费筹措的主要措施，后通过1998年《高等教育法》出台形成制度化。一些大学在2004年以前尝试过注册基金会，但当时教育部比较保守，冷冻了大学基金会的注册，只有极少数大学注册成功。在没有基金会的情况下，很多大学只得通过发展委员会、对外联络与发展处、发展办公室、校董会或校友会等机构来加强大学的筹资能力。[①]

1999～2005年，大学收入里政府支出从60%以上降到40%多。在此期间，教育部下属高校的平均捐赠收入占其总收入的2.5%，地方高校则只有1.09%。地方高校愈加依赖学费收入，其总收入平均只有教育部直属高校的11.3%。为了提高大学财务效率，我国于2007年开始在全部公立大学内施行财政拨款"国库集中支付制度"，即高校支出按照国家下达的年度预算指标，通过国库单一账户体系支付到商品和劳务供应者或用款单位。这个制度一定程度上削弱了高校在财务管理方面的自主权。[②]《条例》因而受到大学欢迎，大学基金会发展迅速。大学基金会的收入一般来自企业和校友捐赠，用作奖学金、科研和硬件设施建设。

---

① 邓娅：《我国高等教育财政体制改革与大学基金会的兴起》，《北京大学教育评论》2011年第1期，第94～106页。

② 邓娅：《我国高等教育财政体制改革与大学基金会的兴起》，《北京大学教育评论》2011年第1期，第94～106页。

大学基金会的组织结构与其他基金会一样，但理事会和秘书处多为虚设，或与校友办合署，或挂靠在其他校办部门，独立运行的组织机构和专属的人员编制不完善。比如，浙江大学教育基金会由学校对外发展联络办公室代管。① 以上现实说明两个问题。第一，大学基金会缺乏独立性。大学同时是发起人、间接受益人和实际控制人。校领导决定基金会收入的使用。② 第二，因为基金会实质上是大学的一个部门，大学一般依靠现有员工为基金会志愿工作。即使基金会有全职员工，也往往是和大学而非基金会签订用工合同。有些大学基金会既有学校员工也有社会招聘员工，后者一般很难做到管理岗位。这种缺少专职专业人才的现象客观上造成大学基金会募捐和资产管理水平不高。客观来讲，大学基金会对大学的收入产生了一定的积极影响，但人才问题未来一段时间会是制约大学基金会发展的重要因素。

（五）家族基金会

家族基金会增长缓慢。2003 年全国有 17 家家族基金会，其中 12 家业务为教育和文化艺术。新增加的 39 家也多涉及以上领域，同时开始关注扶贫和医疗救助。早期家族基金会一般由艺术家子女和华侨企业家发起，现在更多由家族企业发起。家族基金会全部为民间、非公募。

虽然我国私营企业家已经积累了大量财富，他们成立的基金会更像企业基金会而非家族基金会，主要有三点原因。第一，改革开放以前，政府施行了一系列社会主义政策，工作重心是实现社会平等，比如没收地主土地、私营企业国有化、组建人民公社。整个国家基本没有私营经济的空间，造成私营经济直到 20 世纪 80 年代才开始发展。第二，2010 年私营企业家平均 46 岁，只有 21.8% 表示愿意让子女接班③。同时，我国计划生育政策也限制了企业家继承人的选择，甚至推迟他们的退休时间。简而言之，我国改革开放以来的第一次

---

① 吴志标、邓云洲：《大学基金会发展困境及其路径选择》，《教育导刊》2012 年上半月第 6 期，第 44～46 页。
② 杨维东：《我国大学基金会治理的现状与对策》，《中国高等教育》2014 年第 21 期，第 54～57 页。
③ 陈凌、陈华丽：《家族涉入、社会情感财富与企业慈善捐赠行为——基于全国私营企业调查的实证研究》，《管理世界》2004 年第 8 期，第 91～101 页。

财富继承还没有结束。第三，我国法律没有像美国、韩国那样鼓励继承之外的财产处理方式，企业家和继承人缺乏从事慈善的外因。

Gómez-Mejía 等发现家族企业应对危机的决策不能仅仅通过经济原因解释。这些企业情愿接受更大的风险来保持家族的社会情感财富。社会情感财富的丧失意味着家族亲密度降低、社会地位受损、未能实现家族期望。保持和加强社会情感财富的方法之一是履行企业社会责任和企业慈善。[1] 一项基于 200 家亚洲家族企业的研究发现，它们参与慈善的主要目的就是加强家族凝聚力。同时，外国经验已经证明，从长远看，私营企业往往会转变为家族企业。比如，美国80%的企业都由家族掌握相当比重的所有权或管理权，35%的世界500强企业由家族利益控制。由此推断未来我们会看到更多家族基金会。

（六）宗教基金会

2003 年我国只有 5 家宗教基金会，之后十年间增加 45 家，绝大部分是佛教基金会，由民政或宗教部门主管。Laliberté 将中国宗教慈善组织的发展归因于政府对宗教的功利态度：为中国外交树立良好形象、促进和谐社会、改善与台湾关系。目前第二项作用最明显。佛教寺庙借其文化和宗教意义吸引了大量境外投资、旅游和朝圣收入，为所在城市创造产值，并使用部分收入提供社会服务。越来越多的佛教组织成立慈善机构，包括基金会。地方政府也经常将宗教基金会的工作归为自己的业绩，甚至要求它们实施某些与其宗旨无关的项目。[2] 同期天主教和基督教基金会也实现一定发展。

几乎所有宗教基金会都以寺庙和教堂为基地。这类基金会一般服务于全社会，而非局限于信徒，业务包括弱势群体福利、扶贫、文化艺术和教育。宗教基金会将其业务定性为公益慈善，其间不进行传教活动，行为与其他类型的基金会基本没有区别。将宗教与慈善分离、公开表达对党的拥护、不参与政治、邀请政府官员参与、实施项目之前获取主管部门批准、只做政府允许的活动，已经成为宗教基金会的运作原则。目前只有非民间宗教基金会可以主要从事宗

---

[1] Gómez-Mejía, Luis R., et al. "Socioemotional Wealth and Business Risks in Family-controlled Firms: Evidence from Spanish Olive Oil Mills" *Administrative Science Quarterly* 52. 1 (2007): 106~137.

[2] Laliberté, André. "Buddhist revival under state watch." *Journal of Current Chinese Affairs* 40. 2 (2011): 107-134.

教文化工作。

虽然我国政府依旧实施相对严格的宗教政策，但是整体上政府和宗教慈善组织的关系已经转变，从直接干预向间接的手段过渡，尤其是在地方。趋势有三：其一，政府对宗教慈善组织的管理不再是打压，而是越来越多地运用法律和财务手段，其二，这些法律和财务手段客观上促使宗教慈善组织行政化和专业化，其三，行政化和专业化正在形成以"大爱"为核心的、与政府倡导的价值观相符合的新型宗教信仰。① 宗教基金会在七类基金会里最为敏感，但因其对地方社会问题的积极作用和主动避免将公益慈善宗教化，未来应该会有进一步发展。

（七）社区基金会

2013 年我国共有 45 家社区基金会，主要从事教育、扶贫和弱势群体福利。大多数社区基金会位于农村。这些基金会一般由当地大户、企业家甚至普通农民共同出资成立，除扶助社区内经济困难人口外，还经常资助或运营养老院。一些社区基金会甚至投资饮用水等基础设施建设。服务于生活区的城镇社区基金会则较晚出现，数量不多。20 世纪 90 年代末期，政府曾经制定政策加强城市社区建设。21 世纪初北京朝外街道三个社区相继成立社区基金会。基金会由街道办事处托管，没有实体，更像是基金，或者说类社区基金会。收入全部来自社区居民，数额很小，使用随机。尽管这些社区基金会是由当地社区党委书记组建，有内部的规则章程，但并没有外部合法的民间组织身份。街道办上级政府态度暧昧，对这些基金会的评价是"不好定性""看看它的发展再说"。② 这些基金会不得不处于隐蔽的、非法的状态。③ 同时，我国人口结构变化和住房改革使得城市小区住户疏远、多元化，工作场所和生活社区的连接被切断。

---

① Wu, Keping. *The Philanthropic Turn of Religious in Post-Mao China: An Interactional Perspective.* Asia Research Institute Working Paper Series No. 235, Singapore: National University of Singapore, 2015.

② 王建军、叶金莲：《社区基金会：地位与前景——对一个类社区基金会的个案研究》，《华中师范大学学报（人文社会科学版）》2007 年第 6 期，第 29～35 页。

③ 李莉：《社会保障改革中的类社区基金会成长》，《华中师范大学学报（人文社会科学版）》2007 年第 4 期，第 30～35 页。

街道办事处、居委会、物业公司、房地产开发商和非营利组织都没有足够的资源和技能来满足生活区内居民日益复杂的需求。学术界和业界都有人倡议通过发展社区基金会来解决社区服务供给问题。目前社区基金会发展迅速。在一系列措施中，深圳市 2014 年出台的《深圳市社区基金会培育发展工作暂行办法》较为典型和超前，把注册资金降为 100 万元。截至 2015 年底，深圳市增加了 27 家社区基金会。王筱昀和朱建刚通过案例分析，发现我国社区基金会发展主要有三条路径：一是专业的公益人士强调以社区为基础培育公民，发展公民社会，如千和基金会；二是由房地产开发商发起、将地产规划和社区规划结合、探索人居社区的商业模式，如桃源居公益事业发展基金会；三是由政府自上而下推动，期待通过社区基金会改革政府社区治理体制，如深圳市政府。[①] 基层组织也有可能在得到当地政府许可后自发成立基金会，如上海洋泾社街道办事处。这与上面提到的北京朝外街道相似，但法律环境已经大不相同。

桃源居公益事业发展基金会是我国最早的社区发展基金会之一。于 2008 年成立后，该基金会及桃源居公司在全国各地的桃源居小区相继成立社区基金会，资助社区内的非营利组织和项目。桃源居的地方基金会与社区党委、社区居委会、社区工作站、业主委员会、公益中心和物业公司一起协商社区重大事项。从法律关系上，开发商和社区基金会是独立的，但在治理层面上，仍然是开发商主导，居民代表可以为社区基金会决策提供咨询，但不具备决策权。[②] 虽然存在这些局限，但从长远看，房地产开发商最有可能成为社区基金会发展的主力军，因为促进社区良性发展与其商业利益在本质上是一致的。

三　结语

本文借中国基金会研究基础数据库，用接近样本总量的 3345 家基金会对近年基金会的发展情况做出描述和分析。虽然分类方法非首创，但是民间和非民间基金会数量以及七类基金会数量在国内均属首次发布。其中七类基金会按

---

① 王筱昀、朱建刚：《社区基金会案例研究：美国经验与中国路径》，手稿。
② 王筱昀、朱建刚：《社区基金会案例研究：美国经验与中国路径》，手稿。

数量递减分别为系统基金会、企业基金会、独立基金会、学校基金会、家族基金会、宗教基金会和社区基金会。七类基金会的发展历史和程度各不相同，体现了政府对不同类型基金会的态度。一方面，政府以实用主义方法利用基金会缓解社会问题。另一方面，政府根据社会、政治和经济情况，选择性地给予某些类型基金会更大的发展空间。在强调政府动因的同时，我们也要客观理解各类基金会发起人自身的特点和动机，以及基金会对解决我国社会问题的贡献。整体来讲，各类基金会都会继续有不同程度的发展，民间基金会数量将超越非民间基金会，这要比非公募基金会超越公募基金会更具意义。对于我国基金会的研究应该更多采用实证方法，尤其是利用大样本从因果关系上解释基金会的行为和基金会发展的深层原因，来优化政府与基金会关系、进一步发挥基金会对非营利行业和社会生活的积极影响。

B.17
中国国际性社会组织的概念、
现状与发展对策[*]

杨丽 李帅[**]

摘　要：　当今世界，国际性非政府组织已经成为参与全球治理、提升综合国力的重要力量，但中国国际性社会组织发展尚处于起步阶段，与中国国际地位和全球影响力极不匹配。本文在界定国际性社会组织概念基础上，结合民政部注册29个国际性社会组织2004～2013年年检数据，运用基于政府、组织、合作三维分析框架，深入解析国际性社会组织发展现状、问题，进一步提出加快推进中国国际性社会组织发展的对策建议。

关键词：　国际性社会组织　国际非政府组织（国际NGO，INGO）三维分析框架

一　国际性社会组织的提出及界定

国际性社会组织，与"国际非政府组织（国际NGO，INGO）"概念既有

　*　本文为国家社科基金项目"中国NGO走向世界研究"（15BGJ002）的阶段性研究成果。感谢民政部民间组织管理局詹成付局长、刘振国副局长、余永龙处长、罗军副处长以及各位国际性社团负责人等对本文调研工作的支持与帮助。
　**　杨丽，北京师范大学中国社会管理研究院/社会学院副教授、国际NGO与基金会研究中心主任；李帅，北京师范大学中国社会管理研究院/社会学院硕士研究生、国际NGO与基金会研究中心研究助理。

联系又有区别，是对党的十六届六中全会首次提出的社会组织概念的进一步细分，具有中国特色。

（一）国际性社会组织提出

2015年2月，民政部发布《民政部2015年"中国社会组织建设与管理"理论研究部级课题指南及申报公告》，重点参考选题中首次提出"国际性社会组织"概念，并以括号注释做出简要界定，"国际性社会组织是指由中方组织发起成立，在民政部登记的双边、多边、区域性、国际性非营利组织"。[①]

中国针对中国国情的社会组织概念，提出中国语境下的国际性社会组织概念，符合国际惯例。以美国与日本为例，美国有非营利组织与国际非营利组织的区分，公共慈善组织包括国际、外国事务与国家安全类型[②]，美国学者将美国国际非营利组织再细分为国际发展与援助、国际事务、国际交流与其他类型等[③]；日本有非营利组织与非政府组织的区分，日本将主要在国内开展活动的组织称为非营利组织，而将从事国际事务、主要在海外开展活动的组织称为非政府组织。

（二）国际性社会组织概念与特点

本文认为，国际性社会组织，属于国际非政府组织范畴，专指由中国组织或个人发起成立，按照中国法律在中国登记，具有国际目标、不以营利为目的的跨国性非政府组织。主要具有如下特点。

第一，须依据中国法律设立。国际性社会组织由中国组织或个人发起或联合发起，依据中国法律法规在中国有关管理部门登记注册，成为合法主体，且由中国主导。

第二，使命与活动具有国际性。国际性社会组织以国际性目标为使命，开

---

① 《民政部2015年"中国社会组织建设与管理"理论研究部级课题指南及申报公告》，2015年2月28日，http：//www.mca.gov.cn/article/zwgk/tzl/201502/20150200778863.shtml。

② National Center for Charitable Statistics，2015年11月27日，http：//nccsdataweb.urban.org/PubApps/profileDrillDown.php? state = US&rpt = PC。

③ Reid，E & J. Kerlin. 2006. *The international Charitable Nonprofit Subsector in the United States：International Understanding，International Development and Assistance，and International Affairs*；Cristina M. Balboa，Ava Berman，and Laurel Welton. 2015. International NGOS In New York City：A Comparative Study.

展活动往往涉及两个或两个以上国家与地区，具有国际性特征。

第三，治理结构的国际性。有正式的组织总部、办事处和理事会。理事会具有跨国性与选举性，成员来自两个及以上国家与地区，理事会定期举行。随着组织的发展，在一个或多个国家与地区常设办事机构。

第四，成员的国际性与开放性。参与成员既有个人、团体、企业、基金会等，有时也有政府、政府间国际组织，或政府机关及其代表，通常来自两个及以上国家与地区，具有开放性与包容性。

第五，非营利性与收入来源的国际性。国际性社会组织不以营利为目标、不得向成员分配利润，主要收入来源于两个及以上国家与地区。

第六，独立性、民间性与志愿性。成立与运行具备独立性，有专职工作人员，不依附于政府及其附属机构、企事业单位等其他组织；民间性强调体制上独立于政府及政府间国际组织，既不是后者组成部分，也不受制于后者；志愿性强调非强制性，设立、成员构成、活动开展、组织治理、资源动员、网络构成等，具有开放性、自主性和参与性。

国际性社会组织按组织类型、会员构成、登记情形、组织规模、活动领域等维度，有不同的分类。

二　国际性社会组织发展现状

（一）国际性社会组织基础数据

1. 中国国家民政部数据（MCA）

2014 年，国际及其他涉外组织类社会组织占中国社会组织总数比例约为 0.8‰。根据民政部《2014 年社会服务发展统计公报》（2015 年 6 月发布），截至 2014 年底，全国共有社会组织 60.6 万个，国际及其他涉外组织类共 529 个，其中社会团体中国际及其他涉外组织类 516 个，涉外基金会 9 个，民办非企业单位中国际及其他涉外组织类 4 个，[①] 分别占 2014 年社会团体、基金会、

---

① 民政部：《2014 年社会服务发展统计公报》，2015 年 6 月 10 日，http：//www.mca.gov.cn/article/sj/tjgb/201506/201506008324399.shtml。

民办非企业单位总数的0.17%、0.22%和0.001%。截至2015年9月，民政部共登记国际性社团31个。

2. 联合国经社理事会（ECOSOC）数据

截至2015年10月，中国在联合国经社理事会享有咨商地位的NGO共50个（含港、澳、台），占全部咨商地位的1.1%。根据联合国NGO的统计，截至2015年10月，享有联合国咨商地位的NGO共有4361个，其中享有一般咨商地位的NGO有144个，专门咨商地位3238个，入册咨商地位979个。[①]

3. 国际社团联盟（UIA）数据

2011年，中国有45个国际性社会组织进入国际社团联盟（UIA）的国际组织年鉴，占当年全球INGO总数的0.08%。根据UIA的统计，2011年，全球各类INGO共有57721个。[②]

（二）国际性社会组织实践：基于2004～2013年年检数据

结合中国29个国际性社会团体（国际性社团，民政部注册）2004～2013年年检数据进行统计分析，可以透视中国国际性社会组织实践和发展现状。

1. 基础信息

（1）成立时间

29个国际性社会组织（如图1）中，中国传统文化领域的成立较早，国际合作与交流领域的成立较晚。其中，大多数于2000年之后成立，主要集中在2003～2012年之间，但世界针灸学会联合会早在1985年即已成立；1985年迄今，截至2015年9月为31个，每年平均仅成立一个国际性社会组织。

（2）地理分布

国际性社会组织在全国的分布不均衡，29个组织分布在8个省市，北京聚集了21个，其余23个省市没有1个。大多数分布在政治核心城市或沿海、沿边地区，首都北京成为高度集中区。省市选择与资源、地缘、行业优势等息

---

① NGO Branch：Consultative status，2014年9月1日，http://esango.un.org/civilsociety/displayConsultativeStatusSearch.do。

② Union of International Associations：*Yearbook of International Organizations*，2011－2012，Brill.

1985	1988	1991	1994	1997	2000
世界针灸学会联合会	世界医学气功学会 国际武术联合会 国际风筝联合会	世界中国烹饪联合会 国际儒学联合会	国际粉体检测与控制联合会		博鳌亚洲论坛 世界珠算心算

2003	2006	2009	2012	2013
世界泥沙研究学会 世界中医药学会联合会 国际烟花协会 国际数字地球协会 国际易学联合会 国际反贪联合会	国际小水电联合会 国际动物学会 世界汉语教学学会 亚洲排球联合会 中俄机电商会 中国东盟农资商会 亚洲大学生体育联合会	亚太森林恢复与可持续管理组织 世界运河历史文化城市合作组织 国际沙棘协会 国际健身气功联合会 国际仿生工程学会	世界旅游城市联合会 国际举重联合会	

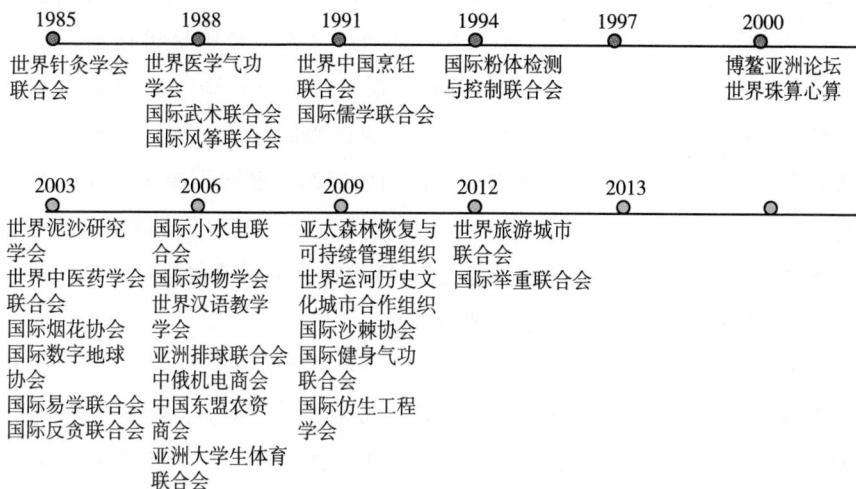

图1 国际性社会组织成立线状示意

息相关，如北京是政治文化中心、广西毗邻东盟、湖南烟花行业发达等。但作为经济与金融中心的上海，却没有1家落地。

（3）主管单位分布

29个组织涉及财政部、外交部、教育部等15家主管单位。其中，国家体育总局主管最多，共5个；其次是水利部、国家中医药管理局与中国科学技术协会，各主管3个；其余各单位各主管1～2个。有趣的是民政部暂时没有主管。当前体育类、医药类、科技类、水利类是中坚力量。

2. 业务领域

结合国际社团联盟的业务范围分类，29个组织涉及9类业务领域，其中行业协会/商会、体育/爱好/休闲领域各有6个，约占40%；其次是科学/数学/知识/空间领域，有5个；第三类是医药/卫生、国际政治领域，各有3个；其余领域各有1～2个。尚未涉及的四类领域是：个人权利/福利、宗教/家庭/文化识别、劳工/职业/公共管理、政治意识形态/政党。

3. 发展规模

（1）会员整体情况

按主体分，会员有单位会员与个人会员两类。2004～2013年间，单位会员呈增加趋势，2004年参加年检的共有583名单位会员，之后基本逐年上升，2013年总数达3265名，约是2004年的6倍；个人会员则呈迅速增加趋势，2004年参加年检的共有950名，自2006年后快速上升，2013年总数达10440名，约是2004年的18倍。总体上，会员呈快速增长态势，个人会员增长相对更快，但会员增长远远超过组织增长，说明各组织不断吸引单位与个人加入；同时各组织的会员差异也很明显，以个人会员为例，2013年世界汉语教学学会占比高达40.1%，国际反贪联合会也达17.9%，国际动物学会9.9%，世界气功学会10.9%，其他组织占比均低于10%。

（2）外籍会员

按国籍区分，会员有中国会员与外籍会员两类。总体上，吸纳外籍会员的能力逐渐增强，外籍会员呈逐年增加趋势，但组织差异大、两极分化明显。其中，2010年，拥有外籍会员的有18个，外籍会员占比超过40%的有11个；2011年，拥有外籍会员的增加到25个，外籍会员占比超过40%的有19个；2013年，拥有外籍会员的有26个，外籍会员占比超过40%的达22个。以2013年为例，外籍会员超过90%的达8个，占参加当年年检总数的31%，但依然有组织没有明确填写外籍会员的数量与比例，占参加年检总数的10%。各个组织外籍会员占比差异较大，外籍会员占比为65%～90%的组织最多，约占拥有外籍会员的组织总数的65%。

（3）资产规模

以资产规模区分为大、中、小三种类型：100万以下（含）为小型、100万以上1000万以下（含）为中型、1000万以上为大型。29个组织中，小型14个，中型8个，大型7个。可见，中国以小型为主（约48%），中，大型为辅，这与INGO国际发展态势一致。

（4）收入规模

以与资产规模相同的标准区分为大、中、小三种类型，29个组织中，小型18个，中型5个，大型6个。依照收入规模，中国依然以小型为主，约为62%。从综合资产规模与收入规模看，资产规模越大，筹融资能力愈强。

4. 治理结构

（1）理事会

依据2013年年检报告，29个组织中28个建立了理事会，国际小水电联合会有一个类似理事会的机构——协调委员会。① 理事会组成人数差异悬殊，最多的达262人（国际儒学联合会），最少的为2人（国际烟花协会）。超过60人以上的理事会有10个，约占年检组织总数的34%。29个组织中有4个组织的理事长由外籍人士担任，分别来自日本、英国、匈牙利与澳大利亚，约占总数14%。29个组织的秘书长全部由中国人担任，19个由选举产生，占总数的66%，11个是专职，约占总数的38%。

（2）会员代表大会

29个组织中，有的依章程召开会员代表大会，有的则不定期召开。统计会员代表大会时间点，可以绘制网状图，举办频次不一。如博鳌亚洲论坛、国际小水电联合会、世界运河历史文化城市合作组织每年举办，中俄机电商会、亚洲排球联合会每两年举办，国际粉体检测与控制联合会每3年举办1次，其他则呈定期与不定期相结合趋势，由此可分辨内部活跃程度。

5. 人力资源

（1）员工数量与性别构成

2004~2013年间，工作人员基本呈逐年增加趋势。与2005年114名工作人员相比，2013年是2005年的3倍，工作人员达345人。可见，工作人员规模较小，取2013年数据，29个组织平均约有11.9名工作人员，各组织间差异也十分明显。同时，女性工作人员呈逐年增加趋势，2008年有91名女性工作人员，2013年约是2008年的1.9倍，达169名。女性工作人员占全体员工比例，从2008年的41.2%缓慢递增至2013年的49%。

（2）受教育程度

29个组织的员工中，大部分拥有本科以上学历，整体素质较高。其中，本科生以上占比逐年上升，2013年达86%，人数297人。这与对员工要求比较高直接相关。

---

① 依据组织章程，协调委员会为国际小水电组织的最高决策和监督机构，负责对国际小水电联合会的大政方针和工作进行决策，审议并批准中心的工作计划、财务安排及机构安排，并对组织的工作提供领导和实施监督。国际小水电联合会协调委员会由名誉主席、主席、副主席及全体协调委员组成，其中名誉主席、主席、副主席由全体协调委员会委员推选产生。协调委员会委员成员包括来自西欧、非洲、北美、拉美、亚洲、南太地区等区域中心的代表，以及联合国机构的代表，另外还有部分国家中心、国际组织、有关公司、非政府组织和其他部分成员组织的代表。

（3）平均年龄

2008～2013 年间，员工平均年龄保持在 42 岁左右。但无法得出员工多为中年人的结论。根据调研实际情况，年长者与年轻人较多，长者中许多是离退休干部，缺少的恰恰是年富力强的中年人。

（4）党员人数

2008～2013 年间，党员人数逐年增加（如表 1）。其中，2013 年达 197 人，约是 2006 年的 2.8 倍，占当年员工总数的 57.1%。

表 1   国际性社会组织员工党员数

年份	2006	2007	2008	2009	2010	2011	2012	2013
党员人数	70	54	123	139	143	168	191	197

（5）志愿者参与

志愿者数量非常少，大部分没有志愿者参与，少数几个有志愿者参与的组织差异非常大，不同组织以及同一组织不同年份志愿者参与均不同。如国际粉体检测与控制联合会连续 7 年都有；国际反贪联合会 2012 年之前没有，2012年、2013 年分别有 83 名、42 名；国际数字地球协会 2009 年有 88 名，其他年份无。大量志愿者偶然参与，常与组织举办大型活动相关。

6. 国际交流与合作

2004～2013 年间，国际交流与合作基本呈上升趋势，自 2013 年起稍有下降。其中，类型涉及国际合作项目、国际会议、参加国际组织与组团出访四种；次数最多的是 2012 年，达 249 次，约是 2005 年的 10 倍；而且与发展规模、活跃程度等因素正相关，大型组织相对多；2013 年次数降低，与中国加强出国、境管理有关。同时，四种活动类型变化较大，但出国访问和国际会议多，参与国际合作、加入国际组织次数较少，主要倾向较浅层次活动，深度合作较少。

三   国际性社会组织发展中存在的问题

（一）政府层面

1. 缺乏正式的登记制度

国际性社会组织作为社会组织的一种特殊类型，仍然缺乏登记成立的整套流程和具体要求。现行登记程序属于国务院特批程序范围，社会知晓度不高，规范性不强，程序繁杂，筹建前期相关国内外沟通协调工作难度和工作量非常大，而且效率低下，严重影响工作进度。统计显示，登记一个国际性社会组织平均约需 2 年时间。缺乏正式的登记制度造成的直接后果是国际性社会组织数量少，发展缓慢。自 1985 年第一个国际性社会组织成立至 2015 年，整整 30 年，在民政部登记注册的国际性社会组织仅有 31 个。

2. 缺乏符合国际性社会组织特点的日常管理制度

国际性社会组织日常管理参照境内一般社会组织的法律法规与政策，至今未出台有关国际性社会组织的专门制度。以《社会团体登记管理条例》《民办非企业单位登记管理暂行条例》和《基金会管理条例》为主体的法律政策，均没有对国际性社会组织内部治理和日常管理进行明确的规定和界定，在具体工作中处理具体问题时因为没有客观准确的依据而容易产生歧义和纠纷，使得国际性社会组织在社会合法性、公信力等方面受到影响，制约了国际性社会组织的发展。

3. 缺乏推动国际性社会组织发展的支持体系

中国尚未建立购买国际性社会组织服务的资金、人才等支持体系。为支持和规范社会组织更好地承接政府购买服务，《国务院办公厅关于政府向社会力量购买服务的指导意见》、《政府购买服务管理办法（暂行）》于 2013 年、2014 年相继发布。北上广等 20 余省市出台政府购买服务的实施意见、办法或指导目录。中央财政 2014 年 1.95 亿元资金撬动配套资金 1.53 亿元，全国大部分省市均列专项资金购买社会组织服务。① 但从制度到实践，均没有针对国际性社会组织特点的考量。政府对外援助的法规政策中也没有建立援助领域社会组织广泛参与的渠道与机制。有关人才培养的制度与政策，也没有针对国际性社会组织的各级各类人才培养进行规划与支持。

4. 管理理念与现行管理体制机制阻碍国际化发展

中国人倡议、发起或联合发起的国际性组织在中国落地、国际化发展的最大障碍，在于国际、国内两种管理体制的壁垒和两种运行机制的冲撞。中国有关部门想尽量按中国的思维和规章制度去办事，进行内部请示规划，但是国际

① 郑超：《回眸 2015 社会组织发展奏响新乐章》，《中国社会组织》2016 年第 1 期。

性组织的国际成员，希望该组织能按照国际规则运行。按照国际规则，一旦一个国际性社会组织成立，即便发起人是中方，其也只是以组织成员身份参与，要做的主要是依据章程，参与制定与组织宗旨相符的规则与制度，选举产生理事会成员，让有能力的人员竞聘管理岗位等，使得中方提供的资金等充分发挥作用，从而提高中国的话语权与软实力。现行以事业单位、国内社会组织模式进行人员、资金管理，尤其是人员出入境、资金外汇额度等管理体制机制，极大地阻碍了国际性社会组织的生存发展及功能发挥，成为国际性社会组织国际发展的桎梏。

（二）组织层面

1. 尚未建立国际化治理结构

一是理事会组成人数差异悬殊。其中，最多的达 262 人（国际儒学联合会），最少的为 2 人（国际烟花协会），超过 60 人以上的理事会有 10 个，约占2013 年参加年检组织总数的 34%。二是外籍理事长少。29 个参加年检的国际性社会组织中，有 4 个组织的理事长由外籍人士担任，分别来自日本、英国、匈牙利与澳大利亚，仅占年检组织总数的 14%。三是没有外籍秘书长，约 1/3的秘书长不是选举产生。29 个组织的秘书长全部由中国人担任，其中有 11 个组织的秘书长是专职，约占年检组织总数的 38%，有 19 个组织的秘书长由选举产生，占年检组织总数的 66%。四是部分组织未按章程召开会员大会与换届大会。

2. 国际影响力有待提升

一是约 21% 的国际性社会组织吸纳外籍会员能力弱。29 个参加年检的国际性社会组织中，有 5 个组织的外籍会员不到该组织会员总数的 40%，竟然还有 1 个组织历年年检报告显示外籍会员为零。

二是深度国际合作少。整体而言，国际性社会组织出国访问、国际会议较多，而参与国际合作、加入国际组织较少，这说明国际性社会组织整体上处于倾向较表层的国际合作阶段，垂直深度国际合作较少。少数国际性社会组织的活动基本满足于国内，当然也有少数组织基于自身的竞争力与 INGO、IGO 等开展深度国际合作。

三是外国分支机构少。多数国际性社会组织没在其他国家设立分支机构，即使是资产规模最大的博鳌论坛、开始与 ISO 合作制定中医药世界标准的世界中医药协会联合会，均未在国外设立代表处或分支机构。相较而言，世界自然基金会（WWF）在全球设立了 70 余家境外代表处或分支机构。

3. 国际人才匮乏

一是工作人员规模较小。虽然国际性社会组织的工作人员基本呈逐年增加趋势，但工作人员规模较小，取 2013 年年检数据，以 29 个组织平均计算，每个国际性社会组织约有 11.9 名工作人员。当然，各组织间的差异也十分明显。发展较好的博鳌论坛、世界中医药学会联合会、世界旅游城市联合会工作人员分别只有 25 人、60 人、17 人，有的组织甚至以兼职为主，而在瑞士注册的世界自然基金会（WWF）的专职工作人员有 100 多人，世界经济论坛（达沃斯论坛）更是高达 500 多人。

二是外籍工作人员少。大部分国际性社会组织没有正式的外籍员工，少数组织如世界中医药学会联合会、国际动物学会、世界小水电联合会等，采用国际志愿者方式邀请外籍人士参与工作，但因为志愿者受到签证条件限制，每半年必须离开，重新办理签证，存在很多不确定性，工作的持续性与长期性受到影响。

三是国际化、复合型专业人才与管理人才缺乏。社会组织参与国际事务，需要国际化、复合型专业人才与管理人才。中国的国际性社会组织，大多是"一套人马、两块牌子"的运行模式，国内主管部门主导乃至决定组织的人事管理，导致难以按照社会上公平竞争模式组建人员队伍，队伍素质和能力难以国际化。更为严重的是，随着整个社会消费水平的提高，国际性社会组织员工生存压力加大，由于收入水平、职业规划、就业环境及生活压力等因素，经过组织自己长期培养的优秀、优势人才可能选择离职，甚至有的组织发展面临后继无人的窘境。

4. 国际筹融资能力弱

一是资产规模主要以小型为主。依据 2013 年的年检数据，参加年检的 29 个国际性社会组织中，只有 26 个有完整的资产数据，其中小型国际性社会组织 14 个，占全部国际性社会组织的 48%，占有完整资产数据组织的 54%。

二是收入来源中，境外资金占比较少。年检数据显示，境内资金是主要来源，境外资金占比较少。当然，有的组织境外资金占比超过 50%，如博鳌亚洲论坛；有的组织境内外资金结构比例正在发生变化，如国际动物学会等；有的组织，其全部资金均来源于中国政府；2013年，有5个组织的年收入低于1万元，其中2个组织有2000元左右的收入，有3个组织全年无任何收入。

三是外汇额度管制限制了国际资金的流动，也影响了国际筹资能力。第一，国际性社会组织相关国税、地税按照民间团体性质管理，不按照业务活动性质和资金来源管理，5万美元以上对外汇款的税务证明需要耗费1~2个月，需要准备很多材料，而且每一次都要重复提供，浪费人力、物力、财力与精力；第二，国家外汇管理局《关于境内机构捐赠外汇管理有关问题的通知》（汇发〔2009〕63号）没有对国际性社会组织做出明确规定，银行也搞不清楚国际资金汇入和汇出的性质，有时按照捐赠处理，有时又按照普通汇款处理；第三，来自财政资金的对外无偿捐赠业务，现行办法是按照国家税务总局、国家外汇管理局关于服务贸易等项目对外支付税务备案手续执行，不是按照非贸易非经营性用汇管理规定执行。

（三）合作层面

1. 政府与国际性社会组织之间缺乏有效沟通、协同机制

一是中国政府与国际性社会组织之间暂无经常性、制度化沟通机制。民政部民管局每年组织召开国际性社会组织工作交流会，尤其是2015年的交流会，除了在民政部登记的31家国际性社会组织外，还特邀中组部、外交部、公安部、商务部、交通运输部和海关总署等部委相关司局参会，交流发展经验，讨论共性问题，开展政策调研座谈，效果良好。但国际性社会组织希望在此基础上，建立与有关部委经常性对话、交流机制，及时解决发展中的问题，协同推动国际性社会组织整体发展，充分发挥国际影响力。

二是国际性社会组织与外国政府之间暂难建立有效沟通机制。有些外国政府与民间组织之间已有制度化的沟通机制，中国国际性社会组织有时不了解当地制度而没有应用，也有的组织因具有官方背景或没有国际化治理结构，被认为是中国政府的代言人，不是纯粹的民间组织，从而没有充分利用与外国政府间的已有沟通机制或建立新的沟通机制。

三是国际性社会组织暂未充分利用政府间国际组织已有协同机制。自《联合国宪章》以来，以联合国为代表的政府间国际组织纷纷建立了与国际非政府组织、国内非政府组织或社会公众的合作制度，如联合国经社理事会咨商地位机

制、世界卫生组织咨商机制等等。有的组织已经较好地应用这些机制，如世界中医药学会联合会与世界卫生组织合作，世界小水电联合会与联合国工发组织合作等，但也存在有的组织根本没有应用这些机制。截至 2015 年 10 月，中国享有联合国咨商地位的非政府组织仅有 50 个（含港、澳、台），整体而言，中国国际性社会组织尚未充分应用与政府间国际组织的交流、合作机制。

2. 国际性社会组织与跨国企业之间缺乏有效供需对接机制

一是国际性社会组织、跨国企业两种主体之间理念、资源互动不足。作为全球舞台主要的社会主体、经济主体，国际性社会组织和跨国企业之间缺乏有效的交流互动，没有形成共同探索社会创新、社会责任，发挥中国影响力等互联互通的平台与路径。

二是国际性社会组织、跨国企业两种主体之间没有形成有效的供需对接。一方面，越来越多的中国企业"走出去"，2014 年中国企业海外投资首次超过外商对中国投资，有些跨国企业不知道要履行全球企业社会责任，有的不知如何履行，有的尽管知道通过国际性社会组织履行是有效的方式，却常找不到对口的国际性社会组织等；另一方面，国际性社会组织需要更多资金与志愿者，需要开展国内外项目等，却不知道哪些跨国企业愿意或有潜力提供这些潜在资源。

3. 国际性社会组织之间缺乏有效交流、合作机制

一是国际性社会组织之间缺乏经常性交流机制。虽然民政部每年召开一次国际性社会组织交流会，但整体而言，学习与交流机会相对少，各领域国际性社会组织之间缺乏经常性交流机制，深度交流有限，制度化建设欠缺。

二是中国国际性社会组织与国际非政府组织或国际非政府组织联盟等组织交流合作不足。有的组织与国际上其他国际非政府组织及其同盟有交流合作，如世界中医药学会联合会与国际标准组织的合作，博鳌亚洲论坛与达沃斯论坛的合作等，但中国列入国际社团联盟《国际组织年鉴》的国际性社会组织 2011 年仅有 45 家。

4. 聚焦国际性社会组织的理论研究缺乏

理论研究是行业发展与政策制度的重要参考与支撑。然而，国际性社会组织的制度规范、监督管理、支持引导、组织治理、风险管理、国别比较、影响力评估、国内法与国际法的关系等核心问题，虽然近年逐渐有专家学者开展研究，但实践发展与需求相比远远不够，尤其是跟踪性、系统性研究阙如。

四 加快推进国际性社会组织发展的建议

（一）政府层面

1. 加强顶层设计，将国际性社会组织纳入国家发展战略

建立国际性社会组织工作领导小组及其办公室，提升国际性社会组织在国家发展中的地位，制定国际性社会组织发展和管理总体方案，明确发展和管理的战略目标、主要任务和相关措施。当前，西方国家正在加快推进全球治理方式变革，更加重视利用国际非政府组织在国际事务中的优势和特点。同时，中国现有实践也走在政策前面，亟须规范与扶持，政策制订刻不容缓。面对这些形势，中国需要主动谋划，有效应对，在鼓励国内社会组织积极参与国际事务的同时，将中国发起成立并主导的国际性社会组织纳入国家发展战略，采取综合措施，有效推动发展，支持、引导国际性非政府组织积极参与全球治理、提升国家软实力，加快推进国家治理体系与治理能力现代化。

2. 完善法律法规，改革国际性社会组织登记管理体制机制

国际性社会组织具有非政府性、非营利性、国际性、中方主导等特点，需要作为专门规范对象来研究制定适合相关规律、特点的法律法规与管理体制机制，破除不利的发展束缚；加快修订《社会团体登记管理条例》《民办非企业单位登记管理条例》《基金会登记管理条例》，在拟新制定的《社会组织法》《慈善法》《对外援助管理条例》等法案中增加国际性社会组织方面的内容，明确国际性社会组织法律地位；尽快出台国际性社会组织登记管理法规政策，简化国际性社会组织登记程序，建立国际性社会组织登记"绿色通道"；建立国际性社会组织评估管理制度，形成退出机制；加快制定完善法规政策，完善政府购买服务、税收优惠、人才支持等政策体系，解决国际性社会组织外事交往、从业人员薪酬、负责人任职条件等限制；鼓励地方政府出台针对性措施，吸引国际性社会组织落户。

3. 加强需求研究，推进国际性社会组织分类发展

加强国际需求研究，结合国际需求，确定重点行业、重点领域、重点区域，积极稳妥推进分类发展；坚持"存量盘活"，对中国现有的各类国际性社

会组织进行调查研究，重点支持一批有良好的国际化经验与实践的国际性社会组织；坚持"增量添彩"，支持中国具有国际或区域影响力的行业产业以及经贸交流、科学技术、人文交往等领域成立国际性社会组织，支持有条件的全国性社会组织发展成为国际性社会组织；鼓励已开展有影响力活动、尚未在其他国家登记的国际非政府组织在中国落户登记，为已在其他国家登记、有意愿到中国登记为国际性社会组织的合法组织提供便利条件。

4. 设立专项资金，建立国际性社会组织发展支持体系

一是设立政府购买国际性社会组织服务专项资金，鼓励国际性社会组织开展国际项目，以制度化的方式在资金方面长期支持国际性社会组织的全球发展；二是建立国际性社会组织参与对外援助的渠道与机制，将国家有关对外优惠贷款项目和捐赠项目与国际性社会组织发展结合起来，支持国际性社会组织承担更多政府援外项目；三是积极推动国际性社会组织参与国家有关战略设计与实施（如"一带一路"倡议），形成良好互动；四是将国际性社会组织人才培养纳入国家人才发展计划。[①]

（二）组织层面

1. 建立国际化治理结构，提升国际战略水平

首先，加快国际性社会组织去行政化、去垄断化进程；其次，按照国际通行理念，规范国际性社会组织法人治理机构，依章程选举产生理事会与秘书长，吸纳国际视野和国际经验专业人士进入理事会，完善议事规则和运行机制；最后，结合组织宗旨与国际需求，融合、对接国家利益，加强组织层面的顶层战略设计，加快国际性社会组织国际化建设与发展。

2. 吸揽国际化专业人才，加强国际能力建设

加强国际性社会组织自身国际能力建设，是国际性社会组织发展的根本，引入国际化专业人才与管理人才是能力建设的关键。第一，国际性社会组织需要突破现行政策关于薪酬福利等方面的束缚，吸引和留住一批熟悉国际规则的

---

① 邓国胜：《中国民间组织国际化的战略与路径》，中国社会科学出版社，2013；黄浩明：《社会组织走出去——国际化发展战略与路径研究》，对外经济贸易大学出版社，2015。

优秀人才，其中包括近年国家派出有海外志愿经历的人才；[①] 第二，有效实施国际发展战略，及时总结经验与教训，提高组织运作、处理国际事务、协调国际关系的能力；最后，对从业人员，尤其是中高层管理人员，进行必要的、有针对性的培训支持，不断提升外交素养与职业能力；第四，认识到志愿者是国际性社会组织活力源泉之一，吸纳专业型国内外志愿者参与国际性社会组织事业；第五，不忘立足本国国际化，积极参与国内公益活动，在中国履行自己的社会责任，提升公信力。

3. 拓展筹融资渠道，提升国际筹融资能力

筹融资难，海外筹融资更难，尤其以不发达国家会员为主体的国际性社会组织，根本无法仅依赖会员费收入生存、发展。具体而言，提升国际筹融资能力可以：加强国际项目筹融资能力，通过优质或品牌项目吸引国际资助者，高质量实施项目赢得持续资助；建构筹融资为导向的国际关系网络，描绘不同资源的分布地图，打造国际化筹融资生态链；打造专业筹融资团队，拓展筹融资渠道，深入研究政府、政府间国际组织、跨国企业、国际性基金会等主体资助倾向，提升筹融资精准度；根据组织实际，适当开展服务性收费，增加经营收益。

4. 设立海外分支机构，提升国际影响力

首先提升吸纳外籍会员能力，争取每个国际性社会组织的外籍会员均能超过会员总数的50%。其次加强深度国际合作，将符合组织宗旨的优势项目发展为品牌项目，将品牌项目发展为全球影响力项目。最后，及时总结海外项目运营经验，借鉴西方发达国家INGO经验与教训，条件成熟时，可以在海外设立办事处或分支机构。

（三）合作层面

1. 建立政府与国际性社会组织合作机制

一是通过政府购买国际性社会组织服务专项资金、对外援助、"一带一路"倡议等支持体系，有效推动政府与国际性社会组织的合作；二是构建中国驻外使领馆与中国在该国开展项目的国际性社会组织之间的交流机制；三是鼓励国际性社会组织与外国政府部门或机构合作；四是鼓励国际性社会组织与

---

① 邓国胜：《中国民间组织国际化的战略与路径》，中国社会科学出版社，2013，第294页。

全球性、区域性政府间国际组织合作，如加入联合国体系、获得经社理事会的咨商地位等。

2. 建设国际性社会组织间合作网络

一是加强国际性社会组织与国内社会组织之间交流合作，不仅包括全国性组织，也包括同行业草根型组织，还包括生态链条上、中、下游的各类组织；二是加强国际性社会组织与外国 NGO、INGO 之间交流合作，鼓励、支持国际性社会组织加入 INGO 网络或联盟（如 UIA），拓宽与知名 INGO 合作，形成与发达国家、发展中国家社会组织的交流合作机制，[①] 针对不同国家、不同领域的组织可以采取不同的战略与策略；三是条件成熟时，成立国际性社会组织联盟，通过国际性社会组织联盟建立一个立体网络，以国际性社会组织为纽带，链接国际、国内多种资源。

3. 搭建国际性社会组织与跨国企业互动平台

中国企业"走出去"战略目标的实现，离不开社会组织，尤其是国际性社会组织的支持。从海内外经验看，海外中资企业与国际性社会组织建立战略合作伙伴关系，可以达到双赢效果。[②] 跨国企业需要履行企业社会责任、树立企业形象，国际性社会组织需要资金与海外志愿者，二者有效对接，国际性社会组织以专业技能与方法开展符合当地居民需求的公益项目，容易实现跨国企业、国际性社会组织、与当地政府、当地居民等多方共赢，协同提升中国影响力。

4. 加强国际性社会组织领域理论与实务研究

加强理论和实务研究，尤其是对国际性社会组织进行跟踪研究，研发相关理论与实务课程，不断总结国际性社会组织发展规律，借鉴全球经验、教训，培养国际化、复合型专业人才与管理人才。成立国际性社会组织发展专家委员会，吸收专注或关注国际性社会组织发展的理论专家与实务专家参与。推动专注于国际性社会组织领域的研究中心与智库建设，推动科研、政府、政府间国际组织、国际性社会组织、跨国企业等多方主体互动多赢的理论与实践基地建设，可持续产出有价值、示范性的研究成果和探索成果。

---

① 黄浩明：《社会组织走出去——国际化发展战略与路径研究》，对外经济贸易大学出版社，2015，第148页。

② 邓国胜：《中国民间组织国际化的战略与路径》，中国社会科学出版社，2013，第291~292页。

B.18
中国社会组织参与对外援助工作的
现状、形势与发展思路

——以中国红十字会为例

孙志祥 *

摘　要：　随着国际体系的深度调整和我国经济社会的迅速发展，社会组织已经成为全球治理体系的重要参与者，以及国家开展对外援助和民间外交的重要力量。本报告以长期参与国家对外援助工作、具有很强的代表性和典型性的中国红十字会为个案，对中国红十字会近年来开展对外援助和国际合作的主要方式、援助项目等基本情况进行了梳理，着重分析了当前社会组织参与对外援助的新形势，归纳了中国红十字会开展对外援助和民间外交所具有的独特优势，通过与发达国家红十字会开展国际援助的状况和数据进行比较分析，提出了中国面临的主要问题，并就社会组织参与对外援助的政府扶持政策及社会组织自身发展策略提出了建议。

关键词：　社会组织　对外援助　实践经验　政策分析

在经济全球化、贸易自由化的大背景下，当代中国与外部世界的关系正在发生前所未有的深刻变化，中国与世界休戚与共，双方在更深程度上相互依存，在更广范围内相互影响。十八届五中全会将"开放"列入五大发展理念，

---

* 孙志祥，中国红十字会总会联络部副部长。

重申中国开放的大门永远不会关上，对外开放的力度将越来越大，开放战略也将越来越积极主动。在这种形势下，社会组织的培育与发展也要坚持统筹国内国际两个大局，更加注重以开放发展的理念引领社会组织的改革与创新。在这方面，社会组织国际化的发展实践可以为我们提供一个有益的视角。随着国际体系的深度调整和我国经济社会的迅速发展，社会组织已经成为全球治理体系的重要参与者，以及国家开展对外援助和民间外交的重要力量，而社会组织的国际化也为中国社会组织的发展创造了一个广阔的空间。

中国红十字会立足"政府人道领域助手、红十字运动成员、民间外交重要渠道"的特有定位，长期参与国家对外援助工作，具有很强的代表性和典型性。本报告将以中国红十字会的实践为个案，对社会组织参与对外援助工作的发展现状、面临的形势，以及扶持与发展思路作一探讨。

一　基本情况

中国红十字会所参与和承担的对外援助工作主要有以下几个方面。

（一）紧急人道主义援助

紧急人道主义援助，即我国在有关国家和地区遭受各种严重自然灾害或人道主义灾难的情况下，主动或应受灾国要求提供紧急救援物资、现汇或派出救援人员，以减轻灾区人民生命财产损失，帮助受灾国应对灾害造成的困难局面。多年来，我国积极参与对外紧急救援行动，在国际紧急人道主义救援事业中的地位越来越突出。中国红十字会已经成为国家紧急人道主义救援工作的重要组成部分，发挥着不可替代的作用。主要包括两个方面的工作。

（1）当得知某国发生比较严重的自然灾害或人道危机后可启动该机制，以中国红十字会名义向灾害发生国捐赠救援资金，捐款由政府提供，数额一般在 5 万美元左右。2010～2015 年，已向 60 多个国家和组织提供小额援助 325 万美元，约合人民币 2000 万元。

（2）当其他国家发生很严重的自然灾害、战争、饥荒等人道危机后，中国红十字会向受灾国家提供物资和资金援助。2010～2015 年，先后参与了海地地震、东日本海啸、东非饥荒、利比亚战乱、菲律宾台风、缅甸难民、尼泊尔地震等重大灾害和冲突的救援救助工作，涉及执行资金达人民币 2.4 亿元。资金主要来源有两个，一是国家商务部、外交部等方面的政府援助资金，约占 35%；二是接收的社会捐款和中国红十字会直接提供的食品、帐篷等救灾物资，约占 65%。

（二）非紧急人道主义援助项目

商务部于 2008 年 9 月将中国红十字会非紧急人道主义援助项目正式纳入商务部年度总体援款计划和项目预算中。2009～2015 年，中国红十字会总计向非洲、亚太等地区的 22 个国家红会提供非紧急人道主义物资援助，主要包括救灾物资、办公设备、轻工机械、医疗设备和家纺产品等五大类物资，价值约人民币 4000 万元。

（三）发展中国家红会援外培训项目

中国红十字会自 2007 年开始举办面向发展中国家红十字会（红新月会）的援外培训班。2010～2015 年，共举办援外培训班 25 期，共培训来自 90 多个国家红会或政府的管理人员和工作人员 600 多名，培训内容涉及灾害应急能力建设、紧急救护、社区服务项目管理、艾滋病防控管理、组织能力建设等多个方面。

综合上述援助项目，截至 2015 年，中国红十字会共计执行对外援助资金约人民币 3.2 亿元。

二 形势与问题

（一）面临的形势

伴随着我国国情和国际形势的发展变化，中国红十字会的对外援助工作面临着许多新的形势。

1. 人道事业面临的形势日益复杂，对外援助的任务越来越重

当今世界的人道需求发生了深刻的变化，人道危机此起彼伏，人道事

业面临着严峻的挑战。一是全球发展环境依然十分严峻。国际金融危机影响尚未消退，国际经济发展不平衡现象日趋严重，南北贫富差距持续拉大。二是传统的和非传统的人道危机相互交织，既要面对局部战争、武装冲突、自然灾害等传统的人道威胁，更要应对包括气候变化、环境恶化、粮食、水和能源危机、公共卫生、恐怖主义、核威胁、人口迁移等非传统的全球性的人道挑战。三是人道事务与各类安全问题的联系越来越紧密。如"水资源安全""能源安全""环境安全""卫生安全"等，人道工作已经被上升到包括国家安全和国际安全的高度，人道工作和安全议题挂钩成为全球化现象。

面对全球急迫而巨大的人道需求，世界各国都加大了对人道援助的重视程度，资金持续增长即表明各国加大了对人道援助的重视程度，国际人道援助资金量呈现逐年上升的趋势，人道援助的重要性与日俱增。

2. 人道与发展的联系日益紧密，非紧急状态下改善民生援助的比重越来越高

在当今世界，许多人道危机往往与一个国家所面临的发展危机，如资源匮乏、高失业率、贫富差距拉大、公信力缺乏等，不可分割；人道事务也与一个国家的中长期社会经济发展不可分割。许多人道问题就是由于发展的问题所引起，而发展问题如果不能得到很好的解决，人道的问题也将更加严重。人道工作的有效开展有助于国家减少贫困、促进发展和稳定政局。人道事业不仅体现在维护人的生命和健康，也体现在关怀人的幸福和维护人的权益，提高弱势人群的可持续发展能力，降低自然灾害等紧急状况可能导致的各类风险等方面。人道事务不再仅仅是对现有发展政策的暂时补充，而且必须与发展问题同步考虑和设计。在国际社会，人道援助已被纳入包括可持续发展、千年发展目标、气候变化等在内的更广泛的全球发展议程。在这种情况下，人道援助的理念和内容不断丰富，从传统的以救灾备灾、紧急救援、应急救护为主导，逐步扩展到生计发展、增强社区恢复力、推动社区治理、保障脆弱群体权利等社会救助和社会建设领域，以及生命安全和健康促进领域，而且发展援助的重要性和比重日益提高。

3. 援助主体多元化的趋势日益明显，社会组织参与的空间越来越大

当前，随着公民社会的快速兴起和治理理念在世界范围的广泛传播，对外

援助主体多元化已经成为当前发达国家开展对外援助的显著趋势和鲜明特点，越来越多的社会组织，特别是国际性社会组织，成为发展援助的积极参与者和重要执行方，政府部门的职责逐步向统筹规划、组织协调、提供资金、监督管理等方面转变。许多发达国家都通过立法和鼓励政策，引导本国企业、非政府组织和志愿者参与或配合本国政府对目标国家提供和实施援助计划。据了解，目前国际上对外援助工作水平较高的加拿大、挪威、美国等国家的红十字会都与本国官方发展援助的主管部门建立了长期伙伴关系，每年都从政府官方援助资金中获得大量资助，在政府统筹指导下独立开展各种援助项目。并且，官方援助资金在这些国家红十字会对外援助工作中发挥着主渠道的作用。例如，澳大利亚红会每年用于开展国际援助资金达 2 亿元人民币，其中 70% 以上的资金来自于政府官方援助资金，即由澳大利亚国际发展部支持（Australia Agency of International Development，简称 AusAID）。

（二）中国红十字会开展对外援助的独特优势

红十字组织在国际援助方面具有许多特殊的、不可替代的优势和特点，主要体现如下。

1. 旗帜性的引领地位

红十字运动是当今世界上历史最悠久、覆盖最广泛、影响最深远的国际人道事业，至今已经有 150 年的历史。自诞生以来，红十字运动在各个历史时期始终站在全球人道领域的最前沿，为保护人的生命和健康、保证人类的尊严、促进和平进步事业做出了重要的贡献，发挥了不可替代的作用。灾难中，红十字是救死扶伤的天使；饥荒里，红十字是起死回生的希望。在人道主义思想基础上，红十字运动创造了独特的红十字精神和文化，形成了"人道、公正、中立、独立、志愿服务、统一、普遍"的基本原则，还建立了国际人道法的法律体系。红十字不仅是一种精神，更是一面旗帜，跨越国界、种族、信仰，引领着世界范围内的人道主义活动。在国际救援方面更是发挥着独特的、重要的、不可替代的引领性作用。

2. 专业化的援助体系

动员人道力量，改善最易受损害群体的境况是红十字运动的根本目标。凭借其 150 年的悠久历史，红十字会已经成为人道援助领域最具经验和最专业的组织。作为政府的助手，各国红会在世界各地几乎总是对灾害做出第一时间的响应。在我国和其他许多国家，国家红会是发挥引领作用的组织，在国家灾害管理系统中扮演者重要的角色，其中包括备灾、救灾和灾后重建等。在灾害发生后的搜索、救援、应急救援、卫生服务，提供食品和非食品救济物品、住所、水、卫生设备、心理支持，查人转信及社区重建等工作方面，红会系统都具有经受过系统培训、经验丰富的高度专业化的人才队伍，以及专业的设备和储备、物流系统。由于专业化程度高，红会系统在灾害救援、救助等方面往往具有更高的效率。

3. 国际化的援助网络

目前，国际红十字会和红新月会联合会已经成为世界上最大的国际人道组织网络，加入的国家红会已经达到 190 个。世界上几乎任何一个国家都有红十字组织，没有其他国际组织拥有如此广泛的国际网络。国际联合会在协调和调动国际援助和灾难响应资源方面发挥着重要作用。国际联合会每年会发出 25～30 个灾害国际紧急呼吁，或动用较小规模的救灾应急基金。而且，国际联合会发起、倡导了很多有关人道和发展议题的全球性战略对话，在国际世界具有独特而广泛的影响。借助各个国家红会、国际委员会（ICRC）和国际联合会（IFRC）的庞大网络，可以将双边援助和多边援助的优势结合起来，援助的需求调查、沟通协调、督导执行、效果评估等都会更加方便、快捷、有效，并节省大量成本。

4. 社区化的援助基础

志愿服务是红十字运动的基本原则之一，也是红十字运动的无私天赋。根据国际联合会的统计，目前全世界有 1 亿多名红十字会和红新月会志愿者和会员，其中有 1300 多万非常活跃的志愿者，带来每年高达 60 亿美金的贡献。国家红会、红会分支机构、社区志愿者和志愿者组织共同构成了国家的红十字志愿服务网络。这些志愿者组织都扎根在社区、服务在社区，是重要的社区社会组织。社区志愿者能够在灾害发生时做出立即响应，也能够在促进社区发展方面发挥巨大作用，例如在社区开展健康计划（包括母婴健康、疟疾、结核病、艾滋病防治项目等）、备灾、减灾、能力建设、宣扬人道价值等。任何交流和感情，最终都是人与人之间的交流和感情。扎实的社区基础可以将援助直接深入受援国家的基层社区，在民众中产生广泛影响，加深援助国和受援国民间的了解、信任和感情，夯实国家间友好交往的民意基础。

（三）中国红十字会对外援助存在的主要问题

目前从中国红十字会对外援助来看，上述优势和潜力尚未得到充分发挥，主要表现在以下方面。

一是中国红十字会执行的对外援助工作总量少、在国家对外援助体系中所占比重低。与发达国家红会相比，中国红十字会每年执行的对外援助资金数额很少，仅为美国的0.18%，英国的3.7%（见图1）。根据国务院新闻办公室2011年发表的《中国的对外援助》白皮书统计，截至2009年底，中国累计对外提供援助资金达2562.9亿元人民币。按此估算，中国红十字会对外援助仅占全国的0.08%。而发达国家红会基本上占到1%~4%（见图2）。联合国人道主义事务协调办公室统计数据显示，中国在人道领域的对外援助资金从2000年的约597万美元上升到2011年的8692万美元，增幅近14倍，而中国红十字会每年执行的对外援助总额仅占9%。

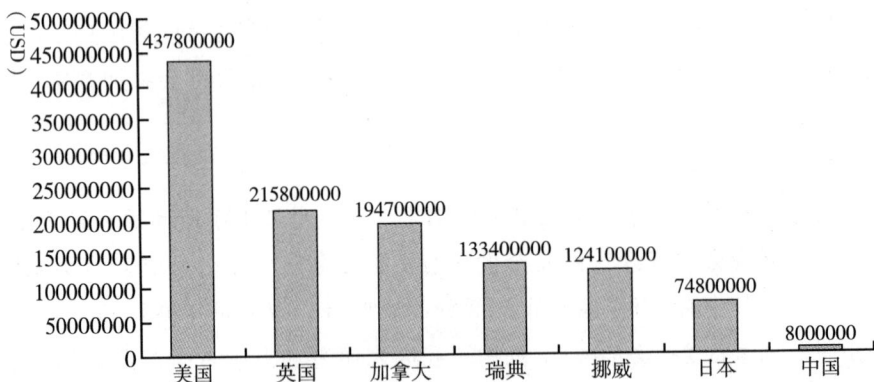

图1 各国红会对外援助资金总额比较（美元，2012年）

二是援助的方式单一，绝大部分是灾害紧急情况下的人道主义援助，占援助总额的80%~90%，其他类型的非紧急援助只占10%~20%。

三是政府支持资金少，大部分依靠社会捐赠和红十字会自筹。来自商务

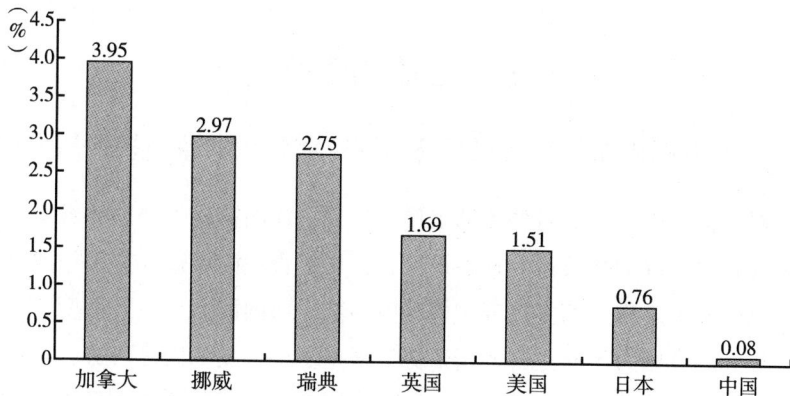

图2　红会占各国对外援助资金的百分比比较

部、外交部等政府部门的援助资金仅占红十字会对外援助总额的40%，远远低于发达国家60%～90%的比重（见图3）。

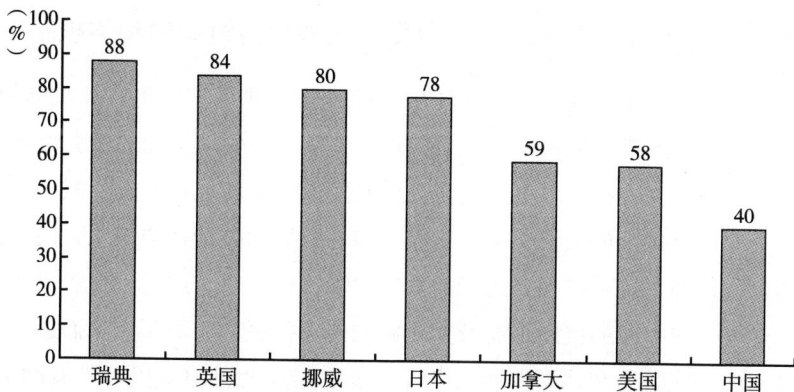

图3　红会对外援助资金中政府支持资金比例比较

四是社区发展项目几乎为空白，援助效果不够理想。无论是紧急援助还是非紧急援助领域，中国红十字会的对外援助的90%都是以捐赠资金、物资的方式实现。援助的资金和物资由受援国家接收后，中方基本上不再参与资金和物资的使用环节，很多援助效果很好，但受援国民众对援助的来源并不了解，没有起到提高我国国际声誉的作用，也没能发挥红十字会作为社会组织在贴近民众、促进社区发展、改善民生方面的优势和特点。

三　思路与建议

（一）重视和加强社会组织参与国家对外援助政策的顶层设计

针对社会组织执行的对外援助工作总量少、在国家对外援助体系中所占比重低的现状，建议加强政策的顶层设计，密切配合我国周边外交工作战略，积极参与国际救援工作，切实提升国内政府多部门协同能力。一方面要适应我国国际地位和综合国力不断上升的新形势，根据复杂多变的国际形势，增强人道外交政策的议题建构能力和话语权，争取在国家重大国际战略中做出回应，发出自己的声音，以更多、更好和更深入地承担中国对外援助工作，扩大社会组织的国内和国际影响力。另一方面要将社区建设、民生发展方面的项目纳入对外援助的重点领域，增加这方面的项目数量和资金比例，从信息发布、渠道提供、能力建设等方面对社会组织进行统一的规划、引导、支持和管理。

（二）加大公共财政的投入力度，完善社会组织的参与机制

新形势下，我国对外援助事业任重道远，急需进一步优化对外援助结构。特别是近年来，人道主义援助、社会建设、民生发展领域援助的重要性日益凸显，比重日益提高。在这方面，应充分借鉴发达国家的成功经验，减少直接将援助资金交给受援国的做法，而是积极支持、引导和鼓励社会组织开展和执行援助项目。这种方式可以提升援助的真实性和执行效率，还可以促进民心相通和文化交流，使中国的援助理念及文化影响传播得更广、更深，从而进一步推动国家间的文化融合和共同发展。应进一步增加社会组织承担对外援助资金、项目的比重，提高政府资金支持的力度。将有能力、有意愿、条件成熟的骨干社会组织纳入对外援助部际协调机制，提升多部门协同能力，多方联动，形成合力，进一步健全援外运行机制的调研、评估、决策、执行、监督等关键环节，强化对外援助领域的发展战略规划、政策制定和制度建设。同时，要进一步完善社会组织参与国家对外人道主义援助的申报及审核机制，提倡采用项目招投标的方式，以市场化操作吸引社会组织参与，以透明的方式进行援助资金的分配。赋予社会组织更多的自主权，调动其积极性，鼓励社会组织为我国的对外援助事业做出更大的贡献。

（三）以促进共同发展为目标，在对外援助中突出"中国特色"

在对外援助工作中，要逐步突破单一的紧急灾害救援模式，着力构建集人道救援与发展援助为一体的新型对外援助体系。在充分考虑受援国条件、需求等实际情况的基础上，注重借鉴和推广中国发展经验，促进发展中国家的备灾减灾、灾后恢复和长期发展。中国社会组织的对外人道主义援助应当同西方国家有所区别，创出有中国特色的民间人道主义援助。同西方国家普遍强调民主、人权，重视"援助有效性"相比，我国更应在对外人道主义援助中强调共同发展，推进"发展有效性"的实现。可以将中国独特的文化、发展模式与经验融入对外人道主义援助中，通过人才培养、技术培训、经验交流等方式推动发展中国家发展能力的建设，真正帮助它们脱贫致富。同时，加强人道援助领域的国际交流，推动南北合作和南南合作。

（四）加强自身组织和能力建设，提升社会组织国际合作专业化水平

一是要提升社会组织专业化救援能力，参与国际合作的社会组织应根据不同的服务领域和特长，组织建立专业的人道救援、社会发展、教育医疗、妇女儿童保护、公共卫生等方面的专业团队，构建立体的救援和援助体系。二是加强透明和问责机制建设。社会组织需要加强透明度的制度建设和可操作性规定，以便越来越多的来自私人或私营部门的捐助可以追溯资金流向和项目效果，为未来的筹资工作打下制度化基础，保证国际援助项目的成本效益以及杜绝腐败。三是加强支撑体系构建，积极探索并不断丰富社会组织对外援助人才培养的有效途径。要加强有关国际组织、发达国家社会组织的密切联系，以获取人力资源支持，培养和储备中国社会组织开展对外援助的专门人才；加强与国内高校和研究机构合作，争取智力支持。

参考文献

文中主要数据来源于中国红十字会总会联络部所做的调研和工作统计。

燕玉叶：《国际人道主义援助机制：中国的作用》，第六届全国国际关系、国际政治博士

生学术论坛，参见网页 http：//www. charhar. org. cn/newsinfo. aspx？newsid ＝ 6560Global Humanitarian assistance report 2013，http：//www. globalhumanitarianassistance. org/，pp. 11 –23。

吕晓莉：《中国非政府组织在民间外交领域的作用研究》，《中国治理评论》2013 年第 1 期。

刘鸿武、黄梅波：《中国对外援助与国际责任的战略研究》，中国社会科学出版社，2013。

中国红十字会对外人道主义援助战略研究课题组：《中国红十字会对外人道主义援助战略研究》。

中国社会组织党的建设：理论、路径与政策选择*

游 斐　曾树群**

摘　要：　中国语境下，社会组织党的建设，是党的建设新的伟大工程的基础环节，是党和政府联系、服务、组织群众的桥梁和纽带，事关党的事业、国家治理与人民福祉。2015年9月28日，中共中央办公厅印发《关于加强社会组织党的建设工作的意见（试行）》（中办发〔2015〕51号文），为社会组织党的建设工作指明了方向，也开启了社会组织党的建设工作的广阔空间。新形势下，加强社会组织党的建设，需要站在党和国家的战略高度，加强顶层设计，深化政社合作，激发社会活力，加快建立社会组织党的建设制度政策体系，构建现代社会组织党的建设体制机制，形成社会组织党的建设支持保障体系，全面提升社会组织党的建设科学化水平。

关键词：　社会组织　党的建设　执政生态链　适应性革新　四维治理模型

中国语境下，社会组织党的建设，是党的建设新的伟大工程的基础环节，是党和政府组织群众、服务群众、联系群众的桥梁和纽带。加强社会组织党的

---

* 本文为国家社科基金项目"中国 NGO 走向世界研究"（15BGJ002）的阶段性研究成果。
** 游斐，清华大学清华－布鲁金斯公共政策研究中心访问学者；曾树群，北京师范大学中国社会管理研究院/社会学院硕士研究生、国际 NGO 与基金会研究中心研究助理。

建设，是全面提高党的建设科学化水平的重要内容，也是新常态下全面推进党的建设工作面临的一个全新课题。2015 年 9 月 28 日，中共中央办公厅印发《关于加强社会组织党的建设工作的意见（试行）》（中办发〔2015〕51 号），从总体要求、功能定位、体制机制、作用发挥等方面，为社会组织党的建设工作指明了方向，也开启了社会组织党的建设工作的广阔空间。新形势下，中国共产党人夯实社会组织党的建设的理论基础、探索社会组织党的建设的现实路径、构建社会组织党的建设的政策框架，事关党的事业发展、国家治理以及人民福祉。

一　中国社会组织党的建设的理论基础

（一）概念框架

1. "社会组织"的内涵、外延

"社会组织"，是一个中国特色的概念。从语义学上，它属于 NGO 范畴，是中国语境下的 NGO。在中国，社会组织有广义与侠义之分：狭义上，主要涵盖社会团体、基金会、民办非企业单位、城乡社区社会组织和社会中介组织等；广义上，则涉及（如图 1）与政府、市场相对的社会部分，通常也称"第三部门"。而且实践中除了与政府、市场的相对部分，也延伸至与第一、第二部门相交叉的部分。也正是在这一意义上，"社会组织党的建设"语境下的"社会组织"，除了涵盖狭义的细分对象外，也涵盖广义的内容，这也更符合整体性、系统观、生态分析的内在逻辑及现实情况。

2. "党的建设"的内涵、外延

"党的建设"，简称党建，中国语境下，其中的"党"，指中国共产党或民主党派，通常特指中国共产党；其中的"建设"，指组织体系和各项工作的统称，涵盖思想、组织、作风、制度、廉政、能力建设等。新中国成立以来，从制度层面讲，中国实行的政党制度①是中国多党合作制度，即中国共产党领导

---

① 中华人民共和国国务院新闻办公室：《中国的政党制度》，2007 年 11 月，http://www.humanrights.cn/html/2014/3_ 0605/8. html。

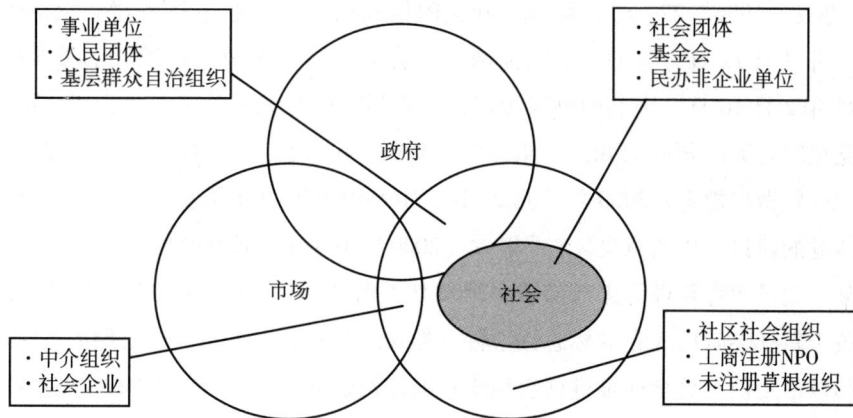

图1　中国社会组织范畴与类型

的多党合作和政治协商制度，中国多党合作制度中包括中国共产党和八个民主
党派。中国多党合作制度中，中国共产党与各民主党派共同致力于建设中国特
色社会主义，形成了"共产党领导、多党派合作，共产党执政、多党派参政"
的基本特征和格局。中国多党合作制度的价值和功能主要包括：政治参与、利
益表达、社会整合、民主监督与维护稳定。其中，无论是执政党还是参政党，
不管是思想建设、组织建设、作风建设，还是制度建设、廉政建设、能力建
设，都是为了最终更好地实现上述价值和功能，对于作为执政党的中国共产党
尤其如此。新的历史条件下，作为执政党，中国共产党面临着更加繁重的党的
建设任务，从根本上就是要扩大公民有序政治参与，拓宽社会利益表达渠道，
加强社会共同体建设，促进社会和谐发展，这其中加强社会组织党的建设是其
必然的题中之义。

　　3. "社会组织党的建设"的内涵、外延

　　"社会组织党的建设"，即社会组织党建，是指在社会组织中开展党的建
设工作，涉及体系建设、能力提升、作用发挥等方面，包括思想、组织、作
风、制度、廉政、能力建设等内容。1994年9月28日，党的十四届四中全会
做出"党的建设新的伟大工程"的战略部署，第一次提出"各种新建立的经
济组织和社会组织日益增多，需要从实际出发建立党的组织"；1996年，中
办、国办联合印发《关于加强社会团体和民办非企业单位管理工作的通知》

221

（中办发〔1996〕22 号），要求在社会团体和民办非企业单位中建立党组织；1997 年 9 月 12 日，党的十五大强调"培育和发展社会中介组织"的重要性；1998 年 2 月 16 日，中共中央组织部、民政部联合发布《关于在社会团体中建立党组织有关问题的通知》（组通字〔1998〕6 号），对在社会团体中建立党组织问题做出规定；2000 年 7 月 21 日，中共中央组织部印发《关于加强社会团体党的建设工作的意见》（中组发〔2000〕10 号），对社会团体党组织职责任务、党员教育管理等进行部署；2002 年 5 月 31 日，江泽民"5·31"讲话，是关于新社会阶层入党的标志性事件，是对改革开放以来新社会阶层的政治肯定与政治定位，是全面推进社会组织党的建设的分水岭，成为中国共产党现代化建设的重要组成部分与时代性标志之一；《关于加强社会组织党的建设工作的意见（试行）》，除了将党的建设从社会团体拓展到基金会和民办非企业单位之外，还明确将城乡社区社会组织和社会中介组织纳入社会组织党的建设之中，不但丰富了社会组织的内涵、外延，也进一步拓展了社会组织党的建设的内涵、外延。

（二）理论源流

1. 基层党的建设

基层党的建设，即基层党建，是党的基层组织和党的基层工作的统称，涉及党的基层体系建设、能力提升和作用发挥等方面，具体包括思想建设、组织建设、作风建设、制度建设、廉政建设、能力建设等内容。无论是从政党发生学上，还是从政党本质上，中国共产党都是一种群众党（mass party），是扎根基层、服务基层的政党；新中国成立后，中国共产党又是以全心全意为人民服务为根本宗旨的执政党，具有"一切为了群众，一切依靠群众，从群众中来，到群众中去"的基本属性。中国共产党历来重视党的基层组织和党的基层工作。无论是革命、建设、改革时期，还是开启创新时代，中国共产党都始终重视加强党的基层建设。实践证明，凡是基层党的建设夯实、充满活力之时，党的事业就容易取得成功，凡是基层党的建设疲软、涣散无力之时，党的事业就容易遭受挫折。基层党的建设，是"党的建设新的伟大工程"的基础工程；社会组织党的建设，是基层党的建设的新兴领域，是中国共产党与时俱进的基础环节。

2. 社会领域党的建设

社会领域党的建设，简称社会领域党建，是社会领域党的组织和党的工作的统称，涉及社区（村）、社会组织、非公有制经济组织和流动人口等社会领域党的建设工作。改革开放以来，特别是进入21世纪以来，随着现代化、信息化、低碳化、全球化发展，社会结构深入变迁、社会分层不断加剧，特别是传统单位制加速解体，"单位人"变成"社会人"，新型社会组织、经济组织大量涌现，党的基层组织所处环境、担负任务、工作条件和自身状况发生深刻变化，传统党建领域和党建模式面临着多重挑战和深入冲击，迫切需要加强社会领域党的建设工作，扩大新社会阶层中党的组织覆盖面和工作覆盖面。2008年9月17日，北京市开创性地提出"社会领域党建"① 的概念，明确了社会领域党组织的基本范畴、主要职责与活动路径。截至2016年2月，"社会领域党建"的概念逐步为上海、广东、贵州等省份以南京、大庆等市所使用和推广。社会组织党的建设，是社会领域党的建设的基本部分；社会领域党的建设，属于基层党的建设范畴。

3. "两新"组织党的建设

"两新"组织党的建设，简称"两新"组织党建，是"两新"组织党的组织和党的工作的统称，包括新社会组织党的建设和新经济组织党的建设。1994年9月28日，中共十四届四中全会部署"党的建设新的伟大工程"战略时强调："各种新建立的经济组织和社会组织日益增多，需要从实际出发建立党的组织，开展党的活动"，是关于开展"新建立的经济组织和社会组织"党的建设的最早提法；2002年11月8日，党的十六大首次把非公有制经济组织中党组织职责写入党章，把"加强非公有制企业党的建设"作为做好基层党建工作的一项重要举措；2004年9月19日，中共十六届四中全会强调："加大在新经济组织、新社会组织中建立党组织的工作力度，探索党组织和党员发挥作用的方法和途径"，第一次正式提出"新经济组织""新社会组织"概念；2009年9月18日，中共十七届四中全会论及"非公有制经济组织""新社会组织"时，以"非公有制经济组织"替代"新经济组织"，此后"非公有制经

---

① 《中共北京市委关于进一步加强和改进社会领域党建工作的意见》（京发〔2008〕19号），2008年9月17日。

济组织"成为替代"新经济组织""非公有制企业"的正式提法，"新社会组织"也因"社会组织"本身更周延而规范为"社会组织"称谓。可见，社会组织党的建设，是"两新"组织党的建设的分支之一；社会领域党的建设，涵盖"两新"组织党的建设；"两新"组织党的建设，自然也属于基层党的建设范畴。

（三）内在逻辑

1. 执政生态链

中国语境下，社会组织党的建设，应该纳入中国共产党执政行为的分析框架。现代政治是政党政治，中共执政行为遵循"E-S-B（环境－主体－行为）"的基本逻辑。这一基本逻辑，是对"S-R（刺激－反应）"模型和"O-A（目标－行动）"模型的扬弃以及"S-O-R（刺激－有机体－反应）"模型的提升；而且，从生态、生命学上，它不仅是一种命运、利益、责任一体的共同体，更是一种动态、开放、有机发展的连续体（continuum），既强调主体选择性与回应性的统一，也强调主体与环境的多维互动。作为执政党，从生命行为体上讲，中国共产党的建设发展必然遵循执政生态链（如图2）的基本路径。执政生态链，是中共推进执政行为的逻辑进程和运行平台，为执政行为提供基本方向和整体规划。现状、适应性革新、愿景共同构成执政生态链的三大核心要素。其中，执政现状是起点，涉及执政生态基本状况与存在问题，关键是影响执政生态的矛盾因素、变化因素和惯性因素（阻力因素）；适应性革新是执政生态链的核心环节，是基于组织、信息驱动、面向流程的创新性变革过程和手段，它是一个系统工程，涉及组织、流程、IT的革新，以及革新的过程、风险管理；执政愿景是可预见、可规划、可操作的执政目标，是执政党执政使命的时代化、具体化分解，是执政生态链阶段性目标状态，体现在现实层面即为执政战略。

2. 适应性革新

作为执政党，从生态学上，中国共产党涉及中央、公职、基层三大子系统，其中基层子系统尤为重要，直接关系执政党的执政基础、群众基础和社会基础。改革开放以来，随着社会结构分化、文化世俗化、沟通信息化的深入变迁，中国共产党作为执政党，亟待加强和完善基层子系统建设，特别是社区、

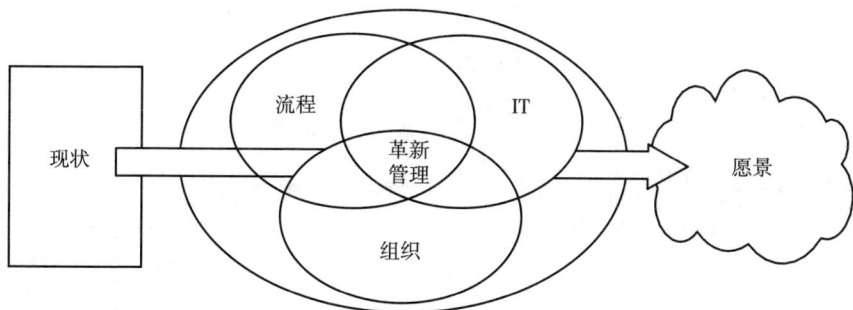

图2　执政生态链

"两新"组织、流动人口等基层党组织建设。执政生态链中，结合适应性革新的逻辑进程（如图3），中国共产党执政愿景涉及三个关键因素：一个是内源性变化所引起的内源性动力；一个是外源性变化所引起的外源性动力；一个是消解内源性变化与外源性变化之间张力，推进内源性适应（重在实现执政目标的效率性，efficiency）和外源性适应（重在对环境的回应性，responsiveness）最佳匹配，并在执政使命时代化具体化选择与特定历史－社会－文化－地缘条件的现实结合中，实现基于效率（efficiency）、效果（effect）、效能（efficacy）内在统一的执政有效性（effectiveness）。换言之，中国共产党执政进程涉及两个依据：一个是执政主体的执政使命及其时代化、具体化选择；一个是来自渠道和言论反馈的社会需求、社会压力。这两者在特定的历史－社会－文化－地缘条件下共同汇成执政党持续推进自身、国家和社会发展的两股动力。加强社会组织党的建设，既是吸纳新生社会力量、新社会阶层的必然选择，也是回应社会需求、社会压力的客观需要。

3. 四维治理结构

中国共产党执政进程中，生长出科学治理的基础架构：四维模型（如图4）。早在1877年，摩尔根在《古代社会》中提出，人类治理自身的形式有两种：一种是社会组织，以氏族、胞族、部族为基础；一种是政治组织，以地域和财产为基础。2002年，王沪宁进一步提出，在第二种形式中应加入公共权威。① 这两位学者都是从历史的纵向揭示人类治理自身形式变迁的内涵与进

————————

① 王沪宁：《比较政治分析》，上海：上海人民出版社，1987，第6～7页。

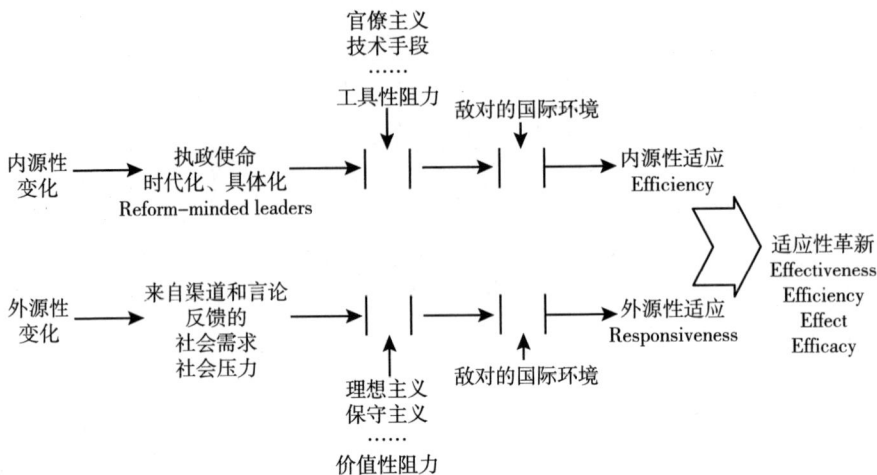

图3 适应性革新

注：图中垂直线表示因果关系的潜在中断。

程。相应地，如果加以历史的横向考查可以发现，在其后的社会演进中，社会组织、政治组织、公共权威往往是共存与交互的。特别是，现代政党政治下，伴随着市场经济的深入发展，市场也上升为一种对社会生产起引擎和要素配置作用的治理手段，于是形成了执政党、政府组织、市场组织、社会组织合力的治理态势和治理结构。其中，在权力配置上，这一架构是一核心（执政党）、双轨（党内治理＋党外治理、自律＋他律）、三主体（执政主体、公共权威与自然主体）、四维（执政党、政府、市场、社会）的统一体；在治理手段上，政府治理中贯穿立法、行政、司法、政协（事实上的准国家机构）四条体制性治理线索，市场治理中贯穿着市场规律对市场主体（主要是企业）驱动与规约的惯性线索，社会治理中贯穿着社会组织、居民（社区）、村民（乡村）三条公民自治线索。从本质上，社会组织党的建设，既是四维模型逻辑框架下共同体建设的必然选择，也是构建全民共建共享社会治理格局的现实路径。①

---

① 游斐：《中国共产党执政行为的分析框架》，北京大学出版社，2002，第150、290、369页。

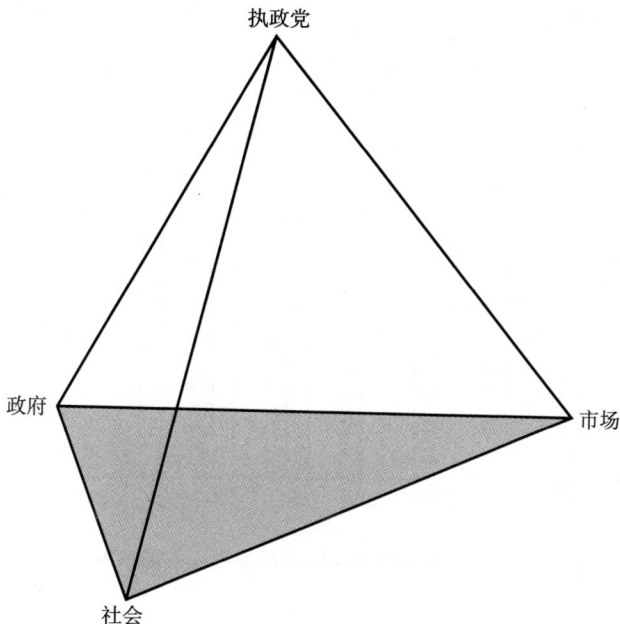

图 4　四维治理模型

二　中国社会组织党的建设的现实路径

（一）现状概述

1. 社会组织发展概况

改革开放特别是进入 21 世纪以来，中国社会组织发展迅速（如图 5），社会组织在政治、经济、社会、科技、文化、教育等领域发挥着日益重要的作用，已经成为中国经济社会发展中一支不可忽视的力量。根据中国民政部 2016 年 2 月 16 日发布的 2015 年第四季度社会服务发展统计季报，截至 2015 年底，中国社会组织达 65.7 万个，其中社会团体 32.6 万个，民办非企业单位 32.7 万个，基金会 4719 个。① 2014 年，中央财政全年共立项 448 个，立项总

---

① 民政部：《2015 年 4 季度全国社会服务统计数据（2016 年 2 月 16 日发布）》，http：//www. mca. gov. cn/article/sj/tjjb/qgsj/201602/20160200880171. htm。

资金 2 亿元，配套资金 1.66 亿元，用于支持社会组织服务社会，直接受益群众超过 235 万，培训社会组织负责人近 2 万。[①]

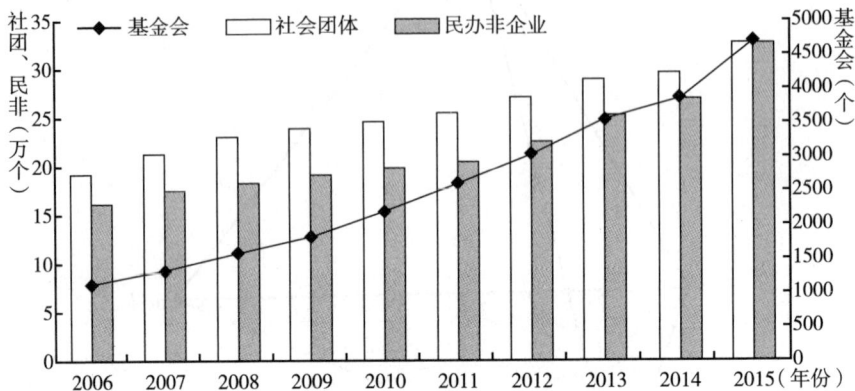

图 5　2006～2015 年中国社会组织发展情况

2. 社会组织党组织发展概况

伴随着中共十四届四中全会部署"党的建设新的伟大工程"战略、提出"新建立社会组织需要建立党组织"要求，经过 20 余年的实践探索，党的基层组织建设特别是社会组织党组织发展取得了丰硕成果。中组部党内统计数据显示，截至 2012 年底，中国共产党共成立 420 万个基层党组织，其中，约 3.95 万个民办非企业单位和 4.03 万个社会团体建立了党组织；截至 2013 年底，中国共产党建立基层组织 430.4 万个，其中全国 27.5 万个社会组织中 11.5 万个已建立党组织；[②] 截至 2014 年底，党的基层组织达 436.0 万个，其中全国 43.9 万个社会组织中 18.4 万个已建立党组织。[③] 从中不难看出，中组部纵向数据显示，伴随着基层党组织覆盖率持续提高，社会组织党组织覆盖面保持了同比率（41.9%）发展态势；但对比中组部与民政部数据发现，以

[①] 中华人民共和国国务院新闻办公室：《2014 年中国人权事业的进展（2015 年 6 月）》，http：//www. humanrights. cn/html/2015/4_ 0608/5648. html。

[②] 《2013 年中国共产党党内统计公报》，http：//news. xinhuanet. com/politics/2014 - 06/30/c_ 1111378609. htm。

[③] 《2014 年中国共产党党内统计公报》，http：//dangjian. people. com. cn/n/2015/0629/c117092 - 27226541. html。

2014 年为例，民政部统计社会组织总数（60.6 万个）远高于中组部掌握数据（43.9 万个），若以这两个统计基数为准，可以推出社会组织党组织组建率分别是 30.4%、41.9%。这说明，社会组织党的建设，不仅进入一个发展拐点，而且任重道远、非常紧迫。加强社会组织党的建设，除了需要继续纳入"党的建设新的伟大工程"统筹推进外，还需要以改革创新精神探求突破性进展。

3. 加强社会组织党的建设的意义

加强社会组织党的建设，是党的建设新的伟大工程的基础环节，是加强党的阶级基础、扩大党的群众基础、夯实党的执政基础的一项重要任务。一是加快中国共产党自身现代化建设的内在要求。随着改革开放的深入，社会组织已成为社会主义现代化建设的重要力量，及时吸纳新社会阶层、社会组织先进分子入党，是中国共产党加快自身现代化的内在要求。二是发挥社会组织功能与作用的现实选择。加强社会组织党的建设，对于发挥党组织政治引领、政治核心作用，更好地凝聚广大社会组织的智慧和力量，对于凝聚民心、促进民生、反映民意、推进民主，对于深化社会改革、推进社会治理、加强社会建设，关系重大。三是改变社会组织党的建设薄弱状况的迫切需要。2009 年之前，社会组织党组织仅有 2.56 万个，总体覆盖率不足 6%。① 已建党组织，活动不多，作用不佳，党的工作十分薄弱。近年来，社会组织党的建设取得了一定进展，但是相对于社会组织自身快速发展，也明显滞后。

（二）主要做法

1994 年 9 月，党的十四届四中全会以来，中国各地社会组织党的建设工作大体形成了三类模式："依托民政、集中管理、多方推进"式、"单设机构、以条为主、'枢纽'管理"式以及"组织部门牵头、业务主管单位负责、民政部门协助"式。具体而言，主要涉及以下几种地方探索。

1. 上海模式

2003 年 8 月，中共上海市社会工作委员会成立，负责新社会组织、新经济组织党的工作。经过 10 多年的探索，上海市近年来结合社会组织快速增长

---

① 民政部社会组织创先争优活动指导小组办公室：《加强社会组织党的建设的实践与思考》，《全国创先争优理论研讨会论文集（中）》，党建读物出版社，2012，第 1006 页。

情况，着眼于建立纵横结合、上下贯通的社会组织党建工作体制机制。建立逐级分类领导体系，在市级层面及各区县建立社会组织党建工作机构，负责社会组织党建工作指导，区别不同行业、不同领域理顺党组织隶属关系，形成"三级联动、条块结合"的管理格局。对符合条件的社团、基金会、中介、民非，独立组建党组织；对规模小、流动快、人数少的社会组织，依托楼宇、园区、流通市场等区域性党组织，抓大促小联合组建党组织；对面广量大、行业特征明显的社会组织，按照"以民管民"的思路，建立联合会党委及所辖社会组织党组织；对未注册登记、仅在街镇备案的群众团体和社区组织，依托街镇党组织，建立片区党组织，选派党群工作者，开展党的工作，实行布点划片工作托底。建立联席会议制度，成立市委组织部牵头，各个市委工作党委、市社团局等参与的社会组织党的建设工作联席会，定期研究、推进社会组织党的建设工作。建立社会组织党的建设工作制度，将党组织关系、党建联络员、党的工作等纳入社会组织注册审核、年度检查之中。建立社会组织党的建设工作责任制，纳入基层党建责任检查和区县、街镇书记述职评议内容，确保行业协会商会行政脱钩中党建责任脱钩不脱管。[①]

2. 北京模式

2007 年 12 月 2 日，中共北京市社会工作委员会成立，将社会组织党的建设纳入工作范畴。2008 年 9 月 17 日，北京市委出台《关于进一步加强和改进社会领域党建工作的意见》，提出建立以分类管理为主的社会组织党的建设工作管理体制。从 2008 年开始，北京市在同类别、同性质、同领域的社会组织中认定或组建"枢纽型"社会组织，通过带有联盟性质的大型联合组织搭建平台，对相关社会组织进行联系、服务、整合和引领。2010 年开始，北京市在深入推动"枢纽型"社会组织体系建设的同时，同步依托"枢纽型"社会组织体系，建立社会组织党建"3 + 1"工作模式，即在各"枢纽型"社会组织中，成立 3 个组织形式（社会组织党的建设工作委员会、党的建设工作部门、社会组织党组织），建立 1 个工作机制（党的建设工作例会制度）；在体制上，北京市基本形成了党委统一领导、组织部门牵头抓总、社会工委具体指导、相关部门齐抓共管的社会组织党的建设工作格局。从 2016 年开始，北京

---

① 沪组：《上海抓牢抓实社会组织党建》，《中国组织人事报》2015 年 11 月 23 日，第 5 版。

市将社会组织党建"3＋1"模式纳入"点、线、面系统推进工程"，坚持分类管理、"线"上推进社会组织党组织和党的工作有效覆盖，全面加强社会领域党的建设工作。

3. 宁夏模式

2008 年，宁夏回族自治区党委办公厅发布《关于加强社会组织党建工作的意见》，为加强社会组织党的建设工作创造政策环境。2010 年，宁夏依托民政部门成立专门的社会组织党工委，实现自治区、市、县三级社会组织工委全覆盖。① 通过统合党工委与民政体系，发挥民政的资源、信息、队伍优势，也为社会组织"双重"管理体制改革预留制度接口。同时，按照类别确定党组织隶属关系，对于规模大、社会影响广的社会团体、医院、学校等采取归口管理模式，接受业务主管部门指导；对于注册会计师、律师、资产评估师等专业协会，建立行业党委，采取专职管理模式，接受业务主管单位领导；对于城乡社区社会组织采取属地管理模式，实行区域兜底。建立社会组织党的建设工作联席会议制度，由党委、政府分管领导负责召集，组织、宣传、民政、经委、司法、工商等部门参加，形成党委领导、组织部门抓总、社会组织党工委牵头、业务主管单位（社会组织党委）具体负责的社会组织党的建设工作体制。②

4. 广东模式

2009 年 3 月，广东省率先在全国成立省级社会组织党工委，负责领导全省行业协会及无业务主管单位社会组织党的建设工作，指导、统筹、协调归属各级民政部门管理的社会组织和归属省直单位业务对口管理的社会组织党的建设工作。近年来，广东省伴随着机构改革进程，不断推进社会组织党的建设工作创新，截至 2015 年 12 月，全省 21 个地级市和绝大多数县（市、区）成立社会组织党工委，大多数地方挂靠民政部门成立社会组织党委，形成党委领导、组织部门抓总、民政部门牵头、业务主管单位各司其职的社会组织党的建设工作格局，而且省级社会组织也建立了社会组织党委－行业协会党委（总

① 尤晓刚：《宁夏社会组织党建工作影响力的现状、问题及对策》，《中国社会组织》2013 年第 6 期，第 26～28 页。

② 李俊章：《宁夏：加强党建工作，促进社会组织健康发展》，《中国社会报》2015 年 11 月 6 日，第 8 版。

支）－分支机构党支部三级管理体制。① 其中，深圳市 2007 年和 2013 年两次出台加强社会组织党建工作的意见，探索建立"党委领导、部门联动、分类归口、区域托底"的党的建设工作体制机制。即：市"两新"党工委挂靠市委组织部，市社会组织管理局设立社会组织党委，实行统筹领导；各区、街道设立相应工作机构，配备专兼职工作人员；市"两新"党工委每年召开工作会议研究、谋划、部署重点工作，每季度召开全体委员会议研究、解决重要事项；与业务主管单位脱钩社会组织、直接登记社会组织，党的建设工作归属社会组织党委负责；民办医院、民办学校等行业组织党的建设，分别由卫生、教育等工委负责；各类"草根"社会组织列入城市基层区域化党的建设工作格局，由所在街道、社区或园区党组织管理。②

（三）问题探析

1. 体制和监管问题

体制不清和监管不力，是制约社会组织党的建设的首要问题。一是社会组织党的建设缺乏完善的制度设计、体制依托，导致社会组织党组织覆盖率低、工作推进难度大；二是社会组织党组织负责人普遍不是领导核心层，缺乏工作的独立性和自主性；三是全国各地党的建设模式不一，隶属关系多样，管理方式复杂，导致社会组织党的建设权责不明，存在多头管理、分散管理或无人管理等难题；四是党的建设进度远滞后于社会组织发展速度，存在监管真空、乏力或不到位等情况，造成党组织政治核心作用缺位，削弱了开展党的工作的时效性、针对性；五是社会组织党建系统开放性不足，社会组织强调独立性与自治性，与其他党建系统之间缺乏有效的沟通载体及渠道，对接、融合程度不够。

2. 组织和工作覆盖问题

组织体系不健全、工作覆盖不到位，是制约社会组织党的建设的核心问题。一是社会组织党组织体系建设滞后或运行方式软弱，中国社会组织存在"多、小、散、杂"特点，组织结构比较松散、灵活，存在党组织组建率低

---

① 向松阳：《广东社会组织党建"扩容升级"》，http://epaper. southcn. com/nfzz/227/content/2015 –12/01/content_ 138143117. htm。
② 《发挥优势 改革创新 加强社会组织党的建设——全国社会组织党的建设工作座谈会发言摘编》，《人民日报》2015 年 10 月 22 日，第 15 版。

下、有效覆盖率不高等实际问题；二是社会组织缺乏有效党员聚合机制、党组织作用发挥不力，存在党组织活动不够、工作覆盖困难等薄弱环节；三是传统党的建设模式与社会组织业务内容差异大、不匹配，即便开展党的建设，也容易陷入"有组织无活动、有活动无质量"的尴尬境地；四是社会组织党的组织和工作缺位，近年来已成为一些境外反动势力假公益之名、借民间方式进行渗透的渠道、形式，极具欺骗性、蛊惑性。

3. 人、场地、资金等问题

人才缺乏、场地不够、资金不足，是制约社会组织党的建设的突出问题。一是人才上，社会组织大多规模小，达不到建立党组织的党员人数要求，缺乏专职党务人员，缺乏党建工作认识及党的工作意愿，人员流动性大、构成复杂，党组织、党员不稳定，多数党员或返聘或兼职或实际处于"口袋党员"状态，党员在理事会、管理层占比低，建言献策少；二是资金上，一定程度上，作为一种外部嵌入式党组织组建方式，社会组织党的工作缺乏足够的党建经费，很大程度上单纯依赖中央或地方财政，缺乏基层资源整合力，党组织经费来源单一、有限，筹资力度不够；三是场地上，社会组织党的建设场地难以保障，社会组织大多以非营利或公益性为主，主要以安排或租用办公场所作为活动场地，甚至办公场所也是挂靠的，党组织活动难以组织化、制度化和规范化。

三 中国社会组织党的建设的政策选择

（一）加强顶层设计，加快建立社会组织党的建设制度政策体系

一是加快与党和国家战略对接。社会组织党的建设，是"党的建设新的伟大工程"的基础环节，社会组织及其新形态社会企业是基层社会、人民群众创新创业的新兴领域。加强社会组织党的建设，亟待与"党的建设新的伟大工程"对接，与国家"双创"战略对接，列入中央深改组重要议程，迫切需要把社会组织、社会企业培育、发展党的建设置于党和国家发展战略的核心位置，置于党和国家改革的最前沿，加快打造党的建设的基础工程，打造基层社会、人民群众的创新、创业工程。

二是加快建立统筹工作机构。中央层面成立专门社会组织（社会企业）党的建设工作委员会，国家层面成立专门"双创"与社会创新工作办公室，建立部级党政联席会议制度，统筹推进社会创新、社会企业发展、企业履行社会责任与社会组织党的建设工作，负责社会组织、社会企业培育、发展党的建设工作的规划、指导、认证、评估与监管。

三是加快健全党内法规。结合党情、民情，顺应党意、民意①，深入基层、民众，加快完善中办发〔2015〕51 号文，加快研究、起草、出台《中国共产党社会组织工作条例》，从全党层面、政治高度加快推动社会组织、社会企业的培育、发展党的建设工作，为群众、社会组织通过党组织维护权益、表达诉求、参与公共事务、从事社会服务提供更加有利的政策条件。

四是加快立法进程。加强法治国家、法治政府、法治社会一体化建设，加快修订社团、民非、基金会等"三大条例"，加快出台《中国慈善法》，加快研究、出台《中国社会组织法》《中国社会企业促进法》，为培育、发展社会组织、社会企业创造良好的法治环境和制度框架。

五是加快战略研究。整合党的建设、社会组织、社会企业领域知名学术机构、学者以及实务探索者，组建既懂社会组织、社会企业，又懂党的建设的专家团队，加快社会组织、社会企业战略、政策、国内外实践经验研究，建立与国际第三部门研究会（ISTR）、国际社会企业研究组织（EMES）等国际研究机构学术关系，借鉴国外政党吸纳新社会阶层、推动社会创新成功做法，加强党际、国际对话、交流、合作与互鉴。

（二）深化政社合作，加快构建现代社会组织党的建设体制机制

一是完善领导体制。坚持因地制宜、以人为本、与时俱进的原则，建立健全党委领导、分级负责、条块结合、区域兜底的社会组织党的建设工作体制。除了中央层面由中组部成立专门社会组织党的建设工作委员会外，县级以上地方党委组织部门建立社会组织党的建设工作机构，上级社会组织党的建设工作机构对下级社会组织党的建设工作机构进行指导，党委组织部门对同级社会组

---

① 姜明安：《论中国共产党党内法规的性质与作用》，《北京大学学报（哲学社会科学版）》2012 年第 3 期，第 109~120 页。

织党的建设工作机构进行指导，全国性、地方性、城乡社区、有业务主管单位的社会组织党组织以及社会组织内成立的党组分类、逐级理顺组织隶属关系和党的工作关系，加快构建党委组织部门牵头抓总，社会组织党的建设工作机构具体指导，民政、财政、司法、税务、教育、卫计、工商等部门结合职能协同的社会组织党的建设工作格局。

二是健全工作机制。围绕社会组织党组织保证政治方向、推动事业发展、团结凝聚群众、服务人才成长、建设先进文化、加强自身建设基本职责，本着应建尽建的原则，依托单位、行业、区域平台，通过选派党建联络员、开展群团、志愿工作途径，创新党的组织设置方式和党的工作载体，加快实现社会组织党组织和党的工作全覆盖；建立各级党委组织部门和社会组织党建工作机构统筹协调机制，建立县级以上党委组织部门和社会组织党的建设工作机构对人员多、规模大、影响力强的社会组织党组织直接联系机制，定期召开相关部门参与的社会组织党的建设工作会议，及时破解重要问题、部署重点任务、沟通动态信息，及时挖掘、运用基层成功经验推动面上工作。充分发挥社会组织党组织政治核心作用，统筹推进基层治理现代化，加快构建社会组织共同体、生态链和精神家园。

三是创新考评机制。坚持将社会组织党的建设工作列入各级党的建设工作总体布局，落实社会组织党的建设工作责任，纳入抓基层党的建设工作述职评议考核和有关部门领导干部、领导班子考核的重要内容，实现与行政机关脱钩的社会组织党的建设脱钩不脱管。建立社会组织党的建设工作同步考评机制，把党的建设工作全流程嵌入社会组织登记、年检、评估各个环节，即：社会组织在登记时，同步采集人员（党员）信息，具备组建条件的，督促同步建立党组织、发挥党组织作用；年检时，同步检查党的建设工作，及时发现问题、会同有关部门解决；评估时，同步将党的建设工作列入考评指标并细化指标体系，增加党建工作所占比值。坚持分类指导，把党的工作融入社会组织发展过程，根据不同类型、不同规模社会组织情况开展工作，更好地引导、组织、团结社会组织及其从业人员。

四是严格惩戒机制。坚持从实从严，严格落实党的建设工作制度，积极探索符合社会组织特点、规律的党的建设工作方式，坚决防止形式化、行政化、庸俗化。探索建立社会组织党建工作惩戒机制，同步加强社会组织事中事后监管，同步加大对"山寨"、"李鬼"社团与"野鸡"协会的曝光、打击力度，在对违法违规社会组织给予法律、行政处罚的同时，及时将违法违规情况通报其上级党组织，由上级党组织对社会组织党组织及其负责人给予相应的纪律处分，多方携手、多措并举，共同治理、净化社会组织生态环境。

五是提升政治认同。拓展社会组织参政议政渠道，增加社会组织"两代表一委员"、劳动模范、先进党组织、优秀党员比例，切实提升社会组织等新社会阶层的政治地位、政治认同和响应性，不断提升党对社会组织的影响力、凝聚力和服务水平；推动社会组织党组织、党员进管理层、入理事会行动计划，开展社会组织负责人"党建之友"评选活动，依托党群服务中心等资源建立党代表工作室，构建以联系基层、服务群众为核心的党代表履职机制，加快推动社会组织党的建设工作成为社会组织提升主体地位、践行政治权利、推进基层民主的有效载体和途径。

（三）激发社会活力，加快形成社会组织党的建设支持保障体系

一是加强队伍建设。通过党员社会组织负责人担任、从管理层选拔或提请上级党组织选派等方式，选好配强社会组织党组织书记；坚持专兼职结合，多渠道、多样化选用，适应需要配备专职副书记、选派党建指导员、设立党建工作站，加快建设一支结构合理、素质优良、数量充足的党务工作者队伍；坚持关心激励和严格管理相结合，推动社会组织党务工作者待遇有保障、干事有平台、发展有空间，充分发挥社会组织党员先锋模范作用；把社会组织党务工作者纳入基层党务干部培训范围，不断提升社会组织党组织凝聚力、创新力和党务干部专业化、职业化。

二是推动平台搭建。统筹规划、设立社会组织集中区域党群服务中心，推动具备条件的社会组织建立党组织活动场所；支持企事业单位、机关和街道、社区、乡镇、村庄党组织场所向社会组织党组织开放，实现资源共享；以加快服务型党组织建设为抓手，推动建立社会组织培育和发展园区、资源、交流平台，总结国内外培育、发展社会组织及社会企业成功经验，借鉴新加坡国会议员（人民行动党代表）推动建立社会创新园做法，在为社会组织提供服务、推动发展中，拓展社会组织党组织和党的工作空间。

三是拓展筹资渠道。采取财政资助、会费划拨、党费支持等办法，落实社

会组织党员缴纳党费全额下拨，推动社会组织将党建工作经费纳入管理费用列支，把社会组织负责人支持党的建设工作纳入社会组织章程，为党组织和党员开展活动、做好工作提供必要条件；发挥党组织协调各方、整合资源优势，引入公益创投、影响力投资等方式，借鉴广东佛山党建工作引领公益众筹经验，推广上海塘桥街道购买党建服务项目做法，加快建立多渠道筹措、多元化投入的党建工作经费保障机制。

四是应用"互联网＋"。借助互联网、云计算、大数据等技术，实施"互联网＋社会组织党建"计划，开展党建工作推动"互联网＋公益"、"＋众筹"、"＋志愿服务"等行动；建立社会组织党的建设数据库，通过登记、年检、评估等方式，同步统计和更新社会组织党组织和党员信息，实行动态更新，实时掌握底数、发展走势；建立社会组织党情舆情动态分析制度，开展社会组织党员找党员、党员找组织、组织找党员活动，发掘社会组织党的工作特点及规律；建立党内情况通报、重大决策征求意见制度，实行党务公开，提升党的组织和党的工作透明度，切实保障广大党员参与权、知情权、监督权，形成生动活泼的党内政治生活局面；建立社会组织党建信息互通共享机制，实现信息资源在登记管理机关、业务主管单位、组织部门、社会组织之间及时发布和对接。

B.20
我国社会组织参与灾害治理的现状和问题

陈　偲*

摘　要：　本文梳理了近年来我国社会组织参与灾害治理的政策发展历程，并对社会组织参与灾害治理的现状进行了描述，主要有专业化、系统化、网络化、国际化、与政府合作逐渐加强等特点。同时分析了灾害治理中社会组织自身发展不足、政府与社会支持有限的问题。下一步，需发挥政府主导作用，加强多元主体在灾害治理中的良好协作，为社会组织留出足够的发展空间，深化与社会组织的合作，鼓励社会组织自我管理与建设，倡导灾害治理文化建设。

关键词：　社会组织　灾害治理

我国自然灾害形势严峻、救灾任务繁重，在汶川大地震、玉树地震、芦山地震等重特大自然灾害中，政府是灾害治理的主力军、发挥核心作用。同时，根据世界各国经验，社会组织已成为灾害治理体系中不可或缺的补充力量。近年来，我国社会组织积极参与紧急救援、灾后重建、灾害预防等各个阶段，体现出反应快速、组织灵活、专业性强等优势。目前，我国社会组织资源暂未被充分挖掘，有较大发展空间。基于我国灾害治理领域社会组织在现实中的作用发挥，本文探讨的社会组织既包括正式登记注册的法定社会组织，也包括尚处于发展中的草根类社会组织。本文将梳理社会组织参与灾害治理的发展现状和存在问题，为进一步整合与发展社会组织力量提供研究思路。

---

* 陈偲，国家行政学院博士研究生。

一 社会组织参与灾害治理的政策发展历程

从 2007 年颁布《突发事件应对法》到 2015 年出台《民政部关于支持引导社会力量参与救灾工作的指导意见》，我国对社会组织在灾害治理中角色定位经历了逐步发展的过程，初步形成社会组织参与灾害治理的政策体系。

2007 年，在《突发事件应对法》中并未明确指出社会组织参与，提到"突发事件发生地的居民委员会、村民委员会和其他组织"应当进行宣传动员，组织群众开展自救和互救。2009 年，《国务院办公厅关于加强基层应急队伍建设的意见》指出，应"积极动员社会力量参与应急工作"，鼓励现有各类志愿者组织充实和加强应急服务内容、建立信息库，政府可根据情况给予适当支持。

"十二五"时期以来，特别是 2012 年以后，我国出台了一系列基础性制度，为社会组织更好地参与灾害治理奠定了基础。2012 年，为做好公民和公益慈善组织救灾捐赠的组织引导工作，民政部发布《关于完善救灾捐赠导向机制的通知》，要求探索建立接收救灾捐赠的公益慈善组织评估发布制度，引导公益慈善组织合理使用救灾捐赠款物，加强救灾捐赠信息公开和社会监督。2013 年，国务院办公厅颁布《关于政府向社会力量购买服务的指导意见》，建立健全政府向社会力量购买服务机制。2015 年，民政部于 5 月、8 月相继出台有关社会组织第三方评估机制、自然灾害救助物资储备体系的文件。在《关于探索建立社会组织第三方评估机制的指导意见》中，明确了建立社会组织第三方评估的总体思路、基本原则、政策措施和组织领导，促进社会组织综合监管体系的完善。在《民政部等九部门关于加强自然灾害救助物资储备体系建设的指导意见》中，提出要完善以政府储备为主、社会储备为辅的救灾物资储备机制，倡导调动社会力量共同参与。

2015 年 10 月，民政部出台《关于支持引导社会力量参与救灾工作的指导意见》，第一次对社会组织、社会工作者、志愿者、爱心企业等社会力量参与灾害治理进行专门、系统的规定。文件主要在于统筹协调社会力量高效有序参与救灾工作，着眼于救灾工作的全过程，明确支持引导社会力量参与救灾的原则、重点范围，以及政府支持引导社会力量参与救灾工作的主要任务。

二 社会组织参与灾害治理的现状

我国社会组织参与灾害治理进入快速发展阶段，多种类型的社会组织参与其中，规模不断扩大，朝着专业化、系统化、网络化、国际化的方向发展，与政府的合作逐渐加强。

1. 进一步实现专业化

第一，各种类型的社会组织专业能力不断提升。根据基金会中心网提供的数据，我国目前共有231家基金会关注安全救灾领域，其中公募基金会66家、非公募基金会165家。近年来，各大基金会通过设立专门的灾害治理部门、独立的项目和计划，改变原来临时任务多、长远规划少的情况，将分散的资源整合，理顺各方关系，统筹协调灾害治理工作。灾害治理种类不断增加，由特定灾害发展到多类灾害救助。灾害治理领域逐渐扩大，由最初的救灾物资发放发展到生命保障和灾后重建，并逐渐覆盖灾害救助全领域，包括防灾、备灾、救灾、灾后重建工作。

专业从事灾害治理的社会组织逐渐细化分工，民间救援队继续蓬勃发展，并开始出现为灾害治理各个环节提供专业服务的社会组织，涵盖信息服务、灾害预防、灾后重建等多个领域。同时，社会组织专业化程度进一步提高，以我国影响力较大的民间救援队——蓝天救援队为例，它在全国拥有223支分队、3万多名志愿者，并已建立水上分队、机动分队、航空分队、水下机器人分队等一系列专业技术分队，截至2015年底共执行国内大中型救援行动5200余次，出动队员11.3万人次。[1]

另外，为灾害治理提供服务的志愿者协会、心理咨询协会、社会工作协会在实践运作中更加规范与专业。

第二，重视工作流程的标准化。标准化的工作流程有助于促进社会组织工作的规范化，提升工作效率，帮助新成员迅速融入。壹基金、南都公益基金会、蓝天救援队、卓明震援信息中心等社会组织在行动程序、项目资助、作业规范、队伍建设、信息管理等多方面建立了标准化流程。

---

① 《中国蓝天救援队总队长在全国年会上致辞》，http://weibo.com/p/1001603925087999891800。

2. 灾害治理领域全覆盖

社会组织参与灾害治理由以紧急救援为主逐步扩展到灾害治理的各个环节。

第一，重视灾害预防。灾害预防是实现灾害源头治理的重要环节，有助于以较低的成本实现较高的安全保障、减少灾害损失。我国基金会、民间救援队均开始加大对灾害预防工作的投入，致力于提升公众的防减灾意识。壹基金自2013年以来设立"防灾减灾计划"，以儿童为主要目标群体，通过支持民间救援队、公益组织、教育机构等社会力量，进入社区和学校开展防灾减灾项目。2015年，"抗震减灾示范校园"覆盖雅安30所学校，"减灾小课堂"项目为全国4.5万名儿童提供安全教育，"安全教育车计划"在全国15个城市开展活动。中国扶贫基金会主要开展灾害预防教育类倡导项目，于2014年启动"向灾害SAY NO!"——"5·12"全国减防灾社区公益活动，推动全民灾害预防意识的建设。2015年，在20个省区市的106个大型广场、社区、学校开展减防灾知识的普及，为2万余名中小学生和140万城市公众提供减防灾知识传递及演练培训。蓝天救援队在全国应急避险培训宣讲，截至2015年底，已在全国范围内对学校、社区、企业开展各类宣传培训4520场，受益人群达40余万人。同时，我国开始出现以灾害预防为组织目标的社会组织，比如贵州鹰极自护自救培训基地、平安星减防灾教育中心等，努力推进青少年自护自救逃生技能培训、校园减防灾教育。

第二，加强备灾工作，完善灾害储备机制，提升对物资需求的应急反应速度。中国红十字会已初步形成救灾物资储备网络，建成了6个区域性备灾救灾中心、15个省级备灾救灾中心、30多个地（市）县级备灾仓库，每年备灾储备物资价值达6000万元。① 中国扶贫基金会、壹基金均建立庞大的备灾仓库，通过与企业建立的合作平台、定时物资储备等进行日常备灾。

第三，积极参与灾后重建。灾后重建已成为社会组织参与的重要领域，《雅安地震两周年善款流向总结报告》提到，基金会所募集的救灾资金大部分使用在灾后基础设施建设、促进当地经济发展项目、发放助学金等方面。② 社

---

① 蔚力：《什么是中国红十字会备灾救灾工作?》中国网，http：//www. china. com. cn/guoqing/ 2014 – 12/02/content_ 34206442. htm。

② 舒迪：《基金会救灾善款流向清晰》，《人民政协报》2015年4月28日。

会组织参与灾后重建充分发挥了提供多元服务、满足灾区民众个性需求的优势，覆盖基础设施建设、儿童和青少年教育、社区重建与发展、扶贫、老年照顾、心理援助、法律援助等多个方面。

3. 朝着网络化方向发展

社会组织参与灾害治理呈现网络化发展趋势，形成多种形式的合作与联盟。

第一，基金会与各地社会组织、企业等社会力量的合作。壹基金、中国扶贫基金会等大型基金会与社会力量的合作逐渐走向成熟。壹基金自2009年起先后搭建由300家左右的民间专业救援队、200多家灾害管理机构和公益组织，以及相关企业等联合组成和共同参与的三大伙伴网络，分别为"壹基金救援联盟"、"壹基金联合救灾"和"企业联合救灾平台"，民间专业救援队主要参与排险救险，联合救灾网络主要做物资发放、灾后服务等工作，与企业联合平台的合作主要在于专业备灾救灾物资购买、救灾专项资金管理以及救灾专业服务培训等。[1] 2015年，壹基金及其合作伙伴在全国各地和尼泊尔先后针对地震、洪灾、旱灾、火灾等灾害，开展救灾行动49次，受益281519人次。[2] 中国扶贫基金会于2014年成立由民间专业救援队、多领域公益机构组建的"人道救援"网络，2015年继续联合应急专业志愿者、专家学者及公益达人、企业力量，分别成立中扶人道救援队、人道救援志愿者工作委员会、企业战略合作圈，形成"3+1"救援体系，逐步实现由基金会自主操作式救灾向联合救援体系成员救灾的转变。

其中，基金会与各地运作型社会组织的合作尤其值得关注。运作型社会组织是亲身参与灾害治理，直接提供救灾服务的社会组织。[3] 基金会除直接参与灾害治理外，也常常通过与运作型社会组织的合作，通过提供资金、资源间接参与救灾、灾后重建、灾害预防等工作。一方面有助于提升基金会在当地第一时间的响应能力，并通过区域性联动弥补当地社会组织能力、资源的不足。另

---

[1] 李健强：《当下中国的灾害、救助与传播》，2015年4月27日，搜狐网，http://media.sohu.com/20150427/n411942936.shtml。

[2] 资料来源于壹基金官网（http://www.onefoundation.cn/index.php? g = home&m = page&a = index&id =40）与壹基金微信公众号。

[3] 康晓强：《公益组织参与灾害治理》，商务印书馆，2011，第97页。

一方面，通过提供项目、资金、信息及能力建设支持、优质品牌资源、学习合作平台等，基金会运用外部资源培育当地社会组织，促进其可持续发展，实现助人自助。除壹基金、中国扶贫基金会外，南都公益基金会也非常重视与地方社会组织的合作，在提供基本项目资金的基础上，鼓励他们积极与政府、社会力量合作，挖掘更多社会资源参与灾害治理。截至 2015 年底，南都共设立 193 个灾后救援和重建项目，资助金额共计 2325.7 万元，其中大多数项目都由运作型社会组织承担。①

第二，基金会之间的合作与联盟。以在芦山地震中成立基金会救灾协调会和"中国基金会 4·20 救灾行动自律联盟"为例，基金会救灾协调会由中国扶贫基金会、壹基金、中国青少年基金会、南都公益基金会等联合发起，旨在促进基金会之间互通信息及协调行动，并对参与救灾的社会组织进行联合资助，同时搭建基金会与政府抗震救灾工作的沟通协调平台，实现基金会救灾行动与政府救灾计划的融合与互补。芦山地震后，基金会救灾协调会成为联合社会组织参与灾害治理的常设机构，曾协调尼泊尔地震等灾害救援行动。"中国基金会 4·20 救灾行动自律联盟"由基金会中心网联合多家基金会发起成立，参加自律联盟的基金会承诺将全程公布接受、拨付和使用捐款的情况，接受捐款人、社会、政府监督和监管，有效地推动了基金会透明度提升、行业自律加强。在芦山地震灾后重建中，基金会接受社会捐赠总额排名与透明指数成正比，共有 339 家基金会参与救灾，60 多家自律联盟成员获得的社会捐赠资金占捐赠总额的 80% 以上。②

第三，各社会组织在灾害应对阶段自发组成协调与合作平台，如芦山地震中的"成都公益组织 4·20 联合救援行动"和"4·20 中国社会组织灾害应对平台"，甘肃岷县漳县地震中的"甘肃省社会组织联合救灾平台"，鲁甸地震中的"云南社会组织救援服务平台"等。平台主要用于协助社会组织开展灾区服务，通过协调物资发放、信息分享、提供合作机会等方式，提升救灾效率、协调救灾行动、提升社会组织救灾能力，协同政府和社会组织救灾。其

---

① 资料来源于南都公益基金会官方网站，http://www.naradafoundation.org/category/38。
② 《中国基金会 4·20 救灾行动自律联盟公约及名单》，基金会中心网，http://news.foundationcenter.org.cn/html/2014-04/79923.html。

中，"4·20 中国社会组织灾害应对平台"由中国红十字会、北京师范大学、南都公益基金会、"成都公益组织 4·20 联合救援行动"共同倡导成立，不同体制的组织机构如官方背景的社会组织、科研院所、非公募基金会以及未注册的社会组织在平台中平等合作。① "成都公益组织 4·20 联合救援行动"搭建了各地公益组织的信息共享平台，为他们提供后勤支持，协调各方力量，同时，共青团四川省委第一时间加入，加强对社会组织的支持和帮助。现阶段，由于资源可持续、团队建设、政府合作等多方面的原因，在灾害应对阶段自发组成的协调与合作平台均面临着可持续发展问题，基本没有成功转型为常设机构的案例。

4. 参与灾害治理的国际化

近年来，我国社会组织在灾害治理方面开始了国际化尝试，中国扶贫基金会、爱德基金会陆续在菲律宾、美国、海地开展和参与灾害援助等国际项目。蓝天救援队、999 救援队于 2013 年代表中国红十字国际救援队参加菲律宾台风重灾的救援。

中国社会组织第一次真正意义上参加国际救援是在 2015 年 "4·25 尼泊尔地震"中，这次救援具有几个转变：一是由单个机构的独立项目援助向群体行动转变，本次救援我国共有 7 家基金会成员机构和 20 多家民间救援队等机构参与。二是由物资援助向大规模派员以及全过程参与紧急救援、过渡安置、灾后重建转变，本次救援的参与范围、深度不同于过去。三是加强社会组织间的合作。本次救援中，基金会救灾协调会、"4·25 尼泊尔地震中国社会组织信息协同平台"的信息合作平台发挥了重要的组织协调、信息共享作用。

5. 加强政府与社会组织的合作

我国政府与社会组织的合作逐步加强。根据前文有关政策梳理，我国已初步在救灾捐赠、政府购买服务、参与范围、参与机制、政府引导等方面形成对社会组织参与灾害治理的政策支撑。

同时，社会组织配合政府做好灾害治理工作，在实践中较好地发挥了补充作用。一是社会组织有效动员大量人力、物力、财力等社会资源，为有限的政府资源提供补充。二是社会组织具有反应迅速、灵活性强、扎根基层、满足多

---

① 张强：《灾害治理——从汶川到芦山的中国探索》，北京大学出版社，2015，第 171 页。

元需求的优势，在汶川地震、芦山地震等重特大自然灾害中，当地社会组织在第一时间抵达现场，及时开展紧急救援。在灾后过渡和重建阶段，社会组织深入群众，提供教育、社区发展、弱势群体照顾、心理和法律援助等多方面个性化服务。在关注重点上，除重特大自然灾害外，社会组织逐渐将较少得到政府、大众关注的中小型灾害作为工作重点。三是社会组织日益重视与政府的联系与合作。在芦山地震灾害应对和恢复重建中，共有304家社会组织到政府建立的"雅安抗震救灾社会组织和志愿者服务中心"登记，在政府主导的协调机制下工作，配合政府的灾后重建规划进行资源投入，促使灾后重建工作有序、高效地进行。[①] 许多社会组织在日常工作中积极争取政府资源，比如，蓝天救援队获得政府在专职志愿者岗位、政府购买服务项目、能力提升培训等方面支持，贵州鹰极自护自救培训基地成立政府事务部，加强与政府的合作。

三　问题与建议

我国社会组织参与灾害治理取得一定进展，同时在自身发展、外部环境支持等方面存在许多问题。

1. 社会组织自身发展不足

我国社会组织数量庞大，也一直有参与灾害救援的传统，但专业从事灾害治理的社会组织十分有限。并且，参与灾害治理的社会组织发展不均衡，部分专业能力不足。

社会组织在各阶段作用发挥有限。灾害预防工作覆盖面较窄，缺乏以公众为基础、长期深入的项目和活动。在灾害应对中，存在着社会组织在灾害发生初期集中涌现、在过渡和重建阶段又大量退出的现象，主要原因在于随着对专业救灾服务项目的需求提升，部分专业能力不足的社会组织失去活动空间。在灾后重建阶段，大多数基金会以资金参与为主，将捐赠基金与灾区重建项目对接，缺少对灾后重建工作的直接参与。

在网络化建设方面，不同层次的网络组织和平台在救灾中主要发挥简单信

---

① 民政部减灾中心：《我国社会组织参与救灾工作现状调查分析——以芦山地震抗震救灾为例》，《中国应急管理》2015年第10期。

息共享、资源调配作用，缺少实质性的组织协调、分类管理和服务；功能发挥主要集中在灾害应对环节，缺少防灾备灾、志愿者管理、捐赠管理等方面的管理平台；由于资源不足、组织协调欠缺、政府管理不足等多方原因，各种形式的合作与联盟都面临着可持续发展的问题，尤其是在灾害应对过程中临时成立的合作平台；基金会对当地社会组织的支持和培育不足。根据《雅安地震两周年善款流向总结报告》，只有少数基金会资助其他社会组织参与灾后恢复重建，截至 2015 年 4 月，在已支出的 13.81 亿元中，只有 1900 万元转而支持芦山当地的其他公益组织。①

2. 政府与社会支持有限

政府对社会组织在登记注册、购买服务以及志愿者权益保障等方面的政策支持不足。许多草根类社会组织积极参与灾害治理实践，却由于在业务主管单位、固定办公场所、注册程序等方面的严格制度规定而难以正式登记注册；与灾害治理相关的政府购买服务项目较少，难以发挥对社会组织的支持和引导作用；在志愿者权益保障方面，政府基本处于缺位状态，社会组织尤其是民间救援队中的志愿者在灾害救援中面临着较大的危险，却难以得到政府、国内商业保险的保护。

我国社会组织的管理与规范依然以政府行政手段为主，缺乏对社会组织自我约束、自我管理的引导，比如缺少社会组织信用信息平台和诚信自律规约等信用体系的构建、社会组织治理结构以及第三方评估制度的完善等。另外，在应急状态下政府常常重视对社会组织的物质支持，缺少对救灾资源的统筹协调、对社会组织的分类管理与服务。

在政府与社会组织合作机制方面，政府没有将社会组织作为平等参与主体。虽对社会组织在救灾工作不同阶段的重点范围做出初步规定，但并没有将社会组织有机嵌入正式的风险评估、预案编制、信息和决策系统等，政府与社会组织间缺乏有效的沟通与协作机制。

社会提供的救灾资源不足。我国的救灾资源分布不均，主要集中在重特大灾害的应对与重建中，而灾害的预防和风险管理、中小型灾害得到的政府拨款、社会捐赠、媒体关注都十分缺乏。较少的救灾资源一定程度上限制了社会

---

① 舒迪：《基金会救灾善款流向清晰》，《人民政协报》2015 年 4 月 28 日。

组织的功能发挥，减少了发展机会。另外，我国关于救灾理论资源不足，在救助标准、恢复重建框架、防灾减灾教育模式等方面的研究滞后，在实践中我国社会组织常引进和借鉴国外的理论成果。

通过上述分析可以看出，我国社会组织参与灾害治理还处于发展和逐步规范的阶段。下一步，需发挥政府主导作用，加强多元主体在灾害治理中的良好协作。

政府需为社会组织参与灾害治理留出足够的发展空间。目前，政府掌握大部分灾害治理资源，社会组织发展空间狭小。政府需减少对社会组织的微观干预，加强宏观管理与引导。清晰划分政府与社会组织在灾害治理中的职能范围，探索实行负面清单制度，为社会组织参与提供制度保障。加强对社会组织的政策支持，改进社会组织登记工作，完善登记管理机关与归口指导单位、行业主管部门等相关职能部门间的沟通协调机制，规范对于同一行政区域业务领域相同或相似的社会团体登记的管理，放宽"一业多会"的准入条件。在政府购买服务项目、志愿者权益保障、社会组织能力培训等方面，制定可操作化细则。

加强政府与社会组织的合作。探索社会组织的参与机制，建立政府与社会组织应急管理合作网络平台，将社会组织嵌入各级政府应急管理系统中，加强政府与社会组织在灾害治理各阶段的深层次的合作。

引导社会组织加强自我管理与建设。鼓励灾害治理领域的社会组织进行自我管理，加强行业自律，形成基本共识与公约，通过信用体系、第三方评估等方式实现社会组织的优胜劣汰，促进社会组织专业化能力的提升；加强对不同层次网络组织和平台的管理与服务，引导发挥组织协调、信息共享等实质性功能，鼓励基金会等大型社会组织对当地社会组织的培育和支持；加强社会组织内部建设，建立健全现代法人治理结构和运行机制，完善管理制度，规范开展各类活动。

倡导灾害治理文化建设。引导社会组织、媒体、企业、公众共同参与，培育个体安全文化以增强风险意识与行为转变，树立组织安全文化以倡导积极风险观及其治理实践，构建具有反思性的社会灾害文化以促进对社会发展模式、灾害治理结构的思考。① 同时，重视对灾害治理的学术研究，加强政府、社会组织、科研院所在救灾理论研究方面的合作，建立中国本土的灾害治理理论体系。

① 陶鹏：《灾害文化与应急管理制度创新》，《中共四川省委省级机关党校学报》2013 年第 1 期。

公共安全与应急管理篇

Public Safety and Crisis Management

B.21
2015年应急管理法治创新观察

张小明*

摘　要：　我国2015年应急管理法治创新精彩纷呈、亮点频出，主要表现在两个方面：一是出现第一例也是目前为止唯一一例直接依据、适用《突发事件应对法》进行事件调查的案例：上海"12·31"外滩陈毅广场拥挤踩踏事件；而国务院对2015年6月1日发生的"东方之星"号客轮翻沉事件进行调查，也是对《突发事件应对法》适用情况的重要考验。二是2015年我国应急管理立法获得大丰收，应急管理立法制度创新点频现，最为突出地体现在3部法律上：《食品安全法》《国家安全法》《反恐怖主义法》。

关键词：　应急管理法治　法律适用创新　立法制度创新

---

* 张小明，国家行政学院应急管理教研部教授。

总体来看，2015 年我国应急管理法治创新精彩纷呈、亮点频出，主要表现在两个方面：一是 2015 年《突发事件应对法》的实际适用创新情况：《突发事件应对法》颁布实施 8 年后，出现第一例也是目前为止唯一一例直接依据、适用《中华人民共和国突发事件应对法》进行事件调查的案例：上海市"12·31"外滩陈毅广场拥挤踩踏事件；2015 年 6 月 1 日发生"东方之星"号客轮翻沉事件，国务院成立调查组进行调查，也是对《突发事件应对法》适用情况的一个重要考验。二是 2015 年我国应急管理立法获得大丰收，不仅数量较多而且质量较高，个别应急管理立法质量堪称上乘，应急管理立法制度创新点频现。其中，2015 年我国应急管理法治创新最为突出地体现在 3 部法律上：《食品安全法》《国家安全法》《反恐怖主义法》。

一 2015年《突发事件应对法》的实际适用创新

《突发事件应对法》于 2007 年 8 月 30 日由第十届全国人大常委会第 29 次会议通过，并于 2007 年 11 月 1 日起施行。作为突发事件应急管理与公共安全领域的"龙头法"、"兜底法"和"基本法"、"一般法"，《突发事件应对法》具有极高的法律位阶和适用效力，标志着我国突发事件应对工作全面纳入了法制化轨道。良法是善治的前提和基础，但法律的生命力在于实施，法律的权威也在于实施。然而，《突发事件应对法》在实际执行过程中却遭遇了诸多问题和困境，突出表现在：缺乏专职化、实权化、常态化并能够调度专业救援队伍和应急资源的日常应急管理组织机构作为《突发事件应对法》的执法主体和主责部门，从而导致《突发事件应对法》的执法主体、权限范围、监管方式、处罚措施等配套法规仍未出台，重大突发事件风险评估、宣教演练、物资储备、社会动员、应急财产征收征用补偿、建立应急管理公益性基金等方面还缺乏具体的配套政策措施。

2015 年，《突发事件应对法》颁布实施 8 年后，出现第一例也是目前为止唯一一例直接依据《突发事件应对法》进行突发事件调查的案例：上海"12·31"外滩陈毅广场拥挤踩踏事件。《突发事件应对法》在适用创新方面迈出了实际操作的一步。2014 年 12 月 31 日 23 时 35 分，上海市黄浦区外滩陈毅广场发生拥挤踩踏事件，造成 36 人死亡。上海市依据《突发事件应对法》和《上海市实施〈中华人民共和国突发事件应对法〉办法》等有关法律法规,成立了上海市政府联合调查组,并邀请了法律、应急管理、公共安全等方面的专家参与分析论证。2015年1月20日,上海市政府联合调查组对外全文公布了《"12·31"外滩陈毅广场拥挤踩踏事件调查报告》。

根据上海市政府联合调查组对外公布的事件调查报告,在事件定性方面,上海市黄浦区"12·31"外滩陈毅广场拥挤踩踏事件是一起公共安全责任事件。在责任分析方面,黄浦区政府对事件负有主要管理责任,黄浦区相关部门对这起事件负有不可推卸的责任。在事件问责方面,上海市委委员、黄浦区区委书记、区长等人,对辖区内突发事件应急管理工作领导不力,对辖区内有关应急管理问题失察,未能及时赶到事发现场,对事件负有主要领导责任,从而受到撤销党内职务、行政撤职处分。在整改措施方面,强调切实落实安全责任制,依法强化企业安全生产主体责任。

应该说,上海市政府联合调查组直接依据《突发事件应对法》等有关法律法规,对"12·31"外滩陈毅广场拥挤踩踏事件进行调查问责,在实际适用《突发事件应对法》方面确实是一个重大创新,也是一个具有重大意义的实践尝试。事件调查报告对外全文公布后,从社会各方面的反应来看,事件调查报告获得了上海大众的普遍认同和整体肯定,取得了不错的舆情反馈。当然,从突发事件应急管理与公共安全法律法规的专业角度来分析,由于是第一例也是目前为止唯一一例直接依据、适用《突发事件应对法》进行突发事件调查的案例,在适用法律方面难免会暴露出一些问题,有些问题值得进一步商榷,需要引起学术界的重视和进一步研究。第一,上海"12·31"外滩陈毅广场拥挤踩踏事件定性问题的商榷研究。上海市政府联合调查组直接依据《突发事件应对法》进行事件调查问责,这是没有任何问题的。《突发事件应对法》第六十二条有明确的具体规定。然而,上海市政府联合调查组依据《突发事件应对法》将该事件定性为公共安全责任事件,在学术上存在商榷的研究空间。因为《突发事件应对法》第三条明确规定,突发事件只有自然灾害、事故灾难、公共卫生事件、社会安全事件四大类,并不存在公共安全责任事件这种突发事件类型。直接依据《突发事件应对法》,找不到将上海"12·31"外滩拥挤踩踏事件定性为公共安全责任事件的任何法律依据。实际上,依据《突发事件应对法》《安全生产法》以及国务院的相关法规、事件分类分级标准、应急预案、程序规范等，四大类突发事件中的事故灾难，是明确包括拥挤踩踏事件这种事故灾难类型的。因此，将上海"12·31"外滩陈毅广场拥挤踩踏事件定性为事故灾难，其法律依据是较为充分的。而一次死亡 30 人以上的拥挤踩踏事件，为特别重大事故灾难，一般应由国务院事故调查组组织事件调查，不是由事发地地方政府组织调查。第二，事件责任分析以及问责问题的商榷研究。由于将事件定性为公共安全责任事件，从而导致了后续的事件责任分析以及问责也出现了偏差，只强调了黄浦区政府对事件负有主要管理责任，而忽略了上海市政府的重要管理责任；事件问责时，问责官员的级别最高至正厅局级的黄浦区区委书记、区长。而按照特别重大事故灾难的问责规定和实践惯例，一般会问责副省部级以上的官员。第三，事件整改措施问题的商榷研究。上海市政府联合调查组对外全文公布的事件调查报告，提出了"切实落实安全责任制……进一步健全安全责任体系，依法强化企业安全生产主体责任"等事件整改措施。可以非常明显地看出，这些事件整改措施的依据是《安全生产法》等事故灾难类突发事件的法律法规，直接依据《突发事件应对法》进行事件调查无法推导出这些事件整改措施，也与公共安全责任事件的定性不吻合。从公共安全与应急管理学术研究的层面上看，这种法律适用上的错位、规避、不统一，在对外全文公布的上海"12·31"外滩陈毅广场拥挤踩踏事件调查报告中是较为明显的，这样可能影响调查报告的法律依据充足性、社会回应性和权威性，需要学术界进一步研究探讨。

上述法律适用问题，也同样存在于湖北监利"6·1""东方之星"号客轮翻沉事件调查中。2015 年 6 月 1 日 21 时约 32 分，在湖北省荆州市监利县长江段发生"东方之星"号客轮翻沉事件，造成 442 人死亡。事发时船上共有 454 人，12 人生还（船员 6 人，乘客 6 人），其中 7 人自游上岸、5 人被救上岸。事发后，国务院成立由国家安全监管总局牵头的调查组，对"东方之星"号客轮翻沉事件进行调查。2015 年 12 月 30 日，国务院调查组对外全文公布了《"东方之星"号客轮翻沉事件调查报告》。

国务院事件调查组围绕"风、船、人"三个关键要素，收集汇总各类证据资料 1607 份、711 万字，形成了 50 余万字的询问笔录，先后 7 次组织专题研究、召开各类会议 200 余次，调查组做了大量细致、严谨的调查取证工作，最终形成了事件调查报告。

　　事件调查报告对外全文公布后，也获得了社会各界的广泛认同，取得了良好的社会效应和舆情反馈。国务院事件调查组《"东方之星"号客轮翻沉事件调查报告》，是对《突发事件应对法》适用情况的一个重要考验。也有一些问题值得商榷，需要引起学术界的重视和进一步研究。第一，事件调查法律依据问题的商榷研究。对外全文公布的事件调查报告中明确指出：根据党中央、国务院领导同志重要指示批示精神，经国务院批准，成立了事件调查组。没有提到事件调查依据《突发事件应对法》，也没有提《安全生产法》。第二，事件定性问题的商榷研究。经国务院调查组调查认定，"东方之星"号客轮翻沉事件是一起特别重大灾难性事件。《突发事件应对法》明确规定的自然灾害、事故灾难、公共卫生事件和社会安全事件四大类突发事件，并不存在特别重大灾难性事件这种突发事件类型。《安全生产法》以及国务院的相关法规、事件分类分级标准、应急预案、程序规范等，也没有与特别重大灾难性事件相关的法律法规依据。第三，事件责任分析以及问责问题的商榷研究。经国务院事件调查组调查认定，"东方之星"号客轮翻沉原因是遭遇由突发罕见的强对流天气（飑线伴有下击暴流）产生的地面直线型大风。根据新华社在国务院批复并对外全文公布"东方之星"号客轮翻沉事件调查报告后，对参与事件调查的专家进行采访的报道材料：在现有的技术条件下，气象部门无法对客轮所遭遇的下击暴流进行准确识别、预报和预警。多普勒天气雷达是探测下击暴流的主要手段，常规气象台站和仪器不能直接观测到。从2004年开始，美国利用WSR－88D雷达进行了下击暴流识别和预警，结果表明：下击暴流的预警时间与其离雷达的距离有关，距离在20～45公里左右，提前预警时间为5.5分钟；在45～80公里范围内提前预警时间基本为0；小于20公里和大于80公里，则无法进行下击暴流预警。而岳阳天气雷达距事发地点50公里，换句话说，"东方之星"号客轮翻沉事件即使发生在美国，对客轮遭遇的下击暴流进行提前预警的时间也基本为0，相关部门和人员根本来不及做任何反应，更何况目前我国国内下击暴流识别业务预警算法正在科学研究当中，并无实践应用。也就是说，按照法律语言和法言法语，"东方之星"号客轮翻沉事件是由不可抗力造成的，这种情况下存不存在承担法律责任问题，存不存在按照法律进行问责问题，这些都是需要认真研究和商榷的。此外，国务院调查组建议对44名有关人员给予党纪、政纪处分，其主要理由是基于对事件从严、延伸调查中发现了问题。从公共安全与应急管理学术研究的层面上看，对事件从严、延伸调查中检查出的问题能否作为问责的主要原因和事实，其法律依据是否充分，这些都有进一步探讨的空间。

二 2015年应急管理立法制度创新

2015年我国应急管理立法制度创新，最为突出地体现在3部法律上：《食品安全法》《国家安全法》《反恐怖主义法》。

1.《食品安全法》应急管理立法制度创新

2015年4月24日，第十二届全国人民代表大会常务委员会第十四次会议修订通过《中华人民共和国食品安全法》，自2015年10月1日起施行。《食品安全法》"第七章食品安全事故处置"专门规范食品安全事故应急管理问题。《食品安全法》应急管理立法制度创新，主要体现在以下三个方面。

第一，食品安全风险管理制度创新。《食品安全法》第十四条规定，国家建立食品安全风险监测制度。第十七条规定，国家建立食品安全风险评估制度。第四十二条规定，国家建立食品安全全程追溯制度。第四十三条规定，国家鼓励食品生产经营企业参加食品安全责任保险。第六十三条规定，国家建立食品召回制度。

第二，食品安全事故调查制度创新。《食品安全法》第一百零六条、第一百零七条规定，食品安全事故责任调查由地市级以上政府食品药品监管部门牵头进行，事故责任调查处理报告要同时提交本级政府和上一级政府食品药品监管部门。

第三，食品安全事故问责制度创新。反映在两个方面：一是创造性地在法律中明确规定了"责任约谈"这种食品安全事故问责新制度，体现了预防为主、风险管理的立法原则和思路。《食品安全法》第一百一十四条规定了县级以上政府食品药品监管部门对食品生产经营者进行责任约谈；第一百一十七条规定了县级以上政府对本级政府食品药品监管等部门主要负责人、上级政府对其下级政府主要负责人进行责任约谈。二是极大地加重了食品安全事故问责范围和力度。例如《食品安全法》第一百四十二条、第一百四十三条、第一百四十五条规定的食品安全事故问责，就包括了引咎辞职、撤职、开除等形式。

2.《国家安全法》应急管理立法制度创新

2015年7月1日，第十二届全国人民代表大会常务委员会第十五次会议通过并公布《中华人民共和国国家安全法》，自公布之日起施行。《国家安全法》"第四章 国家安全制度"用专章的形式专门规范应急管理问题，涉及风险预防、情报信息、评估和预警、审查监管、危机管控等方面。《国家安全法》应急管理立法制度创新，主要体现在以下四个方面。

第一，首次在法律层面上明确规范了国家安全、公共安全、应急管理三者之间的边界范围和相互关系。《国家安全法》第二条明确定义了国家安全的准确内涵与外延。第十五条至第三十三条，用十九条的篇幅以逐条列举的方式，具体规定维护国家安全的任务；第三十四条以开放的方式，概括没有一一列举的国家安全任务。其中，国家安全主要包括国家主权安全，人民安全，领陆、内水、领海和领空安全，军事安全，重大技术和工程安全，金融安全，经济安全，资源能源安全，文化安全，民族关系安全，宗教信仰安全，反恐怖主义和极端主义，公共安全，网络与信息安全，环境安全，核安全，粮食安全，外层空间、国际海底区域和极地安全，国家海外利益安全等十九项内容。第二十九条、第三十条、第三十一条分别规定了健全公共安全体系、突发环境事件处置、加强核事故应急能力建设等内容。由此可见，《国家安全法》首次在法律层面上以逐条列举的方式明确规范了国家安全、公共安全、应急管理三者之间的边界范围和相互关系：国家安全与公共安全是包含与被包含的所属关系，公共安全是国家安全的十九项内容之一；公共安全与应急管理也是包含与被包含的所属关系，从国家安全的角度来看，健全公共安全体系建设的重点是加强突发公共卫生事件、社会安全事件、突发环境事件、核事故等四类突发事件的应急体系和应急能力建设。

第二，国家安全风险管理与安全审查制度创新。《国家安全法》第五十六条规定建立国家安全风险评估机制，第五十七条规定健全国家安全风险监测预警制度，第五十九条规定建立国家安全审查和监管的制度和机制。

第三，紧急状态立法制度创新。《国家安全法》第三十五条、第六十四条、第六十五条分别规定了全国人民代表大会及其常务委员会、国务院、国家安全危机管控有关机关行使紧急状态权力的具体情形。

第四，国家安全科普宣教制度创新。《国家安全法》第十四条规定，每年4月15日为全民国家安全教育日。第七十六条规定，国民教育体系和公务员教育培训体系应包括国家安全教育。

3.《反恐怖主义法》应急管理立法制度创新

2015年12月27日，第十二届全国人民代表大会常务委员会第十八次会议通过《中华人民共和国反恐怖主义法》，自2016年1月1日起施行。《反恐怖主义法》"第六章应对处置"专门规范恐怖事件应急管理问题。《反恐怖主义法》应急管理立法制度创新，主要体现在以下四个方面。

第一，反恐怖安全查验与风险管理制度创新。《反恐怖主义法》第二十条规定了物流运营单位安全查验制度以及客户身份、物品信息登记制度。第三十条规定，对恐怖活动罪犯和极端主义罪犯进行社会危险性评估和安置教育。第三十一条、第三十二条规定了防范恐怖袭击的重点目标确定及备案、重点目标的管理单位风险评估。

第二，恐怖事件现场指挥制度创新。首次在法律层面上明确规定了恐怖事件现场应急处置指挥长负责制，并清晰地规范了指挥长的确定办法和人选；还创造性地设立了现场指挥员制度，以弥补尚未确定指挥长时恐怖事件现场应急处置指挥的空白，并明确了依次递补确定担任现场指挥员人选的详细的可操作方法，从而在法律层面上有效地解决了困扰多年的突发事件现场应急处置多级指挥、多层指挥、政出多门、各自为战的老大难问题。《反恐怖主义法》第五十六条规定，应对处置恐怖事件实行指挥长负责制。第五十七条、第五十八条具体规定了指挥长的确定办法、程序和人选以及现场指挥员制度。

第三，恐怖事件应对处置措施制度创新。《反恐怖主义法》第六十一条规定了恐怖事件应对处置的九项措施，其中有三项处置措施是首次在法律层面上明确规定的，确属恐怖事件应对处置措施重大制度创新。这三项应对处置措施是第六十一条第三项至第五项规定的，并明确由省级以上反恐怖主义工作领导机构决定或者批准，其具体内容为：在特定区域内实施空域、海（水）域管制，对特定区域内的交通运输工具进行检查；在特定区域内实施互联网、无线电、通信管制；在特定区域内或者针对特定人员实施出境入境管制。

第四，境外恐怖事件应对处置制度创新。《反恐怖主义法》第四十一条规定了境外投资合作、旅游安全风险评估制度，第五十九条、第七十一条分别规定了国家反恐怖主义有关部门、军队、武警派员赴境外开展应对处置工作、执行反恐怖主义任务的权限和程序。

参考文献

〔美〕杰弗里·R. 卡波尼格罗：《危机顾问》，中国三峡出版社，2001。

〔美〕劳伦斯·巴顿：《组织危机管理（第2版）》，清华大学出版社，2002。

李飞：《中华人民共和国突发事件应对法释义》，法律出版社，2007。

〔澳〕罗伯特·希斯：《危机管理》，中信出版社，2001。

〔英〕马丁·冯，彼得·杨：《公共部门风险管理》，天津大学出版社，2003。

马怀德：《法治背景下的社会预警机制和应急管理体系研究》，法律出版社，2010。

〔美〕诺曼·R·奥古斯丁等：《危机管理》，中国人民大学出版社，2001。

闪淳昌、薛澜：《应急管理的理论与实践》，高等教育出版社，2012。

托马斯·D. 费伦：《应急管理操作实务》，中国人民大学出版社，2011。

B.22
社会矛盾化解机制建设中的问题与对策思考

曹海峰*

摘　要：　当前，我国经济社会转型步伐加快，各种社会矛盾集中凸显。2015年，全国劳资矛盾多发频发、借贷矛盾集中爆发、官民矛盾仍需调和、民商矛盾依然突出，此外还有互联网新兴行业引发的新型矛盾。我国社会矛盾化解机制建设中尚存在诸多问题：如矛盾化解方式以行政手段为主、法律途径运用不充分，矛盾化解主体政府一家独大、社会力量参与不足，公众诉求表达渠道不够顺畅等。为此，今后应进一步加强行政行为的规则程序建设，加强"行政－司法－社会"矛盾化解体系建设，加强社会矛盾预防预警机制建设。

关键词：　社会矛盾　化解　机制建设

当前，我国经济发展进入新常态。新常态在带来新的发展机遇的同时，也不可避免地伴随着各种新矛盾、新问题和新风险的出现。随着我国改革发展进入关键期，经济社会转型的步伐进一步加快，社会稳定面临诸多问题和挑战，突出表现为转型期各种社会矛盾集中凸显。如何有效化解各种社会矛盾，成为当下我国创新社会治理体系中面临的重大问题。

---

* 曹海峰，国家行政学院应急管理教研部副教授。

一　当前我国社会矛盾的主要表现及特点

广义上的社会矛盾，按照不同的层面可划分为宏观、中观和微观等矛盾①；同时，按照不同的性质属性，还可将社会矛盾划分为敌我矛盾和人民内部矛盾。本报告所关注的社会矛盾，主要聚焦于中观层面，指的是不同社会群体或社会阶层之间相对紧张的社会关系②，并且通常带有一定整体性、规模性，表现出对抗、纠纷、争议甚至暴力等外显特征，这些矛盾的共性特点是属于人民内部矛盾范畴。

从 2015 年国内出现的社会矛盾焦点问题来看，各级政府部门面临的社会治理压力巨大，社会矛盾疏导化解和吸纳消解机制建设任重道远。具体而言，根据矛盾所涉主体不同，当前我国社会矛盾主要可归纳为劳资矛盾、民商（征地拆迁等）矛盾、借贷矛盾、贫富矛盾、官民（干群）矛盾、医患矛盾、新旧行业从业人员矛盾等若干方面。

（一）劳资矛盾多发频发

2015 年，我国劳动争议和劳资纠纷问题依然较为突出，劳资矛盾多发频发的趋势仍未得到根本遏制。根据人力资源和社会保障部统计，2015 年前三季度，全国劳动人事争议案件立案受理总数为 60.7 万件，涉及劳动者 85.2 万人，同比分别增长 16.3% 和 18.2%；劳动和社会保障部门督促补签劳动合同 284.3 万人份，追发工资等 324.0 亿元，同比分别增长 19.1% 和 41.2%③。

2015 年国内因工厂关停、落后粗放产能淘汰、企业搬迁、公司裁员或重大人事变动等因素引发的劳资矛盾和劳资纠纷多发频发，有的矛盾纠纷甚至演变成集体罢工或讨薪等对抗性较强、参与规模较大的群体性事件。例如，2015 年 1 月 19 日，惠普中国的子公司华三通信公司因高层人事变动激化了劳资双

---

① 吴忠民：《并非社会中的所有矛盾都是社会矛盾——社会矛盾概念辨析》，《中共中央党校学报》2015 年第 2 期。
② 马怀德：《预防化解社会矛盾的治本之策：规范公权力》，《中国法学》2012 年第 2 期。
③ 《2015 年前三季度人力资源社会保障统计数据》，人力资源和社会保障部官方网站，http：//www.mohrss.gov.cn/ SYrlzyhshbzb/zwgk/szrs/dtyjsu/201511/t20151110_ 225134.htm。

方的矛盾，引发杭州和北京公司近 3000 名员工罢工抗议①。2015 年 2 月 5 日，西铁城公司因突然宣布关停广州的生产基地并终止与工人的劳动合同，引发上千名工人围堵厂房，与资方就赔偿问题展开谈判②。2015 年 6~7 月，深圳庆盛服饰皮具公司 200 余名员工因解除劳动合同的补偿标准以及社会保险问题，与厂方产生矛盾，吃住在厂区内以防设备被厂方搬走③。

同时，拖欠农民工工资问题依然存在。2015 年全国多地发生多起因欠薪导致的农民工集体讨薪事件，甚至引发极少数恶意讨薪事件。2015 年 8 月 10 日，浙江嘉善经济开发区英鑫达电子科技公司 28 名员工为讨要补偿款，上演集体"跳楼秀"④。12 月 10 日，合肥 9 名农民工因工资纠纷扬言要跳楼讨薪，一度引发治安事件⑤。

此外，2015 年全国钢铁、煤炭等重点行业进入化解过剩产能、实现脱困发展的关键阶段。2013~2015 年，全国共化解钢铁 9000 多万吨、煤炭 2 亿多吨产能⑥，其中，2015 年全国有 150 家钢铁企业停产，其中民营企业的关停力度较大。根据国务院 2016 年初提出的压缩粗钢产能 1 亿~1.5 亿吨的目标，此轮钢铁去产能意味着将有 50 万左右的钢铁职工面对调整岗位或重新选择职业⑦。职工安置将成为此轮去产能的关键环节，如果持续就业等问题处理失当，这些经济问题将极有可能传导至社会领域，转化为社会矛盾甚至发展为官民矛盾。

---

① 蔡辉：《知本 VS 资本："华三风波"下的新型劳资纠纷》，《南方都市报》2015 年 12 月 19 日，GC01 版。

② 《西铁城：采取"即刻通知"形式解散主要是考虑员工安全》，《羊城晚报》2015 年 2 月 10 日。

③ 刘兴斌、丁康：《被指欠缴工人养老金 优衣库深圳代工厂搬迁受阻》，《每日经济新闻》2015 年 7 月 17 日。

④ 严兰：《嘉善 28 人为讨薪上演集体"跳楼"闹剧》，浙江在线，2015 年 8 月 10 日，http：//szcb. zjol. com. cn/news/140443. html。

⑤ 《合肥 9 农民工因"跳楼讨薪"被治安拘留》，安徽网，2015 年 12 月 10 日，http：//www. ahwang. cn/zbah/20151210/1480399. shtml。

⑥ 《李克强在钢铁煤炭行业化解过剩产能实现脱困发展工作座谈会上强调综合施策 标本兼治 以结构性改革促进困难行业脱困发展》，《人民日报》2016 年 1 月 8 日，第 2 版。

⑦ 《钢铁行业去产能难题待解》，法治周末，2016 年 2 月 2 日，http：//www. legalweekly. cn/index. php/Index/article/id/9518。

（二）借贷矛盾集中爆发

2015 年，资金借贷纠纷引发的社会矛盾和不安全事件集中爆发，涉众型非法集融资案件呈井喷态势，大案要案频发，成为影响社会稳定的一大因素。此类案件发案范围广，影响人群范围大，涉案金额巨大，连锁效应显著，且极易诱发群体性上访甚至群体性事件。据有关部门统计，2015 年全国涉众型非法集资案件同比上升 85%，涉案金额达到 1500 多亿元。

2015 年 2 月，西安联合职业培训学院非法集资案发，引发西安多起群体性上访事件，随后陕西 22 个地方信访局设立"处置西安联合学院群众集资工作组"。目前公安机关已追缴、冻结资金 1.7 亿元，在 37 个市区设立核查清退接待点①。2015 年 7 月以来，昆明泛亚有色金属交易所推出的理财产品"日金宝"因无法出金引发昆明等多地出现投资人群体上访事件，牵扯投资者 20 多万人，事件引起全社会广泛关注②。7 月 20 日，300 多名泛亚投资者在云南省政府门前聚集③。

同时，通过在线上网络平台，假借 P2P 网络借贷实施非法集资，成为2015 年非法集融资矛盾纠纷的一个重要特征。与传统的线下民间借贷、购买理财产品不同，网络融资活动隐蔽性更强、牵涉人数更多、地域范围更广，对社会稳定造成的负面影响和由此带来的社会恐慌更甚。2015 年 12月，"e租宝"非法集资案件引起全国关注，钰诚集团打着网络金融旗号，在一年半内非法集资 500 多亿元，涉及投资人 90 余万人，遍布全国 31 个省区市④。

因非法集资、非法金融活动或资金链断裂等问题引发的涉众型集融资事件引起了中央领导的高度重视。李克强总理在中央经济工作会议等多个重要场合指出，目前非法集资问题比较突出，要加强全方位监管，坚决遏制非法集资蔓

---

① 《西安警方解答西安联合学院非法集资案核查清退有关情况》，《华商报》2016 年 1 月 29 日，A1 版。
② 《泛亚有色金属交易所陷兑付危机 400 亿资金疑遭冻结》，中国新闻网，http://www.chinanews.com/cj/2015/09-17/7528443.shtml。
③ 《泛亚 400 亿兑付之殇，日金宝变脸记》，《中国经营报》2015 年 7 月 27 日，第 22 版。
④ 《一年半非法集资 500 多亿元 e 租宝黑幕大起底》，人民网，2016 年 2 月 1 日，http://js.people.com.cn/n2/2016/0201/c359574-27664582.html。

延势头，妥善处理风险案件。银监会、公安部等多部门在全国范围内开展非法集资问题专项整治行动，重点打击私募基金、P2P 网络借款、理财等行业内存在的非法集资活动①。

（三）官民矛盾仍需调和

官民矛盾主要表现为两个方面，一是部分基层部门和领导干部缺乏服务意识，行政执法行为失范，怠政、懒政或者慢作为、不作为、乱作为，甚至有个别官员贪污腐败导致政府形象受损，造成干群关系紧张。二是一些地方政府在重大事项决策过程中与群众沟通欠缺，群众参与和意见表达渠道有限，群众的呼声未能得到及时回应，造成政府与群众之间出现隔阂，甚至引发群体性事件。

部分干部的履职不到位、执法不规范等行为长期累积，产生集聚效应，往往会带来政府公信力的丧失，进而可能激化干群矛盾、诱发干群对抗。极端情况下，甚至可能以一些敏感偶发事件作为"导火索"，引发大量群众参与的群体性事件。2015 年以来，新闻媒体中仍不时有城管暴力执法的相关新闻报道，此外还有诸如证明"你妈是你妈""未婚证明未婚"等各种"奇葩"证明。这些都说明基层部门服务能力仍然有待进一步提升。2015 年 12 月 28 日，甘肃永昌县一名 13 岁初中女生因偷拿超市巧克力等物品受到家长责打，随后该女生跳楼坠亡。这一事件引发上千人在超市门口聚集，部分人员起哄并冲击超市②。12 月 30 日，超市门口再次发生群体性事件，上千名群众再次聚集围观，部分群众甚至攻击特警、袭击武警车辆③。

当前，关系国计民生的重大项目的立项、论证和上马仍然是引发各地官民矛盾的主要诱因。一方面是地方政府促经济、调结构的发展需求，一方面是公众日益觉醒的环境保护诉求，如何做到双方诉求的平衡，仍然是当前各地政府面临的一大考验。2015 年，因群众反对可能重大项目上马而引发的去群体性

① 周芬棉：《六至八月将开展全国专项整治》，《法制日报》2015 年 5 月 19 日，第 2 版。
② 林斐然：《甘肃一女生坠亡引发群体事件 市长疑在冲突中受伤》，新京报网，2015 年 12 月 31 日，http://www.bjnews.com.cn/news/2015/12/31/390140.html。
③ 《偷巧克力女孩自杀，真相到底是什么？》，《新京报》2016 年 1 月 5 日，第 2 版。

事件仍偶有发生。例如，2015 年 4 月 12 日，广东河源数百市民走上街头聚集，抵制河源火电厂二期扩建项目上马①。2015 年 6 月，上海金山区因化工区产业发展规划环评的公众参与工作引起当地群众的广泛关注，部分市民聚集，后金山区政府及时发布《告市民书》说明规划环评工作，化解消除群众的误解②。

（四）民商矛盾依然突出

当前，民商矛盾在各地最为突出的表现主要集中在征地拆迁过程中失地农民、被拆迁市民以及业主与开发商（或相关单位部门）等之间的经济纠纷和冲突，属于典型的利益矛盾。2015 年 1 月，国家信访局会同有关部委对 5 个省市的 40 件涉农信访事项进行了实地督察，其中 80% 为征地拆迁相关问题事项③。征地拆迁中的问题主要集中在实施征地拆迁过程中相关规定和程序未能严格落实，或者双方就征收方案及补偿安置标准难以达成一致意见等方面，这些问题久而久之就会引发双方的矛盾纠纷或对抗，造成相关利益人拒不配合或者不断上访甚至出现个别极端行为。

2015 年，各地强拆案件仍时有发生。强拆事件往往会使普通的拆迁利益纠纷升级为刑事案件，从而将民商矛盾升级蜕变成官民矛盾，不但损害了群众的利益，而且对基层政府的形象造成了严重的负面影响，弱化了党和政府的公信力。例如，山东平邑县 "9·14" 事件就是一起因基层干部法律观念淡漠、作风简单粗暴、强制拆迁而引发的群众生命财产安全受到侵害的恶劣案件，事后 15 名涉案人员被抓获归案④。随后，在 11 月 19 日，山东省平邑县北苑社区又发生一起开发商强拆涉嫌寻衅滋事案件，引发社会广泛关注，后犯罪嫌疑人被警方抓获⑤。

---

① 《河源市民抵制火电扩建项目三大焦点问题调查》，新华网，2015 年 4 月 14 日，http：//news. xinhuanet. com/local/2015 - 04/14/c_ 1114965908. htm。
② 《上海金山区：化工区没有 PX 项目　希望市民勿非法聚集》，财经网，2015 年 6 月 23 日，http：//politics. caijing. com. cn/20150623/3910110. shtml。
③ 《督察 40 涉农信访八成为征地拆迁》，《新京报》2015 年 2 月 5 日，A5 版。
④ 《山东拆迁血案追踪：7 人涉非法拘禁被采取强制措施》，《今日早报》2015 年 9 月 19 日，A6 版。
⑤ 《山东平邑八旬老人房屋遭强拆案已有 6 人被刑拘》，新华网，2015 年 12 月 9 日，http：//news. xinhuanet. com/legal/2015 - 12/09/c_ 1117410476. htm。

此外，业主与开发商之间围绕房屋建筑质量、房屋价格、配套环境建设等各方面的纠纷也是近年来各地普遍出现的民商矛盾类型之一，由此引发的业主集体维权或集体上访等活动屡见不鲜。例如，2015 年 10 月，郑州保利百合小区 258 名业主，集体将开发商告上法庭，要求赔偿业主在就学、出行等方面的损失 3000 万元①。

（五）互联网新兴行业引发新的社会矛盾

随着"互联网＋"的兴起，传统行业与互联网加速融合，由此对传统行业从业人员带来了不小的冲击。2015 年表现最为抢眼的互联网打车软件，对传统出租车行业影响较大，并在各地引发了出租车司机与打车软件公司及从业人员等利益方的矛盾纠纷和集体对抗。以滴滴、快的、优步等移动 APP 平台为代表的新兴运营商的合法性受到出租车司机群体的质疑和挑战，新旧从业人员之间的矛盾进一步激化。2015 年 5 月 27 日，河南省郑州市的几十位出租车司机聚集在滴滴打车公司门口讨要说法，当天先后发生两起滴滴专车被出租车司机围堵打砸的刑事案件②。由此引发连锁反应，随后在 12 月，郑州的滴滴总部再一次被出租车司机围堵，要求叫停廉价的快车和顺风车③。5 月 25 日，湖北武汉市的数百名出租车司机聚众抗议抵制优步专车抢占出租车市场。8 月 10 日，武汉出租车司机为抵制私家专车，又一次在道路上集体缓慢行驶，堵塞交通④。2015 年 6 月，杭州市部分司机围堵并打砸了"优步"杭州车主之家⑤。12 月 7 日，青岛部分出租车司机在福州北路滴滴出行公司门前聚集，围堵滴滴合作车主，抗议滴滴出行加价不公，一度造成交通拥堵瘫痪⑥。12 月 8

---

① 《258 名保利百合业主状告开发商》，大河网，2015 年 10 月 27 日，http：//news. dahe. cn/2015/10－27/105879446. html。

② 《郑州一辆滴滴专车被百名出租车司机围堵砸车》，光明网，2015 年 5 月 28 日，http：//edu. gmw. cn/2015－05/28/content_ 15812634. htm。

③ 吴晋娜、石佳：《围堵滴滴》，《光明日报》2015 年 12 月 10 日，第 9 版。

④ 《武汉的士集体抵制专车 开空车打双闪堵路》，《人民网》2015 年 8 月 10 日，http：//hb. people. com. cn/n/2015/0810/c194063－25921309. html。

⑤ 《"滴滴"被围堵、"优步"遭打砸两大打车软件杭州总部接连出事》，网易新闻，2015 年 6 月 26 日，http：//news. 163. com/15/0626/01/ATOFHS7400014Q4P. html？ f＝jsearch。

⑥ 《抗议滴滴出行加价不公》，《齐鲁晚报》2015 年 12 月 9 日，第 4 版。

日，北京滴滴出行总部遭到出租车司机围堵，大量出租车司机聚集在公司楼下进行抗议①。

互联网行业方兴未艾，其在资源整合、便捷性等方面拥有无可比拟的优势。可以预期，今后随着互联网技术平台向传统行业的渗透，类似的矛盾将有可能常态化，如何适应新技术的快速发展，加快新旧产业的融合，促进新旧行业从业人员的共赢，将成为衡量各级政府社会治理能力的一项重要标准。

除上述几类典型社会矛盾以外，2015年还有其他一些类型的社会矛盾也值得关注，如贫富矛盾、医患矛盾等，尽管这些矛盾没有引发大规模的群体性事件，但它们所反映出的不同利益群体之间的社会对抗应当引起我们的重视。

总体而言，2015年国内社会矛盾总体呈现综合性和复合化的特征，各种新老矛盾并存交织、不同领域矛盾相互关联、涉及矛盾主体多元。我国在化解社会矛盾机制建设的制度化、规范化、流程化等方面仍然面临巨大的挑战。

二 社会矛盾化解机制建设中存在的问题与不足

（一）矛盾化解方式以行政手段为主，法律途径运用不充分

当前，大量的社会矛盾通过信访等行政手段渠道反映出来，信访在社会矛盾纠纷化解中扮演着举足轻重的作用。但同时我们也应当清醒地看到，社会矛盾化解方式过于单一，主要依赖上访或向有关领导反映情况、提出要求等传统的行政手段，法律和司法途径运用不足。这与当前国内各社会群体利益诉求日益多元化的总体需求不能完全适应，与中央全面推进依法治国总体要求也不能完全适应。

党的十八届四中全会《决定》指出，要"把信访纳入法治化轨道，保障合理合法诉求依照法律规定和程序就能得到合理合法的结果"。2014年中办、国办联合下发《关于依法处理涉法涉诉信访问题的意见》，开始稳步推进涉法

---

① 《滴滴北京总部遭大量出租车司机围堵》，搜狐公众平台，http：//mt. sohu. com/20151208/n430261488. shtml。

涉诉信访工作改革①，实行诉讼与信访分离制度，对涉及民商事、行政、刑事等方面的信访事项进行剥离，交由政法机关受理。同时，要求进一步健全国家司法救助制度。但从 2015 年各地在社会矛盾纠纷化解工作的实际情况看，诉访分离在社会治理实践中并未得到完全落实。诉讼、仲裁、司法调解、行政裁决等矛盾纠纷调解方式未能充分发挥主渠道作用。

一方面，一些地方领导出于维护社会稳定大局的考虑，为尽快平息事态，往往倾向于采用更直接、更快捷的行政手段来化解社会突出矛盾和纠纷，如领导批示、"特事特办"等行政干预手段。少数政府部门在遇到涉及社会稳定问题时，抱着"花钱买平安""多一事不如少一事"的态度加以处置，有时甚至会突破政策框架给予当事人一定的经济补偿。受此导向影响，各种矛盾化解的诉求大量向行政途径汇聚，客观上造成了行政与法律纠纷解决方式分布的不平衡。

另一方面，受惯性思维影响，部分群众对信访和其他行政途径的依赖程度过高。加之诉讼、仲裁的门槛相对高，本应通过法律途径依法解决的问题，群众也习惯于到各级党委政府和信访部门反映。部分群众信"访"不信"法"、信"上"不信"下"、信"闹"不信"理"，误认为"大闹大解决、小闹小解决、不闹不解决"，使本来能在法律程序中解决的矛盾，演化成越级上访、集体上访，甚至进京非访。根据统计，在基层老难信访和缠访闹访案件中，涉法涉诉案件所占比重较高，在一定程度上反映出当前社会矛盾化解过度依赖行政手段的窘境。

（二）矛盾化解主体政府一家独大，社会力量参与不足

除各级党委、政府和司法机构外，当前社会矛盾化解中社会力量参与力度明显不足。目前，我国对于各种行业协会、社会调解机构、民间权威人士等民间力量尚处于起步阶段，参与深度和广度均有待进一步拓展，在社会矛盾化解中的作用和影响较为有限。矛盾调解相关社会组织自身发育迟缓，显著滞后于当前社会矛盾高发多变的现实需求，客观上造成了政府一家独大的局面。

同时，对于社会组织如何有效参与社会矛盾化解，宏观政策层面缺乏统一

① 新华社：《解读〈关于依法处理涉法涉诉信访问题的意见〉》，中央政府网站。

的制度性设计与安排。由于未能有效搭建起社会组织良性发展的制度环境，社会组织在矛盾调解中的效果主要取决于民间力量的自觉性，在很大程度上影响了社会组织在纠纷调解和冲突协调中积极作用的发挥。社会力量参与矛盾调处的机制建设尚不健全，非政府组织介入的渠道不通畅，社会组织在社会矛盾调处中未能起到"过滤网"的初筛作用，导致大量矛盾直接集中到各级政府部门。面对纷繁复杂的社会矛盾，政府部门应接不暇，而社会力量却无所适从。

此外，目前国内对非诉讼冲突解决机制（ADR）的关注和研究明显不足。非诉冲突解决机制在欧美发达国家应用较为普遍，可以作为行政、法律解决途径以外的重要补充。由于其具有程序灵活简便、调解主体非官化、当事人自愿参与、矛盾解决非对抗性等突出的优点，在实践中取得了良好的效果①。但目前我国在社会矛盾化解中，仍以行政主导型和司法主导型作为绝对主力，非诉讼冲突解决机制建设尚处于起步阶段。很多完全可以由社会调解力量先期介入的利益冲突、企业劳资纠纷、单位经济纠纷等各类矛盾冲突全部涌入行政与司法渠道，导致信访与司法部门疲于应付，难以保证矛盾调解的效果。

（三）公众诉求表达渠道不够顺畅

来自社会的诉求表达缺乏畅通的途径，或者公众诉求表达流于形式，成为影响社会矛盾调处的"肠梗阻"，有时在一些群体性事件中甚至成为激化社会矛盾、导致冲突升级的"导火索"。

从自上而下的视角来看，政府部门在涉及重大民生事项的决策过程中，习惯于"关门决策"，更加关注体制内的意见建议，尤其重视"对上负责"，事前相关信息对社会公开不够，对于体制外的声音吸纳不足；而重大决策社会稳定风险评估虽然取得了很大的进步，但评估过程往往出于政府自身角度考虑设计议程，公众参与流于形式，广大群众的呼声缺乏畅通的表达渠道。

从自下而上的视角来看，公众越来越强烈的知情与参与意愿得不到政府的及时回应。政府重大决策信息公开不及时、决策过程不透明，公众得不到来自官方的权威信息，很多不实的消息有了生存空间，从而导致很多重大项目的谣

---

① 张佩：《社会转型时期群体性事件非诉讼解决机制的法理分析》，中南民族大学硕士学位论文，2010，第26~27页。

言满天飞。由于政府与社会公众在信息占有方面的不对称性，民众长期不能获取所关心的重要信息，就会产生知情权的"相对剥夺感"，造成政府公信力的下降。这种参与意识增强与参与渠道受限之间的矛盾长期集聚，在参与无望的情况下，最终会以街头行动这一极端形式表现出来。

从公众诉求表达的途径来看，网络充当了重要的平台作用。在2015年国内发生的几起反垃圾焚烧项目、反石化项目等群众聚集事件中，都可以看到网络动员的影子。从最初的重大项目消息来源、网上参与评论和意见表达、网上公众动员、网上网下互动等各个环节，互联网已经成为当前公众诉求表达不可或缺的重要渠道，成为倒逼政府开展对话、汇集民意的重要平台，其影响力不容小觑。但是，网络表达也有先天不足，由于其开放性，真假消息鱼龙混杂，极易诱发网络舆情事件，引发"群体盲动"。如果政府不能用好网络，及时加以引导并给予正面回应，第一时间发布权威信息，很有可能使一般社会矛盾发生转移，诱发官民矛盾。

三 加强社会矛盾化解机制建设的对策思考

（一）进一步加强行政行为的规则程序建设

现阶段，规范行政执法、健全行政决策的程序规则已成为各界共识。行政行为的科学化、规范化和法定性，成为有效预防和化解社会矛盾特别是官民矛盾的重要途径。

规范公权力的运行，健全行政程序是关键。目前我国尚缺乏统一的行政程序相关法律，造成一些部门的行政行为随意性较大、规范性不足。一方面，由于我国基层政府部门执法行为失当、不作为、懒政怠政等情况时有发生，造成广大基层群众对政府产生抵触情绪。另一方面，行政决策规范性不足，一些涉及重大利益的敏感项目决策过程不透明、不规范，进一步加剧了官民之间的对抗心理。为此，亟须进一步加强行政行为的规则程序建设，以行政程序法立法研究为契机，积极引导地方政府先行先试，严格执法程序，规范决策行为，加快推进依法行政。

各地政府在规范行政行为方面做出了有益的探索，出台了一系列的地方性法规，取得了明显的成效。以重大项目决策为例，各地都结合实际，出台完善了相关的风险评估程序和办法，为从源头上消除社会矛盾奠定了基础。2015年4月，曾经引发群体性事件的杭州余杭九峰垃圾焚烧项目得以上马。有关方面先后完成了组织居民考察、环境影响评价、水文地质调查勘察、社会稳定评估、环评结果公示、公众意见征集听证、初步设计批复等一系列工作，在履行完法定程序并征得当地群众理解支持的情况下得以开工建设①。

今后，应将规范行政行为作为加强社会矛盾化解工作机制建设的一项基础性长效工作。在法律层面，加快推进行政程序法的立法工作，严格根据法定程序开展执法和决策活动，切实做到依法行政，从源头上杜绝社会矛盾产生的根源。在政策层面，严格落实已有的重大项目社会风险评估办法等一系列中央和地方规范性文件。对于重大事项决策，必须通盘考虑经济效益、社会效益、安全效益等各个方面。从公众参与、专家论证、环评安评、风险评估等关键环节入手，切实把公众诉求作为重要考量因素，从长计议、稳步推进。

（二）进一步加强"行政－司法－社会"矛盾化解体系建设

针对当前社会矛盾化解政府一家独大、行政手段为主的现状，要进一步发挥司法途径和社会调处机制的作用，形成"行政－司法－社会"多种渠道共同参与的局面。要进一步加强社会矛盾制度的顶层设计，做好统筹规划，明确各种手段在社会矛盾化解中的定位，加快构建"社会调处在前、司法途径兜底、行政手段居中"的社会矛盾化解体系。

社会矛盾民间调处作为矛盾纠纷预防化解的首道关口，可以将大量的社会矛盾消解于萌芽状态。应进一步完善相关政策与制度，引入民间调解机构、第三方协调组织等社会组织积极参与社会矛盾化解与纠纷调处。充分发挥社会组织灵活性强、覆盖面广、更接地气的优势，构筑起社会矛盾纠纷预防与化解的第一道屏障。

加强对社会公众的引导，将不属于行政调解范畴的矛盾纠纷合理引导到法律途径加以解决。充分发挥诉讼、行政复议、劳动仲裁等法定渠道的调处作

---

① 毛珺：《余杭九峰环境能源项目今开工》，中国网，2015年4月14日，http：//news.china.com.cn/live/2015－04/14/content_32270612.htm。

用，绝不突破法律框架，按照法定程序公平公正地进行裁定和评判。进一步拓宽司法救济的入口，降低司法救济门槛，鼓励涉及重大事项的矛盾纠纷进入法律渠道和法定程序，完善司法裁判的程序，确保调处裁定过程公平、公正和公开，进一步提升司法裁判结果的权威性。

行政调解手段要归好本位，不越位。特别是对于涉法涉诉类的重大纠纷，更要严格执行法律程序，严格落实诉访分离。对涉及民商事、行政、刑事等方面的事项从信访中剥离，交由政法机关受理。进一步完善涉法涉诉信访事项导入司法程序的机制建设，积极引导群众合理、合法表达利益诉求，化解纠纷矛盾。在此基础上，发挥行政调解手段的积极作用，政府有关部门厘清职责边界，明晰权责清单，及时了解掌握有关社会动态和社情民意，分析评估重大事项政策得失和社会稳定风险，调解矛盾纠纷、解决合理诉求。

此外，还应加快建立信访等行政调处手段与诉讼、申诉等司法手段，民间调解等社会手段的衔接机制。建立各方信息共享机制，对于超出社会组织调处能力范畴的矛盾纠纷，行政和司法手段及时加以衔接介入，确保矛盾纠纷和利益诉求在第一时间得到回应和解决。

（三）进一步加强社会矛盾预防预警机制建设

一般的社会矛盾都会经过一个逐步累积、量变到质变的演变发展过程，这为我们加强社会矛盾的预防提供了契机。社会矛盾纠纷作为社会风险的核心要素之一，理应成为社会风险治理体系中的应有之义；同时，社会矛盾预防也契合了社会治理体系建设强调关口前移、重心下移的总体要求。因此，在当前大力推进社会治理体系创新的形势下，进一步加强社会矛盾预防机制建设适逢其时。

建立社会矛盾及社会风险信息研判和共享制度。以全面推进网上信访工作为切入点，充分利用"信访大数据"，发挥"晴雨表"的作用，建立社会矛盾风险研判和信息共享的联动机制。通过制度化设计，确保重大社会矛盾及风险信息能够在相关部门间快速流转。

建立社会矛盾预警制度。由各级信访部门牵头，对于同类矛盾高发、频发，反映诉求集中的社会问题，启动响应机制，相关主责部门通过联席会议等形式共同提出完善政策和改进办法，将问题解决在初始和萌芽状态。

　　此外，还应完善社会矛盾基层就地化解机制。应当赋予基层部门更多的权限和资源，坚持矛盾纠纷化解主体重心下移，以便于及早发现矛盾，及时就地化解，防止矛盾激化和升级。进一步加大乡镇、村组社会矛盾调解员队伍建设力度，充分发挥老党员、老干部、老族长等民间权威人士在基层矛盾调处中的特殊作用。进一步完善乡镇调解委员会、信访联席办、综治委员会等维稳调处机构的综合协调职能，落实矛盾调处事项专人负责制度，在基层推动"一站式受理、一条龙服务、一揽子解决"的矛盾化解工作模式。积极培育矛盾调处民间组织，鼓励第三方调解机构参与基层矛盾和纠纷的化解。积极发挥各企事业单位、社团、行业协会等社会组织在矛盾调解中的作用，建立社会组织与政府部门有机衔接制度，相互配合，互为支撑，形成矛盾纠纷化解的合力。

B.23
2015年中国信访制度的改革和创新

吴超 郭一斐*

摘　要：　2015年，全国信访形势持续好转，信访增量和存量实现"双下降"，大量信访问题得到有效解决。同时，信访制度改革和创新进一步展开，着力推进阳光信访、责任信访和法治信访，信访理论研究取得重要进展，不断提升信访工作能力和法治化水平。2016年是"十三五"开局之年，信访改革向纵深推进，要从四个方面着手：立足大局，改革信访制度以推进国家治理；以信访立法为抓手，推进信访法治化进程；公开透明，以信息化推动信访工作现代化；加强理论研判，依托信访机构建设特色智库。

关键词：　阳光信访　责任信访　法治信访　现代化　智库

一　2015年信访情势与改革进展

十八大以来，党中央、国务院先后出台了一系列的信访工作制度改革举措，对信访工作提出了新任务新要求，更强调信访制度回归本位，依法履行职责。全面深化改革的实践给信访工作带来了活力，改革的正能量推动信访形势持续稳中向好。2015年，全国信访形势持续好转，信访增量和存量实现"双下降"，大量信访问题得到有效解决。全国信访总量下降7.4%，进京上访下

---

* 吴超，中国社会科学院当代中国研究所副研究员；郭一斐，北京市信访矛盾分析研究中心专题部主任。

降 6.5%，非正常上访下降 38.2%，群众信访趋于理性，秩序趋于好转。网上信访数量分别超过来信、来访数量，占信访总量的 40.1%，实现了信访网上流转网下办理。① 2015 年，全国纪检监察机关共接受信访举报 281.3 万件次，处置问题线索 53.4 万件，立案 33 万件，结案 31.7 万件，给予党纪政纪处分 33.6 万人，涉嫌犯罪被移送司法机关处理 1.4 万人。②

2015 年，信访工作凝聚改革共识，聚力打造阳光信访、责任信访、法治信访，信访制度的改革和创新成效显著，实现新突破。

（一）阳光信访

1. 推进网上信访，构建公开透明的"阳光信访"

中办、国办印发《关于创新群众工作方法解决信访突出问题的意见》，要求"健全公开透明的诉求表达和办理方式"。③ 国家信访信息系统建设是打造阳光信访的关键一环。自 2013 年 7 月 1 日国家信访局全面放开网上投诉受理以来，全国信访信息系统逐步建成并基本实现互联互通和资源共享。2015 年全国范围内加大网上信访信息系统建设，"让数据多跑路，群众少跑腿"，依托国家信访信息系统，全部信访业务网上受理网下办理，受理、办理过程和处理结果全部公开，将参与权、评价权交给群众，增强信访透明度和公正性。

把网上信访变成信访主渠道，是信访工作的重中之重。从中央层面上，国家信访局运用"互联网＋信访"建立信访信息系统，目前已与民政部、人力资源与社会保障部等 20 个中央部委完成对接联通；从纵向来说，全国 31 个省（区、市）和新疆生产建设兵团与国家局系统对接联通，系统运行和数据交换总体平稳，基本实现了互联互通和资源共享，实现了来信、接访和网上信访业务的全覆盖。为了推进信访基础业务的规范化建设，2015 年 10 月 26 日，国家信访局印发《信访事项网上办理工作规程（试行）》的通知。④ 国家信访局举

---

① 《人民日报》2016 年 1 月 26 日。
② 王岐山：《全面从严治党 把纪律挺在前面，忠诚履行党章赋予的神圣职责》（在中国共产党第十八届中央纪律检查委员会第六次全体会议上的工作报告，2016 年 1 月 12 日），《人民日报》2016 年 1 月 25 日。
③ 中共中央办公厅国务院办公厅印发《关于创新群众工作方法解决信访突出问题的意见》，《人民日报》2014 年 2 月 26 日，第 1 版。
④ 国家信访局：http://www.gjxfj.gov.cn/2015－11/02/c_134775292_5.htm。

行了多次会议和培训班，并对各地实施情况进行督查。绝大多数群众网上投诉的信访事项得到及时有效解决，网上信访好用管用，正逐步成为信访主渠道，全国办理信访业务基本实现网上流转、网下办理。据统计，2015 年 1~10 月，国家信访局受理的网上信访量占信访总量的 45.4%，超过半数省份的网上信访量达到信访总量 50% 以上。

网上信访起于发达省份，视频接访则是贵州毕节、云南昭通等地区针对群众居住分散、交通不便的客观实际，率先进行探索，而后在全国推广开的。2014 年 5 月 30 日，最高人民法院开通远程视频接访系统。目前全国已有 3435 家法院实现了与最高法远程视频互通互联，覆盖率达到 99%。2015 年 1 月 14 日，最高人民检察院首次远程视频接访。为规范视频远程接访工作，最高检出台了远程视频接访办法。截至目前，最高检已与全国 31 个省级检察院远程视频接访系统全面联通。①

2. 重视新闻宣传，建立新闻发言人制度

信访宣传是信访部门引导社会舆论、回应公众关切，把握主动权、提升公信力的重要工作。当前，涉及信访的舆情事件多发频发，在最需要发声的关键时刻，信访部门"失声"。一些"道听途说"大行其道、个别"专家解读"混淆视听，产生了许多误解和误读。在黑龙江庆安枪击事件中，误把当事人说成"上访人"，"只做不说"的思维已无法适应"人人都有麦克风、都是通信社"的新媒体时代。信访部门积极适应媒体发展的新特点和舆论环境的新变化，重视新闻宣传和舆论引导，主动发声，在开展舆情研判引导、主动争取话语权等方面做出了积极努力。

2014 年 12 月 12 日，国家信访局首次对外发布 20 件实地督查督办的信访事项，此举受到社会各界普遍关注，一些专家学者和广大网民纷纷予以好评。2015 年 1 月 30 日，国家信访局首次举办媒体开放日，在京的 12 家媒体零距离接触信访工作全过程。2015 年，在国家信访局先后派出的 5 批次督查组、分赴 30 个省份开展的集中督查中，10 余家媒体记者受邀全程参与信访督查，各大媒体刊发稿件 70 多篇，均在重要版面或位置，进行了高规格、大篇幅的报道，在社会上产生了广泛影响。北京、山西、湖南等地信访部门积极与媒体合

① 《视频接——足不出户见领导》，《人民信访》2015 年第 5 期。

作，借助媒体公开评议、推动解决信访事项，既突出了正面引导，也体现了媒体监督。新闻媒体记者实地参加信访事项的督查、结果的公开将成为常态。

信访系统新闻发布工作常态化是在党的十八大以后。2015 年 1 月 27 日，国家信访局办公室印发《关于进一步加强信访新闻发布工作的通知》，要求大力加强信访部门新闻发言人制度建设。2015 年首次在省级和副省级城市层面全面设置新闻发言人。国家信访局要求，在 6 月 30 日之前，县级以上信访部门都应建立新闻发言人制度，原则上由信访部门主要负责人担任新闻发言人。5 月，国家信访局首次举办全国信访系统新闻发言人培训班。信访系统过去"只做不说、多做少说"的宣传工作观念得到改变。信访系统强调主动发声，及时回应社会关切。

3. 推进网上群众满意度评价

2014 年年底，全国网上信访信息系统建成使用。2015 年 1 月 1 日，国家信访局施行《信访事项办理群众满意度评价工作办法》。《办法》共 17 条，明确了群众满意度评价的对象、范围、内容、指标，以及评价起止时间、查询方式和评价结果运用等。① 推进网上群众满意度评价，主要依托网络信息化技术，以健全网上信访受理制度为重点，使信访事项办理可查询、可跟踪、可督办、可评价，逐步实现过程公开、结果透明，实现群众全方位参与的"阳光信访"。只有把信访工作评判权交给群众，才有可能提高信访工作透明度和公信力，进一步强化责任倒逼机制，压实主体责任，推动合理合法诉求得到及时就地解决。

为更好地引导和方便群众参加对信访事项办理情况的评价，国家信访局采取建立即时告知短信平台、开通微信公众号和手机客户端等措施，加强对满意度评价结果的跟踪，把满意度评价结果纳入党委、政府信访工作绩效考核内容。对群众反映强烈的突出问题，要及时报告同级党委、政府，督促责任单位依法按政策解决群众合理诉求。

（二）责任信访

解决信访问题，落实责任是关键。打造"责任信访"，就是规范信访基础

---

① 国家信访局：http：//www. gjxfj. gov. cn/2014 - 12/18/c_ 133864297. htm。

业务工作，把信访工作责任落实到信访部门和有关责任部门，确保各项工作符合《信访条例》和工作规定，进一步完善解决问题机制，推动信访问题及时就地解决。

1. 推行信访依法分类，探索问题解决机制

2015年，国家信访局推行依法分类处理信访诉求，积极推进访诉分离，实行通过法定途径分类处理信访投诉请求，引导信访人依法向有关政法机关反映涉法涉诉问题；同时，根据法律权限，进一步梳理分类，出台责任清单，通过法定途径分类处理信访投诉请求。5月，国家信访局召开通过法定途径分类处理信访投诉请求工作推进会，梳理法定途径分类处理清单。广东省信访局、深圳市信访局做了组合式经验介绍，贵州省专门介绍了省级领导包案督访机制、责任信访的经验。

2015年6月24日，国家信访局印发《关于进一步加强和规范联合接访工作的意见》，要求通过分级分类接访、领导干部定期接访、领导干部带案下访、视频接访等方式，将信访事项特别是初次来访解决在初始、化解在属地。目前已有25个部委出台或基本形成清单，公安部、民政部、人力资源和社会保障部、住房和城乡建设部、卫计委等部委已出台规范文件。① 同时，多数省份出台了对信访活动中违法行为的处理意见，以规范信访活动、维护信访秩序。对梳理出来的法定途径清单，信访部门要及时向社会公布；对疑难复杂的投诉请求，信访部门要加强协调，做好甄别引导；对导入法定途径的投诉请求，信访部门要确保有人接、有人管、有人办理。

2. 加强督查督办，完善问责考核

2014年12月12日，国家信访局首次对外发布20件实地督查督办的信访事项，公开内容包括信访人反映的基本情况，督查组对信访事项的核查情况，当地对督查建议的完成情况。2015年2月15日，国家信访局印发《关于进一步加强政务督查抓好工作落实的办法》，建立统筹实地督查机制，督导化解信访积案。2015年，国家信访局派出督查组分赴除西藏外的30个省督查信访事项322件。2015年，中央信访工作联席会议办公室向各省一把手转送了积案607件，促进了信访个案解决和成批问题化解的良性互动。

---

① 国家信访局：http://www.gjxfj.gov.cn/2015-07/01/c_134371420.htm。

长期以来"信上不信下"的意识，导致大量信访人选择"越级访"，全国各级信访部门受理数量一直呈"倒金字塔"结构。2014年5月1日，《关于进一步规范信访事项受理办理程序引导来访人依法逐级走访的办法》正式施行，各级信访部门不再接受"越级访"。2015年，围绕依法逐级走访，国家信访局完善信访工作责任落实机制，强化属地和有权处理机关责任，加大问责力度，压实领导干部接访、下访和包案化解，提高初信初访的一次性办结率。同时，改进考核办法，将责任落实情况纳入信访工作考核重要内容，重点考核"三率"，即信访事项及时受理率、按期办结率和群众满意率，推动各地变"数量压力型"为"质量责任型"。对因决策不当、不作为、乱作为，损害群众利益，导致问题多发、矛盾激化的，约谈相关负责人，情节严重的严肃追究责任。

（三）法治信访

打造"法治信访"，就是运用法治思维和法治方式大力推动解决信访问题，切实维护群众合法权益，及时反映社情民意，不断提高信访工作水平。

1. 信访立法取得突破，完成《信访法（草案）》

2014年10月23日，中共十八届四中全会通过《中共中央关于全面推进依法治国若干重大问题的决定》，提出全面推进依法治国，建设社会主义法治国家。全面推进依法治国必然要求依法信访、依法治访，也必然要求信访立法、完善信访法律体系，建立科学、合理的信访制度框架。

2015年，在中央层面出台了系列规范性文件，对信访工作做出具体规定。中央政法委印发《关于建立律师参与化解和代理涉法涉诉信访案件制度的意见（试行）》（6月8日）。国家信访局印发《信访事项办理群众满意度评价工作办法》（1月1日）、《国家信访局办公室关于进一步加强信访新闻发布工作的通知》（1月27日）、《国家信访局关于进一步加强政务督查抓好工作落实的办法》（2月15日）、《国家信访局关于进一步加强和规范信访统计工作的意见》（5月8日）、《关于进一步加强和规范联合接访工作的意见》（6月24日）、《信访事项网上办理工作规程（试行）》（10月26日）。[1] 国务院部分组

---

[1]　新华网：http://news.xinhuanet.com/2015-11/09/c_1117086504.htm。

成部门对自身的信访工作也以发布规范性文件的方式进行了规制。民政部、环境保护部、商务部、教育部、国土资源部、工业和信息化部、工商总局先后印发"关于推进通过法定途径分类处理信访投诉请求工作"的实施意见、通知，规定了不同种类信访具体处理办法，确立了"法定途径优先"，以法定途径处理本部门信访工作的原则。2015年，地方信访立法取得突破。《山东信访条例》（9月25日）标志着山东省信访法治化工作向前迈进了一大步，使信访主体、信访程序、涉诉信访等问题可以更多地在法治化道路上运行。《河北省信访条例（修订）》（9月25日）新条款对于缠访闹访等不法行为也进行了新的规制。江西、湖北、广东、上海等省、市出台了对信访活动中违法行为的处理意见，有效维护了信访秩序。如《广东省信访事项复查复核办法》（2月28日）、《上海市信访事项听证办法》、《上海市信访事项查询办法》（8月20日）等。

2015年9月，国务院向社会公布了《国务院2015年立法工作计划》（国办发〔2015〕28号），将《信访法》正式列入了2015年立法工作计划。目前，《信访立法草案》建议（第二稿）已完成，包括10章76个条款，建议稿重新界定了信访、信访请求等概念的法定内涵，坚持信访信息公开、信访与诉讼分离等原则，主动运用互联网公开信访信息，设置了"恳谈会""议事会"等新型信访工作机制，推动政府公共政策自我优化，促进行政机关、行政人员依法行政。

2. 建立律师参与化解和代理涉法涉诉信访案件制度

近年来，"案结事不了"现象在涉法涉诉类信访领域突出。《关于全面推进依法治国若干重大问题的决定》对"不服司法机关生效裁判、决定的申诉"，要求"逐步实行由律师代理制度"。针对"案结事不了"的难题，深入推进涉法涉诉信访改革，2015年6月8日，中央政法委印发《关于建立律师参与化解和代理涉法涉诉信访案件制度的意见（试行）》，在信访"法定途径优先"的原则下，规定了不同种类信访的具体处理办法，主要有坐班值守型、专案专人服务型、专家评查型和代理型等四种不同的运行模式。① 四种模式虽然运行相同，但在实践中，都采取政府购买公共服务等形式，由精通业务的律师具体实施。

---

① 中国长安网：http：//www.chinapeace.gov.cn/2015－11/09/content_ 11279796.htm。

11月，中央政法委在律师参与化解和代理涉法涉诉信访案件专题培训会上，在总的进度方面，要求各省、自治区、直辖市和新疆生产建设兵团结合各地实际情况，制定具体实施意见，鼓励有条件的地方先行启动。2015年6月，山东省司法体制和社会治理体制改革专项小组审议通过《关于推动开展律师代理申诉工作暂行办法（试行）》，正式启动该项工作。律师参与化解和代理涉法涉诉信访案件，既能帮助办案单位发现执法错误、瑕疵，又可以向信访人释法析理，理性申诉，实现"案结事了人和"，在办案单位与信访人之间搭建起有效沟通的桥梁。

（四）信访理论研究取得重要进展

2015年，理论界对信访制度研究持续关注，并在信访研究机构设置、课题立项、学科建设、专业设置等方面取得重大突破。

检索中国知网（www.cnki.net），以"信访"为篇名检索，2015年发表论文573篇，其中核心期刊和cssci期刊论文62篇。信访法治化成为研究重点，有22篇核心期刊论文，超过总量的1/3。① 关于信访研究的课题有3项获国家社会科学类项目，其中"社会治理体制创新法制建设研究——以'信访法'立法为重点"列为重大项目。② 值得一提的是，2015年国家信访局首次设立了信访理论研究项目，内容涉及政治、经济、法律、社会等多个学科，高等院校、科研机构等单位和个人通过公开申报、委托研究等方式获准立项。③

4月10日，国家信访局信访理论研究（北京）基地揭牌仪式在北京市信访矛盾分析研究中心举行，国家信访局首次在地方省市设立信访理论研究基地，以期整合信访理论研究力量，实现资源共享，促进成果转化，推进信访工作的创新发展。6月30日，由北京市信访矛盾分析研究中心倡议并与中国政法大学等12所高校联合发起的全国信访高等教育联盟在北京成立。联盟是我国首个以推动信访与社会矛盾冲突领域高等教育为目标的行业团体，涉及法学、政治学、管理学、社会学等学科，具有官、学、研一体化、跨地域、跨学

---

① 中国知网：http://www.cnki.net/。
② 国家社科基金项目数据库：http://gp.people.com.cn/yangshuo/skygb/sk/index.php/Index/seach。
③ 国家信访局：http://www.gjxfj.gov.cn/2015-06/15/c_134328141.htm。

科的特征。联盟以推动高等院校在本科、硕士、博士培养中开设与信访和社会
矛盾冲突相关的课程或设置信访专业（方向）为己任，致力于培养高素质信
访工作人才，为中国信访事业的发展贡献力量。中国政法大学设置全国首个
"信访政策量化分析"博士培养方向，与北京市信访矛盾分析研究中心合作共
同推进设置信访学专业，2015年12月，国务院学位办已通过信访学科设置的
公示。

2016年1月14日，中国法学会行政法学研究会信访法治化专业委员会
成立大会在京举行。该专业委员会的成立，对于推动信访工作改革发展、信
访制度创新完善以及信访工作法治化都具有重要意义。信访法治化专业委员
会成立后，将继续推动信访立法工作，从顶层设计角度更加深入地对信访制
度的功能和定位以及其他重大问题进行研究，推动信访制度的法治化、规范
化的进程。

二　信访制度改革的发展趋势与政策建议

十八大以来，全国信访形势持续好转，信访总量明显下降并出现缓解的迹
象，呈现"信升访降"的良好趋势。涉法涉诉信访逐步回归法治轨道解决，
网上信访逐步成为信访的主渠道，大量信访问题得到有效解决，群众信访趋于
理性，秩序趋于好转。2014年全国信访总量同比下降4.4%，2015年全国信访
总量下降7.4%。然而，信访数字下降的背后，信访突出问题依然尖锐复杂。
经济转型升级和全面深化改革不断深入，带来利益格局深刻调整，社会矛盾多
样多发的态势短期内不会改变，大量矛盾和问题必将通过信访渠道反映出来，
历史遗留问题和发展中出现的新问题相互叠加，经济发展产生的社会代价将进
一步投射到社会层面，使得信访矛盾化解难度继续加大，矛盾激化的风险继续
加大。当前信访总量的60%以上为城乡建设、劳动社保、国土资源、农村农
业等问题，重信重访占比过大。经济"新常态"下全国经济增幅减缓，人民
群众对民生的需求则是持续刚性增长，以社会保障和社会服务为主的社会问题
也将更为显性化，民生类信访矛盾将更为突出。在互联网高速发展的背景下，
虚拟经济迅速发展，但相关的法律和监管相对滞后，虚拟金融问题和涉众型经
济案件高发，此类信访问题将成为突出的新增矛盾，给社会稳定带来重大

风险。

此外，应该看到信访工作与中央的要求、广大人民群众期盼相比还存在诸多差距和不足，存在自身的短板。在信访工作制度改革中，越级走访仍较普遍，有的对初信初访首办责任不到位，不能及时依法就地解决群众合理合法诉求。各地区、各单位信访工作水平参差不齐、对信访工作重视程度不同，信访工作机构及其干部队伍的群众工作能力、信访基础业务也不一样，信访办理不够规范，责任落实不到位，及时就地解决问题不到位，有的网上信访没有做到业务全流转、数据全录入，有的业务不规范，该登记的不登记、该答复的不答复等。这些都需要在以后的信访工作实践中加以改进和完善。

2016年是"十三五"开局之年，全面建成小康社会决胜阶段的开局之年，也是信访改革向纵深推进的关键之年。信访制度改革要积极适应新常态、树立新理念，准确把握"十三五"期间信访形势，立足当前，谋划未来，进一步推动信访制度的改革和创新。

（一）立足大局，改革信访制度以推进国家治理

全面深化改革的总目标是"完善和发展中国特色社会主义制度，推进国家治理体系和治理能力现代化"。社会治理是国家治理的基础层面，作为密切联系群众的重要渠道和构建和谐社会的基础性工作，信访治理是社会治理的重要组成部分，因此，信访治理改革自然被纳入全面深化改革的总目标，成为创新社会治理体制的重要内容。在我国现代治理结构中，信访是社会成员依法行使权利、表达诉求、解决纠纷的重要方式，是参与国家治理的重要途径，对于国家治理体系的完善意义重大。

推进国家治理体系和能力现代化，要使各方面制度紧密相连、相互协调，更加科学、更加完善。信访制度是在我国历史文化传承和经济社会发展的基础上长期发展的结果，始终"围绕中心，服务大局"，最能反映和体现中国的制度特色。随着全面深化改革的推进和利益格局的调整，社会本身的复杂化、多元化进一步体现，社会治理的重要性更为突出，迫切需要进一步改革和创新信访治理，理顺信访部门与党政领导、职能部门以及司法机关的关系，改进信访工作机制和工作方法，提升信访工作效能，在国家治理体系中发挥更大的作用。

（二）以信访立法为抓手，推进信访法治化进程

在法治成为治国理政基本方略的大背景下，推进信访工作法治化不仅非常必要，而且刻不容缓。依法信访、依法治访是信访制度改革的基本方向。有法可依是法治化实现的前提，一部科学、规范、先进的法律是推动相关领域法治化的重要抓手。制定统一的信访法，健全完善信访工作基础业务规范、标准和制度，完善信访法律体系，打破信访制度当前的困局、明确信访制度的功能定位、厘清信访工作的职责边界、提升信访工作法治化水平，引领信访工作制度改革。

彻底把信访纳入法制轨道，最根本的是在全社会树立法律信仰，用法治理念深化信访制度的改革和创新，运用法治思维和法治方式化解信访难题，最终形成法治、公正、透明的信访工作模式。各级信访干部要增强学法遵法守法用法意识，确立解决信访问题法定途径优先的原则和意识，切实做到通过法定途径分类处理信访诉求，全面落实依法逐级走访和诉访分离有关规定，提高法治思维和依法办事能力。同时，要深化信访法治宣传工作，宣传用法治思维和法治方式化解矛盾的典型实例，营造理性表达诉求、依法有序信访良好氛围，形成法制宣传与基础业务相互协调、相互促进的长效机制。

（三）公开透明，以信息化推动信访工作现代化

稳步推进全国信访信息系统建设和应用，建立信访部门与职能部门、中央与地方相关部门，尤其是基层乡镇（街道）的互联互通和深度应用，构建全方位广覆盖的网上信访工作体系。完善各级网上信访受理平台，扩大信访信息系统覆盖范围，将信、访、网、排查、督查、复查复核等信访业务的各个工作环节全部纳入系统，实现信访数据全录入、信访业务全流转。做好信息公开，信息共享，所有信访事项受理、办理过程都在网上运行，实现网上流转、网上办理，便于信访人查询、监督和评价。

全面推进精准信访，提升信访工作现代化水平。从 2016 年 1 月 1 日，全国信访数据实现从信访信息系统自动生成，随时统计、随时调取。要进一步推进信息化的深度应用，加强系统应用培训，全面提高网上信访运行能力与工作水平，解决干部群众"不想用""不会用"的问题。

强化对信访信息资源的有效整合，强化信访风险预警防控机制。诸多矛盾叠加、风险隐患增多，必然会反映和折射到信访工作领域。用活用好信访大数据，加强网上数据综合分析研判，加强对社情民意新动向、新特点的分析研判，建立完善相应的工作机制，加强信息预警和应急处置。对于苗头性、倾向性问题要做到早发现、早预防，对于行动性、极端性问题要及时启动预案、妥善处置，将影响降到最低程度。要抓好组织协调和督导检查，强化问效问责，不断提高信访工作的效率效能。

（四）加强理论研判，依托信访机构建设特色智库

2015 年初，中共中央办公厅、国务院办公厅印发《关于加强中国特色新型智库建设的意见》，指出"要从我国国情和实际需要出发，构建中国特色新型智库发展格局"。这就为信访机构朝着特色智库方向发展提供了可能和契机。信访工作关系全局、牵涉各方的工作，与国家治理、法治建设、经济发展和社会稳定密切相关。加强信访理论研判，可以为党和政府科学决策提供理论依据和智力支持，推动社会矛盾的源头预防。

北京市信访办在智库建设方面也有了先期探索，早在六年前就设立了信访和社会矛盾问题专门研究机构——北京市信访矛盾分析研究中心，其众多研究成果为相关部门决策提供了重要依据，成为信访机构推进特色智库建设的重要实践。随着信访机构信息化建设的加快，网上信访工作体系的逐步健全，信访信息的获取将更加公开、透明、便捷、高效，这些都将为信访机构的智库建设提供有力的技术支持。"大数据"时代对政策量化分析的日益重视为信访机构的特色智库建设提供了契机。信访机构掌握大量关于信访和社会矛盾问题的客观数据，通过对这些数据的量化分析，并根据党和政府决策需要开展重大课题研究，可以有效促进公共决策的科学性，从而使信访机构真正成为具有中国特色的、具有资政辅政功能的智囊机构。

依托信访研判，构建新型智库，需要建立科学研判信访形势的理论体系，搭建全国信访理论交流平台，提升信访干部研究社会矛盾和社会问题的能力，将信访工作者的业务研究与专家学者、研究机构的专门研究有机结合。

B.24
2015年公共舆情发展

张 磊*

摘　要： 2015 年，管理部门在网络治理上走上了规范化，通过出台
多部管理规定，规范了网络行为的主体、网络信息的平台和
网络信息的内容，并建立了违反相关规定的约谈机制。在政
策干预下，重大公共舆情事件呈现如下特点：突发事件是舆
情事件的重要载体，涉弱势群体舆情呈频发多发趋势，意识
淡薄是引发舆情的重要原因，自然冷却是舆情平息的重要方
式，政府公信力因不当处置受损较大。政策、事件和网民的
互动使得公共舆情发展的一些明显特征和形态表现为：不同
媒体作用趋向均衡，常态舆情呈局部化趋势，舆情热度持续
时间延长，舆情事件出现连锁反应，漠视社会舆情趋势
强化。

关键词： 网络治理　舆情事件特点　舆情发展形态

2015 年，我国公共舆情在管理部门继续开展网络治理行动并通过政策规
定规范了网络行为和网络治理行动。在政策持续干预下，2015 年的重大公共
舆情事件和公共舆情发展形态都发生了一定变化。

一　网络治理政策发展

在网络治理上，2015 年是重要的一年。如果说自 2013 年发起的网络治理

---

* 张磊，国家行政学院应急管理培训中心副教授。

在前两年主要表现在行动上的"只做不说"或"做了再说"的话，那么 2015年的网络治理则更多地体现在政策和行为上的"既做也说"和"边做边说"。管理部门在积累两年网络治理实践经验的基础上，2015 年通过出台多部管理规定（见表1），在政策上规范网络行为。

表1　2015 年网络治理政策规定

实施时间	颁布机构	规定名称	规定主旨
2015 年 3 月 1 日	国家互联网信息办公室	互联网用户账号名称管理规定	加强对互联网用户账号名称的管理；加强公民、法人和其他组织的合法权益保护。
2015 年 6 月 1 日	国家互联网信息办公室	互联网新闻信息服务单位约谈工作规定	促进互联网新闻信息服务机构依法办网、文明办网；营造清朗网络空间；进一步推进依法治网；保护公民、法人和其他组织的合法权益。
2015 年 8 月 7 日	国家互联网信息办公室	即时通信工具公众信息服务发展管理暂行规定	保护国家安全和公共利益；维护公民、法人和其他组织的合法权益；进一步推动即时通信工具公众信息服务健康发展。
2015 年 9 月 25 日	国务院新闻办公室、信息产业部	互联网新闻信息服务管理规定	规范互联网新闻信息的服务，促进互联网新闻信息服务健康发展；维护国家安全和公共利益，保护互联网新闻信息服务单位的合法权益，满足公众对互联网新闻信息的需求。

资料来源：国家互联网信息办公室网站，http：//www.cac.gov.cn。

仔细分析管理部门 2015 年所颁布的网络管理规定，其管理的逻辑脉络清晰可见。

一是规范网络行为主体。2 月 4 日，《互联网用户账号名称管理规定》颁布并于 3 月 1 日开始实施。该规定明确界定了互联网用户账号包括"机构或个人在博客、微博客、即时通信工具、论坛、贴吧、跟帖评论等互联网信息服务中注册或使用的账号名称"。同时，该规定明确了互联网用户账号使用中的一些禁止性行为，包括：违反宪法或法律法规规定、损害国家荣誉和利益、公共利益的；破坏民族团结的；宣扬邪教和封建迷信的；散布谣言，扰乱社会秩序，破坏社会稳定的；等等。①这些规定在确立了网络行为主体行为规范的同时，也为管理部门在发现违反规范的行为采取措施提供了政策依据。

二是规范网络信息平台。8月7日颁布并实施的《即时通信工具公众信息服务发展管理暂行规定》和9月25日颁布并实施的《互联网新闻信息服务管理规定》是规范网络信息平台的两份重要文件。前者界定了即时通信工具的内涵，并规定即时通信工具服务提供者需要相关资质，同时应当承担和落实安全管理责任，及时处理公众举报的违法和不良信息。②后者则是界定互联网新闻信息服务单位，规范了互联网新闻信息服务单位所需具备的基本要素和能力，如人员、场所、资金、设备等。③

三是规范网络信息内容。《互联网新闻信息服务管理规定》，明确了作为网络信息重要内容之一的新闻信息的内涵，主要是指"时政类新闻信息"的报道及其评论，以及对社会突发事件的报道与评论。④在禁止性内容上，该规定所确定的范围与《互联网用户账号名称管理规定》禁止的内容大体相同。更加强化的是，《互联网新闻信息服务管理规定》专门用第五章明确了从事互联网新闻信息服务需要承担的法律责任，根据情节轻重，包括：责令改正、责令停止违法活动、罚款、停止互联网信息服务、责令互联网接入服务者停止接入服务、对负有责任的主管人员和其他直接责任人员依法给予行政处分、构成犯罪的依法追究刑事责任等。在内容方面，《即时通信工具公众信息服务发展管理暂行规定》对可以发布时政类新闻的即时通信工具进行了区分：除新闻单位、新闻网站开设的公众账号，取得互联网新闻信息服务资质的非新闻单位开设的公众账号之外，其他公众账号未经批准不得发布、转

---

① 国家互联网信息办公室：《互联网用户账号名称管理规定》，2015年2月4日，http：//www. cac. gov. cn/2015－02/04/c＿ 1114246561. htm。

② 国家互联网信息办公室：《即时通信工具公众信息服务发展管理暂行规定》，2015年8月7日，http：//www. cac. gov. cn/2014－08/07/c＿ 1111983456. htm。

③ 国务院新闻办公室、信息产业部：《互联网新闻信息服务管理规定》，2015年9月25日，http：//www. cac. gov. cn/2005－09/30/c＿ 126468838. htm。

④ 国务院新闻办公室、信息产业部：《互联网新闻信息服务管理规定》，2015年9月25日，http：//www. cac. gov. cn/2005－09/30/c＿ 126468838. htm。

载时政类新闻。①

四是建立违规制约机制。4月28日颁布并于6月1日实施的《互联网新闻信息服务单位约谈工作规定》建立和界定了互联网新闻信息服务单位约谈制度。该文件规定了约谈互联网新闻信息服务单位的具体条件，包括：没有及时处理对互联网新闻信息服务的投诉或举报，且情节严重的；出于谋取不正当利益而采编、发布、转载、删除互联网新闻信息的；违反互联网用户账号名称相关注册和使用等规定，且情节严重的；没有及时处置违法信息，且情节严重的；等等。② 约谈制度建立后，国家互联网信息办公室2015年约谈了新浪网、腾讯网、凤凰网等多家违反《互联网新闻信息服务单位约谈工作规定》的重要网络媒体负责人。

二 重大舆情事件特点

在管理部门网络治理政策的不断强化下，2015年公共舆情形势发生了一定变化。总体来看，自2010年进入新媒体时代以来，相对于前几年而言，2015年的公共舆情形势有所缓解，重大热点事件较此前两年有较大幅度减少。但是，也需要看到，2015年重大公共舆情事件（见表2）的热度总体来说较前两年非但没有削弱，反而加强。

表2　2015年重大公共舆情事件

事发时间	事件名称	事件类型	舆情特征
2014年12月31日	上海外滩拥挤踩踏事件	安全生产	敏感时间、关键地点发生事件引发舆情
2015年1月2日	哈尔滨仓库火灾	安全生产	常见事件因舆情管理能力低下而发酵
2015年2月28日	柴静雾霾纪录片事件	环境保护	公共痛点被刺的全民爆发
2015年3月28日	区伯"嫖娼"事件	社会治安	公权力涉嫌滥用引发舆情

① 国家互联网信息办公室：《即时通信工具公众信息服务发展管理暂行规定》，2015年8月7日，http://www.cac.gov.cn/2014-08/07/c_1111983456.htm。

② 国家互联网信息办公室：《互联网新闻信息服务单位约谈工作规定》，2015年4月28日，http://www.cac.gov.cn/2015-04/28/c_1115112600.htm。

续表

事发时间	事件名称	事件类型	舆情特征
2015 年 3 月 28 日	"问题西瓜"事件	食品安全	跨辖区突发事件内部沟通不足刺激舆情
2015 年 4 月 6 日	福建漳州 PX 项目爆炸事故	安全生产	抗争性情绪累积的集中爆发
2015 年 5 月 2 日	庆安枪击事件	社会治安	舆论"搭便车"行为的持续倒逼
2015 年 6 月 1 日	"东方之星"沉船事件	自然灾害	非常见事件激发公众关注兴趣
2015 年 6 月 9 日	贵州毕节留守儿童自杀事件	弱势群体保护	同类舆情事件的"翻老账本"
2015 年 8 月 12 日	天津危险品仓库爆炸	安全生产	非常规突发事件的全民参与和爆发
2015 年 10 月 4 日	青岛"天价大虾"事件	旅游管理	管理人员舆情风险意识淡薄
2015 年 12 月 4 日	三亚厅官"裸奔"事件	旅游管理官员形象	自媒体平台的舆论博弈
2015 年 12 月 20 日	深圳光明区山体滑坡事故	安全生产	监管缺位的舆论追问
2015 年 12 月 28 日	甘肃永昌女学生跳楼坠亡事件	弱势群体保护群体性事件	社会情绪累积的借故爆发

回顾 2015 年发生的重大舆情事件，以下几个特点是比较明显的。

一是突发事件是舆情事件的重要载体。如表 2 所列，在 2015 年的重大舆情事件中，因重大突发事件引发的舆情事件占了大多数。从年初的上海外滩陈毅广场跨年拥挤踩踏事件开始，到 12 月 28 日甘肃永昌女学生因偷超市的巧克力被羞辱而跳楼自杀引发的群体性事件结束，可以说，重特大突发事件所产生的重大舆情贯穿了 2015 年重大舆情事件的全过程，特别是重特大安全生产事故是重大舆情事件的重要载体。在 2015 年的重特大突发事件引发的舆情事件中，6 月 1 日的"东方之星"客轮因罕见自然灾害沉没事件造成的死亡人数最多，但 8 月 12 日的天津港危险品仓库爆炸事件的社会影响力和舆论关注度最高，其舆论热度是自有关部门进行网络治理后所不常见的，可以用"全民参与和爆发"来概括。

二是涉弱势群体舆情呈频发多发趋势。如果说 2015 年是重特大安全生产事故集中爆发的一年，那么因弱势群体保护问题所引发的舆情事件呈现频发、多发趋势则是 2015 年公共舆情的另外一个表象。2015 年涉弱势群体舆情事件大体包括三类：一是留守儿童问题。这是 2015 年持续发生并引发舆论关注的问题，其中以贵州毕节留守儿童在家中喝农药自杀事件所发生的舆论热度为最高。二是未成年人遭遇暴力事件或被侮辱事件。校园暴力或未成年人被殴打并视频曝光于网络在 2015 年屡屡发生，构成了公共舆情的一个重要内容和舆论对未成年人保护讨论的一个重要方面。其中，12 月 28 日甘肃永昌女学生因偷巧克力被羞辱后跳楼自杀引发了大规模的群体性聚集和打砸事件，是近年来群体性事件舆情减弱趋势的一次罕见的反弹。三是对社会最低阶层的尊重问题。这一类别以 5 月 2 日的庆安枪击案为典型，当事人徐纯合的社会最低阶层身份及其尊严问题成为刺激事件舆论关注的一个最初"源"。

三是意识淡薄是引发舆情的重要原因。所有的舆情都存在着特定载体，避免或预防舆情载体的出现是预防舆情事件的重要内容。遗憾的是，风险意识的淡薄构成 2015 年突发事件和舆情事件出现的一个重要因素，具体包括：一是突发事件风险防范意识淡薄。如上海外滩陈毅广场拥挤踩踏事件，由于灯光秀地点的变化，安保级别的降低，而忽略了信息公共沟通和人员拥挤的因时疏导和管控，导致了事件在新年跨年夜这一敏感时间的发生。二是舆情风险防范意识淡薄。如青岛"天价大虾"事件，当事游客多次投诉却被不断推诿而不得不诉诸舆论的帮助，一起本可以在萌芽状态就化解的事件因管理人员舆情意识的淡薄而毁掉了山东省一直想塑造的"好客山东"美誉。三是舆情风险沟通意识不足。如"问题西瓜"事件，由于系跨省食品安全事件，青岛方和海南方两地监管部门内部沟通不足导致了内部沟通风险的外化，致使青岛商家所谓的"砸西瓜"事件刺激舆情，严重损害了两地监管部门的形象。

四是自然冷却是舆情平息的重要方式。综观 2015 年重大舆情事件，一个重要特点是其平息方式大多都是自然冷却的方式，即不了了之。这种自然冷却的舆情平息可以划分为两类：其一，事件舆论关注度太大，即便积极回应也难以平息舆情而不得不等待自然冷却。例如 8 月 12 日的天津港危险品爆炸事故，由于事件的非常见性，涉及监管的深层次问题，社会影响力的广泛，决定了舆论关注的持续高温，虽然天津方面试图通过多次新闻发布会等沟通方式化解，但也未果，最终还是依靠时间来降温。其二，涉事主体不知如何应对，或者有意选择"鸵鸟政策"，等待新的事件来掩盖。如区伯"嫖娼"事件，由于系公职人员涉嫌利用纳税人的钱请纳税人嫖娼来陷害纳税人，涉事的长沙公安部门采取了刻意回避的方式，以拖延的方式，使得舆情高温持续了整整一个月，即便其间出现了福建漳州 PX 项目爆炸事故也难以掩盖，直到 5 月 2 日的庆安枪案才使得该事件逐渐淡化于舆论中心。

五是政府公信力因不当处置受损较大。从宏观上来说，公共舆情的出现是难以避免的，但舆情出现以后通过有效管理避免舆情事件的发生在一定程度上是可以实现，从而减小对政府公信力的损害。然而，2015 年对一些事件的处置不当，严重损害了政府的公信力。一是系统性管理缺乏。最为典型的案例是"8·12"天津港危险品爆炸事故的第六场新闻发布会中，新闻发言人对于救援总指挥是谁居然不清楚，反映了该事件舆情管理严重缺乏组织性和系统性，也严重损害了政府的整体形象。二是沟通不足，引发不同区域政府间纠纷。如"问题西瓜"事件，由于与海南方面的沟通不充分，以及自身舆情风险辨别能力的缺乏，在出现青岛商家所谓的"砸西瓜"事件之后，青岛市政府新闻办的官方微博"@青岛发布"竟然第一时间发布了商家"砸西瓜"的信息，给公众以青岛市政府支持甚至组织砸西瓜的错觉，以致质疑青岛市政府"作秀"的舆论声音不断，严重损害了青岛市政府的形象。三是"鸵鸟政策"，视而不见。如区伯"嫖娼"事件，这一个本不能也不应以自然冷却方式平息舆情的事件，最后不了了之，是对政府公信力的严重损害。四是事件本身涉及议题的"打脸"。4 月 6 日的福建漳州 PX 项目爆炸事故，严重挫伤了近年来政府一直宣扬的 PX 项目安全性的承诺，直接扇了政府公信力"一巴掌"，也使得本来上马就困难的 PX 项目未来建设问题更加恶化。

三　公共舆情发展形态

在政策、事件和网民三者的动态相互作用下，2015 年公共舆情发展呈现一些明显特征和形态。

一是不同媒体作用趋向均衡。随着网络治理走向纵深，公共舆论场发生了深刻变化，传统媒体舆论场和网络媒体舆论场之间的"隔阂"基本被打通，两个舆论场走向一体化。不同媒体对于公共舆情的聚成作用日益趋于均衡。第一，在舆情信息首发上，虽然新媒体依然拥有着天然的便利性，但传统媒体的爆料意识正在强化，爆料功能也逐渐恢复，其利用记者站系统和平台的信息获取功能与新媒体的自媒体功能形成了舆情信息源的互补。第二，在深层次信息挖掘方面，新媒体与传统媒体有着各自优势，亦形成互补。新媒体的"网络人民战争"功能和优势是传统媒体所不能比拟的，在对某一事件或人员的"人肉搜索"而挖掘深层次信息方面，依然十分强劲。然而，传统媒体的记者深度调查功能的凸显是2015年的一个重要特征。一些影响力重大的媒体，如澎湃新闻、财新传媒、新京报等，其记者深度挖掘信息的能力非常强大。例如，在"8·12"天津港危险品爆炸事故的舆情中，关于涉事企业的一些信息和相关背景主要是由媒体记者挖掘的；在第六场发布会中询问"救援总指挥是谁"的，也是财新传媒的记者；新京报的记者甚至利用无人机拍摄事故现场的画面并进行发布。第三，在舆情信息发布形式上，新媒体沿袭了碎片化方式，传统媒体保留了综合化的功能。新媒体即时性、碎片化发布舆情信息的功能仍然不变，传统媒体则是在搜集新媒体碎片化舆情信息的基础上，进行梳理和综合以及可能的深入调查，从而综合事件的舆情信息。

二是常态舆情呈局部化趋势。经过网络治理后，微博这一完全开放的平台热度渐减。与此同时，微信的使用率日益增加，微信群、微信朋友圈等功能日渐强化，在一定程度上承载着舆情传播媒介的功能。与微博的"爆裂式"传播特点不同，微信更多呈现的是人际传播的特征。微信朋友主要基于"熟人"关系，微信群则是依托于某一种共同的联系，如同学、同事、老乡等，在某种程度上存在着这样或那样的共同关注兴趣。这就决定了，在通常情况下，对于一些常见公共事件，在微博还没将其聚成为公共舆情事件之前，其主要在微信传播，并呈现局部化的传播特征。这种局部舆情传播的特征表现为两个方面：一是利益化，即首先在与事件相关的群体的微信朋友圈和微信群内传播。二是地区化，即事件所在地区或所涉及地区的群体主要关注。例如，在"问题西瓜"事件中，虽然舆情传播面上呈现的是全国性的，但主要的关注群体，特别是微信传播群体主要是涉事的海南和青岛地区。2015年这种常态舆情局部化特征得到增强。

三是舆情热度持续时间延长。如前文所述，2015年的舆情事件在总体数量上较前两年有了大幅度减少。然而，在某一个舆情事件的关注热度上，持续的时间相对于前两年的舆情事件在总体上要更长。换句话说，在一个时间段内，舆论更加集中关注于某一个公共事件。这种现象在2015年基本可以以"月"作为单个重大舆情事件的热度持续单位。1月份，舆论主要关注上海外滩陈毅广场拥挤踩踏事件；3 月份，主要关注柴静雾霾纪录片事件；4 月份，重点关注区伯"嫖娼"事件；5 月份，主要关注庆安枪击案；6 月份，重点关注"6·1"东方之星客轮沉没事件；8~9 月，主要关注"8·12"天津港危险品爆炸事件；10 月份，重点关注青岛"天价大虾"事件；12 月至 2016 年 1 月初，主要关注深圳光明区山体滑坡事故。这种舆情热度持续时间延长的趋势，也使得当事主体所承受的压力较之以往更为强大，舆情管理也更加困难。

四是舆情事件出现连锁反应。2015 年，舆情事件出现了连锁反应是一种新的发展形态。这种连锁反应主要表现在两个方面：其一，类似事件接踵而至。不知是何种原因，2015 年不少舆情事件发生之后，与该事件相似的事件紧随其后而发生，可谓"诡异"，难以解释。这种现象在案例上至少包括："6·1"东方之星客轮沉没事件发生后，6 月 18 日长江南京段一艘船舶也发生了翻沉；"6·9"贵州毕节留守儿童自杀事件发生，毕节之后又出现了系列的涉及留守儿童的舆情事件；"8·12"天津港危险品爆炸事故后，8 月 22 日，山东淄博市润兴化工厂发生爆炸；"12·20"深圳光明区山体滑坡事故后，12 月 25 日，山东平邑县发生了石膏矿坍塌事故。其二，舆论"搭便车"行为得到强化。所谓舆论"搭便车"，是指在舆情事件发生时，挖掘与涉事主体相关的其他负面信息，形成舆情叠加效应。这在 2015 年最典型的案例莫过于庆安枪案，在事件"发酵"过程中，当地官场遭网络连续举报十几起，其中慰问涉事民警的副县长董国生因妻子被举报"吃空饷"和其他腐败问题而被停职。更令人瞠目的是，就连与该事件"八竿子打不着"的节目主持人何炅也受到该事件的牵连，北外某职工借助舆论高度关注"吃空饷"问题而实名举报何炅，认为其在北外保留的教职是在"吃空饷"，以致何炅不得不辞去北外教职。这种舆情事件出现连锁反应进一步拉长了某个事件的舆情热度持续时间。

五是漠视社会舆情趋势强化。在《中国社会体制改革报告 No.3（2015）》中，笔者曾做出论断，认为公共舆情有从"明"转为"暗"的趋势，责任主体可能难以发现事件的重要性而未能引起重视，从而可能使责任主体陷入"掩耳盗铃"式的自我良好状态。① 令人遗憾的是，这种漠视社会舆情的趋势

---

① 张磊：《中国网络治理与公共舆情发展》，载龚维斌、赵秋雁主编《中国社会体制改革报告 No.3（2015）》，社会科学文献出版社，2015。

在2015年得到强化，2015年不少舆情事件都是由于对社会舆情的"掩耳盗铃"而发生和爆发。例如，庆安枪击事件，在一开始舆情仅是局部传播，处于社会舆情阶段，但当地政府不但漠视，甚至试图挑战社会舆情，从而最终导致了事件舆情越演越烈。再比如甘肃永昌女学生跳楼坠亡事件，对社会舆情的漠视最终导致了大规模群体性聚集事件，并最终转化为重大公共舆情事件。

B.25
中国环境治理的战略布局与制度改进

王 华*

摘 要： 2015 年中国环境治理开启新征程。一系列大政方针政策的
出台，标志着环境保护与生态建设的顶层设计基本完成，
战略蓝图、实施方案进一步绘就。绿色发展理念已经确立，
"生态环境质量总体改善"的目标也已明晰，相关环保制度
的改革持续深化，如环评中介"去红顶化"，督查巡视从
"督企"向"督政"转变，省以下环保监测监察执法垂直
管理开始实行等等。在实践中，这些理念、目标与改革举
措的推行和实施遭遇不小挑战，主要包括经济下行压力增
大、环境污染增量持续增加、各地环境治理能力及其主客
观条件的参差不齐。未来，环境治理改革，应更加注重对
公众环境敏感问题的解决，增加政府环境保护的公信力；
更加注重以信息公开为抓手，调动公众参与环境保护的积
极性，形成政府、企业、公众共治的环境治理体系；更加
注重防范特别重大环境污染事件，守住环境安全的底线
等等。

关键词： 环境治理 战略布局 制度改进 生态文明建设

2015 年的中国环境治理格外引人注目。这不是因为从清华大学走进环保

---

* 王华，国家行政学院应急管理培训中心副教授。

部的新部长给了公众以新期盼，也不是因为环保纪录片《穹顶之下》① 一经网络播出就引发了全社会热议，而是因为党和国家在这一年下大决心、花大力气，将生态文明建设和环境保护摆在了更加重要的战略位置，用新理念新思维统领环境治理改革，不仅绘就了顶层设计的战略蓝图，而且制定了一系列的行动方案。

一　环境治理开启新征程

自 20 世纪 80 年代，党和国家提出将保护环境作为基本国策，到 90 年代，将实施可持续发展确立为国家战略，再到新世纪，提出以人为本、全面协调可持续的科学发展观，中国的环境治理从未停步，但也从未像今天一样成为国家治理的重中之重。2015 年 3 月的两会期间，习近平总书记在参加上海、江西代表团审议时曾强调，"环境保护不能只借东风，事在人为"，"要像保护眼睛一样保护生态环境，要像对待生命一样对待生态环境"。李克强总理在政府工作报告中也指出，"环境污染是民心之患，民心之痛，必须铁腕治理"。这些坚定的"政治表态"为中国环境治理开启新征程做了有力的注脚。2015 年中国环境治理改革取得突破性进展，表现在以下几个方面。

1. 顶层设计基本完成，战略蓝图进一步绘就

自党的十八大把生态文明建设纳入中国特色社会主义"五位一体"总体布局以来，三中全会提出完善和深化生态文明体制改革，四中全会进一步要求加快生态文明立法，用法律保护生态环境。2015 年，为了落实十八大及十八届三中、四中全会精神，中共中央、国务院 4 月份出台《关于加快推进生态文明建设的意见》（以下简称《意见》），明确了总体要求、目标远景、重点任务和制度体系。《意见》是中央就生态文明建设做出全面专题部署的第一个文件，为当前和今后一个时期我国生态文明建设制定了时间表和路线图，具有纲领性作用。在《意见》的基础上，中共中央、国务院 9 月份又印发了《生态文明体制改革总体方案》（以下简称《方案》），《方案》提出要进行 47 项改

---

① 该纪录片由中央电视台前主持人柴静制作，在两会前经由网络播出，被一些媒体评价为引爆两会环保议题，引发非理性"网络雾霾恐慌"。

革，健全十项生态文明制度体系，包括完善标准体系、健全自然资源资产产权制度和用途管制制度、完善生态环境监管制度、健全生态保护补偿机制、健全政绩考核制度、完善责任追究制度等。① 这两份文件被称为中央布局生态文明的"姊妹篇"，突出了战略性、综合性、系统性、可操作性。10 月 26 ~ 29 日，十八届五中全会召开，通过了《中共中央关于制定国民经济和社会发展第十三个五年规划的建议》（以下简称《建议》），强调要牢固树立并切实贯彻"创新、协调、绿色、开放、共享"五大发展理念，要求加快补齐生态环境短板，将"生态环境质量总体改善"列为全面建成小康社会的目标之一。这些重大战略规划的相继出台，标志着新时期中国关于环境治理的进程明显加快，生态文明建设的顶层设计基本完成，"蓝天常在、青山常在、绿水常在"的美好期盼指日可待。

2. 法规政策密集出台，实施方案进一步形成

如果说《意见》《方案》《建议》为加快环境治理、推进生态文明建设提供了战略蓝图，那么，一系列的法规政策就是确保这张蓝图"变现"的实施方案。2015 年 1 月 1 日，新的《环境保护法》开始实施。4 月，国务院印发《水污染防治行动计划》，9 月《大气污染防治法》颁布。此外，与《生态文明体制改革总体方案》配套的 6 项政策文件也相继出台，分别是《环境保护督查方案》《生态环境损害赔偿制度改革试点方案》《生态环境监测网络建设方案》《党政领导干部生态环境损害责任追究办法（试行）》《关于开展领导干部自然资源资产离任审计的试点方案》《编制自然资源资产负债表试点方案》。其中前三份文件由环保部牵头，后三份文件分别由中组部、审计署和统计局牵头。这六份规范性文件的出台意味着生态文明建设的"1 + 6"组合拳正式打出。与此同时，环保部还出台了《突发环境事件应急管理办法》《环境保护公众参与办法》《建设项目环境影响后评价管理办法》、《建设项目环境影响评价资质管理办法》等部门规章。这些法律、法规及规章的颁布与实施，为加快推进生态文明建设的"战略蓝图"起到配套支撑的作用。

3. 制度改革持续深化，工作措施进一步加强

环境治理需要充分发挥制度的激励约束机制。2015 年环境治理领域的制

---

① 《中共中央国务院关于加快推进生态文明建设的意见》，参见新华网，http：//news. xinhuanet. com/politics/2015 - 05/05/c_ 1115187518_ 3. htm 。

度变革主要体现在三方面。一是环评中介"去红顶化"。3 月，环保部公布了《全国环保系统环评机构脱钩工作方案》，明确表示，逾期不脱钩的，一律取消环评资质；脱钩后，环评人员不得在环评机构参股①。12 月 15 日，环保部公告对 100 家环评机构的资质审查结果，标志着环保部部属 8 家环评机构顺利完成脱钩工作。"红顶中介"的存在，客观上为利益输送和权力寻租提供了空间，导致环评掺杂更多非正常因素。二是"约谈"制度发力。2014 年 5 月，环保部出台《约谈暂行办法》，根据该办法规定的 11 项约谈条件，当年共约谈 5 人。2015 年，据不完全统计，环保部共约谈了 16 名市级政府主要负责同志，是 2014 年的 3 倍多。与此同时，各省（区、市）和新疆生产建设兵团也对 31 个市县进行了约谈。通过环保约谈，各地一批突出的环境问题得到解决，推动了区域环境质量的改善。三是实行省以下环保机构监测监察执法垂直管理制度。现行以块为主的环保管理体制，造成一些地方只重发展不重环保、任意干预环保监测执法的情况大量出现，有法不依、执法不严的状况难以改变。实行省以下垂直管理，是指市（地）县的监测监察机构主要由省级环保部门直接管理，省级环保部门为市（地）环保部门提供人员和经费支持。相应地，市（地）级环保局实行以省级环保厅（局）为主的双重管理体制，县级环保局不再单设而是作为市（地）级环保局的派出机构。

二 环境治理凸显新特征

2015 年环境治理在顶层设计、法律规范、制度措施方面取得新进展新突破，表现有三个基本特点。

1. 创新理念，破解环境治理难题

作为仍处在工业化进程中的发展中国家，中国环境治理的关键是处理好"发展与保护"的关系。改革开放以来，党和国家的工作重心转向经济建设，"发展是硬道理""发展是第一要务"成为统领各级党委政府工作的核心思想。

---

① 2015 年 2 月 10 日，中央第三巡视组公开了对环保部的巡视结果，其中指出，环评技术服务市场"红顶中介"现象突出，容易产生利益冲突和不当利益输送。3 月 7 日，在十二届全国人大三次会议记者招待会上，新上任环保部部长陈吉宁提出，决不允许戴着红顶赚黑钱，环保部下属 8 个环评单位从环保部脱离。

一些地方为了推动发展，不惜以牺牲环境为代价，强调"宁要金山银山，不要绿水青山"。经过近 40 年的发展，中国经济建设取得了巨大成就，成为世界第二大经济体，但同时也付出了巨大的环境代价，大气、水、土壤污染日益严重，生态系统持续退化，资源约束日趋紧张。更为重要的是，中国经济发展的惯性难以扭转，类似于产业结构偏重、发展模式粗放等问题短期内难以破解，经济的增量在增加，污染物的增量也在增加并处于高位。如果不创新发展理念，不改变"环境保护影响经济发展的单向思维"，不厘清"发展与保护"的辩证统一关系，环境治理的决心和勇气再大，也难以遏制粗放发展的冲动，难以解决"经济发展一条腿长、生态保护一条腿短"的问题。

习近平总书记早在 2005 年作为浙江省委书记，在考察安吉余村时曾提出"绿水青山就是金山银山"的"两山论"思想。十八大后，党中央不断深化对经济规律、社会规律和自然规律的认识，强调增强"生态意识"、树立"保护生态环境就是保护生产力、改善生态环境就是发展生产力"的理念，提出"美丽经济""绿色发展""建设生态文明，关系人民福祉，关乎民族未来"等一系列论断，这些论断深化了全社会对于环境治理的认识，强化了"生态环境不仅是资源，而且是资产"的创新理念。人们越来越认识到，保护生态就是让自然资本增值，保护环境就是保护经济发展的潜力与后劲。

"绿水青山与金山银山绝不是对立的，关键在人，关键在思路。"正是由于我国产业尚未从根本上摆脱高投入、高消耗、高排放的粗放模式，才要求我们把绿色发展、循环发展、低碳发展作为基本途径，加快发展绿色产业，走生产发展、生活富裕、生态良好的文明发展之路。

绿色发展是在经济发展与生态环境保护之间找到平衡、实现双赢。破解环境治理的顽疾重症，必须有新理念引领。"理者，物之固然，事之所以然也。"理念是行动的先导，没有正确的理念，就没有有效的行动。理念定了，目标任务、政策举措也就定了。

2. 聚焦短板，推进环境治理变革

全面建成小康社会的五大目标之一是"生态环境质量总体改善"。小康社会全面不全面，关键是"生态环境质量"，困难是"总体改善"。我国生态环境的历史欠账多，生态基础薄弱，"发展与保护"在认知与实践上的矛盾没有得到彻底解决，尽管近年来环境治理的力度不断加大，但成果并不牢靠，污染反弹的压力大。可以说，生态环境问题已成为全面建成小康社会的突出短板。在"十三五"规划建议起草的过程中，各方反馈意见也提出，要下力气解决突出问题和短板薄弱环节，确保全面建成小康社会如期实现。①

聚焦短板，首先是在经济、政治、文化、社会建设的各方面融入生态文明建设的思想。经济建设上，不再以 GDP 增长论英雄，要综合考虑如何发展经济，尤其是在资源上能否支撑、环境上能否容纳、生态上能否保护；政治建设上，要压实各级党委政府的责任，建立能够体现生态文明建设要求的政绩考核制度和责任追究制度；文化建设上，要培育社会生态文明意识，使其成为社会主义核心价值体系的内在组成部分；社会建设上，要完善公众参与制度，逐步形成政府、企业、民间组织与社会公众共同推动的环境治理工作格局。

聚焦短板，重点是推进生态环境治理体系和治理能力的现代化。从当前我国生态环境中暴露出的问题来看，一定程度上与体制机制不健全有关。比如地方政府绩效考核评价体系不全面、环境损害责任追究制度缺失、污染防治源头治理手段不足、区域联防联控和流域共治协同机制不健全、规划环评约束力不强等等。这些体制机制问题不仅制约着"生态环境质量总体改善"这一目标，而且制约着"生态环境治理制度更加成熟定型"的目标。因此，环境治理必须抓住这一"短板中的短板"精准发力，深化制度改革，加快"形成政府主导、部门协同、社会参与、公众监督的新格局"，为推进绿色发展、建设美丽中国提供持久的动力和保障。

聚焦短板，关键是突破重点打攻坚战。习近平总书记在主持召开中央全面深化改革领导小组第十四次会议上谈到环保督查问题时指出，"要把环境问题突出、重大环境事件频发、环境保护责任落实不力的地方作为督查对象，短期要把大气、水、土壤污染治理和推进生态文明建设作为重中之重，重点督查贯彻中央决策部署、解决突出环境问题、落实环境保护主体责任的情况"。2015年环境治理的突出特点是压实地方党委政府的责任，强调环境保护的"党政同责""一岗双责"，加快从"督企"向"督政"转变。

---

① 习近平：《关于〈中共中央关于制定国民经济和社会发展第十三个五年规划的建议〉的说明》，载《中共中央关于制定国民经济和社会发展第十三个五年规划的建议辅导读本》，人民出版社，2015。

3. 鼓励参与，促发环境保护合力

环境保护涉及全体民众，每个人都是环境政策和环境管理的利益相关方，不调动全社会的积极性、主动性和创造性，就难以形成政府与社会的合力，取得生态文明建设的实效。环境保护必须动员公众参与监督，同时，促进其价值观念和生活方式向绿色节约转化。

《意见》指出要提高全民生态文明意识，使生态文明成为社会主流价值观，通过国民教育和干部教育培训提升国民的生态文明素质，通过媒体舆论、环境国情宣传、法律法规普及、科学知识传播，提高公众的环保意识和生态意识。另外，要在全社会培育绿色生活方式和消费方式，倡导勤俭节约、绿色低碳生活。在公众参与方面，扩大公开范围，健全举报、听证、舆论和公众监督等制度，推动和构建全民参与，保障生态环境。这些要求体现了"人人有责、共建共享"的理念。

在建设生态文明的过程中，党委和政府有责、"关键少数"有责、企业有责、社会也有责、人人都有责。如果没有公众的环保意识、环保行为和环保参与，党和政府的决心再大，实现"生态环境质量总体改善"都会成为一个不可能完成的任务。2015 年环境治理的最强音是喊出了"人人都是生态文明建设者"的口号，让生态文明走进千家万户，走进人人的生产、生活，逐步培育和形成自觉的社会意识与社会行动，举全党全国全民之合力共同推进。

三 环境治理遭遇的主要问题

2015 年中国环境治理领域的改革虽以新思维新理念推动，以新战略新态势展开，以新举措新方式推进，但并不一帆风顺，面临着一些现实的冲突和挑战，主要表现在以下几个方面。

1. 经济下行压力加大，绿色发展面临重大挑战

2015 年中国经济下行压力加大，全年经济增速放缓至 25 年来最低点 6.9%，这一数据所暗含的发展困境与环境保护的矛盾更为突出。从主要经济指标来看，中国的经济总量已位居世界前列，但按人均来算，排名依然比较靠后。一些统计数据显示，我国的人均国内生产总值只相当于全球平均水平的 70%、美国的 1/7、欧盟的 1/5，排在全球第 80 位左右。如果按联合国人类发

展指数排序的话，则处于第 91 位，这与发达国家相比仍有很大差距。[①] 所以，发展仍然是硬道理，是解决中国一切问题的基础和关键。

但是，当前中国的经济发展面临资源环境不断恶化的困境，一是环境承载能力已达到或接近上限；二是生态文明建设总体滞后于经济社会发展。这两方面表明，资源环境已成为决胜全面建成小康社会阶段的最大约束。如果不能突破这一约束，中国将跌入"中等收入陷阱"，可持续发展将成为一句空话。实现绿色发展，就是要淘汰一些高消耗、高排放、低效益的落后产能，发展一批有利于资源节约、环境保护的产业，推动经济从粗放增长转向集约增长。这本是促进经济转型升级的重要机遇，对于长期依赖高投入高耗能换取经济增长的很多地区来说，却是一个十分艰难、充满阵痛的过程。一旦经济增长的速度和总量不尽如人意，地方解决环境问题的责任和动力将减弱。

与此同时，中国区域发展不平衡，东部一些地区进入工业化后期，产业结构调整的主动性强，表现出环境质量好转的态势，但中西部仍在走过去东部的老路。"十二五"时期环保部审批的重化工项目，80% 来自中西部，相关产业自东向西转移趋势比较明显。如果为了短期发展，把关不严，认为"捡到篮里的都是菜"，在引进项目资金的同时引进污染，那么，西部的天气就会"由蓝变灰"，西部的水就会"由干净变污浊"。西部是我国的生态屏障和"水塔"，环境敏感，对于全国的生态保护来说，"牵一发而动全身"，不能出现问题。因此，对于西部来说，切实贯彻绿色发展理念，遏制住急功近利的发展冲动，严禁污染产业和落后生产能力转入，发展循环经济，促进资源节约集约利用，加强对生态系统的保护是重中之重。

总的来看，保持经济中高速增长是我们的长期任务，而当前中国处于"三期叠加"的阶段，绿色发展的优势和效果还未充分显现出来，加之长期形成的发展惯性不可能在短期内得以扭转，所以，绿色发展的基础还比较脆弱。一旦遇到经济下行压力，就会面临"主观上认识不到位，定力不够"与"客观上发展阶段、发展惯性、产业转移"等方面的挑战。

2. 污染物排放增量难控，环境质量改善面临巨大压力

污染物排放量的持续增加，既与工业化发展阶段有关，也与人们的生活方

[①] 李克强：《全面建成小康社会新的目标要求》，载《中共中央关于制定国民经济和社会发展第十三个五年规划的建议辅导读本》，人民出版社，2015。

式有关。以大气污染为例，2015 年全国有 74 个城市超过 1/4 的天数超标。北京市两次启动红色预警，天津、河南首次启动重污染天气红色应急响应。已有的数据显示，2014 年全国二氧化硫排放量为 1974.4 万吨，氮氧化物 2078 万吨。环境质量要根本好转，二氧化硫、氮氧化物等排放量要下降到百万吨级以下水平。尽管自 2006 年我国就已开始实施大气污染物排放总量控制，2015 年，全国二氧化硫、氮氧化物排放量同比下降约 5% 和 9%，但是大气污染问题并没有得到有效解决。

从近年全国各地出现的雾霾天来看，大气污染的来源已发生显著变化，主要污染源由燃煤、工业转向燃煤、工业、机动车、扬尘等。换句话说，生产污染源与生活污染源共同构成了大气污染的源头。一些研究表明，机动车尾气已成为城市 NO_x、$VOCs$ 的主要排放源。所以，降低来自生活领域的大气污染物排放成为改善大气质量的关键问题。

然而，另一个不利因素是，我国的城镇化建设仍在扩张。未来 20 年，将有 3 亿人从农村转移到城市，城镇化率可能达到 70%。根据专家测算，城镇人均生活能耗是农村人均水平的 1.54 倍，未来城镇化率每提高 1 个百分点，生活垃圾将增加 1200 万吨、生活污水增加 11.5 亿吨，耗煤增加 8000 万吨。这意味着环境质量改善将面临污染物增量持续增长的挑战。在污染总量既定的情况下，如果地方各级党委政府遏制污染物的力度不及污染物增长的速度，生态环境质量总体改善的目标就难以真正实现。中国的工业化、城镇化，以及人们生活消费的现代化进程及其高度的时空压缩特征，共同决定了解决环境污染问题非一朝一夕之力可完成，必须久久为功。

3. 各地环境治理用力不均衡，全局改革提质增效面临现实矛盾

中国资源环境容量已接近或达到承载能力的上限，公众对于环境问题也已达到极端敏感期，长期存在的污染问题非重拳出击不能解决。2015 年中央将环境问题摆在了更为重要的战略位置，做出重大部署，给予制度保障，包括督查、约谈、省以下垂管等。按照环保部《2015 年全国环境监察工作要点》的要求，各省环保厅要对本辖区 30% 以上的地市级政府进行环保督查。从结果来看，2015 年，各省、自治区、直辖市环境保护厅（局）共对 163 个设区市、自治州、直辖市的区县人民政府实施综合督查，督查比例达到 39.5%。在督查实施的过程中，共约谈 31 个市，对 20 个市县进行区域环评限批，对 176 个

问题进行挂牌督办。这些数据表明，各地完成了督查任务，而且超过了30%的比例基数。但是，督查的实施过程及效果如何，无法从数据中得出结论。从各地督查的情况来看，还存在三方面的问题：一是各地综合督查工作不均衡，江西、山东、海南、甘肃和宁夏5省（区）环保部门没有完成30%的任务要求。二是综合督查不规范。有的地方对综合督查的概念模糊，督查时间短，程序不健全，结果利用不充分，难以起到督政的作用。三是部分负有履行环境保护职责的部门对综合督查工作不能主动配合。从这些问题来看，全国环保督查效果在实施的过程中因各地不能充分贯彻执行而大打折扣。

就约谈而言，一些地方环保部门运用约谈手段存在简单、随意的情况，这不仅降低了约谈的效力，甚至造成了约谈的"商谈化""空谈化"。究其原因，一是地方环保部门对政策法律不熟悉，约谈能力不足；二是对约谈对象的污染问题不能"约"到要害，"谈"到关键，拿出证据，触动整改；三是难以谈明具体的整改方法、路径，不能真正帮助有整改决心没有整改办法的约谈对象；四是不能紧跟整改过程，实现通过约谈解决环境问题的效果。这些问题在各地不同程度的存在，削弱了约谈制度的效力。

环境保护应当充分发挥政策的引导作用和制度的激励约束功能。各地对于政策的认识是否到位，对于制度措施的运用是否到位，对于各项要求的贯彻落实是否到位，执行的能力水平是否到位，都决定着环境治理在全局上的成败。因此，全局环境治理要取得成效，需要向深化改革要动力，破除一切的体制机制障碍；而深化改革要取得成效，则需要各个局部真正地挑起担、负起责，提升能力、多用实招、早显实效。

四　环境治理的政策建议

就当前中国的发展阶段和发展特征而言，环境治理这篇大文章，既受到国内外的广泛关注和期待，又受到现实发展需求的影响和制约。做好这篇大文章，顶层设计是关键。目前，这篇文章的顶层设计已完成，战略意图很明确——求得发展与环保的平衡与共赢，坚持绿色发展，加强生态文明建设，实现环境质量总体改善；战略部署清晰——《建议》明确了"十三五"时期环境治理的重大改革和重大举措。下一步是深化认识，在顶层设计规定的空间里加大进度、力度和效度。为此，需要在以下几方面用力。

1. 注重城乡敏感环境污染治理，提升政府环境保护的公信力

"环境治理是一个系统工程，必须作为重大民生实事紧紧抓在手上。"① 环境治理有没有成效，公众的满意度是重要的衡量指标。当前，中国城镇化建设进入新的发展阶段，"垃圾围城"现象更加突出，生活污染也愈加严重。据统计，生活垃圾年产生量超过 1.7 亿吨。面对巨量垃圾，无害化处理设施的建设必须进一步加快。但这类设施在建设过程中往往面临"邻避难题"，因此，需汇集城镇政府、社会、企业、民间组织等各类"垃圾处理"利益相关方的合力，提高各方的环境意识、责任意识、协作意识，保障城镇生活污染治理取得有效进展。与此同时，也不能忽视农村环境问题。城市与农村相互补充、互为依存，在环境治理上，应坚持城乡并重。城市与农村生态环境是相互补充、互为依存的唇齿关系，应坚持城乡并重。根据第一次全国污染源普查结果，农业污染源在化学需氧量、总氮和总磷排放量中所占比例，分别达 43.7%、57.1% 和 67.3%。在农村环境治理中，要严格控制农业用水总量，实施化肥、农药零增长行动，开展秸秆资源化利用。要将大气、水、土壤污染防治三大行动计划与城乡生活环境污染治理结合起来，推动重污染天气大幅减少，污染严重水体大幅减少，全国土壤污染加重趋势得到遏制。只有重视城市和乡村与公众息息相关污染治理问题，使环境质量有明显改善，才能逐步提升政府环境保护的权威和公信力。

2. 注重试点探索，逐步推进省以下环保监测监察执法垂直管理制度

我国现行环保管理体制以块为主，这种体制在实际运行中易于出现"重发展轻环保"的现象，环保监测监察执法受到干预。从以往的经验来看，突出问题表现在四个方面：一是对地方政府及相关部门的监督责任难以落实；二是地方保护主义对环境执法的干预难以消除；三是跨区域、跨流域环境问题难以统筹解决；四是地方环保机构队伍难以规范并得到加强。基于此，《建议》提出在省以下实行环保垂直管理制度，这是对现行环保管理体制的重大突破和

---

① 《绿水青山就是金山银山——关于大力推进生态文明建设》，载《习近平总书记系列重要讲话读本》，参见中国共产党新闻网：http://theory.people.com.cn/n/2014/0711/c40531-25267092.html。

创新。这一改革将基层环保机构的监测监察执法职能统一到省级环保部门，有利于环境监管摆脱"地方保护主义"的干扰，提高独立性、统一性和权威性。但是，环境问题本质上是经济社会发展问题，越到基层越具体，也就越复杂。要真正解决，还需水务、国土、发改、农林等多个资源管理部门的支持，需要地方政府的综合管理与协调配合，因此，在推进环保垂直管理的过程中，还需主动理清与地方政府各职能部门之间的关系，健全横向协作制度。这将涉及大量的具体问题，如环境治理经费如何分担，"地方政府对本行政区域的环境质量负责"的属地责任如何落实等等，所以，此项改革必须在开展试点的基础上，本着先易后难的原则，逐步全面推进。

3. 注重中央环保督查巡视的引领和示范作用，强化督查效能

"要像对贫困宣战一样，坚决向污染宣战。"治理污染若有壮士断腕之决心，就必须有霹雳可用之手段。2016 年伊始，中央环保督查组正式亮相，首站进驻河北。中央环保督查的内容和形式借鉴中纪委巡视组的模式。督查对象主要是各省级党委和政府及其有关部门；督查结束后，重大问题要向中央报告，督查结果要向中央组织部移交移送，这些结果作为被督查对象领导班子和领导干部考核评价任免的重要依据。这意味着环保部原来的"跨区域督查"升格为代表党中央、国务院的"中央环保督查"。根据环境保护督查方案，中央环保督察组将用两年左右的时间对全国各省（自治区、直辖市）督查一遍。在中央环保督查组成立以前，环保部就曾设立华东、华南、西北、西南、东北、华北督查中心，但总体来看，督查力度有限，权威性、震慑力不足，难以对地方党委政府形成有效约束。此次中央环保督查的目标除了要推进具体环境问题的解决，推动地方政府加强环保作为之外，还应发挥示范和带动作用。应在加强督查工作的整体谋划、因地制宜开展"点穴式"督查、加强敏感事项督查、规范督查行为、强化督查效能等方面，加强对区域督查和省级环保部门督查进行督导和引领，发挥中央督查工作的"放大器"效应。

4. 注重发挥环境信息公开的作用，推动实行最严格的环境保护制度

"阳光是最好的防腐剂"。污染治理是全社会高度关注的敏感问题，需要动员全社会的力量参与解决。因此，必须全面推进环境信息公开，主动发布环境质量、环境监测、重点污染源、突发环境事件等信息，满足公众知情权、参与权、监督权。要对与公众切身利益有关的重大项目的环评审批实行阳光化、

透明化，要对环境执法的过程及处罚的结果和依据进行公开。要推动企业主动公开环境信息，将政府和企业都放在阳光下，接受公众监督，推动社会参与。信息公开是推进环境治理改革的重要抓手。只有充分运用这个抓手，才能充分调动公众参与环境保护的积极性，让最严格的环境保护制度得以监督实施。只有充分运用这个抓手，政府、企业、公众共治的环境治理体系才可能真正形成，生态环境质量总体改善的目标才可能真正实现。

5. 注重防范特别重大环境污染事件，守住环境安全底线

近年来，一系列重大或特别重大安全生产事件的发生，给环境安全带来了挑战。尤其是天津港"8·12"瑞海公司危险品仓库特别重大火灾爆炸事故及漳州古雷"4·6"PX项目爆炸事故，将环评问题、环境污染问题推上了风口浪尖。当前及今后一个阶段是环境突发事件的高发期，将面临各种风险，有些风险会是原生性的，有些风险则是衍生性的。从环境风险的评估结果来看，我国化工产业的布局和结构还不尽合理，呈现"近水靠城"的特征，其中，12%的危险化学品企业距离重要的水源保护区和生态功能区不足1公里，10%的企业距离人口聚集区不足1公里，这意味着，预防环境突发事件，保障饮用水安全的压力巨大。今后一段时期，必须加大环境突发事件的应急能力与源头防范能力，标本兼治，守住环境安全的底线。

B.26
中国安全生产管理机制的挑战与创新

王永明*

摘　要： 2015年中国安全生产形势依然严峻。改革开放以来，中国逐步形成了一套较为有效的安全生产管理机制。但是，面对日益发展变化的生产安全形势，这套体制也存在明显不足，需要进一步改革创新。

关键词： 安全生产　管理机制　多元共治

安全生产工作事关人民群众生命财产安全，影响改革、发展和稳定大局。安全生产水平是一个国家政治文明、经济发展和社会进步的反映。党的十八大以来，党中央高度重视安全生产工作，习近平同志多次发表重要讲话，深刻论述了安全生产的重大理论和实践问题。然而，2015年的中国安全生产形势依然严峻，天津港"8·12"火灾爆炸事故和深圳"12·20"纳土场滑坡事故暴露了中国安全生产管理机制存在诸多不足，面临很大的挑战。本文在回顾2015年安全生产形势的基础上，分析中国当前安全生产管理机制的现状、问题和挑战，并且提出改革建议和思考。

一　2015年安全生产形势及特点

2015年，中国安全生产工作在负重中前行，全国事故总量保持继续下降态势，事故起数、死亡人数实现双下降。但是，社会公众对安全生产形势的感

---

* 王永明，国家行政学院应急管理教研部高级工程师。

受与事故十多年连续下降的事实并不一致。中国整体安全生产形势基本稳定、持续转好（见图1）。虽然指标显示整体形势趋向好转，但是形势依然严峻复杂，呈现新的特点。

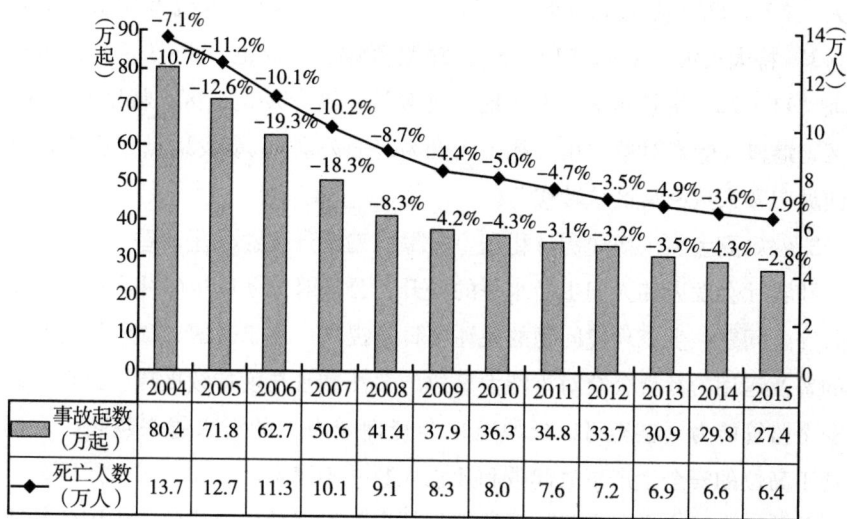

图1　2004～2015年全国各类事故总量及死亡人数趋势

资料来源：依据国家安监总局网站统计数字制作，http://www.chinasafety.gov.cn/newpage/Contents/Channel_ 21843/2015/0713/254827/content_ 254827. htm。

1. 事故总量下降但单次事故伤亡体量巨大

2015年，全国共发生重特大生产安全事故38起，其中特别重大生产安全事故4起（陕西咸阳"5·15"特别重大道路交通事故，35人死亡；河南平顶山"5·25"特别重大火灾事故，39人死亡；天津港"8·12"危险品仓库特别重大火灾爆炸事故，165人死亡，8人失踪；广东深圳"12·20"特别重大滑坡事故，73人死亡，4人失踪），尤其是天津港"8·12"事故发生后，社会和公众极大关注，国内外媒体"井喷式"跟踪报道，自媒体上形成热议浪潮，社会影响特别恶劣。2015年发生的数起重大突发事件，无论是单次伤亡规模，还是"一石激起万层浪"的舆论影响，都给社会和公众心理产生了巨大的冲击。

2. 事发领域逐渐由传统高危行业转向民生领域

2004～2005年曾经是21世纪中国安全生产形势最为严峻的一个时期，连续发生多次重特大生产安全事故，无一例外，伤亡规模巨大的事故几乎都发生在传统高危行业，例如煤炭、非煤矿山、烟花爆竹、危险化学品等行业。而近年发生的重特大安全生产事故，呈现多领域分散的态势，例如上海"11·15"大火、"7·23"动车交通事故、青岛"11·22"地下管线爆炸事故、吉林"6·3"特大火灾、上海"12·31"踩踏事件、天津港"8·12"火灾爆炸、深圳"11·22"滑坡事故。发生地点更多是在沿海发达地区，特别是开发区、新区、港口。受害对象"由一线工人变为普通公众"，事发地点"由工厂和矿山向城市和人员密集区域转移"。

3. 公众安全需求快速提升和安全保障能力提升放缓存在矛盾

随着社会发展和人们生活水平的提升，公众对关系民生的社会问题，例如公共安全问题、生态环境问题的关注度日益提高。由于微博、微信等自媒体工具的普及运用，社会公众对重特大事故的关注和参与度持续提高。公众对政府的安全监管能力（甚至可以延伸至社会管理能力）的需求越来越高。人们对仍处于高位的安全生产事故起数和死亡人数并不满意。

此外，中国安全生产形势严峻也是特定的发展阶段造成的。中国传统化工行业很多装备设施服役期已满，进入陈旧老化阶段，安全隐患突出。另外，在当前经济下行压力的大背景下，地方政府面临经济增长的压力，有时放松对安全生产管理的要求。

二 中国安全生产管理机制的发展历程与现状

安全生产形势的好坏与多方面因素有关，其中安全生产管理机制是否健全和完善是其中一个很重要的方面。安全生产管理机制是一个具有多层面内涵的范畴。从静态角度讲，它是安全生产工作系统内部的各构成要素及其相互关系，可以称为组织机制；从动态角度讲，它是确保安全生产工作有效开展和正常运行的一系列制度、规则、组织体系所构成的系统，可以称之为运行机制。系统有效的安全生产管理机制是一个国家或地区范围内确保安全生产工作正常开展、有效预防各类事故发生的各种制度、规则、体系等所构成的系统。

1. 中国安全生产组织机制

企业、职工、政府、行业、社会组织等多方主体都在安全生产工作中发挥着重要的作用，但是在中国长期处于计划经济时期，更加看重企业和政府在安全生产管理中的作用。1983 年，中国安全生产管理工作确定了"企业负责、行业管理、国家监察、群众监督"的安全生产宏观管理体制，国家、行业、企业、群众存在着纵向层级关系，这在相当长的一个时期对中国安全生产工作起到积极促进作用，使安全生产在思想上、制度上更加系统化。但是伴随着中国市场经济体制的建立，生产模式发生了很大转变，安全生产既是体制内的行政管理问题，更成为多主体共治的系统问题。

《安全生产法》（2014 版）中明确提出了安全生产多主体共治的理念，其中第三条规定："安全生产工作应当以人为本，坚持安全发展，坚持安全第一、预防为主、综合治理的方针，强化和落实生产经营单位的主体责任，建立生产经营单位负责、职工参与、政府监管、行业自律和社会监督的机制。"进一步明确了中国安全生产工作系统内部相关主体要素的相互关系。

2. 中国安全生产运行机制

（1）安全生产例行监察机制

由负有安全生产监管职责的部门对企业进行监督监察，是中国安全生产领域一贯执行的一种做法，是在原有安全大检查方式的基础上使之制度化、规范化的一种监督监察，在 20 世纪 80 年代开始逐步在全国推广。例行监督监察一般由监察机构根据年度工作计划，按照劳动安全卫生监察考核标准，对企业贯彻落实安全卫生法律、法规和各项规章制度情况及生产、施工现场的安全状况进行全面系统的检查。此外，监察机构也可以不定期地组织监督监察执法活动，例如国家安监总局在 2014 年 9 月建立实施的"四不两直"① 暗查暗访制度。此外，安全生产监察还包括专项监察制度，例如在特种类型安全生产事故频发时期，开展针对特种设备的监察、对高危作业场所的监察、对生产建设"三同时"的监察。

（2）安全生产大检查机制

针对安全生产中出现的新情况和新问题，尤其是在重特大事故频发时期，按照国务院统一部署，国家安监部门组织进行全国性的安全生产大检查活动，也是中国长期以来坚持的一种安全生产管理方式。例如：2002 年 4 月 1 日至 5 月 10 日，40 天内发生重特大安全生产事故（死亡 10 人以上）17 起，死亡

---

① 四不两直：不发通知、不打招呼、不听汇报、不用陪同接待，直奔基层、直插现场。

487 人，特别是 4 月 15 日和 5 月 7 日连续发生两起空难事故，为此国务院专门召开常务扩大会议，发出了《关于立即组织开展安全生产大检查的紧急通知》，组织了四次全国性的督查活动。2013 年，针对"5·20"、"6·3"等特大事故的发生，国务院决定在 2013 年 6～9 月底，在全国集中开展安全生产大检查。2015 年，国务院安委会决定在 8 月下旬至 9 月上旬，针对全国开展安全生产大检查综合督查。

（3）安全生产责任机制

在中国长期安全生产工作中，"责任落实"始终是作为安全生产工作的核心内容。党的十一届三中全会之后，随着社会主义市场经济的发展，企业作为安全生产责任主体的地位日益明确。1985 年，在全国企业中广泛推广安全生产责任制。此后，安全生产责任机制的内涵逐步完善，尤其是从 2013 年开始，安全生产责任体系的完善和覆盖成为国家安监部门的重要工作抓手。

表 1　安全生产责任体系建立健全过程①

时间	内容	相关事件
2013 年 6 月 6 日	习近平同志做出重要指示：人命关天，发展决不能以牺牲人的生命为代价。这必须作为一条不可逾越的红线。要始终把人民生命安全放在首位，以对党和人民高度负责的精神，完善制度、强化责任、加强管理、严格监管，把安全生产责任制落到实处，切实防范重特大安全生产事故的发生。	2013 年 6 月 3 日，吉林省长春市宝源丰禽业有限公司发生特别重大火灾爆炸事故，121 人死亡。
2013 年 7 月 18 日	习近平同志做出重要指示：落实安全生产责任，行业主管部门直接监管、安全监管部门综合监管、地方政府属地监管，坚持管行业必须管安全、管业务必须管安全、管生产必须管安全，而且要党政同责、一岗双责、齐抓共管。	2013 年 7 月 18 日中央政治局第 28 次常委会，习近平就当前一段时间重特大生产安全事故频发做出重要指示。
2013 年 11 月 24 日	习近平同志在青岛中石化"11·22"东黄输油管线燃爆事故现场强调：要抓紧建立健全安全生产责任体系，党政一把手必须亲力亲为，亲自动手抓。要把安全责任落实到岗位、落实到人头；所有企业都必须认真履行安全生产主体责任，做到安全投入到位、安全培训到位、基础管理到位、应急救援到位。要做到"一场出事故，万厂受教育，一地有隐患，全国受警示"。各地区和各行业领域要深刻吸取安全事故带来的教训，强化安全责任，改进安全监管，落实防范措施。	2013 年 11 月 22 日，青岛黄岛开发区发生东黄输油管线燃爆事故，导致 62 人死亡。习近平同志第一时间赶赴事故现场。

---

① 《习近平总书记关于安全生产工作论述摘编》，《中国安全生产报》，2016 年 1 月 9 日。

续表

时间	内容	相关事件
2015 年 8 月 15 日	习近平同志对天津港危险品仓库爆炸事故做出重要指示,指出"8·12"事故再次暴露出安全生产领域存在突出问题,面临形势严峻。各级党委和政府要牢固树立安全发展理念,坚持人民利益至上,始终把安全生产放在首要位置,切实维护人民群众生命财产安全。要坚决落实安全生产责任制,切实做到党政同责、一岗双责、失职追责。要健全预警应急机制,加大安全监管执法力度,深入排查和有效化解各类安全生产风险,提高安全生产保障水平,努力推动安全生产形势实现根本好转。各生产单位要强化安全生产第一意识,落实安全生产主体责任,加强安全生产基础能力建设,坚决遏制重特大安全生产事故发生。	2015 年 8 月 12 日,天津港瑞海公司危险品仓库发生特别重大火灾爆炸事故,165 人死亡,8 人失踪。
2015 年 12 月 24 日	习近平同志在中央政治局常委会议上发表重要讲话强调:重特大突发事件,不论是自然灾害还是责任事故,其中都不同程度存在主体责任不落实、隐患排查治理不彻底、法规标准不健全、安全监管执法不严格、监管体制机制不完善、安全基础薄弱、应急救援能力不强等问题。习近平同志提出五点要求:一是必须坚定不移保障安全发展,狠抓安全生产责任制落实;二是必须深化改革,加强和改进安全监管工作;三是必须强化依法治理,用法治思维和法治手段解决安全生产问题;四是必须坚决遏制重特大事故频发势头;五是必须加强基础建设,提升安全保障能力。	2015 年 12 月 20 日,深圳市光明新区发生渣土受纳场滑坡事故,73 人死亡,4 人失联。
2016 年 1 月 4 日至 6 日	习近平总书记在重庆调研时强调:安全稳定工作连着千家万户,宁可百日紧,不可一日松。面对公共安全事故,不能止于追责,还必须梳理背后的共性问题,做到一方出事故、多方受教育,一地有隐患、全国受警示。	

中国安全生产责任体系包含红线意识、安全发展战略、安全管理党政领导责任、企业主体责任等重要概念,代表了中国政府对现阶段安全生产规律特点的认识。中国安全监管部门将"党政同责、一岗双责、齐抓共管"的总体要求,转化为具体工作措施,在政府层面推广"五级五覆盖"①。同时,推行企

---

① "五级五覆盖"是指:各级党委、政府都制定"党政同责"具体规定,各级政府主要负责人都担任同级安委会主任,各级都签订"一岗双责"责任书,相关部门都按"管行业必须管安全"的要求落实安全监管职责,各级安监机构每季度都向同级组织部门报送安全生产情况并纳入领导干部业绩考核。在 2014 年实现的省、市、县"三级五覆盖"的基础上,于 2015 年继续向乡镇(街道)、行政村拓展,力争实现"五级五覆盖"。

业安全生产责任"五落实五到位"①，进一步提高各方面抓好安全生产工作的责任心和主动性。

(4) 生产安全事故调查处理机制

生产安全事故调查处理包括查明事故过程、原因和人员伤亡及经济损失情况，认定事故性质和责任，提出事故责任者的处理建议，总结事故教训和提出事故预防措施，撰写事故调查报告。事故调查处理的目的是预防事故的再次发生。

1986 年，最高人民检察院、劳动人事部发布了《关于认真查处重大责任事故的几项规定》，从此，各级检察院和劳动安全卫生监察机构开始配合，加强了对职工伤亡事故的调查处理；1989 年，国务院发布《特别重大事故调查程序暂行规定》；1991 年，国务院发布《企业职工伤亡事故报告和处理规定》；2001 年，国务院发布《国务院关于特大安全事故行政责任追究的规定》（国务院令第 302 号）；2007 年 4 月 9 日，国务院发布《生产安全事故报告和调查处理条例》（493 号令）。上述法律法规的不断出台完善，标志着中国事故调查处理工作进入一个新的阶段，有以下几个特点：法律法规体系进一步完善；规范了安全生产行政问责制；加大了事故责任追究的处罚力度。中国在事故调查处理上，确立和坚持"四不放过"原则（即事故原因未查明不放过、责任人未处理不放过、整改措施未落实不放过、有关人员未受到教育不放过）。建立和完善安全生产事故调查处理机制，对预防事故发生发挥了重大作用。

三 中国安全生产管理机制中的问题

安全生产形势的发展变化，对现行的安全生产管理机制提出了极大的挑战，突出表现为两个方面的问题。

---

① "五落实"是指必须落实党政同责要求，董事长、党组织书记、总经理对本企业安全生产工作共同承担领导责任；必须落实安全生产一岗双责，所有领导班子成员对分管范围内安全生产工作承担相应职责；必须落实安全生产组织领导机构，成立安全生产委员会，由董事长或总经理担任主任；必须落实安全管理力量依法设置安全生产管理机构，配齐配强注册安全工程师等专业安全管理人员；必须落实安全生产报告制度，定期向董事会、业绩考核部门报告安全生产情况，并向社会公示。"五到位"是指必须做到安全责任到位、安全投入到位、安全培训到位、安全管理到位、应急救援到位。

1. 行政主导色彩过浓

如前所述，现在中国较为成熟有效的安全生产管理机制包括例行监察机制、大检查机制、安全生产责任机制、安全事故调查机制，这些机制无一例外都是政府行为。这套管理模式已经难以适应新形势的要求。

首先，中国面临的安全生产形势与特点发生改变，风险面日益变宽、风险类型变散。伴随着中国工业化、城镇化加快推进，新能源、新材料、新工艺、新业态的大量出现，新的风险类型也不断出现，风险往往不是孤立出现，而是相互交织形成风险综合体，发生的突发事件形式更为复杂。在过去，安全监管部门在直接监管的煤矿、危化品、烟花爆竹等领域严防死守，就可以牵住牛鼻子；但是现在来看，事故总是发生在没有考虑到的领域，防控压力巨大。

其次，中国安全监管能力呈倒金字塔形，基层力量严重不足。据统计，县级安监机构平均编制不到 15 人，人均监管 600 多家企业。大多数乡镇的安监岗位依然以兼职为主。全国 3312 个开发区有一半以上未设安监机构①。

最后，在众多新兴风险领域，安全生产监督管理部门的综合监管职责与主管部门的直接监管职责界限模糊，甚至职能冲突，大量风险的完整管控链条被不同部门分割。天津港"8·12"事故调查报告指出，"危险化学品生产、储存、使用、经营、运输和进出口等环节涉及部门多，地区之间、部门之间的相关行政审批、资质管理、行政处罚等未形成完整的监管链条……同时部门之间信息不能共享，难以形成对危险化学品全时段、全流程、全覆盖的安全监管"。另外，监管工作中还存在习惯采用行政手段而不是使用法律手段的问题。

2. "共治格局"结构不平衡

安全生产需要社会共治。近年来一系列重特大安全生产事故暴露了中国安全生产管理机制存在结构性缺陷，表现为多元主体在安全生产管理体系中发展不均衡，除了政府和企业，职工、行业、市场、社会组织等其他主体依然处于弱势地位，职工缺少参与安全生产的能力与渠道，行业协会自律监督缺位，社会参与机制不完善。

---

① 中共国家安全生产监督管理总局党组：《"党政同责、一岗双责、齐抓共管"安全生产责任体系正在落地生根见到实效》，《中国安全生产报》2015 年 7 月 11 日。

一是职工安全生产的意识不强、素质不高。据统计，全国共有800万矿工、4500万建筑工人，其中80%以上为农民工，70%以上未接受正规安全培训①。基层从业人员违章指挥、违规作业屡次成为事故导火索。天津港"8·12"事故调查报告指出，"安全教育培训流于形式，企业负责人、管理人员及操作工、装卸工都不知道运抵区储存的危险货物种类、数量及理化性质，冒险蛮干问题十分突出……直接造成特别重大火灾爆炸事故的发生"。此外，一线单位工会组织的形式化，也使职工缺少了参与安全生产监督和决策的有效途径。

二是缺少行业协会的有效参与。在国外职业健康安全监管监察体系中，政府职能仅占整个管理体系的小部分，不直接面对企业，在幕后承担法律法规的制定和监察执行，负责"兜住底线"。监管工作大部分依靠行业协会进行，督促企业主动履行主体责任。行业协会依靠"技术"和"市场"两个重要手段调节行业的安全管控，行业协会在政府和企业之间承担沟通桥梁的作用。中国行业协会行政色彩较为浓厚，大多由政府牵头发起，自上而下组织，没有来自基层企业的自组织过程，对政府依赖较大，成为行政行为的延伸。行业协会缺乏"服务"意识和"监督"责任，其定位的偏离直接导致企业在风险演化为大事故的过程中，没有过程监督和约束。

三是社会监督难以有效实施。《安全生产法》规定公众和媒体都有对违反安全生产法律法规行为进行监督的权利，这是对政府监管的重要补充。但是很多企业（尤其是危险品企业）的信息没有充分公开，公众和媒体往往是在"重特大生产安全事故"发生后才了解到身边的危险源，使得公众和媒体事前不能有效行使监管权利。

四　完善中国安全生产管理机制的建议

进一步完善中国安全生产管理机制是一项系统工程，需要从多个方面入手。

---

① 中共国家安全生产监督管理总局党组：《"党政同责、一岗双责、齐抓共管"安全生产责任体系正在落地生根见到实效》，《中国安全生产报》2015年7月11日。

1. 进一步完善促使企业履行主体责任的两个力量

企业是安全生产的责任主体，单纯依靠安全生产责任机制实现企业的自我约束和自律具有较大的风险，必须给企业施加外部作用力。这种外部作用力主要有两种：一是健全的法制，企业的安全生产行为和表现必须满足安全生产法律法规的要求；二是商业保险机制，利用商业保险的市场力量，进行企业安全生产的风险评估和风险管理。

健全的法制。中国安全监管法规体系并不完整。天津港"8·12"事故调查报告明确指出：国家缺乏统一的危险化学品安全管理、环境风险防控的专门法律；《危险化学品安全管理条例》对危险化学品流通、使用等环节要求不明确、不具体，特别是针对物流企业危险化学品安全管理的规定空白点更多；危险化学品安全管理涉及监管环节多、部门多、法规标准多，各管理部门立法出发点不同，对危险化学品安全要求不一致，造成当前危险化学品安全监管乏力。

商业保险机制。商业保险机构逐步引起政府的关注，商业保险机构在从事保险业过程中，会最大化地追求降低保费成本，可市场化地组织专业技术机构为其保险业务开展风险评估、为投保企业排查治理危险源，最大限度地减少事故发生。这对监管部门、投保企业和保险机构，都是共赢。把商业保险机构的作用切实调动起来，将可以应用市场机制分担政府安全监管的重担，这也是国外成熟的做法。正是基于这一点，《安全生产法》规定，鼓励企业投保安全生产责任险；《国务院办公厅关于加强安全生产监管执法的通知》进一步要求理顺安全生产责任保险和风险抵押金的关系，推动社会商业保险机构参与安全监管的机制，并提出重点推行的 10 多个行业领域。

2. 重新摆好五大主体在安全生产体系中的定位

在督促企业履行安全生产主体责任的基础上，重新调整政府、行业、职工、社会公众等主体的角色定位，强调政府侧重"监察"、行业侧重"监管"、社会公众、职工体现不同层面（厂内、厂外）的"监督"。这样，政府可以从安全生产的过程管理中解脱出来，履行裁判职能，承担安全生产的兜底责任。因此，需要做好以下几项工作。

转变政府在安全生产管理中的角色，由"监管"转变为"监察"，即由国家授权安全生产监督管理部门对各类具有独立法人资格的生产经营单位进行安全法律法规执行情况的监督检查，用法律的强制力量推动安全生产方针、政策的正确实施。

发挥行业协会的监管作用。结合行政体制改革，对若干行业协会的职能进行调整，由其承接政府目前承担的部分职能，例如：在安全生产领域的准入审批和过程管理。行业协会可为企业提供安全保障技术支持和服务，还可监督企业履行安全生产责任制，实行企业自律。

拓展职工参与安全生产管理的渠道。加强对员工的培训教育，增强职工的安全观念，使职工掌握安全生产的知识和技能，培养职工主动监督的意识。此外，要设计企业职工监督监察企业安全生产工作的机制，使职工能够参与安全生产重大决策、监督安全生产、反映职工的职业安全健康诉求。同时，还需要从制度上保护工人不会由于"监督权"的履行而受到打击报复。另外，建议商业保险机构、行业协会、国家监察部门开设职工监督投诉渠道，分别从维护商业利益、维护行业形象、维护法律底线角度，帮助一线职工成为兼职"监察员"。

提高企业信息透明度。国家应该出台法律，由行业协会将不涉及国家安全的危险品经营企业、危险装置企业信息向全社会公开，同时公开其安全生产台账记录（事故信息、隐患信息、治理信息等）。这样可以保证社会公众、新闻媒体对企业安全生产进行有效监督，也有助于企业将优异的安全生产记录作为市场竞争中的重要资本。

3. 转变常态和非常态下的监管模式

把指标考核的监管模式转变为风险控制的监管模式。淡化事故指标考核机制，推行基于风险的监管思路，其中包括对企业的风险分级管理、以职业伤害（和未遂事故）为主体指标的报送机制。实行企业风险分级管理，将有限的监管资源投入风险较高的企业。由安监部门或者行业主管部门定期对企业开展风险评估，实施风险分级，确定管控的重点。风险分级管理的原则是：对高风险企业，将其纳入政府重点监察的范围，定期或不定期对其监察；对较高风险企业，由行业协会进行监管，政府对其进行抽样监察；对待大量较低风险的企业，更多依靠企业的自主管理，以及商业保险机构的技术支持。实施风险分级管理，可以使大量低风险企业从宽松的环境中受益，鼓励企业自主降低风险，降低外界机构对自己的管控压力。还能使监察部门将有限的资源分配至重点目标，提高监管效率。

另外，应修订中国既有的安全生产统计报送制度，不仅仅报送以"死亡事故"为主的信息，还应该报送重、轻伤事故，职业病患病人数等数据，甚至在条件逐步成熟之后，将大量的"未遂事故"也通过合理的路径进行上报。在上述统计数据的支撑下，可以开展一个国家或地区的安全生产风险预警机制建设。

将以追责为目的的事故调查转变为以吸取教训为目的的事故调查。事故调查是安全生产管理机制中的重要组成部分，是吸取教训、健全管理机制的重要抓手。中国事故调查受"查明事故原因"和"认定事故责任"双重原则的指导，此外事故调查是政府主导的，事故调查的启动、进行、完成取决于行政领导的决策。

国外的事故调查多以发现事故发生原因为根本目的，其主导思路是，如果是由于某些关键人员的失误而导致事故的发生，说明所在单位的培训教育不到位、本质安全不到位；如果是人为故意引发生产安全事故，则涉及刑事司法程序，不属于生产安全调查的范畴。因此，其事故调查往往不涉及责任问题。国家也应该将原因的技术调查和责任的司法行政处理分离，充分引入专家和技术机构进行调查。

在原因调查和责任调查分离的基础上，健全事故调查主体回避机制。建立事故调查监督机制，引入社会公众、新闻媒体对事故调查进行监督。在条件成熟的时候，根据事故调查情况定期举行听证会，及时通报事故情况、回应社会关切。健全事故教训反馈机制，将事故调查报告中暴露出的问题及建议提交相关机构（例如人大常委会），努力使建议转化为制度，从根本上预防同类事件的重复发生。

B.27

中国自然灾害应对体系：
现状、挑战与对策[*]

李雪峰^{**}

摘　要：　本文首先着眼于自然灾害应对全系统，从自然灾害应对管理系统、应急准备、预警预报和信息管理、应急响应、恢复重建等方面归纳了中国自然灾害应急管理体系的基本情况，概括指出了指导思想坚持以人为本、灾害管理体制凸显政治制度优势、社会广泛参与防灾减灾和抗灾救灾、灾害应对注重法制化规范化、注重科学技术在灾害应对中的应用、注重自然灾害应对国际合作等体系特征。文章接着从自然灾害形势严峻、灾害应对能力不足、灾害应对制度亟须进一步完善三个方面深入分析了我国自然灾害应对的问题与挑战。为进一步完善中国特色的自然灾害应对体系，文中提出深化自然灾害应急管理体系的改革创新、加强对自然灾害的综合治理、加强科技支撑和产业支撑、加强社会动员、积极参与全球灾害治理等五个方面的政策建议。

关键词：　自然灾害　应急管理　灾害应对体系

---

* 本文以自然灾害应对为主题。这一主题也常被称为"防灾减灾"，或者加上"抗灾"等表述。鉴于目前防灾减灾等概念越来越多地把其他类型灾害风险也概括在内，本文主要采用自然灾害应对这一术语。但行文中也时有使用防灾、减灾、抗灾等词语。在使用这些词语时，也特指自然灾害的应对的相应内容。

本文借鉴了一些专家学者的观点和政府文件的表述。文后列出了主要参考文献，但正文中没有一一标明借用了谁的、什么具体观点。在此，笔者对有关著作权人表示真诚的感谢。

** 李雪峰，国家行政学院应急管理教研部教授。

中国是世界上受到自然灾害威胁最为严重的国家之一。自然灾害分布地域广、种类繁多、发生频率高、造成损失重是我国自然灾害的基本特征。自大禹治水以来的中华民族文明史始终贯穿着与自然灾害的较量与斗争。在全面建设小康社会的新的历史时期，人民群众对于有效应对自然灾害有着更高的企盼。改革完善自然灾害应对制度、创新发展自然灾害应对体系，意义重大、使命光荣。

一 中国自然灾害应对体系的基本情况

新中国自然灾害应对制度与人民共和国相伴而生。1949 年 12 月，中央人民政府政务院颁布了《关于生产救灾的指示》。《指示》明确要求，"各级人民政府必须组织生产救灾委员会，包括内政、财政、工业、农业、贸易、合作、卫生等部门及人民团体代表，由各级人民政府首长直接领导"。1950 年 2 月，中央救灾委员会成立。当时的《中央救灾委员会组织简则》规定：日常救灾工作由内务部负责，也具体规定了灾害管理工作的主要任务。经过几十年的发展，我国形成了以党政统一领导、政府综合协调、部门分工负责、灾害分级管理、属地管理为主的自然灾害应对体系。该体系的主要构成如下。

（一）自然灾害应对管理系统

根据《中华人民共和国突发事件应对法》，国务院是应对包括自然灾害在内的各类突发事件的行政领导机构。在党委政府领导下，各级政府成立的减灾委员会成为防灾减灾和抗灾救灾的综合协调机构。其中，国家减灾委通常由一名国务院领导担任主任，34 个国务院部门、军队以及红十字会等组织机构参加。国家减灾委的职责包括：①研究制定国家减灾工作的方针、政策和规划；②协调开展重大防灾减灾活动；③指导地方开展防灾减灾工作；④推进防灾减灾交流与合作；⑤组织和协调全国抗灾救灾工作。国家减灾委的办公室设在民政部。除了减灾委这样的综合性机构，各级政府的水利、农业、林业、国土、地震、海洋气象等部门则依据相关规定负责某一类型或某一方面自然灾害的应对工作。

（二）自然灾害应急准备

应急预案方面，我国自上而下制定了各类自然灾害应急预案，形成了横向到边、纵向到底的应急预案体系。在中央政府层面，《国家自然灾害救助应急预案》用于规范综合灾害救助工作，《国家防汛抗旱应急预案》《国家突发地质灾害应急预案》《国家地震应急预案》《国家森林火灾应急预案》《国家突发重大动物疫情应急预案》等专项应急预案针对不同自然灾害应对做出规定。

能力建设方面，我国应急救援队伍体系初步建立。该体系由如下层次组成：①综合救援力量：以消防队伍为核心；②突击力量：以军队、武警、公安为骨干；③专业力量：以抗洪抢险、抗震救灾、森林防火、海上搜救、矿山救护、医疗救护等专业应急救援力量；④辅助力量：企事业单位专兼职队伍和应急志愿者队伍。为了有效地减轻自然灾害的危害，我国各地和各有关部门经常性地开展多种形式的减灾活动。其中，建设各类减灾社区、开展防灾减灾教育培训和演练、建设应急平台、发展应急产业等都极大提升了国家防灾减灾能力。

社会动员方面，在抢险救灾、人员搜救、伤员救护、灾民救助、财物捐赠各领域都建立起了一系列行之有效救灾应急社会动员机制。除了传统社会动员方式外，为与市场经济体制相适应，我国在减灾抗灾救灾中越来越多地引入市场机制提高有关工作的效率和水平。政府通过经济补偿、购买服务、资金融通等方式，使优质资源自觉配置到急需的救灾物资储备、减灾应急装备推广、防灾减灾关键技术研发等重要领域。此外，近年来还引入保险机制，大力推进农村住房保险等工作。这些工作使得政府救助、社会捐赠、灾害保险三者之间有机结合，形成了多渠道分担灾害风险的格局。

救灾物资准备方面，我国在17个交通枢纽城市设立了中央救灾物资储备仓库。当前，32个省区市、92.7%的地级市政府、80%的县级政府设立了救灾物资储备库，从国家到省市县的四级救灾物资储备网络基本建成。

（三）自然灾害预警预报与信息管理

我国自然灾害的预警、预报体系有如下系统构成：气象灾害监测预报系统、大江大河灾害性洪水预警预报系统、地质灾害预警预报系统、地震监测预报系统、森林草原防火预警系统、农作物和森林病虫害测报系统、海洋环境和灾害监测系统。此外，民政系统负责灾情的统一汇总。目前，依托气象系统建设的国家灾害预警平台已具雏形。

高新技术应用方面，我国建成了由若干环境与灾害监测预报卫星和风云气象卫星组成的卫星减灾应用业务系统。在防灾减灾救灾中普遍使用卫星遥感、无人机、北斗导航定位等高新技术手段。国家自然灾害灾情管理系统利用现代通信、计算机、信息管理等技术，全面覆盖中央、省、市、县四级政府。

（四）自然灾害应急响应

根据自然灾害的响应等级，各级政府采取不同级别的响应措施。根据当地灾害风险特点，县级以上政府会设立防汛抗旱、抗震救灾、森林防火，以及应对地质灾害、台风灾害等的抢险救灾应急指挥机构。这些应急指挥机制发挥着灾害预警防范、突发灾害应急抢险救灾、受灾群众安置、伤员救治、卫生防疫、基础设施抢修、资金物资保障、进行灾情损失评估等作用。

在救援物资支撑方面，我国建设了集救援物资储备、调运、接收、发放、回收为一体的救灾物资调度体系。这一系统能够确保及时调运灾区急需的应急食品、饮用水、帐篷、衣被等生活必需品。目前，当启动国家层面的自然灾害应急响应时，24小时内救灾物资调度和对灾民的救助都要到位。

（五）自然灾害恢复重建

灾后恢复重建工作实行在党委政府统一领导下，由发展改革委员会和民政系统牵头、各相关部门互相配合、必要时实行对口支援，以及基层群众和有关社会力量共同参与的工作机制。例如，发改委主要负责出台总体规划和落实基础设施重建，民政部门主要负责落实灾民住房的恢复重建，交通部门负责道路的修复，有关地方或国有企业对口帮扶，有关志愿者组织多方参与等。

二　我国应对自然灾害的基本特征

新世纪以来，我国自然灾害应对体系取得了长足的进步，主要体现在以下几个方面特点。

（一）指导思想坚持以人为本

与计划经济时代注重强调减少经济损失相比，我国新时期自然灾害应对更加强调以人为本、强调努力确保人的生命安全。为确保人的安全，重大自然灾害发生时要求进行避灾性的紧急转移；在灾害发生后，把拯救人的生命作为第一位任务。目前，我国基本实现了自然灾害发生后 24 小时实现对受灾群众的"五有"，即确保受灾群众有饭吃、有衣穿、有干净水喝、有临时住处、有病能得到及时治疗。在灾害救助过程中，不仅注重物资救助，也重视对受灾群众的精神抚慰和心理援助；不仅注重对受灾者的救助，也重视对救援人员的安全保护。

近年来，以人为本的抗灾救灾理念深入人心。每逢大灾来临，各级领导往往迅速奔赴救灾一线靠前指挥，有关救援力量迅速集结赶往灾区。官方和民间救援力量都能够本着以人为本的精神，以救人为第一要务，以受灾群众的生活保障为重点工作，充分展现了社会主义制度下的人道主义精神。

（二）灾害管理体制体现我国政治制度优势

在灾害领导指挥层面，党委政府统一领导是做好自然灾害应对工作的根本保证。尤其在重特大灾害来临时，各级党委政府能够发挥科学决策、全面部署、有力指挥的作用。在资源调动和社会动员方面，能够充分发挥社会主义制度集中力量办大事的政治优势，各级政府能够动员全社会力量开展抗灾救灾。

以 2013 年"4·20"芦山强烈地震抗震救灾为例。当灾害发生后，四川灾区立即成立了以四川省、雅安市、灾区各区县、各乡镇党委书记为第一责任人的抗震救灾指挥机构。在受灾村组、受灾群众安置点等成立的临时党支部肩负起领导本地抗震救灾的职责。

（三）社会广泛参与防灾减灾和抗灾救灾

我国继承"一方有难八方支援"的优良传统，应对自然灾害的社会力量蓬勃发展。参与防灾减灾的各类基金会、非政府组织、民间救援队等政治机构蓬勃发展，基层社区志愿者组织等发展迅速，日益成为应对自然灾害的重要力量。

目前，中国的志愿组织不仅在国内应对灾害中发挥了重要作用，也开始在国际上逐步发挥独特的影响力。例如，在 2015 年 4 月 25 日尼泊尔地震发生后，中国扶贫基金会、壹基金、爱德基金会、中国社会福利基金会等以及蓝天救援队、蓝豹救援队等数十支民间救援力量就在第一时间集结，前往尼泊尔。"这是迄今为止我国民间组织反应最快、规模最大的一次海外救援行动。"这是业内近乎一致的评价。

（四）灾害应对注重法制化规范化

我国注重自然灾害应对的法制化规范化。目前，已经制定出台的专项法律有：《防震减灾法》《自然灾害救助条例》《军队参加抢险救灾条例》《防汛条例》《破坏性地震应急条例》《森林防火条例》《森林病虫害防治条例》《草原防火条例》《地质灾害防治条例》等。这些法律法规明确界定了救灾应急准备、对灾民的应急救助和灾后救助、恢复重建等自然灾害救助制度，使得与自然灾害应对需求相适应的资金、物资保障机制得以建立。

（五）注重科学技术在灾害应对中的应用

科学应急是我国应对包括自然灾害在内的各类突发事件的重要原则。多年来，我国一直重视用现代科学技术成果支撑和保证自然灾害应对工作。通过制定实施国家防灾减灾科技发展规划，推动研究开发相关前沿科技、更新应对灾害的技术装备、开展防灾工程建设、加强防灾减灾灾害信息化建设，我国应对灾害的现代科技水平已经显著提升。

（六）注重自然灾害应对国际合作

我国与世界上许多国家在应对自然灾害方面开展了多种形式的国际合作。目前，中国与联合国减灾署、联合国开发计划署、人道主义援助事务协调办公室、亚太经社理事会、世界粮食计划署、粮农组织等机构都建立起了紧密的合作伙伴关系。

在双边合作方面，我国有关部门与世界主要国家，如美、日、欧盟等开展了各种各样的合作交流项目。仅国家行政学院，就承担了与英国、德国、美国、欧盟分别合作开展灾害应急管理的合作培训和政策研究项目。

三 自然灾害应对的问题与挑战

我国目前自然灾害形势依然严峻，灾害应对能力有较大缺口，灾害应对制度也有诸多不完善之处。系统地梳理这些问题才能头脑清醒，努力推动自然灾害应对系统的改革与创新。

（一）自然灾害形势严峻

在全球气候变化背景下，我国自然灾害风险总体上形势更为严峻。洪涝、干旱、台风、低温冰雪、崩塌滑坡、山洪泥石流、沙尘暴、病虫害等灾害风险增加，一些灾害仍呈高发态势，给公共安全带来极大挑战。自然灾害发生的时空分布、造成的损失程度、影响深度广度等都出现新变化，各类灾害的突发爆发性、非常规性、难以预见性愈发显著。从灾害的影响看，在城市和城镇，随着工业化和城镇化的快速发展，我国城镇人口数量和密度不断增加，城市基础设施承载负荷不断加大，自然灾害给城市带来的负面影响日趋严重。在我国广大农村，特别是中西部乡村地区，由于其经济社会发展相对滞后，对自然灾害的设防水平偏低，农村人口对自然灾害的抵御能力较弱。不论是在城市还是乡村，自然灾害发生后，往往容易引发各种次生和衍生灾害。

"十二五"期间，我国自然灾害总体上依然呈现多发频发的态势。这五年，先后发生了"4·20"四川芦山地震、"7·22"甘肃岷县漳县地震、"8·3"云南鲁甸地震、"7·21"北京特大暴雨等特大重大自然灾害。这些自然灾害既给灾区人民群众生命财产造成重大损失，也对灾区经济社会发展造成广泛而严重的影响。

2015年，我国自然灾害以洪涝、台风和旱灾为主，风雹、地震、低温冷冻与雪灾、山体崩塌与滑坡、泥石流以及森林火灾等灾害也均有发生。概括地说，2015年的全国灾情与往年比总体偏轻。据民政部有关数据统计，与2014年相比，因灾死亡失踪人口、倒塌房屋数量偏少4成以上；与2000~2014年均值（不含因汶川大地震造成极重损失的2008年）相比，因灾死亡失踪人口偏少6成以上，倒塌房屋数量偏少8成以上。尽管如此，我国2015年的灾情依然严峻，反映出自然灾害多发频发、后果严峻的现实。这一年，全国18620

万人次不同程度受灾，819 人死亡，148 人失踪，644 万人次被迫紧急转移安置，181 万人次需要紧急生活救助；城乡住房有 25 万间房屋倒塌，251 万间遭受不同程度损坏；农作物受灾面积达 21770 千公顷，有 2233 千公顷绝收；因灾造成的直接经济损失高达 2704 亿元。

（二）灾害应对能力不足

灾害应对能力建设永远在路上。我国当前自然灾害应对的主要能力缺欠有：①监测预警方面，自然灾害监测站网密度、预警预报精度、信息传播水平和时效性等不能满足需求；②基础设施方面，不少城乡基础设施设防标准偏低，缺乏合格的避难场所；③物资支撑方面，应急救灾物资储备种类和数量还不能很好满足救灾需要，救灾所需的应急装备、技术手段、通信和应急广播设施等总体比较落后，灾害应对的科技支撑能力尚有相当不足；④人力资源方面，自然灾害应对人才队伍的数量和质量仍显不足，应对灾害的科普宣传教育和干部培训体系有待完善，基层社区和公众个人的防灾减灾意识和能力尚需进一步提高。

与之相对照的是，在各地依然存在着极为明显的重视经济增长、忽视防灾减灾，重视经济领域竞争力升级、忽视防灾减灾能力提升的现象。这种重增长的思维定式容易造成对防灾减灾工作的弱化。这是中国的自然灾害应对工作的巨大思想障碍。

（三）灾害应对制度亟须进一步完善

应对灾害的管理体制仍有不顺之处。在当前的行政管理体制架构下，我国涉及自然灾害应对的政府部门、相关机构达几十个。各种部门分割和地方分割容易造成各自为政的防灾减灾态势。各自为政造成政策和规范上缺漏与交叉并存，使整个灾害应对体系不够优化，极大影响了应对灾害资源的合理配置。有时，不同机构、不同方向的政策措施甚至产生抵消的负面作用。例如，全国有综合减灾示范社区、地震示范社区、民防示范社区、气象防灾减灾体系社区、气象科普示范社区、平安社区多个系统的防灾减灾示范社区建设。类似的多头治理给基层带来许多困扰。

在应对灾害的纵向责任划分上，中央政府与地方政府对于具体的灾害应对事权还缺乏明确具体的责任界定。自下而上，往往是减灾靠政府、收益归自己，下级等上级、全国等中央。

在灾害治理投入上，我国依然存在着不惜一切代价救灾、缺乏综合经济考量的现象。一场大灾之后往往会引起各级政府和全社会的高度重视，各级政府对灾后重建往往投入巨大，甚至希望能将灾区建设成为示范典型。可是，待到时过境迁、政府和社会关注焦点转移之后，灾害应对的基础工作可能又被束之高阁。在投入环节上，我们的政府往往重视灾后救济与重建，轻视灾前防范与减灾；重视防灾减灾的工程措施，轻视对非工程措施投入；重视申请上防灾减灾大项目，忽视项目能否真正发挥有效作用这一核心问题。

四　建立健全有中国特色的自然灾害应对体系

创新、协调、绿色、开放、共享"五大发展理念"对自然灾害应对提出了更多更高的要求。自然灾害应对工作在面对各种挑战的同时，也拥有国家更加重视灾害应对工作、综合国力不断增强、社会各界积极参与、防灾减灾救灾抗灾的国际合作不断扩大等发展机遇。

"十三五"时期自然灾害应对应继续坚持以防为主、防抗救相结合的方针，进一步完善自然灾害应对的组织体系，进一步统筹力量、整合资源、落实责任，从根本上提高自然灾害应对的规范化、制度化和法治化水平，全面提高各级政府和全社会的应对自然灾害能力。

（一）深化自然灾害应急管理体系的改革创新

进一步深化改革，使自然灾害应急管理的法制体制机制更加健全完善。要坚持"以防为主、防抗救相结合"的工作方针，不断健全党政统一领导、政府综合协调、部门分工负责、灾害分级管理、属地管理为主的自然灾害应对体系。要以完善充实灾害应对法制、理顺健全灾害应急管理体制、创新防灾减灾工作机制为抓手，构建科学有效的综合灾害应急管理体系。在应急响应制度方面，应改革自然灾害应急预案的编制和管理，使预案之间相互衔接、预案内容更具可操作性。在灾害救助方面，应以提升受灾群众保障水平为重点，使自然灾害救助制度更加完善。在恢复重建工作方面，应进一步明确工作制度，尤其要明确灾区重建中的属地政府责任，使其真正履行责任保证灾后重建工作能够高质量地展开，保证重建成果能够使当地人民持续受益。

（二）加强自然灾害综合治理

以协调发展为指针，在综合减灾规划指引下，将发展与灾害应对有机结合，使常态减灾和非常态救灾相统一，实现从注重灾后救助向注重灾前预防转变，工程措施与非工程措施相结合，使国家综合防灾减灾能力明显提升。要将综合治理与重点应对相结合，实施好一系列重大防灾减灾工程项目。

要从应对单一灾种向综合减灾转变。应着力消除各灾种分别治理、相邻区域相互分割，实现灾种防治协同、区域减灾协同的工作局面。具体说，要扭转地震部门强调防震、水利部门强调防汛抗旱、各部门单打独斗的局面，对各类灾害实行多管齐下、综合治理。

（三）加强科技支撑和产业支撑

以创新发展为动力，要求注重自然灾害应对的科技支撑。要加强新技术、新产品在防灾减灾中的应用。加强防灾减灾信息技术，例如无线专网建设、遥感技术的应用，使高科技能够广泛应用于防灾减灾抗灾救灾工作的全过程。

要以市场为导向，大力发展应急产业，提升应急装备技术水平和应急服务水平。

（四）加强灾害应对领域的社会动员

要着力增强全社会抵御自然灾害能力，将举国救灾升华为举国防灾减灾。一要全面提高灾害救助社会动员水平。要进一步发挥防灾减灾社会公益组织的作用，支持其健康发展，促使其发挥更为积极的作用。应在全社会广泛开展志愿者活动，尤其注重推动专业化应急志愿者队伍建设，使我国人力资源优势更好地转变为防灾减灾优势。二要加大基层抗灾能力建设。应在基层大力开展综合灾害应对教育，着力提升全民防灾减灾意识，加大社区第一响应人队伍建设。

（五）积极参与全球灾害治理

经济全球化与全球工业化，使灾害问题的国际化特色日益明显。重大自然灾害的影响往往是跨境的，甚至超出一国的防控和应对能力。我国已经成为世界上最重要的对外投资国之一。随着我国"一带一路"倡议的推进和经济全球化的不断深化，中国的国家利益已经日益扩展到全球各地。国外发生自然灾害也可能危及中国在当地的利益，甚至危害到中国的发展。这些新形势决定了新时期的自然灾害应对工作应当更加具有国际视野，更加注重采取联合行动。

以开放发展的战略思想为指导，推动自然灾害应对的全球合作，主动参与全球灾害治理应当成为我们不二的选择。应加强共同应对全球气候变化的合作，为"一带一路"倡议实施提供防灾减灾智力支持和制度支持，加强灾害应对领域的科技开发和人才培养的国际合作，加强重大灾害的防灾减灾和灾后救援合作，使中国在国际灾害应对的舞台上发挥更大的作用。

参考文献

王振耀、田小红：《中国自然灾害应急救助管理的基本体系》，《经济社会体制比较》2006 年第 5 期。

郑功成：《国家综合防灾减灾的现实挑战与战略任务》，《中国减灾》2013 年第 11 期。

李立国：《我国应对重大自然灾害取得显著进步》，《求是》2013 年第 10 期。

国家减灾委办公室：《2015 年全国自然灾害基本情况分析》，《救灾快报》2016 年第 3 期。

窦玉沛：《坚持以"五大发展理念"为统领，全力推动新时期减灾救灾工作加快发展》，在全国减灾救灾工作会议讲话，2016 年 2 月 25 日。

B.28
中国突发事件监测预警的发展与挑战

董泽宇*

摘　要： 近年来我国不断推动应急管理关口前移，目前已经初步建立了较为全面的突发事件监测预警体系，不仅在气象、水利、卫生等领域建立健全了相对成熟的行业性监测与预警系统，还建立了国家突发事件预警信息发布系统和国家应急广播系统等综合性预警平台。2015年6月国务院印发《国家突发事件预警信息发布系统运行管理办法（试行）》，标志着全国形成了统一的预警发布系统管理机制。由于起步较晚，现阶段我国监测预警体系还存在着较大改进空间，未来需要进一步加强与完善监测预警的管理体制、联动机制与网络整合等工作。

关键词： 突发事件　监测　预警

一　起步与发展

自2003年SARS事件发生以来，在"预防为主"理念的指导下，在中央政府自上而下的推动下，各级政府加强了突发事件监测预警建设，我国监测预警系统建设进入了快速发展时期，目前已经初步建立了较为全面的突发事件监测预警体系。

党中央、国务院高度重视突发事件监测预警工作，通过党的会议和政府报

---

* 董泽宇，国家行政学院应急管理教研部副教授。

告等形式做出了一系列制度性安排。2003 年 SARS 事件发生后不久，党的十六届三中全会首次提出要建立突发事件预警机制，明确要求"建立健全各种预警和应急机制，提高政府应对突发公共事件和风险的能力"；2004 年党的十六届四中全会强调要"建立健全社会预警体系，形成统一指挥、功能齐全、反应灵敏、运转高效的应急机制，提高保障公共安全和处置突发公共事件的能力"；2005 年党的十六届五中全会进一步提出要"建立健全社会预警体系和应急救援、社会动员机制，提高处置突发性事件能力"；2008 年国务院政府工作报告强调要"加强对各类安全事故隐患排查和整治工作，健全重大隐患治理、重大危险源监控制度，完善预报、预警、预防和应急救援体系"；2009 年国务院政府工作报告中提出要"健全社会稳定预警机制，积极预防和妥善处置各类群体性事件"；2014 年党的十八届四中全会再次强调要"建立健全社会矛盾预警机制、利益表达机制、协商沟通机制、救济救助机制，畅通群众利益协调、权益保障法律渠道"。上述会议与报告精神为我国监测预警建设提出了明确要求与发展路径。

除此之外，近年来在重特大突发事件发生以后，国家最高领导层也多次就监测预警工作做出重要指示批示。仅以 2015 年为例，天津港"8·12"瑞海公司危险化学品仓库特别重大火灾爆炸事故发生后，习近平总书记明确指示要"健全预警应急机制，加大安全监管执法力度，深入排查和有效化解各类安全生产风险，提高安全生产保障水平"；李克强总理要求各地区、各部门"要以对人民群众生命高度负责的态度，切实落实和强化安全生产主体责任，全面开展各类隐患排查"；12 月 20 日，广东深圳市恒泰裕工业园发生山体滑坡后，习近平总书记要求中央有关部门指导地方"加强各类灾害和安全生产隐患排查，制定预案，加强预警及应急处置等工作"，李克强总理批示要"全面排查周边安全隐患，防止发生二次灾害"。国家领导人的高度重视对我国监测预警工作起到很大的助力作用。

国家出台的相关法律法规从立法的角度确立了监测预警的地位与作用。2007 年全国人大常委会颁布的《突发事件应对法》作为突发事件应急管理的基本法，第三章监测预警明确规定国家建立健全突发事件监测和预警制度，其中第四十二条规定"可以预警的自然灾害、事故灾难和公共卫生事件的预警级别，按照突发事件发生的紧急程度、发展态势和可能造成的危害程度分为一级、二级、三级和四级"。2005 年国务院颁布的《国家突发公共事件总体应急预案》要求各地各部门针对可能发生的突发事件，完善预测预警机制，建立预测预警系统。2011 年 7 月，国务院办公厅下发《关于加强气象灾害监测预警及信息发布工作的意见》，要求尽快形成规范统一的预警信息发布体系。2015 年 6 月 30 日，国务院办公厅秘书局印发《国家突发事件预警信息发布系统运行管理办法（试行）》（国办秘函〔2015〕32 号），标志着全国形成了统一的预警发布系统管理机制。

二 分类状况

（一）综合类监测预警

一是国家突发事件预警信息发布系统。2006 年 12 月，国务院颁布《"十一五"国家突发公共事件应急体系建设规划》（国办发〔2006〕106 号），将"国家突发公共事件预警信息发布系统"列为"十一五"期间我国应急体系建设十大重点项目之一，依托中国气象局建设突发事件预警信息综合发布系统，目的是为党中央国务院、各政府部门、各单位应急责任人和社会公众提供预警信息服务。2011 年 11 月，中国气象局全面启动国家突发公共事件预警信息发布系统项目建设。2015 年 2 月 26 日，国家预警信息发布中心正式成立。2015 年 5 月，国家突发事件预警信息发布系统在全国范围内正式开启业务化运行，接替原先的国家级气象灾害预警信息发布业务，实现了一键式发布四大类突发事件预警信息。例如，2015 年 11 月 2～9 日期间，全国通过国家预警发布系统发布预警 2065 条，包含自然灾害类预警 2058 条，事故灾害预警 5 条，公共卫生事件 2 条。在各级政府与气象部门的大力推动下，目前我国已经初步建立起国家、省、地与县四级预警发布平台，预警体系建设进入完善阶段。国家预警信息发布系统共建成 1 个国家级、31 个省级和 343 个市级预警管理平台以及2015 个县级预警发布终端，可以通过网站、广播、电视、电话、手机短信、农村大喇叭、电子显示屏、预警终端等多种手段，在 10 分钟之内向公众报警突发事件信息。该预警系统不仅通过三大电信运营商、新闻出版广电部门发布预警信息，还和百度、阿里巴巴、腾讯、奇虎360 等互联网公司签署合作框架协议,通过各种网络渠道向公众发布预警信息。全国31个省(区、市)全部完成"12379"号码备案,整合了网站、短信、声讯电话、微博微信、应急频道等预警发布渠道。北京、广东、山西、上海、天津、辽宁、海南、广西等22个省市成立省级突发事件预警信息发布中心。北京、天津、河北、陕西、安徽等21个省(区、市)政府出台突发事件预警信息发布管理办法。截至2015年11月,国家预警信息发布中心共收到工信部、公安部、民政部等8个部委针对预警系统对接工作的确认书,并相继与各部门业务司局开展对接工作。①

二是国家应急广播体系。广播可以通过点对面的方式大范围传播信息,具有不易受狭小空间限制、传播迅速、覆盖面广、调度灵活等优势,在发布预警信息、服务灾区群众、普及应急知识等方面发挥着重要作用。2012年底国家应急广播中心成立,并在2013年四川芦山"4·20"强烈地震中首次开通广播,面向灾区24小时滚动播出,为灾区群众及时提供救助信息、科普知识与心理抚慰等,受到当地群众的热烈欢迎。2013年底,国家新闻出版广电总局印发了《推进国家应急广播体系建设工作方案》。2013年12月3日,国家应急广播中心在中央人民广播电台揭牌,标志着国家应急广播体系进入全面建设阶段,到2015年底前基本实现各类灾害预警实时发布。2014年,全国广播电视台有2568个,开办的广播电视节目共4199套;全国有线广播电视发射台和转播台共3万多座;全国通过直播卫星接收的村村通和户户通用户超过了3400万户;移动多媒体广播电视(CMMB)覆盖全国所有地市和部分县;全国广播人口综合覆盖率97.79%,电视人口覆盖率达到98.4%。② 2015年1月,中办、国办印发的《关于加快构建现代公共文化服务体系的意见》明确要求"实施国家和地方应急广播工程,完善应急广播覆盖网络,打造基层政务信息发布、政策宣讲和灾害预警的应急指挥平台"。截至2015年,全国所有的气象、洪水和干旱预警,国内里氏3级、国外6级以上地震速报,国家海洋预报台海洋灾害预警,全国森林火险预警,全国地级以上城

---

① 中国政府网:《国家预警信息发布中心参与国务院应急办点名》,http://www.gov.cn/xinwen/2015-11/11/content_2964128.htm。

② 王晓杰:《国家应急广播体系规划与建设》,《中国广播》2014年第10期。

市空气质量指数，以及民政、水利、地震、气象、海洋和林业部门预警等信息已经接入国家应急广播预警适配系统，通过匹配发布策略分发到各省区市共享。①

（二）自然灾害类监测预警

由于我国自然灾害种类多、范围广、损失大，新中国成立以来各部门建立了最为齐全的监测预警系统，积累了丰富的预警系统建设经验，涵盖了气象、民政、水利、国土、农业、地震、交通、森林、海洋等多个领域，在保护人民生命安全和减少经济损失方面发挥了关键作用。

中国气象局重点开展气象灾害预报预警，通过联合会商和应急联动机制与国土资源部、交通部、农业部、环保部等部门加强合作，实现全国地质灾害易发区、全国主要高速公路等气象灾害预警全覆盖；完善气象灾害预警服务部际联动机制和联络员会议制度，通过与发改委、工信部、民政部、国土部等部门签署合作协议、召开联合会议等方式，强化了各部门的协调联动。

民政部重点开展防灾减灾和灾害救助工作，建立了国家自然灾害灾情管理系统和重特大自然灾害遥感监测评估业务体系，坚持全年 24 小时值班制度，密切关注各地灾情信息；健全国家减灾委部际灾情会商机制，定期举行阶段性灾情会商，与多家单位签订环境减灾卫星数据用户服务协议，实现气象数据资源共享。

水利部建立了长江上游滑坡泥石流预警系统、中小型水库防汛通信预警系统、旱情自动监测系统等监测预警系统，密切监视汛情、旱情和险情变化。2015 年 1～8 月，全国共有 1091 个县利用建设的监测预警系统和群测群防体系，向县、乡（镇）、村、组约 51 万责任人发布转移预警短信 696 万条，启动预警广播 27 万次，累计转移危险区群众 266 万人次，有效减免了人员伤亡和财产损失。②

国土资源部加强基层群测群防能力建设，完善以村干部和骨干群众为主体

---

① 国家应急广播网：《高南军：推进国家应急广播体系建设运行　发挥公共服务功能》，http：//www.cneb.gov.cn/2015/11/10/ARTI1447134494986938.shtml。

② 水利部网站：《2015 年 8 月防汛抗旱防台风新闻通气会》，http：//www.mwr.gov.cn/hdpt/zxft/zxzb/fxkhftf。

的县、乡两级群测群防体系，推动基层地质灾害防控"十有县""五到位"建设，建立部门联合检查预警信息共享平台，在城镇地区充分利用电视、短信、网络等手段以及在农村地区利用有线电话、广播、鸣锣吹哨等手段发布地质灾害预警信息。2014年，全国共有35万名群测群防监测员，负责在汛期看守20万处隐患点，同时建立了泥石流专业监测站（点）665个、滑坡专业监测站（点）1973个和24万处突发性地质灾害群测群防体系。2015年前11个月全国共发布157次地灾气象预警。2015年全国共成功预报地灾452起，避免人员伤亡20465人，避免直接经济损失5.0亿元。①

其他涉及自然灾害管理的行业部门也大多建立了突发事件监测预警系统。农业部建立了农作物重大病虫害数字化监测预警系统，实行农作物重大病虫害发生防控信息周报制度和秋粮作物重大病虫害防控信息一周两报制度。中国地震局在首都圈地区、兰州地区、福建省和广东省等地区探索建立地域性地震烈度速报与预警系统，并于2014年5月正式启用首都圈地区地震预警系统。2015年9月14日，河北省秦皇岛市昌黎县发生4.2级地震，首都圈地震预警示范中心通过客户端在震后6秒发布了"河北昌黎发生4.2级地震"的预警信息。国家林业局建立了森林防火监测预警系统。环保部加强对重点区域环境空气质量形势预报。国家海洋局建成覆盖沿海的立体海洋观测系统，并于2013年建立海啸预警中心，完善了海啸监测预警系统。2014年6月，联合国教科文组织批准由中国牵头建设南中国海区域海啸预警与减灾系统，为南海周边国家提供海啸预警和预报信息。2015年海啸预警观测台网被正式纳入国家海洋局海洋观测网业务运行。

（三）事故灾难类监测预警

各地、各部门主要以安全生产隐患排查以及道路交通预警等为重点建立健全事故灾难类监测预警体系。国家安全监管总局通过加强安全基础设施和监控视频、声控自动报警等装置，完善灾害预警及事故警示通报，2014年共发出安全生产预警信息10次。天津港"8·12"瑞海公司危险化学品仓库特别重

---

① 国土资源部网站：《2015年全国地质灾害灾情及2016年地质灾害趋势预测》，http://news.mlr.gov.cn/jrxw/201601/t20160105_1393892.htm。

大火灾爆炸事故发生后，全国开展了以危化品为重点的安全生产大检查和专项整治，2015 年 8 月下旬至 9 月上旬全国共组织执法检查组 13.8 万个，检查企业 86.1 万家次，排查各类隐患 109.9 万项，整改率为 92.0%（重大隐患 4707 项，整改率为 78.9%）。① 公安部建立了公路天气交通影响预警预报、道路交通事故分析预警系统，2014 年发出 35 批次针对性安全预警提示。交通运输部建立了路况监测预警系统。铁路总公司广泛采用线路三维精准定位系统、信号微机检测系统等技术装备，提高了事故灾难监测预警能力。

（四）公共卫生类监测预警

我国已经建立起较为全面的突发公共卫生事件监测预警体系，在近年来的埃博拉病毒、H1N1、H7N9 和中东呼吸综合征等疫情防控中发挥了重要的作用，为保护人民群众健康做出了积极贡献。在 2003 年 SARS 事件中，我国优先加强了传染病和突发公共卫生事件监测预警建设，2004 年国务院政府工作报告宣布我国已经"建立突发公共卫生事件预警和应急机制"。目前，我国已建立国家、省、市、县四级疾控机构实验室检测网络、国家传染病自动预警信息系统以及全球规模最大的传染病疫情和突发公共卫生事件网络直报系统，加强对突发公共卫生事件的动态监测、信息报告和分析研判。《中国疾病预防控制工作进展（2015 年）》报告显示，全国 100% 的县级以上疾病预防控制机构、98% 的县级以上医疗机构、94% 的基层医疗卫生机构具备了通过网络实时直接报告法定传染病的条件与能力，将平均报告时间由直报前的 5 天大幅缩短至 4 小时，全国设立了 3486 个国家级监测点，对霍乱、流感等 28 种传染病和蚊、蝇、鼠、蟑 4 种媒介生物进行重点监控。② 农业部建立食源性疾病主动监测系统，制定下发了国家动物疫病监测计划，指导各地对农田、果林、养殖场和活禽经营市场等进行监测排查。食品药品监管总局建立了应急管理信息传输系统以及药品不良反应和医疗器械不良事件监测体系，实时监测食品药品热点

---

① 国家安监总局网站：《前 8 个月事故总量下降 大检查仍存在死角漏洞》，http：//www. chinasafety. gov. cn/newpage/Contents/Channel ＿ 21356/2015/0924/258443/content ＿ 258443. htm。

② 国家卫生计生委网站：《中国疾病预防控制工作进展（2015 年）》，http：//www. moh. gov. cn/jkj/s7915v/201504/d5f3f871e02e4d6e912def7ced719353. shtml。

敏感信息，2015年组织食品安全监督抽验16.8万批次，处置不合格产品4765件次、问题产品2730件次，发布34期共16万条监督抽检结果。质检总局完善国境口岸公共卫生体系，建设口岸公共卫生风险监测预警决策系统、医学媒介生物远程鉴定系统和虫媒传染病预警系统，建成国门生物安全业务监测预警体系，加强对口岸有症状者以及核生化反恐工作的实时监测，将实现对全球公共卫生风险的监测预警。

（五）社会安全类监测预警

由于大多涉及个人和群体的因素，社会安全事件机理复杂、性质敏感、界限模糊，社会安全类监测预警缺乏明确的法理依据和可靠的技术支撑，目前我国尚无体系化的社会安全监测预警制度规定。《突发事件应对法》明确规定政府可以对自然灾害、事故灾难和公共卫生事件等前三类突发事件进行分级和预警，而对于最后一类的社会安全事件预警则做了模糊性处理，没有对此做出具体规定。但是，在实践过程中，根据实际工作需要，不少地方和部门已在多个领域积极探索，形成较为规范的社会安全预警制度与做法。例如，北京市房屋拆迁纠纷和建筑业农民工群体性事件应急预案均将群体性事件预警划分为四个等级。2015年12月24日，北京市公安局依据《大中型商市场突发事件分级预警工作方案》在全市大中型商场超市特别是三里屯商圈启动黄色等级安保预警。除此之外，国家反恐部门在反恐预警法制建设方面也做出了一定探索。2015年12月27日，全国人大常委会最新颁布的《反恐怖主义法》专门对反恐情报监测做出相关说明，其中第四章情报信息规定，国家反恐怖主义工作领导机构建立国家反恐怖主义情报中心，负责统筹收集反恐情报信息，"可以根据情况发出预警"。

三 主要问题

由于我国开展突发事件监测预警体系全面建设起步较晚，预警管理体制与运行机制尚未完全理顺，现阶段我国突发事件监测预警体系还存在着社会预警意识淡薄、公众缺乏预警常识、监测网络不健全、监测技术有待提高、预警信息系统缺乏整合、部门衔接联动不足等突出问题。

（一）监测网络覆盖面不足

监测是预警的前提与基础，如果不能通过监测手段提前获知、预判可能发生的突发事件风险信息，就无法发挥预警的避险减灾功能。由于我国地域辽阔，气候多样，各种突发事件隐患不计其数，现有的突发事件监测网络投入不足，无法完全覆盖所有的风险隐患点。在我国西北、西南等边远山区，尚有大量地质灾害隐患点超出现有监测网络覆盖范围或者没能得到有效监测。2015年8月12日，陕西山阳发生特大山体滑坡灾害，由于事先未能有效监测与识别危险征兆，造成65人遇难或失踪。在安全生产领域，有许多企业缺乏必要的视频、声控等监测与报警装置。在天津港"8·12"瑞海公司危险品仓库特别重大火灾爆炸事故中，缺乏动态监测与准确报警，导致后来赶到现场的消防队在不知情的情况下采取错误的灭火方式引发连环爆炸，造成104名消防队员遇难或失踪。

（二）监测技术水平有待提高

地震、雾霾天气、埃博拉病毒、群体性事件、反恐等突发事件监测存在着难以克服的技术难题。例如，在过去的八年里，汶川、玉树、芦山、鲁甸等地震给我国带来了巨大的人员与财产损失，为此我国积极探索并在少数地区初步建立了地震预警系统，但是地震监测技术尚不成熟，在地震台网建设、监测准确性、灾损评估等方面还有很大的提升空间。近年来，随着工业化、城镇化的发展，全国各地陆续发生严重雾霾天气，雾霾预警成为"新常态"，但是受制于雾霾监测技术水平不足，雾霾预警的准确性也有待改进。2015年11月底，因大气预测预报技术有误差，在严重空气污染持续近5天的情况下，北京市没能发布历史上的首次空气重污染红色预警。

（三）预警信息系统缺乏有力整合

气象、水利、国土、地质、卫生等部门都建立了相对独立的类型多样的预警信息系统，在体制性的条块分割管理作用下，彼此之间缺乏互联互通，无法有效共享信息，造成资源浪费与低效率。虽然依托中国气象局建立的国家突发事件预警信息发布系统搭建了统一的国家级预警信息平台，初步整合了不同业务部门的各类信息系统，但是由于气象部门实行垂直管理以及在技术上不同信息系统之间难以兼容等因素，目前仍有不少部门没有实现系统对接。在传播渠道方面，国家突发事件预警信息发布系统通过各地的电视、广播、报纸等媒体传播的机制与流程尚未完全建立。

（四）部门协作联动有待加强

突发事件预警发布、预警响应以及应急救援工作涉及多个部门，需要各部门密切配合，协同作战。目前，相关的部门信息共享和应急联动机制还不完善，预警牵头单位与参与单位的应急预案缺乏有效衔接，预警响应机制缺乏标准化的运行流程，相关领导的预警意识与知识不足，部门相互之间不够熟悉彼此工作，不太了解在预警发布与响应的过程中有哪些职责任务以及具体工作流程是什么，部门协作联动整体水平较为低下。

（五）公众普遍缺乏预警常识

预警发布能否取得良好的效果有赖于公众具备预警意识和基本常识，能够识别预警信号并自觉服从引导，采取必要的避险措施。目前，我国应急预警知识与技能的普及率还不高，公众普遍缺乏预警基础知识。在2012年北京"7·21"特大暴雨灾害中，气象部门在当天发布蓝色预警，随后连续两次提高预警级别直至橙色预警，但大多数人不太了解蓝色、黄色和橙色预警的含义，不知道应当如何避险，大型体育赛事和演唱会仍按计划正常举行，十渡、拒马河等旅游景区人满为患，最终加重了灾情的严重程度，仅北京地区就造成79人遇难或失踪。

四　改革建议

（一）健全监测预警管理体制

突发事件监测涉及多个行业领域，既要发挥各行业部门专业监测力量优势，完善各系统内部的风险隐患监测组织机构建设，又要依托综合性应急管理业务部门，建立健全社交媒体舆情监测等综合性监测体系。预警工作具有较强的专业性、整合性、强制性，要解决好预警垂直管理与属地管理之间的矛盾关系，成立专门的预警管理机构，进一步在全国普及推广突发事件预警信息发布中心，实现预警信息发布管理专职化、常态化。推动从事后应急处置向事前预警响应转变，结合现有的应急指挥平台资源，积极探索建设预警应急指挥中心。

（二）完善预警响应与联动机制

健全预警响应机制，应形成预警发布以后各部门和全社会自动响应的固定化制度，而不是依靠政府部门临时采取强制性的行政手段去落实执行，避免耗费大量的行政资源与人力物力。完善预警响应运作流程，明确在不同的预警级别下应当经历的步骤、采取的措施，引导预警发布以后合理可控的社会心理预期。建立健全预警联动机制建设，明确各部门的工作职责与任务分工，组织开展多部门预警联动联合演练，提高部门及军地之间预警联动的协作水平。

（三）以风险评估为基础，扩大隐患监测覆盖面

利用现代风险管理原理，加强突发事件风险评估工作，查找所有的突发事件风险隐患，按照后果严重性和发生可能性，对风险进行分析与评价，并对风险等级进行排序，形成风险矩阵图。在此基础之上，要加大政府财政投入，扩大隐患监测覆盖面，重点对具有较高风险水平的隐患点进行动态监测，一旦发现危险征兆，及时采取干预措施和组织群众避险逃生。要充分发挥专业监测与社会监测的各自优势，不断提高监测的技术与装备水平，完善基层信息员体系和群测群防机制。

（四）整合各类监测预警系统与网络

加强国家顶层设计，建立全面的监测预警系统整合制度，分别从横向、纵向和流程的角度整合各部门、层级和环节的监测预警网络，实现基础资料、监测数据与预警信息的共享交流。确立统一规范的监测预警术语标准，提高监测预警网络的兼容性，实现信息在不同的监测预警网络之间畅通流动。优化监测、研判、传输、处理与审判等环节的数据信息，为预警发布节省更多时间，提高预警信息的时效性。利用现代化的信息技术与大数据技术，最大化挖掘与利用风险信息的价值。

（五）提高公众预警意识，掌握避险逃生常识与技能

在全社会广泛普及预警科学知识，通过展览馆、科普基地展示，防灾减灾日设立等方式，提高公众预警意识与基本常识。将突发事件预警纳入学校教育体系中，提高学生预警认知水平与自救避险能力。充分利用各类媒体尤其是新媒体的作用，主动报道与传播预警理念与常识。在重特大突发事件期间，利用公众关注度较高的契机，邀请专家接受媒体采访，集中宣传与推送预警海量知识。创新灵活多样、易于被公众接受的科普手段，采用动画片、影视作品、游戏等形式，增强预警科普宣传的吸引力。

B.29
后 记

本书是国务院研究室原主任、中国行政体制改革研究会会长、北京师范大学中国社会管理研究院/社会学院院长魏礼群教授关心和支持的结果。中国行政体制改革研究会秘书长王满传教授、副秘书长李蕴清女士等对本书的编写和出版给予了支持和指导。国家行政学院社会治理研究中心和北京师范大学中国社会管理研究院共同组织编写。

本书是集体合作的成果。主编龚维斌教授设计全书框架，并统修全部书稿。副主编赵秋雁教授协助蓝皮书的编写、出版和发布。陈鹏博士负责社会治理体制篇，李志明副教授负责基本公共服务篇，杨丽副教授负责现代社会组织体制篇，张小明教授负责公共安全与应急管理篇。每一位专题负责人高度负责，与作者主动沟通联系；每一位作者认真配合，精益求精。总报告由张林江、马福云执笔初稿，龚维斌、张林江、马福云、陈鹏共同讨论定稿。本着文责自负的原则，主编尊重每一位作者的研究成果，仅对文字和篇章结构进行一些必要的校订。马秀莲副教授承担了英文翻译工作。国家行政学院应急管理培训中心办公室负责人李进同志、北京师范大学中国社会管理研究院/社会学院陈鹏博士配合主编和副主编做了大量的沟通协调和服务保障工作。

社会科学文献出版社陈颖女士一如既往地对本书的编辑出版倾注了大量心血。在本书付梓之际，我们对为本书策划、撰写、审稿、编辑、出版和资助出版的所有人员和单位一并致以衷心的谢忱！

社会体制蓝皮书编委会
2016 年 3 月

✤ 皮书起源 ✤

"皮书"起源于十七、十八世纪的英国，主要指官方或社会组织正式发表的重要文件或报告，多以"白皮书"命名。在中国，"皮书"这一概念被社会广泛接受，并被成功运作、发展成为一种全新的出版形态，则源于中国社会科学院社会科学文献出版社。

✤ 皮书定义 ✤

皮书是对中国与世界发展状况和热点问题进行年度监测，以专业的角度、专家的视野和实证研究方法，针对某一领域或区域现状与发展态势展开分析和预测，具备原创性、实证性、专业性、连续性、前沿性、时效性等特点的公开出版物，由一系列权威研究报告组成。

✤ 皮书作者 ✤

皮书系列的作者以中国社会科学院、著名高校、地方社会科学院的研究人员为主，多为国内一流研究机构的权威专家学者，他们的看法和观点代表了学界对中国与世界的现实和未来最高水平的解读与分析。

✤ 皮书荣誉 ✤

皮书系列已成为社会科学文献出版社的著名图书品牌和中国社会科学院的知名学术品牌。2011年，皮书系列正式列入"十二五"国家重点出版规划项目；2012~2015年，重点皮书列入中国社会科学院承担的国家哲学社会科学创新工程项目；2016年，46种院外皮书使用"中国社会科学院创新工程学术出版项目"标识。

中国皮书网

www.pishu.cn

发布皮书研创资讯，传播皮书精彩内容
引领皮书出版潮流，打造皮书服务平台

栏目设置：

☐ 资讯：皮书动态、皮书观点、皮书数据、
　　　　皮书报道、皮书发布、电子期刊
☐ 标准：皮书评价、皮书研究、皮书规范
☐ 服务：最新皮书、皮书书目、重点推荐、在线购书
☐ 链接：皮书数据库、皮书博客、皮书微博、在线书城
☐ 搜索：资讯、图书、研究动态、皮书专家、研创团队

中国皮书网依托皮书系列"权威、前沿、原创"的优质内容资源，通过文字、图片、音频、视频等多种元素，在皮书研创者、使用者之间搭建了一个成果展示、资源共享的互动平台。

自 2005 年 12 月正式上线以来，中国皮书网的 IP 访问量、PV 浏览量与日俱增，受到海内外研究者、公务人员、商务人士以及专业读者的广泛关注。

2008 年、2011 年中国皮书网均在全国新闻出版业网站荣誉评选中获得"最具商业价值网站"称号；2012 年，获得"出版业网站百强"称号。

2014 年，中国皮书网与皮书数据库实现资源共享，端口合一，将提供更丰富的内容，更全面的服务。

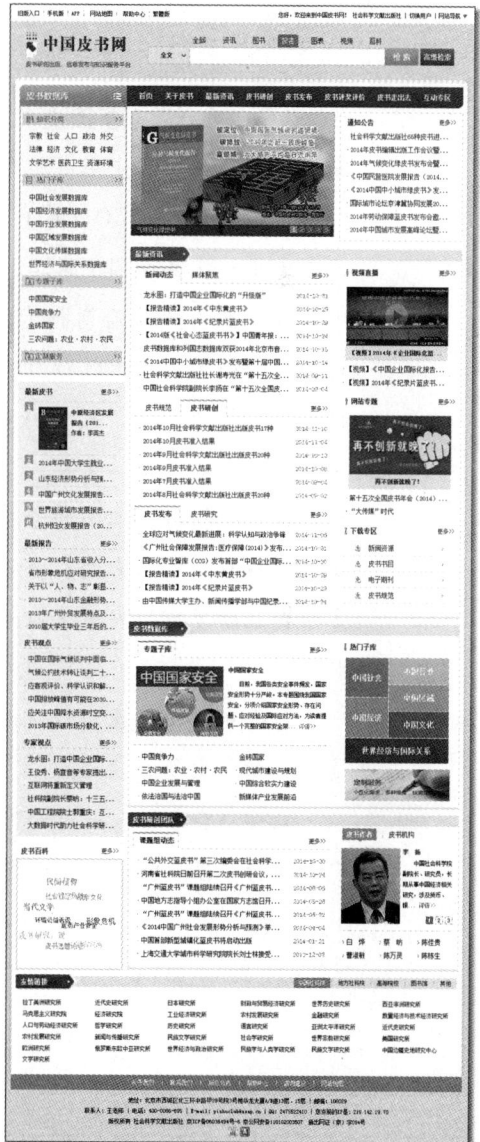

法 律 声 明

　　"皮书系列"（含蓝皮书、绿皮书、黄皮书）之品牌由社会科学文献出版社最早使用并持续至今，现已被中国图书市场所熟知。"皮书系列"的LOGO（ ）与"经济蓝皮书""社会蓝皮书"均已在中华人民共和国国家工商行政管理总局商标局登记注册。"皮书系列"图书的注册商标专用权及封面设计、版式设计的著作权均为社会科学文献出版社所有。未经社会科学文献出版社书面授权许可，任何使用与"皮书系列"图书注册商标、封面设计、版式设计相同或者近似的文字、图形或其组合的行为均系侵权行为。

　　经作者授权，本书的专有出版权及信息网络传播权为社会科学文献出版社享有。未经社会科学文献出版社书面授权许可，任何就本书内容的复制、发行或以数字形式进行网络传播的行为均系侵权行为。

　　社会科学文献出版社将通过法律途径追究上述侵权行为的法律责任，维护自身合法权益。

　　欢迎社会各界人士对侵犯社会科学文献出版社上述权利的侵权行为进行举报。电话：010-59367121，电子邮箱：fawubu@ssap.cn。

社会科学文献出版社

权威报告·热点资讯·特色资源

皮书数据库
ANNUAL REPORT(YEARBOOK)
DATABASE

当代中国与世界发展高端智库平台

S 子库介绍
ub-Database Introduction

中国经济发展数据库

涵盖宏观经济、农业经济、工业经济、产业经济、财政金融、交通旅游、商业贸易、劳动经济、企业经济、房地产经济、城市经济、区域经济等领域，为用户实时了解经济运行态势、把握经济发展规律、洞察经济形势、做出经济决策提供参考和依据。

中国社会发展数据库

全面整合国内外有关中国社会发展的统计数据、深度分析报告、专家解读和热点资讯构建而成的专业学术数据库。涉及宗教、社会、人口、政治、外交、法律、文化、教育、体育、文学艺术、医药卫生、资源环境等多个领域。

中国行业发展数据库

以中国国民经济行业分类为依据，跟踪分析国民经济各行业市场运行状况和政策导向，提供行业发展最前沿的资讯，为用户投资、从业及各种经济决策提供理论基础和实践指导。内容涵盖农业，能源与矿产业，交通运输业，制造业，金融业，房地产业，租赁和商务服务业，科学研究，环境和公共设施管理，居民服务业，教育，卫生和社会保障，文化、体育和娱乐业等100余个行业。

中国区域发展数据库

以特定区域内的经济、社会、文化、法治、资源环境等领域的现状与发展情况进行分析和预测。涵盖中部、西部、东北、西北等地区，长三角、珠三角、黄三角、京津冀、环渤海、合肥经济圈、长株潭城市群、关中—天水经济区、海峡经济区等区域经济体和城市圈，北京、上海、浙江、河南、陕西等34个省份。

中国文化传媒数据库

包括文化事业、文化产业、宗教、群众文化、图书馆事业、博物馆事业、档案事业、语言文字、文学、历史地理、新闻传播、广播电视、出版事业、艺术、电影、娱乐等多个子库。

世界经济与国际政治数据库

以皮书系列中涉及世界经济与国际政治的研究成果为基础，全面整合国内外有关世界经济与国际政治的统计数据、深度分析报告、专家解读和热点资讯构建而成的专业学术数据库。包括世界经济、世界政治、世界文化、国际社会、国际关系、国际组织、区域发展、国别发展等多个子库。

经 济 类

经济类皮书涵盖宏观经济、城市经济、大区域经济，提供权威、前沿的分析与预测

经济蓝皮书

2016年中国经济形势分析与预测

李扬/主编　2015年12月出版　定价：79.00元

◆ 本书为总理基金项目，由著名经济学家李扬领衔，联合中国社会科学院等数十家科研机构、国家部委和高等院校的专家共同撰写，系统分析了2015年的中国经济形势并预测2016年我国经济运行情况。

世界经济黄皮书

2016年世界经济形势分析与预测

王洛林　张宇燕/主编　2015年12月出版　定价：79.00元

◆ 本书由中国社会科学院世界经济与政治研究所的研究团队撰写，2015年世界经济增长继续放缓，增长格局也继续分化，发达经济体与新兴经济体之间的增长差距进一步收窄。2016年世界经济增长形势不容乐观。

产业蓝皮书

中国产业竞争力报告（2016）NO.6

张其仔/主编　2016年12月出版　定价：98.00元

◆ 本书由中国社会科学院工业经济研究所研究团队在深入实际、调查研究的基础上完成。通过运用丰富的数据资料和最新的测评指标，从学术性、系统性、预测性上分析了2015年中国产业竞争力，并对未来发展趋势进行了预测。

G20 国家创新竞争力黄皮书

二十国集团（G20）国家创新竞争力发展报告（2016）

李建平 李闽榕 赵新力/主编　　2016 年 11 月出版　估价：138.00 元

◆ 本报告在充分借鉴国内外研究者的相关研究成果的基础上，紧密跟踪技术经济学、竞争力经济学、计量经济学等学科的最新研究动态，深入分析 G20 国家创新竞争力的发展水平、变化特征、内在动因及未来趋势，同时构建了 G20 国家创新竞争力指标体系及数学模型。

国际城市蓝皮书

国际城市发展报告（2016）

屠启宇/主编　　2016 年 2 月出版　　定价：79.00 元

◆ 本书作者以上海社会科学院从事国际城市研究的学者团队为核心，汇集同济大学、华东师范大学、复旦大学、上海交通大学、南京大学、浙江大学相关城市研究专业学者。立足动态跟踪介绍国际城市发展实践中，最新出现的重大战略、重大理念、重大项目、重大报告和最佳案例。

金融蓝皮书

中国金融发展报告（2016）

李　扬　王国刚/主编　2015 年 12 月出版　定价：79.00 元

◆ 本书由中国社会科学院金融研究所组织编写，概括和分析了 2015 年中国金融发展和运行中的各方面情况，研讨和评论了 2015 年发生的主要金融事件。本书由业内专家和青年精英联合编著，有利于读者了解掌握 2015 年中国的金融状况，把握 2016 年中国金融的走势。

农村绿皮书

中国农村经济形势分析与预测（2015～2016）

中国社会科学院农村发展研究所　国家统计局农村社会经济调查司/著
2016 年 4 月出版　估价：69.00 元

◆ 本书描述了 2015 年中国农业农村经济发展的一些主要指标和变化，以及对 2016 年中国农业农村经济形势的一些展望和预测。

西部蓝皮书

中国西部发展报告（2016）

姚慧琴　徐璋勇 / 主编　　2016 年 7 月出版　　估价 :89.00 元

◆　本书由西北大学中国西部经济发展研究中心主编，汇集了源自西部本土以及国内研究西部问题的权威专家的第一手资料，对国家实施西部大开发战略进行年度动态跟踪，并对 2016 年西部经济、社会发展态势进行预测和展望。

民营经济蓝皮书

中国民营经济发展报告 NO.12（2015 ~ 2016）

王钦敏 / 主编　　2016 年 4 月出版　　估价 :75.00 元

◆　改革开放以来，民营经济从无到有、从小到大，是最具活力的增长极。本书是中国工商联课题组的研究成果，对 2015 年度中国民营经济的发展现状、趋势进行了详细的论述，并提出了合理的建议。是广大民营企业进行政策咨询、科学决策和理论创新的重要参考资料，也是理论工作者进行理论研究的重要参考资料。

经济蓝皮书夏季号

中国经济增长报告（2015 ~ 2016）

李　扬 / 主编　　2016 年 8 月出版　　估价 :69.00 元

◆　中国经济增长报告主要探讨 2015~2016 年中国经济增长问题，以专业视角解读中国经济增长，力求将其打造成一个研究中国经济增长、服务宏微观各级决策的周期性、权威性读物。

中三角蓝皮书

长江中游城市群发展报告（2016）

秦尊文 / 主编　　2016 年 10 月出版　　估价 :69.00 元

◆　本书是湘鄂赣皖四省专家学者共同研究的成果，从不同角度、不同方位记录和研究长江中游城市群一体化，提出对策措施，以期为将"中三角"打造成为继珠三角、长三角、京津冀之后中国经济增长第四极奉献学术界的聪明才智。

社 会 政 法 类

社会政法类皮书聚焦社会发展领域的热点、难点问题，
提供权威、原创的资讯与视点

社会蓝皮书

2016 年中国社会形势分析与预测

李培林　陈光金　张　翼 / 主编　2015 年 12 月出版　定价 :79.00 元

◆　本书由中国社会科学院社会学研究所组织研究机构专
家、高校学者和政府研究人员撰写，聚焦当下社会热点，对
2015 年中国社会发展的各个方面内容进行了权威解读，同时
对 2016 年社会形势发展趋势进行了预测。

法治蓝皮书

中国法治发展报告 NO.14（2016）

李　林　田　禾 / 主编　　2016 年 3 月出版　　定价 :118.00 元

◆　本年度法治蓝皮书回顾总结了 2015 年度中国法治发展
取得的成就和存在的不足，并对 2016 年中国法治发展形势
进行了预测和展望。

反腐倡廉蓝皮书

中国反腐倡廉建设报告 NO.6

李秋芳　张英伟 / 主编　2017 年 1 月出版　　估价 :79.00 元

◆　本书抓住了若干社会热点和焦点问题，全面反映了新时
期新阶段中国反腐倡廉面对的严峻局面，以及中国共产党反
腐倡廉建设的新实践新成果。根据实地调研、问卷调查和舆
情分析，梳理了当下社会普遍关注的与反腐败密切相关的热
点问题。

生态城市绿皮书

中国生态城市建设发展报告（2016）

刘举科　孙伟平　胡文臻 / 主编　2016 年 6 月出版　估价 :98.00 元

◆　报告以绿色发展、循环经济、低碳生活、民生宜居为理念，以更新民众观念、提供决策咨询、指导工程实践、引领绿色发展为宗旨，试图探索一条具有中国特色的城市生态文明建设新路。

公共服务蓝皮书

中国城市基本公共服务力评价（2016）

钟　君　吴正杲 / 主编　2016 年 12 月出版　估价 :79.00 元

◆　中国社会科学院经济与社会建设研究室与华图政信调查组成联合课题组，从 2010 年开始对基本公共服务力进行研究，研创了基本公共服务力评价指标体系，为政府考核公共服务与社会管理工作提供了理论工具。

教育蓝皮书

中国教育发展报告（2016）

杨东平 / 主编　2016 年 4 月出版　定价 :79.00 元

◆　本书由国内的中青年教育专家合作研究撰写。深度剖析 2015 年中国教育的热点话题，并对当下中国教育中出现的问题提出对策建议。

生态文明绿皮书

中国省域生态文明建设评价报告（ECI 2016）

严耕 / 主编　　2016 年 12 月出版　　估价 :85.00 元

◆　本书基于国家最新发布的权威数据，对我国的生态文明建设状况进行科学评价，并开展相应的深度分析，结合中央的政策方针和各省的具体情况，为生态文明建设推进，提出针对性的政策建议。

行业报告类

行业报告类皮书立足重点行业、新兴行业领域，
提供及时、前瞻的数据与信息

房地产蓝皮书

中国房地产发展报告 NO.13（2016）

魏后凯　李景国／主编　　2016 年 5 月出版　　估价 :79.00 元

◆　蓝皮书秉承客观公正、科学中立的宗旨和原则，追踪 2015
年我国房地产市场最新资讯，深度分析，剖析因果，谋划对策，
并对 2016 年房地产发展趋势进行了展望。

旅游绿皮书

2015 ~ 2016 年中国旅游发展分析与预测

宋　瑞／主编　　2016 年 4 出版　　　定价 :89.00 元

◆　本书中国社会科学院旅游研究中心组织相关专家编写的年
度研究报告，对 2015 年旅游行业的热点问题进行了全面的综
述并提出专业性建议，并对 2016 年中国旅游的发展趋势进行
展望。

互联网金融蓝皮书

中国互联网金融发展报告（2016）

李东荣／主编　　2016 年 8 月出版　　估价 :79.00 元

◆　近年来，许多基于互联网的金融服务模式应运而生并对
传统金融业产生了深刻的影响和巨大的冲击，"互联网金融"
成为社会各界关注的焦点。 本书探析了 2015 年互联网金融
的特点和 2016 年互联网金融的发展方向和亮点。

资产管理蓝皮书

中国资产管理行业发展报告（2016）

智信资产管理研究院 / 编著　　2016 年 6 月出版　　估价 :89.00 元

◆　中国资产管理行业刚刚兴起，未来将中国金融市场最有看点的行业，也会成为快速发展壮大的行业。本书主要分析了 2015 年度资产管理行业的发展情况，同时对资产管理行业的未来发展做出科学的预测。

老龄蓝皮书

中国老龄产业发展报告（2016）

吴玉韶 党俊武 / 编著
2016 年 9 月出版　估价 :79.00 元

◆　本书着眼于对中国老龄产业的发展给予系统介绍，深入解析，并对未来发展趋势进行预测和展望，力求从不同视角、不同层面全面剖析中国老龄产业发展的现状、取得的成绩、存在的问题以及重点、难点等。

金融蓝皮书

中国金融中心发展报告（2016）

王 力　黄育华 / 编著　　2017 年 11 月出版　　估价 :75.00 元

◆　本报告将提升中国金融中心城市的金融竞争力作为研究主线，全面、系统、连续地反映和研究中国金融中心城市发展和改革的最新进展，展示金融中心理论研究的最新成果。

流通蓝皮书

中国商业发展报告（2016）

荆林波 / 编著　2016 年 5 月出版　　估价 :89.00 元

◆　本书是中国社会科学院财经院与利丰研究中心合作的成果，从关注中国宏观经济出发，突出了中国流通业的宏观背景，详细分析了批发业、零售业、物流业、餐饮产业与电子商务等产业发展状况。

国别与地区类

国别与地区类皮书关注全球重点国家与地区，
提供全面、独特的解读与研究

美国蓝皮书

美国研究报告（2016）

黄　平　郑秉文 / 主编　2016 年 7 月出版　估价 : 89.00 元

◆　本书是由中国社会科学院美国所主持完成的研究成果，它回顾了美国 2015 年的经济、政治形势与外交战略，对 2016 年以来美国内政外交发生的重大事件以及重要政策进行了较为全面的回顾和梳理。

拉美黄皮书

拉丁美洲和加勒比发展报告（2015~2016）

吴白乙 / 主编　2016 年 5 月出版　估价 : 89.00 元

◆　本书对 2015 年拉丁美洲和加勒比地区诸国的政治、经济、社会、外交等方面的发展情况做了系统介绍，对该地区相关国家的热点及焦点问题进行了总结和分析，并在此基础上对该地区各国 2016 年的发展前景做出预测。

日本经济蓝皮书

日本经济与中日经贸关系研究报告（2016）

王洛林　张季风 / 编著　　2016 年 5 月出版　　估价 : 79.00 元

◆　本书系统、详细地介绍了 2015 年日本经济以及中日经贸关系发展情况，在进行了大量数据分析的基础上，对 2016 年日本经济以及中日经贸关系的大致发展趋势进行了分析与预测。

俄罗斯黄皮书

俄罗斯发展报告（2016）

李永全 / 编著　2016 年 7 月出版　估价 :79.00 元

◆　本书系统介绍了 2015 年俄罗斯经济政治情况，并对 2015 年该地区发生的焦点、热点问题进行了分析与回顾；在此基础上，对该地区 2016 年的发展前景进行了预测。

国际形势黄皮书

全球政治与安全报告（2016）

李慎明　张宇燕 / 主编　2015 年 12 月出版　定价 :69.00 元

◆　本书旨在对本年度全球政治及安全形势的总体情况、热点问题及变化趋势进行回顾与分析，并提出一定的预测及对策建议。作者通过事实梳理、数据分析、政策分析等途径,阐释了本年度国际关系及全球安全形势的基本特点,并在此基础上提出了具有启示意义的前瞻性结论。

德国蓝皮书

德国发展报告（2016）

郑春荣　伍慧萍 / 主编　2016 年 6 月出版　估价 :69.00 元

◆　本报告由同济大学德国研究所组织编撰，由该领域的专家学者对德国的政治、经济、社会文化、外交等方面的形势发展情况，进行全面的阐述与分析。

中东黄皮书

中东发展报告 NO.18（2015 ~ 2016）

杨光 / 主编　2016 年 10 月出版　估价 :89.00 元

◆　报告回顾和分析了一年来多以来中东地区政治经济局势的新发展，为跟踪中东地区的市场变化和中东研究学科的研究前沿，提供了全面扎实的信息。

地方发展类

地方发展类皮书关注中国各省份、经济区域，
提供科学、多元的预判与资政信息

北京蓝皮书

北京公共服务发展报告（2015~2016）

施昌奎 / 主编　2016 年 2 月出版　定价 :79.00 元

◆　本书是由北京市政府职能部门的领导、首都著名高校的教授、知名研究机构的专家共同完成的关于北京市公共服务发展与创新的研究成果。

河南蓝皮书

河南经济发展报告（2016）

河南省社会科学院 / 编著　2016 年 3 月出版　定价 :79.00 元

◆　本书以国内外经济发展环境和走向为背景，主要分析当前河南经济形势，预测未来发展趋势，全面反映河南经济发展的最新动态、热点和问题，为地方经济发展和领导决策提供参考。

京津冀蓝皮书

京津冀发展报告（2016）

文　魁　祝尔娟 / 编著　2016 年 4 月出版　估价 :89.00 元

◆　京津冀协同发展作为重大的国家战略，已进入顶层设计、制度创新和全面推进的新阶段。本书以问题为导向，围绕京津冀发展中的重要领域和重大问题，研究如何推进京津冀协同发展。

文化传媒类

文化传媒类皮书透视文化领域、文化产业，探索文化大繁荣、大发展的路径

新媒体蓝皮书

中国新媒体发展报告 NO.7（2016）

唐绪军 / 主编　　2016 年 6 月出版　　估价 :79.00 元

◆　本书是由中国社会科学院新闻与传播研究所组织编写的关于新媒体发展的最新年度报告，旨在全面分析中国新媒体的发展现状，解读新媒体的发展趋势，探析新媒体的深刻影响。

移动互联网蓝皮书

中国移动互联网发展报告（2016）

官建文 / 编著　　2016 年 6 月出版　　估价 :79.00 元

◆　本书着眼于对中国移动互联网 2015 年度的发展情况做深入解析，对未来发展趋势进行预测，力求从不同视角、不同层面全面剖析中国移动互联网发展的现状、年度突破以及热点趋势等。

文化蓝皮书

中国文化产业发展报告（2015~2016）

张晓明　王家新　章建刚 / 主编　　2016 年 2 月出版　　定价 :79.00 元

◆　本书由中国社会科学院文化研究中心编写。 从 2012 年开始，中国社会科学院文化研究中心设立了国内首个文化产业的研究类专项资金——"文化产业重大课题研究计划"，开始在全国范围内组织多学科专家学者对我国文化产业发展重大战略问题进行联合攻关研究。本书集中反映了该计划的研究成果。

经济类

G20国家创新竞争力黄皮书
二十国集团（G20）国家创新竞争力发展报告（2016）
著(编)者:李建平 李闽榕 赵新力
2016年11月出版 / 估价:138.00元

产业蓝皮书
中国产业竞争力报告（2016）NO.6
著(编)者:张其仔 2016年12月出版 / 估价:98.00元

城市创新蓝皮书
中国城市创新报告（2016）
著(编)者:周天勇 旷建伟 2016年8月出版 / 估价:69.00元

城市竞争力蓝皮书
中国城市竞争力报告（1973~2015）
著(编)者:李小林 2016年1月出版 / 定价:128.00元

城市蓝皮书
中国城市发展报告 NO.9
著(编)者:潘家华 魏后凯 2016年9月出版 / 估价:69.00元

城市群蓝皮书
中国城市群发展指数报告（2016）
著(编)者:刘士林 刘新静 2016年10月出版 / 估价:69.00元

城乡一体化蓝皮书
中国城乡一体化发展报告（2015~2016）
著(编)者:汝信 付崇兰 2016年7月出版 / 估价:85.00元

城镇化蓝皮书
中国新型城镇化健康发展报告（2016）
著(编)者:张占斌 2016年5月出版 / 估价:79.00元

创新蓝皮书
创新型国家建设报告（2015~2016）
著(编)者:詹正茂 2016年11月出版 / 估价:69.00元

低碳发展蓝皮书
中国低碳发展报告（2015~2016）
著(编)者:齐晔 2016年3月出版 / 定价:98.00元

低碳经济蓝皮书
中国低碳经济发展报告（2016）
著(编)者:薛进军 赵忠秀 2016年6月出版 / 估价:85.00元

东北蓝皮书
中国东北地区发展报告（2016）
著(编)者:马克 黄文艺 2016年8月出版 / 估价:79.00元

发展与改革蓝皮书
中国经济发展和体制改革报告NO.7
著(编)者:邹东涛 王再文
2016年1月出版 / 估价:98.00元

工业化蓝皮书
中国工业化进程报告（2016）
著(编)者:黄群慧 吕铁 李晓华 等
2016年11月出版 / 估价:89.00元

管理蓝皮书
中国管理发展报告（2016）
著(编)者:张晓东 2016年9月出版 / 估价:98.00元

国际城市蓝皮书
国际城市发展报告（2016）
著(编)者:屠启宇 2016年2月出版 / 定价:79.00元

国家创新蓝皮书
中国创新发展报告（2016）
著(编)者:陈劲 2016年9月出版 / 估价:69.00元

金融蓝皮书
中国金融发展报告（2016）
著(编)者:李扬 王国刚 2015年12月出版 / 定价:79.00元

京津冀产业蓝皮书
京津冀产业协同发展报告（2016）
著(编)者:中智科博（北京）产业经济发展研究院
2016年6月出版 / 估价:69.00元

京津冀蓝皮书
京津冀发展报告（2016）
著(编)者:文魁 祝尔娟 2016年4月出版 / 估价:89.00元

经济蓝皮书
2016年中国经济形势分析与预测
著(编)者:李扬 2015年12月出版 / 定价:79.00元

经济蓝皮书·春季号
2016年中国经济前景分析
著(编)者:李扬 2016年5月出版 / 估价:79.00元

经济蓝皮书·夏季号
中国经济增长报告（2015~2016）
著(编)者:李扬 2016年8月出版 / 估价:99.00元

经济信息绿皮书
中国与世界经济发展报告（2016）
著(编)者:杜平 2015年12月出版 / 定价:89.00元

就业蓝皮书
2016年中国本科生就业报告
著(编)者:麦可思研究院 2016年6月出版 / 估价:98.00元

就业蓝皮书
2016年中国高职高专生就业报告
著(编)者:麦可思研究院 2016年6月出版 / 估价:98.00元

临空经济蓝皮书
中国临空经济发展报告（2016）
著(编)者:连玉明 2016年11月出版 / 估价:79.00元

民营经济蓝皮书
中国民营经济发展报告 NO.12（2015~2016）
著(编)者:王钦敏 2016年5月出版 / 估价:75.00元

农村绿皮书
中国农村经济形势分析与预测（2015~2016）
著(编)者:中国社会科学院农村发展研究所
  国家统计局农村社会经济调查司
2016年4月出版 / 估价:69.00元

农业应对气候变化蓝皮书
气候变化对中国农业影响评估报告 NO.2
著(编)者:矫梅燕 2016年8月出版 / 估价:98.00元

企业公民蓝皮书
中国企业公民报告 NO.4
著(编)者:邹东涛　2016年5月出版 / 估价:79.00元

气候变化绿皮书
应对气候变化报告（2016）
著(编)者:王伟光 郑国光　2016年11月出版 / 估价:98.00元

区域蓝皮书
中国区域经济发展报告（2015~2016）
著(编)者:梁昊光　2016年5月出版 / 估价:79.00元

全球环境竞争力绿皮书
全球环境竞争力报告（2016）
著(编)者:李建平 李闽榕 王金南
2016年12月出版 / 估价:198.00元

人口与劳动绿皮书
中国人口与劳动问题报告 NO.17
著(编)者:蔡昉 张车伟　2016年11月出版 / 估价:69.00元

商务中心区蓝皮书
中国商务中心区发展报告 NO.2（2015）
著(编)者:魏后凯 单菁菁　2016年1月出版 / 定价:79.00元

世界经济黄皮书
2016年世界经济形势分析与预测
著(编)者:王洛林 张宇燕　2015年12月出版 / 定价:79.00元

世界旅游城市绿皮书
世界旅游城市发展报告（2015）
著(编)者:宋宇　2016年1月出版 / 定价:128.00元

西北蓝皮书
中国西北发展报告（2016）
著(编)者:孙发平 苏海红 鲁顺元
2016年3月出版 / 定价:79.00元

西部蓝皮书
中国西部发展报告（2016）
著(编)者:姚慧琴 徐璋勇　2016年7月出版 / 估价:89.00元

县域发展蓝皮书
中国县域经济增长能力评估报告（2016）
著(编)者:王力　2016年10月出版 / 估价:69.00元

新型城镇化蓝皮书
新型城镇化发展报告（2016）
著(编)者:李伟 宋敏 沈体雁　2016年11月出版 / 估价:98.00元

新兴经济体蓝皮书
金砖国家发展报告（2016）
著(编)者:林跃勤 周文　2016年7月出版 / 估价:79.00元

长三角蓝皮书
2016年全面深化改革中的长三角
著(编)者:张伟斌　2016年10月出版 / 估价:69.00元

中部竞争力蓝皮书
中国中部经济社会竞争力报告（2016）
著(编)者:教育部人文社会科学重点研究基地
　　　　南昌大学中国中部经济社会发展研究中心
2016年10月出版 / 估价:79.00元

中部蓝皮书
中国中部地区发展报告（2016）
著(编)者:宋亚平　2016年12月出版 / 估价:78.00元

中国省域竞争力蓝皮书
中国省域经济综合竞争力发展报告（2014~2015）
著(编)者:李建平 李闽榕 高燕京
2016年2月出版 / 定价:198.00元

中三角蓝皮书
长江中游城市群发展报告（2016）
著(编)者:秦尊文　2016年10月出版 / 估价:69.00元

中小城市绿皮书
中国中小城市发展报告（2016）
著(编)者:中国城市经济学会中小城市经济发展委员会
　　　　中国城镇化促进会中小城市发展委员会
　　　　《中国中小城市发展报告》编纂委员会
　　　　中小城市发展战略研究院
2016年10月出版 / 估价:98.00元

中原蓝皮书
中原经济区发展报告（2016）
著(编)者:李英杰　2016年6月出版 / 估价:88.00元

自贸区蓝皮书
中国自贸区发展报告（2016）
著(编)者:王力 王吉培　2016年10月出版 / 估价:69.00元

社会政法类

北京蓝皮书
中国社区发展报告（2016）
著(编)者:于燕燕　2017年2月出版 / 估价:79.00元

殡葬绿皮书
中国殡葬事业发展报告（2016）
著(编)者:李伯森　2016年5月出版 / 估价:158.00元

城市管理蓝皮书
中国城市管理报告（2016）
著(编)者:谭维克 刘林　2017年2月出版 / 估价:118.00元

城市生活质量蓝皮书
中国城市生活质量报告（2016）
著(编)者:张连城 张平 杨春学 郎丽华
2016年7月出版 / 估价:89.00元

城市政府能力蓝皮书
中国城市政府公共服务能力评估报告（2016）
著(编)者:何艳玲　2016年7月出版 / 估价:69.00元

创新蓝皮书
中国创业环境发展报告（2016）
著(编)者:姚凯 曹祎遐　2016年5月出版 / 估价:69.00元

慈善蓝皮书
中国慈善发展报告（2016）
著(编)者:杨团　2016年6月出版 / 估价:79.00元

地方法治蓝皮书
中国地方法治发展报告 NO.2（2016）
著(编)者:李林　田禾　2016年3出版 / 定价:108.00元

党建蓝皮书
党的建设研究报告 NO.1（2016）
著(编)者:崔建民　陈东平　2016年1月出版 / 定价:89.00元

法治蓝皮书
中国法治发展报告 NO.14（2016）
著(编)者:李林　田禾　2016年3月出版 / 定价:118.00元

反腐倡廉蓝皮书
中国反腐倡廉建设报告 NO.6
著(编)者:李秋芳　张英伟　2017年1月出版 / 估价:79.00元

非传统安全蓝皮书
中国非传统安全研究报告（2015～2016）
著(编)者:余潇枫　魏志江　2016年5月出版 / 估价:79.00元

妇女发展蓝皮书
中国妇女发展报告 NO.6
著(编)者:王金玲　2016年9月出版 / 估价:148.00元

妇女教育蓝皮书
中国妇女教育发展报告 NO.3
著(编)者:张李玺　2016年10月出版 / 估价:78.00元

妇女绿皮书
中国性别平等与妇女发展报告（2016）
著(编)者:谭琳　2016年12月出版 / 估价:99.00元

公共服务蓝皮书
中国城市基本公共服务力评价（2016）
著(编)者:钟君　吴正杲　2016年12月出版 / 估价:79.00元

公共管理蓝皮书
中国公共管理发展报告（2016）
著(编)者:贡森　李国强　杨维富
2016年4月出版 / 估价:69.00元

公共外交蓝皮书
中国公共外交发展报告（2016）
著(编)者:赵启正　雷蔚真　2016年5月出版 / 估价:89.00元

公民科学素质蓝皮书
中国公民科学素质报告（2015～2016）
著(编)者:李群　陈雄　马宗文　2016年1月出版 / 定价:89.00元

公益蓝皮书
中国公益发展报告（2016）
著(编)者:朱健刚　2016年5月出版 / 估价:78.00元

国际人才蓝皮书
海外华侨华人专业人士报告（2016）
著(编)者:王辉耀　苗绿　2016年8月出版 / 估价:69.00元

国际人才蓝皮书
中国国际移民报告（2016）
著(编)者:王辉耀　2016年5月出版 / 估价:79.00元

国际人才蓝皮书
中国海归发展报告（2016）NO.3
著(编)者:王辉耀　苗绿　2016年10月出版 / 估价:69.00元

国际人才蓝皮书
中国留学发展报告（2016）NO.5
著(编)者:王辉耀　苗绿　2016年10月出版 / 估价:79.00元

国家公园蓝皮书
中国国家公园体制建设报告（2016）
著(编)者:苏杨　张玉钧　石金莲　刘锋 等
2016年10月出版 / 估价:69.00元

海洋社会蓝皮书
中国海洋社会发展报告（2016）
著(编)者:崔凤　宋宁而　2016年7月出版 / 估价:89.00元

行政改革蓝皮书
中国行政体制改革报告（2016）NO.5
著(编)者:魏礼群　2016年4月出版 / 估价:98.00元

华侨华人蓝皮书
华侨华人研究报告（2016）
著(编)者:贾益民　2016年12月出版 / 估价:98.00元

环境竞争力绿皮书
中国省域环境竞争力发展报告（2016）
著(编)者:李建平　李闽榕　王金南
2016年11月出版 / 估价:198.00元

环境绿皮书
中国环境发展报告（2016）
著(编)者:刘鉴强　2016年5月出版 / 估价:79.00元

基金会蓝皮书
中国基金会发展报告（2015~2016）
著(编)者:中国基金会发展报告课题组　2016年4月出版 / 定价:75.00元

基金会绿皮书
中国基金会发展独立研究报告（2016）
著(编)者:基金会中心网 中央民族大学基金会研究中心
2016年6月出版 / 估价:88.00元

基金会透明度蓝皮书
中国基金会透明度发展研究报告（2016）
著(编)者:基金会中心网 清华大学廉政与治理研究中心
2016年9月出版 / 估价:85.00元

教师蓝皮书
中国中小学教师发展报告（2016）
著(编)者:曾晓东　鱼霞　2016年6月出版 / 估价:69.00元

教育蓝皮书
中国教育发展报告（2016）
著(编)者:杨东平　2016年4月出版 / 定价:79.00元

科普蓝皮书
中国科普基础设施发展报告（2015）
著(编)者:郑念　任嵘嵘　2016年4月出版 / 定价:98.00元

科学教育蓝皮书
中国科学教育发展报告（2016）
著(编)者:罗晖　王康友　2016年10月出版 / 估价:79.00元

劳动保障蓝皮书
中国劳动保障发展报告（2016）
著(编)者:刘燕斌　2016年8月出版 / 估价:158.00元

老龄蓝皮书
中国老年宜居环境发展报告（2015）
著(编)者:党俊武　周燕珉　2016年1月出版 / 定价:79.00元

连片特困区蓝皮书
中国连片特困区发展报告（2016）
著(编)者:游俊　冷志明　丁建军
2016年5月出版 / 估价:98.00元

民间组织蓝皮书
中国民间组织报告（2016）
著(编)者:黄晓勇　2016年12月出版 / 估价:79.00元

民调蓝皮书
中国民生调查报告（2016）
著(编)者:谢耘耕　2016年5月出版 / 估价:128.00元

民族发展蓝皮书
中国民族发展报告（2016）
著(编)者:郝时远　王延中　王希恩
2016年4月出版 / 估价:98.00元

女性生活蓝皮书
中国女性生活状况报告 NO.10（2016）
著(编)者:韩湘景　2016年4月出版 / 估价:79.00元

汽车社会蓝皮书
中国汽车社会发展报告（2016）
著(编)者:王俊秀　2016年5月出版 / 估价:69.00元

青年蓝皮书
中国青年发展报告（2016）NO.4
著(编)者:廉思 等　2016年4月出版 / 估价:69.00元

青少年蓝皮书
中国未成年人互联网运用报告（2016）
著(编)者:李文革 沈杰 季为民
2016年11月出版 / 估价:89.00元

青少年体育蓝皮书
中国青少年体育发展报告（2016）
著(编)者:郭建军 杨桦　2016年9月出版 / 估价:69.00元

区域人才蓝皮书
中国区域人才竞争力报告 NO.2
著(编)者:桂昭明 王辉耀
2016年6月出版 / 估价:69.00元

群众体育蓝皮书
中国群众体育发展报告（2016）
著(编)者:刘国永 杨桦　2016年10月出版 / 估价:69.00元

群众体育蓝皮书
中国社会体育指导员发展报告（1994~2014）
著(编)者:刘国永 王欢　2016年4月出版 / 定价:78.00元

人才蓝皮书
中国人才发展报告（2016）
著(编)者:潘晨光　2016年9月出版 / 估价:85.00元

人权蓝皮书
中国人权事业发展报告 NO.6（2016）
著(编)者:李君如　2016年9月出版 / 估价:128.00元

社会保障绿皮书
中国社会保障发展报告（2016）NO.8
著(编)者:王延中　2016年4月出版 / 估价:99.00元

社会工作蓝皮书
中国社会工作发展报告（2016）
著(编)者:民政部社会工作研究中心
2016年8月出版 / 估价:79.00元

社会管理蓝皮书
中国社会管理创新报告 NO.4
著(编)者:连玉明　2016年11月出版 / 估价:89.00元

社会蓝皮书
2016年中国社会形势分析与预测
著(编)者:李培林　陈光金　张翼
2015年12月出版 / 定价:79.00元

社会体制蓝皮书
中国社会体制改革报告（2016）NO.4
著(编)者:龚维斌　2016年4月出版 / 估价:79.00元

社会心态蓝皮书
中国社会心态研究报告（2016）
著(编)者:王俊秀 杨宜音　2016年10月出版 / 估价:69.00元

社会责任管理蓝皮书
中国企业公众透明度报告（2015~2016）NO.2
著(编)者:黄速建 熊梦 肖红军　2016年1月出版 / 定价:98.00元

社会组织蓝皮书
中国社会组织评估发展报告（2016）
著(编)者:徐家良 廖鸿　2016年12月出版 / 估价:69.00元

生态城市绿皮书
中国生态城市建设发展报告（2016）
著(编)者:刘举科 孙伟平 胡文臻
2016年9月出版 / 估价:148.00元

生态文明绿皮书
中国省域生态文明建设评价报告（ECI 2016）
著(编)者:严耕　2016年12月出版 / 估价:85.00元

世界社会主义黄皮书
世界社会主义跟踪研究报告（2015~2016）
著(编)者:李慎明　2016年3月出版 / 定价:248.00元

水与发展蓝皮书
中国水风险评估报告（2016）
著(编)者:王浩　2016年9月出版 / 估价:69.00元

体育蓝皮书
长三角地区体育产业发展报告（2016）
著(编)者:张林　2016年4月出版 / 估价:79.00元

体育蓝皮书
中国公共体育服务发展报告（2016）
著(编)者:戴健　2016年12月出版 / 估价:79.00元

土地整治蓝皮书
中国土地整治发展研究报告 NO.3
著(编)者:国土资源部土地整治中心
2016年5月出版 / 估价:89.00元

土地政策蓝皮书
中国土地政策发展报告（2016）
著(编)者:高延利 李宪文　2015年12月出版 / 定价:89.00元

危机管理蓝皮书
中国危机管理报告（2016）
著(编)者:文学国 范正青　2016年8月出版 / 估价:89.00元

形象危机应对蓝皮书
形象危机应对研究报告（2016）
著(编)者:唐钧　2016年6月出版 / 估价:149.00元

医改蓝皮书
中国医药卫生体制改革报告（2016）
著(编)者:文学国　房志武　2016年11月出版 / 估价:98.00元

医疗卫生绿皮书
中国医疗卫生发展报告 NO.7（2016）
著(编)者:申宝忠 韩玉珍　2016年4月出版 / 估价:75.00元

政治参与蓝皮书
中国政治参与报告（2016）
著(编)者:房宁　2016年7月出版 / 估价:108.00元

政治发展蓝皮书
中国政治发展报告（2016）
著(编)者:房宁 杨海蛟　2016年5月出版 / 估价:88.00元

智慧社区蓝皮书
中国智慧社区发展报告（2016）
著(编)者:罗昌智 张辉德　2016年7月出版 / 估价:69.00元

中国农村妇女发展蓝皮书
农村流动女性城市生活发展报告（2016）
著(编)者:谢丽华　2016年12月出版 / 估价:79.00元

宗教蓝皮书
中国宗教报告（2016）
著(编)者:邱永辉　2016年5月出版 / 估价:79.00元

行业报告类

保健蓝皮书
中国保健服务产业发展报告 NO.2
著(编)者:中国保健协会 中共中央党校
2016年7月出版 / 估价:198.00元

保健蓝皮书
中国保健食品产业发展报告 NO.2
著(编)者:中国保健协会
　　　　中国社会科学院食品药品产业发展与监管研究中心
2016年7月出版 / 估价:198.00元

保健蓝皮书
中国保健用品产业发展报告 NO.2
著(编)者:中国保健协会
　　　　国务院国有资产监督管理委员会研究中心
2016年5月出版 / 估价:198.00元

保险蓝皮书
中国保险业创新发展报告（2016）
著(编)者:项俊波　2016年12月出版 / 估价:69.00元

保险蓝皮书
中国保险业竞争力报告（2016）
著(编)者:项俊波　2016年12月出版 / 估价:99.00元

采供血蓝皮书
中国采供血管理报告（2016）
著(编)者:朱永明 耿鸿武　2016年8月出版 / 估价:69.00元

彩票蓝皮书
中国彩票发展报告（2016）
著(编)者:益彩基金　2016年4月出版 / 估价:98.00元

餐饮产业蓝皮书
中国餐饮产业发展报告（2016）
著(编)者:邢颖　2016年4月出版 / 估价:69.00元

测绘地理信息蓝皮书
测绘地理信息转型升级研究报告（2016）
著(编)者:库热西·买合苏提　2016年12月出版 / 估价:98.00元

茶业蓝皮书
中国茶产业发展报告（2016）
著(编)者:杨江帆 李闽榕　2016年10月出版 / 估价:78.00元

产权市场蓝皮书
中国产权市场发展报告（2015～2016）
著(编)者:曹和平　2016年5月出版 / 估价:89.00元

产业安全蓝皮书
中国出版传媒产业安全报告（2015~2016）
著(编)者:北京印刷学院文化产业安全研究院
2016年3月出版 / 定价:79.00元

产业安全蓝皮书
中国文化产业安全报告（2016）
著(编)者:北京印刷学院文化产业安全研究院
2016年4月出版 / 估价:89.00元

产业安全蓝皮书
中国新媒体产业安全报告（2016）
著(编)者:北京印刷学院文化产业安全研究院
2016年5月出版 / 估价:69.00元

大数据蓝皮书
网络空间和大数据发展报告（2016）
著(编)者:杜平　2016年5月出版 / 估价:69.00元

电子商务蓝皮书
中国电子商务服务业发展报告 NO.3
著(编)者:荆林波 梁春晓　2016年5月出版 / 估价:69.00元

电子政务蓝皮书
中国电子政务发展报告（2016）
著(编)者:洪毅 杜平　2016年11月出版 / 估价:79.00元

杜仲产业绿皮书
中国杜仲橡胶资源与产业发展报告（2016）
著(编)者:杜红岩 胡文臻 俞锐
2016年5月出版 / 估价:85.00元

房地产蓝皮书
中国房地产发展报告 NO.13（2016）
著(编)者:魏后凯 李景国　2016年5月出版 / 估价:79.00元

服务外包蓝皮书
中国服务外包产业发展报告（2016）
著(编)者:王晓红 刘德军
2016年6月出版 / 估价:89.00元

服务外包蓝皮书
中国服务外包竞争力报告（2016）
著(编)者:王力 刘春生 黄育华
2016年11月出版 / 估价:85.00元

工业和信息化蓝皮书
世界网络安全发展报告（2016）
著(编)者:洪京一　2016年4月出版 / 估价:69.00元

工业和信息化蓝皮书
世界信息化发展报告（2016）
著(编)者:洪京一　2016年4月出版 / 估价:69.00元

工业和信息化蓝皮书
世界信息技术产业发展报告（2016）
著(编)者:洪京一　2016年4月出版 / 估价:79.00元

工业和信息化蓝皮书
世界制造业发展报告（2016）
著(编)者:洪京一　2016年4月出版 / 估价:69.00元

工业和信息化蓝皮书
移动互联网产业发展报告（2016）
著(编)者:洪京一　2016年4月出版 / 估价:79.00元

工业设计蓝皮书
中国工业设计发展报告（2016）
著(编)者:王晓红 于炜 张立群
2016年9月出版 / 估价:138.00元

黄金市场蓝皮书
中国商业银行黄金业务发展报告（2015~2016）
著(编)者:平安银行　2016年3月出版 / 定价:98.00元

互联网金融蓝皮书
中国互联网金融发展报告（2016）
著(编)者:李东荣　2016年8月出版 / 估价:79.00元

会展蓝皮书
中外会展业动态评估年度报告（2016）
著(编)者:张敏　2016年5月出版 / 估价:78.00元

节能汽车蓝皮书
中国节能汽车产业发展报告（2016）
著(编)者:中国汽车工程研究院股份有限公司
2016年12月出版 / 估价:69.00元

金融监管蓝皮书
中国金融监管报告（2016）
著(编)者:胡滨　2016年4月出版 / 估价:89.00元

金融蓝皮书
中国金融中心发展报告（2016）
著(编)者:王力 黄育华　2017年11月出版 / 估价:75.00元

金融蓝皮书
中国商业银行竞争力报告（2016）
著(编)者:王松奇　2016年5月出版 / 估价:69.00元

经济林产业绿皮书
中国经济林产业发展报告（2016）
著(编)者:李芳东 胡文臻 乌云塔娜 杜红岩
2016年12月出版 / 估价:69.00元

客车蓝皮书
中国客车产业发展报告（2016）
著(编)者:姚蔚　2016年5月出版 / 估价:85.00元

老龄蓝皮书
中国老龄产业发展报告（2016）
著(编)者:吴玉韶 党俊武　2016年9月出版 / 估价:79.00元

流通蓝皮书
中国商业发展报告（2016）
著(编)者:荆林波　2016年5月出版 / 估价:89.00元

旅游安全蓝皮书
中国旅游安全报告（2016）
著(编)者:郑向敏 谢朝武　2016年5月出版 / 估价:128.00元

旅游绿皮书
2015~2016年中国旅游发展分析与预测
著(编)者:宋瑞　2016年4月出版 / 定价:89.00元

煤炭蓝皮书
中国煤炭工业发展报告（2016）
著(编)者:岳福斌　2016年12月出版 / 估价:79.00元

民营企业社会责任蓝皮书
中国民营企业社会责任年度报告（2016）
著（编）者：中华全国工商业联合会
2016年7月出版 / 估价：69.00元

民营医院蓝皮书
中国民营医院发展报告（2016）
著（编）者：庄一强　2016年10月出版 / 估价：75.00元

能源蓝皮书
中国能源发展报告（2016）
著（编）者：崔民选 王军生 陈义和
2016年8月出版 / 估价：79.00元

农产品流通蓝皮书
中国农产品流通产业发展报告（2016）
著（编）者：贾敬敦 张东科 张玉玺 张鹏毅 周伟
2016年5月出版 / 估价：89.00元

期货蓝皮书
中国期货市场发展报告(2016)
著（编）者：李群 王在荣　2016年11月出版 / 估价：69.00元

企业公益蓝皮书
中国企业公益研究报告（2016）
著（编）者：钟宏武 汪杰 顾一 黄晓娟 等
2016年12月出版 / 估价：69.00元

企业公众透明度蓝皮书
中国企业公众透明度报告（2016）NO.2
著（编）者：黄速建 王晓光 肖红军
2016年5月出版 / 估价：98.00元

企业国际化蓝皮书
中国企业国际化报告（2016）
著（编）者：王辉耀　2016年11月出版 / 估价：98.00元

企业蓝皮书
中国企业绿色发展报告NO.2（2016）
著（编）者：李红玉 朱光辉　2016年8月出版 / 估价：79.00元

企业社会责任蓝皮书
中国企业社会责任研究报告（2016）
著（编）者：黄群慧 钟宏武 张蒽 等
2016年11月出版 / 估价：79.00元

企业社会责任能力蓝皮书
中国上市公司社会责任能力成熟度报告（2016）
著（编）者：肖红军 王晓光 李伟阳
2016年11月出版 / 估价：69.00元

汽车安全蓝皮书
中国汽车安全发展报告（2016）
著（编）者：中国汽车技术研究中心
2016年7月出版 / 估价：89.00元

汽车电子商务蓝皮书
中国汽车电子商务发展报告（2016）
著（编）者：中华全国工商业联合会汽车经销商商会
　　　　　北京易观智库网络科技有限公司
2016年5月出版 / 估价：128.00元

汽车工业蓝皮书
中国汽车工业发展年度报告（2016）
著（编）者：中国汽车工业协会 中国汽车技术研究中心
　　　　　丰田汽车（中国）投资有限公司
2016年4月出版 / 估价：128.00元

汽车蓝皮书
中国汽车产业发展报告（2016）
著（编）者：国务院发展研究中心产业经济研究部
　　　　　中国汽车工程学会 大众汽车集团（中国）
2016年8月出版 / 估价：158.00元

清洁能源蓝皮书
国际清洁能源发展报告（2016）
著（编）者：苏树辉 袁国林 李玉崙
2016年11月出版 / 估价：99.00元

人力资源蓝皮书
中国人力资源发展报告（2016）
著（编）者：余兴安　2016年12月出版 / 估价：79.00元

融资租赁蓝皮书
中国融资租赁业发展报告（2015～2016）
著（编）者：李光荣 王力　2016年5月出版 / 估价：89.00元

软件和信息服务业蓝皮书
中国软件和信息服务业发展报告（2016）
著（编）者：洪京一　2016年12月出版 / 估价：198.00元

商会蓝皮书
中国商会发展报告NO.5（2016）
著（编）者：王钦敏　2016年7月出版 / 估价：89.00元

上市公司蓝皮书
中国上市公司社会责任信息披露报告（2016）
著（编）者：张旺 张杨　2016年11月出版 / 估价：69.00元

上市公司蓝皮书
中国上市公司质量评价报告（2015～2016）
著（编）者：张跃文 王力　2016年11月出版 / 估价：118.00元

设计产业蓝皮书
中国设计产业发展报告（2016）
著（编）者：陈冬亮 梁昊光　2016年5月出版 / 估价：89.00元

食品药品蓝皮书
食品药品安全与监管政策研究报告（2016）
著（编）者：唐民皓　2016年7月出版 / 估价：69.00元

世界能源蓝皮书
世界能源发展报告（2016）
著（编）者：黄晓勇　2016年6月出版 / 估价：99.00元

水利风景区蓝皮书
中国水利风景区发展报告（2016）
著（编）者：兰思仁　2016年8月出版 / 估价：69.00元

私募市场蓝皮书
中国私募股权市场发展报告（2016）
著（编）者：曹和平　2016年12月出版 / 估价：79.00元

碳市场蓝皮书
中国碳市场报告（2016）
著(编)者:宁金彪　2016年11月出版 / 估价:69.00元

体育蓝皮书
中国体育产业发展报告（2016）
著(编)者:阮伟 钟秉枢　2016年7月出版 / 估价:69.00元

土地市场蓝皮书
中国农村土地市场发展报告（2015~2016）
著(编)者:李光荣　2016年3月出版 / 定价:79.00元

网络空间安全蓝皮书
中国网络空间安全发展报告（2016）
著(编)者:惠志斌 唐涛　2016年4月出版 / 估价:79.00元

物联网蓝皮书
中国物联网发展报告（2016）
著(编)者:黄桂田 龚六堂 张全升
2016年5月出版 / 估价:69.00元

西部工业蓝皮书
中国西部工业发展报告（2016）
著(编)者:方行明 甘犁 刘方健 姜凌 等
2016年9月出版 / 估价:79.00元

西部金融蓝皮书
中国西部金融发展报告（2016）
著(编)者:李忠民　2016年8月出版 / 估价:75.00元

协会商会蓝皮书
中国行业协会商会发展报告（2016）
著(编)者:景朝阳 李勇　2016年4月出版 / 估价:99.00元

新能源汽车蓝皮书
中国新能源汽车产业发展报告（2016）
著(编)者:中国汽车技术研究中心
　　　　日产（中国）投资有限公司 东风汽车有限公司
2016年8月出版 / 估价:89.00元

新三板蓝皮书
中国新三板市场发展报告（2016）
著(编)者:王力　2016年6月出版 / 估价:69.00元

信托市场蓝皮书
中国信托业市场报告（2015～2016）
著(编)者:用益信托工作室
2016年1月出版 / 定价:198.00元

信息安全蓝皮书
中国信息安全发展报告（2016）
著(编)者:张晓东　2016年5月出版 / 估价:69.00元

信息化蓝皮书
中国信息化形势分析与预测（2016）
著(编)者:周宏仁　2016年8月出版 / 估价:98.00元

信用蓝皮书
中国信用发展报告（2016）
著(编)者:章政 田侃　2016年4月出版 / 估价:99.00元

休闲绿皮书
2016年中国休闲发展报告
著(编)者:宋瑞
2016年10月出版 / 估价:79.00元

药品流通蓝皮书
中国药品流通行业发展报告（2016）
著(编)者:佘鲁林 温再兴
2016年8月出版 / 估价:158.00元

医院蓝皮书
中国医院竞争力报告（2016）
著(编)者:庄一强 曾益新　2016年3月出版 / 定价:128.00元

医药蓝皮书
中国中医药产业园战略发展报告（2016）
著(编)者:裴长洪 房书亭 吴滁心
2016年5月出版 / 估价:89.00元

邮轮绿皮书
中国邮轮产业发展报告（2016）
著(编)者:汪泓　2016年10月出版 / 估价:79.00元

智能养老蓝皮书
中国智能养老产业发展报告（2016）
著(编)者:朱勇　2016年10月出版 / 估价:89.00元

中国SUV蓝皮书
中国SUV产业发展报告（2016）
著(编)者:靳军　2016年12月出版 / 估价:69.00元

中国金融行业蓝皮书
中国债券市场发展报告（2016）
著(编)者:谢多　2016年7月出版 / 估价:69.00元

中国上市公司蓝皮书
中国上市公司发展报告（2016）
著(编)者:中国社会科学院上市公司研究中心
2016年9月出版 / 估价:98.00元

中国游戏蓝皮书
中国游戏产业发展报告（2016）
著(编)者:孙立军 刘跃军 牛兴侦
2016年5月出版 / 估价:69.00元

中国总部经济蓝皮书
中国总部经济发展报告（2015～2016）
著(编)者:赵弘　2016年9月出版 / 估价:79.00元

资本市场蓝皮书
中国场外交易市场发展报告（2014~2015）
著(编)者:高峦　2016年3月出版 / 定价:79.00元

资产管理蓝皮书
中国资产管理行业发展报告（2016）
著(编)者:智信资产管理研究院
2016年6月出版 / 估价:89.00元

文化传媒类

传媒竞争力蓝皮书
中国传媒国际竞争力研究报告（2016）
著(编)者:李本乾 刘强
2016年11月出版 / 估价:148.00元

传媒蓝皮书
中国传媒产业发展报告（2016）
著(编)者:崔保国　2016年5月出版 / 估价:98.00元

传媒投资蓝皮书
中国传媒投资发展报告（2016）
著(编)者:张向东 谭云明
2016年6月出版 / 估价:128.00元

动漫蓝皮书
中国动漫产业发展报告（2016）
著(编)者:卢斌 郑玉明 牛兴侦
2016年7月出版 / 估价:79.00元

非物质文化遗产蓝皮书
中国非物质文化遗产发展报告（2016）
著(编)者:陈平　2016年5月出版 / 估价:98.00元

广电蓝皮书
中国广播电影电视发展报告（2016）
著(编)者:国家新闻出版广电总局发展研究中心
2016年7月出版 / 估价:98.00元

广告主蓝皮书
中国广告主营销传播趋势报告 NO.9
著(编)者:黄升民 杜国清 邵华冬 等
2016年10月出版 / 估价:148.00元

国际传播蓝皮书
中国国际传播发展报告（2016）
著(编)者:胡正荣 李继东 姬德强
2016年11月出版 / 估价:89.00元

纪录片蓝皮书
中国纪录片发展报告（2016）
著(编)者:何苏六　2016年10月出版 / 估价:79.00元

科学传播蓝皮书
中国科学传播报告（2016）
著(编)者:詹正茂　2016年7月出版 / 估价:69.00元

两岸创意经济蓝皮书
两岸创意经济研究报告（2016）
著(编)者:罗昌智 董泽平　2016年12月出版 / 估价:98.00元

两岸文化蓝皮书
两岸文化产业合作发展报告（2016）
著(编)者:胡惠林 李保宗　2016年7月出版 / 估价:79.00元

媒介与女性蓝皮书
中国媒介与女性发展报告(2015~2016)
著(编)者:刘利群　2016年8月出版 / 估价:118.00元

媒体融合蓝皮书
中国媒体融合发展报告（2016）
著(编)者:梅宁华 宋建武　2016年7月出版 / 估价:79.00元

全球传媒蓝皮书
全球传媒发展报告（2016）
著(编)者:胡正荣 李继东 唐晓芬
2016年12月出版 / 估价:79.00元

少数民族非遗蓝皮书
中国少数民族非物质文化遗产发展报告（2016）
著(编)者:肖远平（彝） 柴立（满）
2016年6月出版 / 估价:128.00元

视听新媒体蓝皮书
中国视听新媒体发展报告（2016）
著(编)者:国家新闻出版广电总局发展研究中心
2016年7月出版 / 估价:98.00元

文化创新蓝皮书
中国文化创新报告（2016）NO.7
著(编)者:于平 傅才武　2016年7月出版 / 估价:98.00元

文化建设蓝皮书
中国文化发展报告（2016）
著(编)者:江畅 孙伟平 戴茂堂
2016年4月出版 / 估价:108.00元

文化科技蓝皮书
文化科技创新发展报告（2016）
著(编)者:于平 李凤亮　2016年10月出版 / 估价:89.00元

文化蓝皮书
中国公共文化服务发展报告（2016）
著(编)者:刘新成 张永新 张旭　2016年10月出版 / 估价:98.00元

文化蓝皮书
中国公共文化投入增长测评报告（2016）
著(编)者:王亚南　2016年4月出版 / 定价:79.00元

文化蓝皮书
中国少数民族文化发展报告（2016）
著(编)者:武翠英 张晓明 任乌晶
2016年9月出版 / 估价:69.00元

文化蓝皮书
中国文化产业发展报告（2015~2016）
著(编)者:张晓明 王家新 章建刚
2016年2月出版 / 定价:79.00元

文化蓝皮书
中国文化产业供需协调检测报告（2016）
著(编)者:王亚南　2016年5月出版 / 估价:79.00元

文化蓝皮书
中国文化消费需求景气评价报告（2016）
著(编)者:王亚南　2016年5月出版 / 估价:79.00元

文化品牌蓝皮书
中国文化品牌发展报告（2016）
著（编）者：欧阳友权　2016年4月出版 / 估价：89.00元

文化遗产蓝皮书
中国文化遗产事业发展报告（2016）
著（编）者：刘世锦　2016年5月出版 / 估价：89.00元

文学蓝皮书
中国文情报告（2015～2016）
著（编）者：白烨　2016年5月出版 / 估价：69.00元

新媒体蓝皮书
中国新媒体发展报告NO.7（2016）
著（编）者：唐绪军　2016年7月出版 / 估价：79.00元

新媒体社会责任蓝皮书
中国新媒体社会责任研究报告（2016）
著（编）者：钟瑛　2016年10月出版 / 估价：79.00元

移动互联网蓝皮书
中国移动互联网发展报告（2016）
著（编）者：官建文　2016年6月出版 / 估价：79.00元

舆情蓝皮书
中国社会舆情与危机管理报告（2016）
著（编）者：谢耘耕　2016年8月出版 / 估价：98.00元

地方发展类

安徽经济蓝皮书
芜湖创新型城市发展报告（2016）
著（编）者：张志宏　2016年4月出版 / 估价：69.00元

安徽蓝皮书
安徽社会发展报告（2016）
著（编）者：程桦　2016年4月出版 / 估价：89.00元

安徽社会建设蓝皮书
安徽社会建设分析报告（2015～2016）
著（编）者：黄家海　王开玉　蔡宪
2016年4月出版 / 估价：89.00元

澳门蓝皮书
澳门经济社会发展报告（2015～2016）
著（编）者：吴志良　郝雨凡　2016年5月出版 / 估价：79.00元

北京蓝皮书
北京公共服务发展报告（2015～2016）
著（编）者：施昌奎　2016年2月出版 / 定价：79.00元

北京蓝皮书
北京经济发展报告（2015～2016）
著（编）者：杨松　2016年6月出版 / 估价：79.00元

北京蓝皮书
北京社会发展报告（2015～2016）
著（编）者：李伟东　2016年7月出版 / 估价：79.00元

北京蓝皮书
北京社会治理发展报告（2015～2016）
著（编）者：殷星辰　2016年6月出版 / 估价：79.00元

北京蓝皮书
北京文化发展报告（2015～2016）
著（编）者：李建盛　2016年4月出版 / 定价：79.00元

北京旅游绿皮书
北京旅游发展报告（2016）
著（编）者：北京旅游学会　2016年7月出版 / 估价：88.00元

北京人才蓝皮书
北京人才发展报告（2016）
著（编）者：于淼　2016年12月出版 / 估价：128.00元

北京社会心态蓝皮书
北京社会心态分析报告（2015～2016）
著（编）者：北京社会心理研究所
2016年8月出版 / 估价：79.00元

北京社会组织管理蓝皮书
北京社会组织发展与管理（2015～2016）
著（编）者：黄江松　2016年4月出版 / 估价：78.00元

北京体育蓝皮书
北京体育产业发展报告（2016）
著（编）者：钟秉枢　陈杰　杨铁黎
2016年10月出版 / 估价：79.00元

北京养老产业蓝皮书
北京养老产业发展报告（2016）
著（编）者：周明明　冯喜良　2016年4月出版 / 估价：69.00元

滨海金融蓝皮书
滨海新区金融发展报告（2016）
著（编）者：王爱俭　张锐钢　2016年9月出版 / 估价：79.00元

城乡一体化蓝皮书
中国城乡一体化发展报告·北京卷（2015～2016)
著（编）者：张宝秀　黄序　2016年5月出版 / 估价：79.00元

创意城市蓝皮书
北京文化创意产业发展报告（2016）
著（编）者：张京成　王国华　2016年12月出版 / 估价：69.00元

创意城市蓝皮书
青岛文化创意产业发展报告（2016）
著（编）者：马达　张丹妮　2016年6月出版 / 估价：79.00元

创意城市蓝皮书
青岛文化创意产业发展报告（2016）
著（编）者：马达　张丹妮　2016年6月出版 / 估价：79.00元

创意城市蓝皮书
台北文化创意产业发展报告（2016）
著(编)者:陈耀竹　邱琪瑄　2016年11月出版 / 估价:89.00元

创意城市蓝皮书
无锡文化创意产业发展报告（2016）
著(编)者:谭军　张鸣年　2016年10月出版 / 估价:79.00元

创意城市蓝皮书
武汉文化创意产业发展报告（2016）
著(编)者:黄永林　陈汉桥　2016年12月出版 / 估价:89.00元

创意城市蓝皮书
重庆创意产业发展报告（2016）
著(编)者:程宇宁　2016年4月出版 / 估价:89.00元

地方法治蓝皮书
南宁法治发展报告（2016）
著(编)者:杨维超　2016年12月出版 / 估价:69.00元

福建妇女发展蓝皮书
福建省妇女发展报告（2016）
著(编)者:刘群英　2016年11月出版 / 估价:88.00元

福建自由贸易区蓝皮书
中国（福建）自由贸易区实验区发展报告（2015~2016）
著(编)者:黄茂兴　2016年4月出版 / 定价:108.00元

甘肃蓝皮书
甘肃经济发展分析与预测（2016）
著(编)者:朱智文　罗哲　2016年1月出版 / 定价:79.00元

甘肃蓝皮书
甘肃社会发展分析与预测（2016）
著(编)者:安文华　包晓霞　谢增虎　2016年1月出版 / 定价:79.00元

甘肃蓝皮书
甘肃文化发展分析与预测（2016）
著(编)者:安文华　周小华　2016年1月出版 / 定价:79.00元

甘肃蓝皮书
甘肃县域和农村发展报告（2016）
著(编)者:刘进军　柳民　王建兵
2016年1月出版 / 定价:79.00元

甘肃蓝皮书
甘肃舆情分析与预测（2016）
著(编)者:陈双梅　张谦元　2016年1月出版 / 定价:79.00元

甘肃蓝皮书
甘肃商贸流通发展报告（2016）
著(编)者:杨志武　王福生　王晓芳
2016年1月出版 / 定价:79.00元

广东蓝皮书
广东全面深化改革发展报告（2016）
著(编)者:周林生　涂成林　2016年11月出版 / 估价:69.00元

广东蓝皮书
广东社会工作发展报告（2016）
著(编)者:罗观翠　2016年6月出版 / 估价:89.00元

广东蓝皮书
广东省电子商务发展报告（2016）
著(编)者:程晓　邓顺国　2016年7月出版 / 估价:79.00元

广东社会建设蓝皮书
广东省社会建设发展报告（2016）
著(编)者:广东省社会工作委员会
2016年12月出版 / 估价:99.00元

广东外经贸蓝皮书
广东对外经济贸易发展研究报告（2015~2016）
著(编)者:陈万灵　2016年5月出版 / 估价:89.00元

广西北部湾经济区蓝皮书
广西北部湾经济区开放开发报告（2016）
著(编)者:广西北部湾经济区规划建设管理委员会办公室
　　　　广西社会科学院广西北部湾发展研究院
2016年10月出版 / 估价:79.00元

巩义蓝皮书
巩义经济社会发展报告（2016）
著(编)者:丁同民　2016年4月出版 / 定价:58.00元

广州蓝皮书
2016年中国广州经济形势分析与预测
著(编)者:庾建设　沈奎　谢博能　2016年6月出版 / 估价:79.00元

广州蓝皮书
2016年中国广州社会形势分析与预测
著(编)者:张强　陈怡霓　杨秦　2016年6月出版 / 估价:79.00元

广州蓝皮书
广州城市国际化发展报告（2016）
著(编)者:朱名宏　2016年11月出版 / 估价:69.00元

广州蓝皮书
广州创新型城市发展报告（2016）
著(编)者:尹涛　2016年10月出版 / 估价:69.00元

广州蓝皮书
广州经济发展报告（2016）
著(编)者:朱名宏　2016年7月出版 / 估价:69.00元

广州蓝皮书
广州农村发展报告（2016）
著(编)者:朱名宏　2016年8月出版 / 估价:69.00元

广州蓝皮书
广州汽车产业发展报告（2016）
著(编)者:杨再高　冯兴亚　2016年9月出版 / 估价:69.00元

广州蓝皮书
广州青年发展报告（2015~2016）
著(编)者:魏国华　张强　2016年7月出版 / 估价:69.00元

广州蓝皮书
广州商贸业发展报告（2016）
著(编)者:李江涛　肖振宇　荀振英
2016年7月出版 / 估价:69.00元

广州蓝皮书
广州社会保障发展报告（2016）
著(编)者:蔡国萱　2016年10月出版 / 估价:65.00元

广州蓝皮书
广州文化创意产业发展报告（2016）
著(编)者:甘新　2016年8月出版 / 估价:79.00元

广州蓝皮书
中国广州城市建设与管理发展报告（2016）
著(编)者:董嶂 陈小钢 李江涛　2016年7月出版 / 估价:69.00元

广州蓝皮书
中国广州科技和信息化发展报告（2016）
著(编)者:邹采荣 马正勇 冯元　2016年8月出版 / 估价:79.00元

广州蓝皮书
中国广州文化发展报告（2016）
著(编)者:徐俊忠 陆志强 顾涧清　2016年7月出版 / 估价:69.00元

贵阳蓝皮书
贵阳城市创新发展报告·白云篇（2016）
著(编)者:连玉明　2016年10月出版 / 估价:89.00元

贵阳蓝皮书
贵阳城市创新发展报告·观山湖篇（2016）
著(编)者:连玉明　2016年10月出版 / 估价:89.00元

贵阳蓝皮书
贵阳城市创新发展报告·花溪篇（2016）
著(编)者:连玉明　2016年10月出版 / 估价:89.00元

贵阳蓝皮书
贵阳城市创新发展报告·开阳篇（2016）
著(编)者:连玉明　2016年10月出版 / 估价:89.00元

贵阳蓝皮书
贵阳城市创新发展报告·南明篇（2016）
著(编)者:连玉明　2016年10月出版 / 估价:89.00元

贵阳蓝皮书
贵阳城市创新发展报告·清镇篇（2016）
著(编)者:连玉明　2016年10月出版 / 估价:89.00元

贵阳蓝皮书
贵阳城市创新发展报告·乌当篇（2016）
著(编)者:连玉明　2016年10月出版 / 估价:89.00元

贵阳蓝皮书
贵阳城市创新发展报告·息烽篇（2016）
著(编)者:连玉明　2016年10月出版 / 估价:89.00元

贵阳蓝皮书
贵阳城市创新发展报告·修文篇（2016）
著(编)者:连玉明　2016年10月出版 / 估价:89.00元

贵阳蓝皮书
贵阳城市创新发展报告·云岩篇（2016）
著(编)者:连玉明　2016年10月出版 / 估价:89.00元

贵州房地产蓝皮书
贵州房地产发展报告NO.3（2016）
著(编)者:武廷方　2016年6月出版 / 估价:89.00元

贵州蓝皮书
贵州册享经济社会发展报告 (2016)
著(编)者:黄德林　2016年3月出版 / 定价:79.00元

贵州蓝皮书
贵安新区发展报告（2016）
著(编)者:马长青 吴大华　2016年4月出版 / 估价:69.00元

贵州蓝皮书
贵州法治发展报告（2016）
著(编)者:吴大华　2016年5月出版 / 估价:79.00元

贵州蓝皮书
贵州民航业发展报告（2016）
著(编)者:申振东 吴大华　2016年10月出版 / 估价:69.00元

贵州蓝皮书
贵州民营经济发展报告（2016）
著(编)者:杨静 吴大华　2016年3月出版 / 定价:79.00元

贵州蓝皮书
贵州人才发展报告（2016）
著(编)者:于杰 吴大华　2016年9月出版 / 估价:69.00元

贵州蓝皮书
贵州社会发展报告（2016）
著(编)者:王兴骥　2016年5月出版 / 定价:79.00元

海淀蓝皮书
海淀区文化和科技融合发展报告（2016）
著(编)者:陈名杰 孟景伟　2016年5月出版 / 估价:75.00元

海峡西岸蓝皮书
海峡西岸经济区发展报告（2016）
著(编)者:福建省人民政府发展研究中心
　　　　福建省人民政府发展研究中心咨询服务中心
2016年9月出版 / 估价:65.00元

杭州都市圈蓝皮书
杭州都市圈发展报告（2016）
著(编)者:董祖德 沈翔　2016年5月出版 / 估价:89.00元

杭州蓝皮书
杭州妇女发展报告（2016）
著(编)者:魏颖　2016年4月出版 / 估价:79.00元

河北经济蓝皮书
河北省经济发展报告（2016）
著(编)者:马树强 金浩 刘兵 张贵
2016年5月出版 / 估价:89.00元

河北蓝皮书
河北经济社会发展报告（2016）
著(编)者:郭金平　2016年1月出版 / 定价:79.00元

河北食品药品安全蓝皮书
河北食品药品安全研究报告（2016）
著(编)者:丁锦霞　2016年6月出版 / 估价:79.00元

河南经济蓝皮书
2016年河南经济形势分析与预测
著(编)者:胡五岳　2016年2月出版 / 定价:79.00元

河南蓝皮书
2016年河南社会形势分析与预测
著(编)者:刘道兴 牛苏林　2016年4月出版 / 定价:79.00元

河南蓝皮书
河南城市发展报告（2016）
著(编)者:谷建全　王建国　2016年5月出版 / 估价:79.00元

河南蓝皮书
河南法治发展报告（2016）
著(编)者:丁同民　闫德民　2016年6月出版 / 估价:79.00元

河南蓝皮书
河南工业发展报告（2016）
著(编)者:龚绍东　赵西三　2016年5月出版 / 估价:79.00元

河南蓝皮书
河南金融发展报告（2016）
著(编)者:河南省社会科学院　2016年6月出版 / 估价:69.00元

河南蓝皮书
河南经济发展报告（2016）
著(编)者:张占仓　2016年3月出版 / 定价:79.00元

河南蓝皮书
河南农业农村发展报告（2016）
著(编)者:吴海峰　2016年4月出版 / 估价:69.00元

河南蓝皮书
河南文化发展报告（2016）
著(编)者:卫绍生　2016年3月出版 / 定价:78.00元

河南商务蓝皮书
河南商务发展报告（2016）
著(编)者:焦锦淼　穆荣国　2016年4月出版 / 估价:88.00元

黑龙江产业蓝皮书
黑龙江产业发展报告（2016）
著(编)者:于渤　2016年10月出版 / 估价:79.00元

黑龙江蓝皮书
黑龙江经济发展报告（2016）
著(编)者:朱宇　2016年1月出版 / 定价:79.00元

黑龙江蓝皮书
黑龙江社会发展报告（2016）
著(编)者:谢宝禄　2016年1月出版 / 定价:79.00元

湖南城市蓝皮书
区域城市群整合（主题待定）
著(编)者:童中贤　韩未名　2016年12月出版 / 估价:79.00元

湖南蓝皮书
2016年湖南产业发展报告
著(编)者:梁志峰　2016年5月出版 / 估价:98.00元

湖南蓝皮书
2016年湖南电子政务发展报告
著(编)者:梁志峰　2016年5月出版 / 估价:98.00元

湖南蓝皮书
2016年湖南经济展望
著(编)者:梁志峰　2016年5月出版 / 估价:128.00元

湖南蓝皮书
2016年湖南两型社会与生态文明发展报告
著(编)者:梁志峰　2016年5月出版 / 估价:98.00元

湖南蓝皮书
2016年湖南社会发展报告
著(编)者:梁志峰　2016年5月出版 / 估价:88.00元

湖南蓝皮书
2016年湖南县域经济社会发展报告
著(编)者:梁志峰　2016年5月出版 / 估价:98.00元

湖南蓝皮书
湖南城乡一体化发展报告（2016）
著(编)者:陈文胜　刘祚祥　邝奕轩　等
2016年7月出版 / 估价:89.00元

湖南县域绿皮书
湖南县域发展报告 NO.3
著(编)者:袁准　周小毛　2016年9月出版 / 估价:69.00元

沪港蓝皮书
沪港发展报告（2015～2016）
著(编)者:尤安山　2016年4月出版 / 估价:89.00元

京津冀金融蓝皮书
京津冀金融发展报告（2015）
著(编)者:王爱俭　李向前　2016年3月出版 / 定价:89.00元

吉林蓝皮书
2016年吉林经济社会形势分析与预测
著(编)者:马克　2015年12月出版 / 定价:79.00元

吉林省城市竞争力蓝皮书
吉林省城市竞争力报告（2015）
著(编)者:崔岳春　张磊　2016年3月出版 / 定价:69.00元

济源蓝皮书
济源经济社会发展报告（2016）
著(编)者:喻新安　2016年4月出版 / 估价:69.00元

健康城市蓝皮书
北京健康城市建设研究报告（2016）
著(编)者:王鸿春　2016年4月出版 / 估价:79.00元

江苏法治蓝皮书
江苏法治发展报告 NO.5（2016）
著(编)者:李力　龚廷泰　2016年9月出版 / 估价:98.00元

江西蓝皮书
江西经济社会发展报告（2016）
著(编)者:张勇　姜玮　梁勇　2016年10月出版 / 估价:79.00元

江西文化产业蓝皮书
江西文化产业发展报告（2016）
著(编)者:张圣才　汪春翔　2016年10月出版 / 估价:128.00元

经济特区蓝皮书
中国经济特区发展报告（2016）
著(编)者:陶一桃　2016年12月出版 / 估价:89.00元

辽宁蓝皮书
2016年辽宁经济社会形势分析与预测
著(编)者:曹晓峰 梁启东
2016年1月出版 / 定价:79.00元

拉萨蓝皮书
拉萨法治发展报告(2016)
著(编)者:车明怀 2016年7月出版 / 估价:79.00元

洛阳蓝皮书
洛阳文化发展报告(2016)
著(编)者:刘福兴 陈启明 2016年7月出版 / 估价:79.00元

南京蓝皮书
南京文化发展报告(2016)
著(编)者:徐宁 2016年12月出版 / 估价:79.00元

内蒙古蓝皮书
内蒙古反腐倡廉建设报告 NO.2
著(编)者:张志华 无极 2016年12月出版 / 估价:69.00元

浦东新区蓝皮书
上海浦东经济发展报告(2016)
著(编)者:沈开艳 周奇 2016年1月出版 / 定价:69.00元

青海蓝皮书
2016年青海经济社会形势分析与预测
著(编)者:陈玮 2015年12月出版 / 定价:79.00元

人口与健康蓝皮书
深圳人口与健康发展报告(2016)
著(编)者:陆杰华 罗乐宣 苏杨
2016年11月出版 / 估价:89.00元

山东蓝皮书
山东经济形势分析与预测(2016)
著(编)者:李广杰 2016年11月出版 / 估价:89.00元

山东蓝皮书
山东社会形势分析与预测(2016)
著(编)者:涂可国 2016年6月出版 / 估价:89.00元

山东蓝皮书
山东文化发展报告(2016)
著(编)者:张华 唐洲雁 2016年6月出版 / 估价:98.00元

山西蓝皮书
山西资源型经济转型发展报告(2016)
著(编)者:李志强 2016年5月出版 / 估价:89.00元

陕西蓝皮书
陕西经济发展报告(2016)
著(编)者:任宗哲 白宽犁 裴成荣
2015年12月出版 / 定价:69.00元

陕西蓝皮书
陕西社会发展报告(2016)
著(编)者:任宗哲 白宽犁 牛昉
2015年12月出版 / 定价:69.00元

陕西蓝皮书
陕西文化发展报告(2016)
著(编)者:任宗哲 白宽犁 王长寿
2015年12月出版 / 定价:69.00元

陕西蓝皮书
丝绸之路经济带发展报告(2015~2016)
著(编)者:任宗哲 白宽犁 谷孟宾
2015年12月出版 / 定价:75.00元

上海蓝皮书
上海传媒发展报告(2016)
著(编)者:强荧 焦雨虹 2016年1月出版 / 定价:79.00元

上海蓝皮书
上海法治发展报告(2016)
著(编)者:叶青 2016年5月出版 / 估价:69.00元

上海蓝皮书
上海经济发展报告(2016)
著(编)者:沈开艳 2016年1月出版 / 定价:79.00元

上海蓝皮书
上海社会发展报告(2016)
著(编)者:杨雄 周海旺 2016年1月出版 / 定价:79.00元

上海蓝皮书
上海文化发展报告(2016)
著(编)者:荣跃明 2016年1月出版 / 定价:79.00元

上海蓝皮书
上海文学发展报告(2016)
著(编)者:陈圣来 2016年5月出版 / 估价:69.00元

上海蓝皮书
上海资源环境发展报告(2016)
著(编)者:周冯琦 汤庆合 任文伟
2016年1月出版 / 定价:79.00元

上饶蓝皮书
上饶发展报告(2015~2016)
著(编)者:朱寅健 2016年5月出版 / 估价:128.00元

社会建设蓝皮书
2016年北京社会建设分析报告
著(编)者:宋贵伦 冯虹 2016年7月出版 / 估价:79.00元

深圳蓝皮书
深圳法治发展报告(2016)
著(编)者:张骁儒 2016年5月出版 / 估价:69.00元

深圳蓝皮书
深圳经济发展报告(2016)
著(编)者:张骁儒 2016年6月出版 / 估价:89.00元

深圳蓝皮书
深圳劳动关系发展报告(2016)
著(编)者:汤庭芬 2016年6月出版 / 估价:79.00元

深圳蓝皮书
深圳社会建设与发展报告(2016)
著(编)者:张骁儒 陈东平 2016年6月出版 / 估价:79.00元

深圳蓝皮书
深圳文化发展报告(2016)
著(编)者:张骁儒　2016年5月出版 / 估价:69.00元

四川法治蓝皮书
四川依法治省年度报告 NO.2（2016）
著(编)者:李林 杨天宗 田禾
2016年3月出版 / 定价:108.00元

四川蓝皮书
2016年四川经济形势分析与预测
著(编)者:杨钢　2016年1月出版 / 定价:98.00元

四川蓝皮书
四川城镇化发展报告（2016）
著(编)者:侯水平 陈炜　2016年4月出版 / 定价:75.00元

四川蓝皮书
四川法治发展报告（2016）
著(编)者:郑泰安　2016年5月出版 / 估价:69.00元

四川蓝皮书
四川企业社会责任研究报告（2015～2016）
著(编)者:侯水平 盛毅　2016年4月出版 / 估价:79.00元

四川蓝皮书
四川社会发展报告（2016）
著(编)者:郭晓鸣　2016年4月出版 / 估价:79.00元

四川蓝皮书
四川生态建设报告（2016）
著(编)者:李晟之　2016年4月出版 / 估价:79.00元

四川蓝皮书
四川文化产业发展报告（2016）
著(编)者:向宝云 张立伟　2016年4月出版 / 定价:79.00元

体育蓝皮书
上海体育产业发展报告（2015～2016）
著(编)者:张林 黄海燕　2016年10月出版 / 估价:79.00元

体育蓝皮书
长三角地区体育产业发展报告（2015～2016）
著(编)者:张林　2016年4月出版 / 估价:79.00元

天津金融蓝皮书
天津金融发展报告（2016）
著(编)者:王爱俭 孔德昌　2016年9月出版 / 估价:89.00元

图们江区域合作蓝皮书
图们江区域合作发展报告（2016）
著(编)者:李铁　2016年4月出版 / 估价:98.00元

温州蓝皮书
2016年温州经济社会形势分析与预测
著(编)者:潘忠强 王春光 金浩　2016年4月出版 / 估价:69.00元

扬州蓝皮书
扬州经济社会发展报告（2016）
著(编)者:丁纯　2016年12月出版 / 估价:89.00元

长株潭城市群蓝皮书
长株潭城市群发展报告（2016）
著(编)者:张萍　2016年10月出版 / 估价:69.00元

郑州蓝皮书
2016年郑州文化发展报告
著(编)者:王哲　2016年9月出版 / 估价:65.00元

中医文化蓝皮书
北京中医药文化传播发展报告（2016）
著(编)者:毛嘉陵　2016年5月出版 / 估价:79.00元

珠三角流通蓝皮书
珠三角商圈发展研究报告（2016）
著(编)者:王先庆 林至颖　2016年7月出版 / 估价:98.00元

遵义蓝皮书
遵义发展报告（2016）
著(编)者:曾征 龚永育　2016年12月出版 / 估价:69.00元

国别与地区类

阿拉伯黄皮书
阿拉伯发展报告（2015～2016）
著(编)者:罗林　2016年11月出版 / 估价:79.00元

北部湾蓝皮书
泛北部湾合作发展报告（2016）
著(编)者:吕余生　2016年10月出版 / 估价:69.00元

大湄公河次区域蓝皮书
大湄公河次区域合作发展报告（2016）
著(编)者:刘稚　2016年9月出版 / 估价:79.00元

大洋洲蓝皮书
大洋洲发展报告（2015～2016）
著(编)者:喻常森　2016年10月出版 / 估价:89.00元

德国蓝皮书
德国发展报告（2016）
著(编)者:郑春荣 伍慧萍
2016年5月出版 / 估价:69.00元

东北亚黄皮书
东北亚地区政治与安全（2016）
著(编)者:黄凤志 刘清才 张慧智 等
2016年5月出版 / 估价:69.00元

东盟黄皮书
东盟发展报告（2016）
著(编)者:杨晓强 庄国土　2016年3月出版 / 定价:89.00元

东南亚蓝皮书
东南亚地区发展报告（2015～2016）
著(编)者:厦门大学东南亚研究中心　王勤
2016年4月出版 / 估价:79.00元

俄罗斯黄皮书
俄罗斯发展报告（2016）
著(编)者:李永全　2016年7月出版 / 估价:79.00元

非洲黄皮书
非洲发展报告 NO.18（2015～2016）
著(编)者:张宏明　2016年9月出版 / 估价:79.00元

国际形势黄皮书
全球政治与安全报告（2016）
著(编)者:李慎明　张宇燕
2015年12月出版 / 定价:69.00元

韩国蓝皮书
韩国发展报告（2016）
著(编)者:牛林杰　刘宝全
2016年12月出版 / 估价:89.00元

加拿大蓝皮书
加拿大发展报告（2016）
著(编)者:仲伟合　2016年4月出版 / 估价:89.00元

拉美黄皮书
拉丁美洲和加勒比发展报告（2015～2016）
著(编)者:吴白乙　2016年5月出版 / 估价:89.00元

美国蓝皮书
美国研究报告（2016）
著(编)者:郑秉文　黄平
2016年6月出版 / 估价:89.00元

缅甸蓝皮书
缅甸国情报告（2016）
著(编)者:李晨阳　2016年8月出版 / 估价:79.00元

欧洲蓝皮书
欧洲发展报告（2015～2016）
著(编)者:周弘　黄平　江时学
2016年7月出版 / 估价:89.00元

日本经济蓝皮书
日本经济与中日经贸关系研究报告（2016）
著(编)者:王洛林　张季风
2016年5月出版 / 估价:79.00元

日本蓝皮书
日本研究报告（2016）
著(编)者:李薇　2016年5月出版 / 估价:69.00元

上海合作组织黄皮书
上海合作组织发展报告（2016）
著(编)者:李进峰　吴宏伟　李伟
2016年7月出版 / 估价:98.00元

世界创新竞争力黄皮书
世界创新竞争力发展报告（2016）
著(编)者:李闽榕　李建平　赵新力
2016年5月出版 / 估价:148.00元

土耳其蓝皮书
土耳其发展报告（2016）
著(编)者:郭长刚　刘义　2016年7月出版 / 估价:69.00元

亚太蓝皮书
亚太地区发展报告（2016）
著(编)者:李向阳　2016年5月出版 / 估价:69.00元

印度蓝皮书
印度国情报告（2016）
著(编)者:吕昭义　2016年5月出版 / 估价:89.00元

印度洋地区蓝皮书
印度洋地区发展报告（2016）
著(编)者:汪戎　2016年5月出版 / 估价:89.00元

英国蓝皮书
英国发展报告（2015～2016）
著(编)者:王展鹏　2016年10月出版 / 估价:89.00元

越南蓝皮书
越南国情报告（2016）
著(编)者:广西社会科学院　罗梅　李碧华
2016年8月出版 / 估价:69.00元

越南蓝皮书
越南经济发展报告（2016）
著(编)者:黄志勇　2016年10月出版 / 估价:69.00元

以色列蓝皮书
以色列发展报告（2016）
著(编)者:张倩红　2016年9月出版 / 估价:89.00元

中东黄皮书
中东发展报告 NO.18（2015～2016）
著(编)者:杨光　2016年10月出版 / 估价:89.00元

中亚黄皮书
中亚国家发展报告（2016）
著(编)者:孙力　吴宏伟　2016年8月出版 / 估价:89.00元

❖ 皮书起源 ❖

"皮书"起源于十七、十八世纪的英国,主要指官方或社会组织正式发表的重要文件或报告,多以"白皮书"命名。在中国,"皮书"这一概念被社会广泛接受,并被成功运作、发展成为一种全新的出版形态,则源于中国社会科学院社会科学文献出版社。

❖ 皮书定义 ❖

皮书是对中国与世界发展状况和热点问题进行年度监测,以专业的角度、专家的视野和实证研究方法,针对某一领域或区域现状与发展态势展开分析和预测,具备原创性、实证性、专业性、连续性、前沿性、时效性等特点的公开出版物,由一系列权威研究报告组成。

❖ 皮书作者 ❖

皮书系列的作者以中国社会科学院、著名高校、地方社会科学院的研究人员为主,多为国内一流研究机构的权威专家学者,他们的看法和观点代表了学界对中国与世界的现实和未来最高水平的解读与分析。

❖ 皮书荣誉 ❖

皮书系列已成为社会科学文献出版社的著名图书品牌和中国社会科学院的知名学术品牌。2011年,皮书系列正式列入"十二五"国家重点出版规划项目;2012~2015年,重点皮书列入中国社会科学院承担的国家哲学社会科学创新工程项目;2016年,46种院外皮书使用"中国社会科学院创新工程学术出版项目"标识。

中国皮书网

www.pishu.cn

发布皮书研创资讯，传播皮书精彩内容
引领皮书出版潮流，打造皮书服务平台

栏目设置：

☐ 资讯：皮书动态、皮书观点、皮书数据、
皮书报道、皮书发布、电子期刊
☐ 标准：皮书评价、皮书研究、皮书规范
☐ 服务：最新皮书、皮书目录、重点推荐、在线购书
☐ 链接：皮书数据库、皮书博客、皮书微博、在线书城
☐ 搜索：资讯、图书、研究动态、皮书专家、研创团队

中国皮书网依托皮书系列"权威、前沿、原创"的优质内容资源，通过文字、图片、音频、视频等多种元素，在皮书研创者、使用者之间搭建了一个成果展示、资源共享的互动平台。

自 2005 年 12 月正式上线以来，中国皮书网的 IP 访问量、PV 浏览量与日俱增，受到海内外研究者、公务人员、商务人士以及专业读者的广泛关注。

2008 年、2011 年，中国皮书网均在全国新闻出版业网站荣誉评选中获得"最具商业价值网站"称号；2012 年，获得"出版业网站百强"称号。

2014 年，中国皮书网与皮书数据库实现资源共享，端口合一，将提供更丰富的内容，更全面的服务。

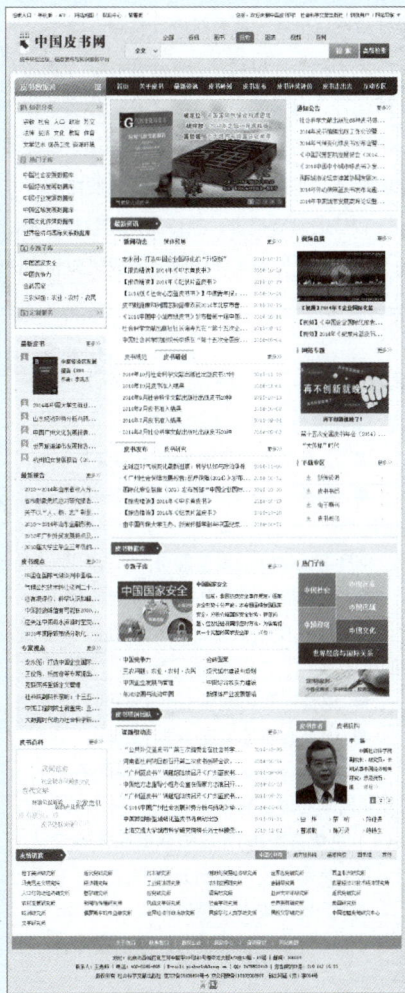

皮书数据库
SSDB
SOCIAL SCIENCE DATABASE
中国社会科学院 社会科学文献出版社

首页 数据库检索 学术资源群 我的文献库 皮书全动态 有奖调查 皮书报道 皮书研究 联系我们 读者荐购 搜索报告

报告 图书

权威报告　热点资讯　海量资源

当代中国与世界发展的高端智库平台

皮书数据库 www.pishu.com.cn

　　皮书数据库是专业的人文社会科学综合学术资源总库，以大型连续性图书——皮书系列为基础，整合国内外相关资讯构建而成。包含六大子库，涵盖两百多个主题，囊括了近十几年间中国与世界经济社会发展报告，覆盖经济、社会、政治、文化、教育、国际问题等多个领域。

　　皮书数据库以篇章为基本单位，方便用户对皮书内容的阅读需求。用户可进行全文检索，也可对文献题目、内容提要、作者名称、作者单位、关键字等基本信息进行检索，还可对检索到的篇章再做二次筛选，进行在线阅读或下载阅读。智能多维度导航，可使用户根据自己熟知的分类标准进行分类导航筛选，使查找和检索更高效、便捷。

　　权威的研究报告，独特的调研数据，前沿的热点资讯，皮书数据库已发展成为国内最具影响力的关于中国与世界现实问题研究的成果库和资讯库。

皮书俱乐部会员服务指南

1. 谁能成为皮书俱乐部成员？

● 皮书作者自动成为俱乐部会员

● 购买了皮书产品（纸质书/电子书）的个人用户

2. 会员可以享受的增值服务

● 免费获赠皮书数据库100元充值卡

● 加入皮书俱乐部，免费获赠该纸质图书的电子书

● 免费定期获赠皮书电子期刊

● 优先参与各类皮书学术活动

● 优先享受皮书产品的最新优惠

3. 如何享受增值服务？

（1）免费获赠100元皮书数据库体验卡

第1步 刮开皮书附赠充值的涂层（右下）；

第2步 登录皮书数据库网站（www.pishu.com.cn），注册账号；

第3步 登录并进入"会员中心"—"在线充值"—"充值卡充值"，充值成功后即可使用。

（2）加入皮书俱乐部，凭数据库体验卡获赠该书的电子书

第1步 登录社会科学文献出版社官网（www.ssap.com.cn），注册账号；

第2步 登录并进入"会员中心"—"皮书俱乐部"，提交加入皮书俱乐部申请；

第3步 审核通过后，再次进入皮书俱乐部，填写页面所需图书、体验卡信息即可自动兑换相应电子书。

4. 声明

解释权归社会科学文献出版社所有

皮书俱乐部会员可享受社会科学文献出版社其他相关免费增值服务，有任何疑问，均可与我们联系。

图书销售热线：010-59367070/7028 图书服务QQ：800045692 图书服务邮箱：duzhe@ssap.cn

数据库服务热线：400-008-6695 数据库服务QQ：2475522410 数据库服务邮箱：database@ssap.cn

欢迎登录社会科学文献出版社官网（www.ssap.com.cn）和中国皮书网（www.pishu.cn）了解更多信息